Der Ausgleich arbeitsbedingter Schäden
abhängig Beschäftigter in New South Wales
und Deutschland

AF874645

Europäische Hochschulschriften
Publications Universitaires Européennes
European University Studies

**Reihe II**
**Rechtswissenschaft**

Série II Series II
Droit
Law

**Bd./Vol. 2993**

PETER LANG
Frankfurt am Main · Berlin · Bern · Bruxelles · New York · Oxford · Wien

Ariane Musil

# Der Ausgleich arbeitsbedingter Schäden abhängig Beschäftigter in New South Wales und Deutschland

PETER LANG
Europäischer Verlag der Wissenschaften

Die Deutsche Bibliothek - CIP-Einheitsaufnahme

Musil, Ariane:

Der Ausgleich arbeitsbedingter Schäden abhängig Beschäftigter in New South Wales und Deutschland / Ariane Musil. - Frankfurt am Main ; Berlin ; Bern ; Bruxelles ; New York ; Oxford ; Wien : Lang, 2000
(Europäische Hochschulschriften : Reihe 2, Rechtswissenschaft ; Bd. 2993)
Zugl: Jena, Univ., Diss., 2000
ISBN 3-631-36397-4

27
ISSN 0531-7312
ISBN 3-631-36397-4

© Peter Lang GmbH
Europäischer Verlag der Wissenschaften
Frankfurt am Main 2000
Alle Rechte vorbehalten.

Das Werk einschließlich aller seiner Teile ist urheberrechtlich geschützt. Jede Verwertung außerhalb der engen Grenzen des Urheberrechtsgesetzes ist ohne Zustimmung des Verlages unzulässig und strafbar. Das gilt insbesondere für Vervielfältigungen, Übersetzungen, Mikroverfilmungen und die Einspeicherung und Verarbeitung in elektronischen Systemen.

Meinen Eltern
und Großeltern

# INHALT

# QUELLEN

## Literatur

Das Literaturverzeichnis erstreckt sich nur auf zitiertes Material.


**ANFORTH**, Allen, Common Law & Workers Compensation: Interactions, Law Society Journal, May 1996, 66.

**ARMITAGE**, Judge / **HARRISON**, Howard, Workers' Compensation Scheme, Sydney 1996.

**ARMITAGE**, Judge, Workers Compensation Update, Sydney 1997.

**ATKINSON**, Alderson Blight, Income Maintenance and Social Insurance, Chapter 13, in: Handbook of Public Economics, Volume 2, Auerbach, Alan J. / Feldstein, Martin (Hrsg.), Amsterdam 1987.

Australia, Industry Commission, Work, Health and Safety (Report No. 47), Canberra 1994, (zitiert als: **INDUSTRY COMMISSION**, Report No. 47).

Australia, Industry Commission, Workers' Compensation in Australia (Report No. 36), Canberra 1994, (zitiert als: **INDUSTRY COMMISSION**, Report No. 36).

Australia, National Rehabilitation and Compensation Scheme Committee of Inquiry, Compensation and Rehabilitation in Australia: Report of the National Committee of Inquiry, July 1974, Band 1, Canberra 1974, (zitiert als: **WOODHOUSE** Report).

**BARTLEY**, A. J. / **FERRARI**, B. R., Workers' Compensation - 1994 Update, Sydney 1994.

**BARTRIP**, Peter W. J. / **BURMAN**, Sandra, The wounded soldiers of industry: industrial compensation policy 1833 - 1897, Oxford 1983.

**BARTRIP**, Peter W. J., Workmen's Compensation in Twentieth Century Britain: Law, History and Social Policy, Avebury 1987.

**BATTENSTEIN**, Rolf, Bedeutung der Berufskrankheitenentschädigung durch die Berufsgenossenschaften und Bedeutung der Berufskrankheitengesetzgebung („Generalklausel", „Beweislastumkehr") für die privaten Betriebshaftpflichtversicherer, SGb 1993, 618.

**BAUMBACH**, Adolf / **HOPT**, Klaus J., Handelsgesetzbuch, 29. Aufl., München 1995.

**BEED**, Terence W. / **FITZGERALD**, R. William / **WORTHINGTON**, Deborah, The role of conciliation: an explanatory study of matters referred to the conciliation service of the WorkCover Authority, Sydney 1990.

BENZ, Manfred, Anmerkung zu BSG Urt. v. 18.03.1997 - 2 RU 17/96 -, SGb 1998, 132.

BENZ, Manfred, Beweiserleichterungen im Berufskrankheitenrecht unter besonderer Berücksichtigung von § 9 Abs. 3 SGB VII, SGb 1998, S. 353.

BENZ, Manfred, Die Stützrente in der gesetzlichen Unfallversicherung, NZS 1998, 455.

BENZ, Manfred, Hilfsmittel (§ 31 SGB VII) und Hilfen in der gesetzlichen Unfallversicherung, BG 1999, 42.

BENZ, Manfred, Unterbrechung, Umweg, Abweg bei Wegeunfällen in der gesetzlichen Unfallversicherung, BB 1979, 943.

BLEY, Helmar / KREIKEBOHM, Ralf, Sozialrecht, 7. Aufl., Berlin 1993.

BLOME, Otto, Anerkennung und Entschädigung „wie" eine Berufskrankheit nach § 9 II SGB VII (§ 551 II RVO) aus der Sicht der gesetzlichen Unfallversicherung, BG 1998, 566.

BORCH, Karl Henrik, Economics of Insurance, Amsterdam 1990.

BRACKMANN, Handbuch der Sozialversicherung, Loseblatt.

BRANDENBURG, Stephan, Anmerkung zu BSG Urt. v. 22.08.1990 - 8 RKn 5/90 -, SGb 1991, 186.

BROOKS, Adrian, Guidebook to Occupational Health and Safety, 4. Aufl., North Ryde 1993.

CARNEY, Terry / HANKS, Peter, Social Security in Australia, Melbourne 1994.

CCH Australia Limited, Australian Workers Compensation Guide, (loose-leaf), North Ryde 1984-, (zitiert als: **CCH**, loose-leaf).

CHESTERMAN, Michael, Accident Compensation: Integrating the common law with a statutory scheme of compensation, Sydney 1983.

Council on the Cost of Government, Review of the WorkCover Authority of NSW, Sydney 1996.

DAHM, Dirk, Berührungen zwischen Sozialhilfe (BSHG) und gesetzlicher Unfallversicherung (SGB VII), SozVers 1998, 93.

DAHM, Dirk, Verkürzung des Rechtsmittelzuges durch Sprungrevision gemäß § 161 SGG, SozVers 1998, 261.

DUDEN, Jürgen, Das Arbeitsentgelt - ein zentraler Begriff des Sozialversicherungssystems, BB 1998, 2207.

EICHENHOFER, Eberhard, Sozialrecht, Tübingen 1995.

**Emmerich**, N., Rehabilitation „mit allen geeigneten Mitteln“: Ist der Erfolg messbar?, in: HVBG, Das berufsgenossenschaftliche Heilverfahren: Ein altes Konzept im neuen Europa, Juni 1996, 17.

**Erlenkämper**, Arnold, Arbeitsunfall, Schadensanlage und Gelegenheitsursache, SGb 1997, 355.

**Evans**, Gareth, The Commonwealth Government's Perspective, in: Attorney-General's Department, Personal Compensation for Injury, Canberra 1985, 142.

**Eyermann**, Erich, Verwaltungsgerichtsordnung, 10. Aufl., München 1998.

**Farah-Thompson**, Diana, WorkCover Legislation Amendment Act 1995, Sydney 1996.

**Ford**, John, Workers and Transport Accident Compensation and Social Security in Australia, DSS Report in 5 Volumes, Volume 1, Sydney 1992, (zitiert als: Ford Report).

**Fuchs**, Maximilian, Beweisgrundsätze des zivilen Haftungsrechts und ihre Bedeutung für das Berufskrankheitenrecht, SGb 1997, 601.

**Fuchs**, Maximilian, Die Legitimation der gesetzlichen Unfallversicherung, SGb 1995, 421.

**Gebhardt**, Jörg, Unfallversicherung und Opferentschädigung, NZS 1998, 165.

**Giesen**, Richard, Sozialversicherungsmonopol und EG-Vertrag, Eine Untersuchung am Beispiel der gesetzlichen Unfallversicherung in der Bundesrepublik Deutschland, Baden-Baden 1995.

**Gitter**, Wolfgang / **Köhler-Fleischmann**, Gabriele, Die gesetzliche Unfallversicherung in der sozialgerichtlichen Rechtsprechung und Literatur, in: Jahrbuch des Sozialrechts der Gegenwart, Band 20, 1998, 73.

**Gitter**, Wolfgang / **Singler**, Ulrike, Die gesetzliche Unfallversicherung in der sozialgerichtlichen Rechtsprechung und Literatur, in: Jahrbuch des Sozialrechts der Gegenwart, Band 19, 1997, 113.

**Gitter**, Wolfgang / **Tofall**, Hubertus, Anmerkung zu BSG Urt. v. 23. September 1997 - 2 RU 37/96 -, SGb 1998, 372.

**Gitter**, Wolfgang, Die gesetzliche Unfallversicherung nach der Einordnung ins Sozialgesetzbuch - ein Versicherungszweig ohne Reformbedarf?, BB Beilage 6 1998.

**Gitter**, Wolfgang, Grundlagen der gesetzlichen Unfallversicherung im Wandel der Zeit, SGb 1993, 297.

GITTER, Wolfgang, Schadensausgleich im Arbeitsunfallrecht, Tübingen 1969.

GITTER, Wolfgang, Sozialrecht, 4. Aufl., München 1996.

GLASS, H. H. / MCHUGH, Michael H. / DOUGLAS, Francis M., The Liability of Employers in Damages for Personal Injury, 2. Aufl., Sydney 1979.

GOEKE, Harald / GRAEFF, Günter, Ins SGB eingeordnet, BArbBl 10 / 1996, 9.

GRACIE, Jim, Workers' Compensation - An Update, Sydney 1996.

GRELLMAN, R. J., Inquiry into Workers' Compensation System in NSW, Sydney 1997, (zitiert als: GRELLMAN Report).

GUNNINGHAM, Neil, Safeguarding the Worker, Sydney 1984.

HARRISON, Howard, Employment Accident Litigation, Sydney 1993.

HARRISON, Howard, Workers' Compensation - New South Wales, Sydney 1997.

HASTWELL, Lesley / RICHARDSON, Joanna, Compensation Awards: the social security implications, Law Society Journal, October 1995, 67.

HEINTZEN, Markus, Unfallversicherungstarife für den schlanken Staat, NZS 1999, 209.

HELLER, Gottfried, Politikwende bringt DAX auf Trab, Börse Online, Nr. 28 1999, S. 162.

HENDERSON, W. O., Die industrielle Revolution 1780 - 1914, Wien - München - Zürich 1969.

HENNOCK, G. P., British Social Reforms and German Precedents, The Case of Social Insurance 1880 - 1914, New York 1987.

HOLTMANN, Uta, Arbeitsunfall und Haftungsrisiken, München - Berlin 1998.

HUNTER, Brian, (Hrsg.), The Stateman's Year - Book 1997 - 98, 134. Aufl., Berlin 1997.

HVBG, Geschäfts- und Rechnungsergebnisse der gewerblichen Berufsgenossenschaften 1997, Sankt Augustin 1998.

HWCA, Promoting Excellence: Personal Consistency in Australian Workers' Compensation, Final and Interim Reports to Labour Ministers' Council, Melbourne 1997.

KATER, Horst / LEUBE, Konrad, Gesetzliche Unfallversicherung SGB VII, München 1997.

KLEINHERNE, K., 110 Jahre gesetzliche Unfallversicherung: Eine Standortbestimmung, in: HVBG, Das berufsgenossenschaftliche Heilverfahren: ein altes Konzept im neuen Europa, Juni 1996, S. 12 ff.

KÖBLER, Gerhard, zur Haftung des Arbeitgebers für Schäden des Arbeitnehmers, NJW 1969, 1413.

KRASNEY, Otto Ernst, Berufskrankheiten - die Achillesferse der gesetzlichen Unfallversicherung?, BG 1996, 120.

KRASNEY, Otto Ernst, Die gesetzliche Unfallversicherung vor der Einordnung in das Sozialgesetzbuch, SGb 1995, 374.

KRASNEY, Otto Ernst, Grundpfeiler der Zukunft der gesetzlichen Unfallversicherung, NZS 1996, 259.

KUNST, Michael, Der Kausalitätsnachweis im Arbeitsunfallversicherungsrecht (Dissertation), Freiburg 1994.

KUNZE, Martin / VON RUTKOWSKI, Nina, Neuere Rechtsprechung des BSG zum 3.Ort, SozVers 1998, 311.

LAUTERBACH, Herbert, (Hrsg.) Unfallversicherung SGB VII, 4. Aufl., Loseblattsammlung, (8. Erg.L.), November 1998, (zitiert als: AUTOR in: Lauterbach SGB VII).

LAUTERBACH, Herbert, Unfallversicherung, 3. Aufl., Loseblattsammlung (62. Erg.L.), Stand Januar 1996 (zitiert als: LAUTERBACH, Unfallversicherung).

Law Council of Australia, Workers Compensation battle continues, Law Society Journal, November 1993, 69.

Legal profession unites to retain common law in workers compensation schemes - Reports from the Law Society, Law Society Journal, June 1995, 74.

LEICHSENRING, / PETERMANN, Olaf, Gesetzliche Unfallversicherung - öffentlich-rechtlich oder privat?, SozVers 1998, 14.

LEICHSENRING, Christian, Ist die öffentliche Verwaltung der gesetzlichen Unfallversicherung noch zeitgemäß?, BG 1996, 434.

LITTLE, Graeme, Workers Compensation in New South Wales - The Workers Compensation Act 1987 New South Wales, Sydney 1994.

LUNTZ, Harold, Accident Compensation: The Prospects for Reform, the benefits payable under a statutory scheme, Sydney 1983.

MARKS, Francis & BALLA, Audrey, Industrial accidents: employer's liabilty and damages, North Ryde 1987.

MARKS, Francis & MCLEAN, Bruce, Workers Compensation Law and Practice in New South Wales, 3. Aufl., North Ryde 1992.

MARSCHALL V. BIEBERSTEIN, Wolfgang, Haftungsbefreiung im dreispurigen Schadensausgleich, VersR 1968, 509.

MARSCHNER, Andreas, Das Unfallversicherungs-Einordnungsgesetz, SozVers 1996, 317.

MASCHMANN, Frank, Haftung und Haftungsbeschränkung bei Arbeitsunfällen nach neuem Unfallversicherungsrecht (§§ 104 ff. SGB VII), SGb 1998, 54.

MAY, Artur, Die krankheitsbedingte Arbeitsunfähigkeit, SGb 1988, 477.

MCGRATH, Frank / LIAVIS, Olga, Workers' Compenstion & Comcare: an Update, Sydney 1992.

MEHRTENS, Gerhard / BRANDENBURG, Stephan, Entwicklungen des Berufskrankheitenrechts - Teil 1 - , SGb 1993, 588.

MILLS, Charles Patrick, Mills workers compensation New South Wales, (loose-leaf), Sydney 1987-, (zitiert als: MILLS, loose-leaf).

MILLS, Charles Patrick, Workers Compensation (New South Wales), 2. Aufl., Chatswood 1978.

MUNKMAN, John, Employer's Liability at Common Law, London 1975.

New South Wales Law Reform Commission, Accident Compensation (Issues Paper), Sydney 1982.

New South Wales Law Reform Commission, Accident Compensation (Outline of Issues Paper), Sydney 1982.

New South Wales Law Reform Commission, Accident Compensation: Transport Accidents Scheme for New South Wales (Working Paper 1), Sydney 1983.

NEWBRUN, Ian, The Dust Diseases Tribunal, Sydney 1994.

No need for federal Compensation law, Australian Lawyer 28 (2) March 1994, 26.

NOMCHONG, Kylie / WARDHAUGH, Felicity, Workers' Compensation Handbook, 3.Aufl., Sydney 1997.

O' CONNELL, Jeffrey / PARTLETT, David, No-Fault Insurance for Australians? A Package of Possibilities, in: Attorney-General's Department, Personal Compensation for Injury, Canberra 1985, 8.

Office of the Commissioner for Employees' Compensation, Workers' Compensation Legislation in Australia 1987, Canberra 1987.

Osborn's Concise Law Dictionary, 8. Aufl., London 1993.

PADFIELD, Colin F., Law Made Simple, 7. Aufl., Bungay 1989.

PALANDT, Bürgerliches Gesetzbuch, 58. Aufl., München 1999.

PALMER, Geoffrey, Compensation for Incapacity, Wellington 1979.

PAPIER, Hans-Jürgen / MOELLER, Johannes, Die Rolle des Solidarausgleichs in der gesetzlichen Unfallversicherung, NZS 1998, 353.

PAPPAI, Friedrich, Grundgedanken zum Leistungsrecht im SGB VII, SGb 1993, 303.

PASCOE, Peter, Personal Injury Compensation: a tax analysis for common lawyers, Law Institute Journal (56) July 1982, 473.

PFITZNER, Thomas, MdE-Bewertung im Spannungsverhältnis zwischen Ärzten, Verwaltung und Gerichten, NZS 1998, 61.

PICKEL, Harald, Zusammenarbeit der Leistungsträger und ihre Beschleunigung, SGb 1997, 206.

PLAGEMANN, Hermann, Die Einordnung der gesetzlichen Unfallversicherung in das SGB VII, NJW 1996, 3173.

PLAGEMANN, Jochen / PLAGEMANN, Hermann, Gesetzliche Unfallversicherung, München 1981.

PLATZ, Albert R. / GEIBERGER, Herbert, Berufsgenossenschaftliche Zuständigkeit - eine feste Größe in der gesetzlichen Unfallversicherung, BB 1990, 1621.

PLATZ, Albert R., Das Beitrags- und Finanzierungssystem der gewerblichen Berufsgenossenschaften, BB 1991, 2437.

PÖHL, Klaus-Dieter, Der Individual-Anscheinsbeweis im Berufskrankheiten-Recht - eine systemgerechte Erleichterung des Kausalitätsbeweises, BG 1998, 714.

PRÖLSS, Jürgen / MARTIN, Anton, Versicherungsvertragsgesetz, 26. Aufl., München 1998.

RASINK, Elsina M., Demands on the Compensation Court: Preliminary Thoughts and Suggestions for Empirical Research, Sydney 1993.

RASINK, Elsina M., Investigation into the Resources of the Dust Diseases Tribunal, Sydney 1993.

RICKE, Wolfgang, Aus dem Werden des SGB VII, Parlamentarische Momentaufnahmen aus der 1. Beratung, BG 1999, 412.

RICKE, Wolfgang, Ende des Verletztengeldes nach § 46 III 2 Nr. 2 SGB VII, BG 1998, 108.

RITTER, Gerhard A., Bismarck und die Grundlegung des deutschen Sozialstaats, in: Verfassung, Theorie und Praxis des Sozialstaats, Festschrift für Hans F. Zacher zum 70. Geburtstag, Ruland / von Maydell / Papier (Hrsg.), Heidelberg 1998, 789.

ROBINSON, Mark Anthony, Accident Compensation in Australia – No-Fault Schemes, Sydney 1987.

**ROLFS**, Christian, Die Neuregelung der Arbeitgeber- und Arbeitnehmerhaftung bei Arbeitsunfällen durch das SGB VII, NJW 1996, 3177.

**RÜFNER**, Wolfgang, Einführung in das Sozialrecht, 2. Aufl., München 1991.

**SCHMIDT - BLEIBTREU**, Bruno / **KLEIN**, Franz, Kommentar zum Grundgesetz, 9. Aufl., Neuwied - Kriftel 1999.

**SCHMITT**, Jochem, SGB VII, Gesetzliche Unfallversicherung, München 1998.

**SCHOLZ**, Rupert, Schlankerer Staat tut not!, in: Verfassung, Theorie und Praxis des Sozialstaats, Festschrift für Hans F. Zacher zum 70. Geburtstag, Ruland / von Maydell / Papier (Hrsg.), Heidelberg 1998, 987.

**SCHULIN**, Bertram, (Hrsg.), Handbuch des Sozialversicherungsrechts, Band 2, Unfallversicherungsrecht, München 1996, (zitiert als: AUTOR in: Schulin HS-UV).

**SCHULIN**, Bertram, Fälle zum Sozialrecht, München 1987.

**SCHULIN**, Bertram, Grundgedanken zur Struktur des Versicherungsfalls im Entwurf des Unfallversicherungs-Einordnungsgesetz, BG 1996, 140.

**SCHULIN**, Bertram, Sozialrecht, ein Studienbuch, 5. Aufl., Düsseldorf 1993.

**SCHULZ**, Udo, Anmerkung zu BSG Urt. v. 12. Dezember 1985 - 2 RU 49/84 -, SGb 1986, 349.

**SCHULZ**, Udo, Äquivalenzprinzip und Berufsgenossenschaftsbeitrag, BG 1991, 331.

**SCHULZ**, Udo, Risikogerechte Finanzierung als Gestaltungsfaktor in der Prävention der gewerblichen Berufsgenossenschaften, BG 1996, 144.

**SCHULZ**, Udo, Verfassungsrechtliche Fragen der Festsetzung der Beiträge in der Unfallversicherung, SGb 1999, 172.

**SHER**, Jeffrey, Damages for Personal Injuries: Current Developments, Future Trends and Suggested Reforms, The Australian Law Journal, (55) July 1981, 458.

**SOKOLL**, Günther, Berufsgenossenschaften ... Starke Partner der Wirtschaft, BG 1998, 442.

**SOKOLL**, Günther, Stärkung der Prävention zur Entlastung der Sozialversicherungssysteme, BG 1999, 418.

**STEWART**, Donald, Workers' Compensation and Social Security: An Overview, Kensington 1986.

**STEWART**, Donald, Workers' Compensation and Social Security: Personal and Social Cost, Kensington 1991.

**STIGLITZ**, J.E., Economics of the Public Sector, 2. Aufl., New York 1988.

**STOLLEIS**, Michael, Industrielle Revolution und Sozialversicherung, in: Verfassung, Theorie und Praxis des Sozialstaats, Festschrift für Hans F. Zacher zum 70. Geburtstag, Ruland / von Maydell / Papier (Hrsg.), Heidelberg 1998, 1081.

**TENNSTEDT**, Florian, Vorgeschichte und Entstehung der Kaiserlichen Botschaft vom 17. November 1881, ZSR 1981, 663.

The Australian Insurance Institute, Workers Compensation Insurance - New South Wales, Melbourne 1995.

**THIEME**, Werner, Berufsgenossenschaften auf internationalen Kongressen, in: Festschrift für Otto Ernst Krasney, München 1997, 629.

**THIERINGER**, Michael, Ideenmanagement als Baustein der Unternehmen- und Führungsphilosophie, BG 1998, 770.

**TILBURY**, Michael, Incapacity for work in workers' compensation law, University of New South Wales Law Journal (6) 1983, 224 - 231.

**TRÖNDLE**, Herbert / **FISCHER**, Thomas, Strafgesetzbuch, 49. Aufl., München 1999.

**UDSCHING**, Peter, Anmerkung zu BSG Urt. v. 20.01.1987 - 2 RU 15/86, SGb 1988, 21.

**VAN STEENWYK**, Pat, Periodic and Lump Sum Compensation: effect on social security entitlements, Law Society Journal, May 1988, 56.

VON **HASSEL**, Johann Dietrich / **HOPF**, Rolf / **HINNE**, Rolf / **KLEINHERNE**, Herbert, Selbstverwaltung und Geschäftsführung als Träger des sozialen Fortschritts, Festschrift für Dr. Watermann, BG 1996, 104.

VON **HOYNINGEN-HUENE**, Georg / **COMPENSIS**, Ulrike, Zuschläge und Nachlässe im Beitragssystem der gesetzlichen Unfallversicherung, SGb 1992, 145.

**WALTERMANN**, Raimund / **GROHMANN**, Mark, Konkurrenz von Entgeltersatzansprüchen beim Arbeitsunfall, SGb 1997, 97.

**WALTERMANN**, Raimund, Forderungsübergang auf den Sozialleistungsträger, NJW 1996, 1644.

WANNAGAT, Georg, (Hrsg.), Sozialgesetzbuch, SGB VII, Gesetzliche Unfallversicherung, München 1998, (zitiert als: AUTOR in: Wannagat SGB VII).

WANNAGAT, Georg, Lehrbuch des Sozialversicherungsrechts, 1. Band, Tübingen 1965.

WATERMANN, Herbert, Die Ordnungsfunktion von Kausalität und Finalität im Recht unter besonderer Berücksichtigung des Rechts der gesetzlichen Unfallversicherung, 1968.

WATERMANN, Herbert, Kausalität und Finalität im Recht der gesetzlichen Unfallversicherung, in: Festschrift für Lauterbach, 1961, 129.

WILLOUGHBY, William Franklin, Workingmen's Insurance, New York 1898.

WOLBER, Kurt, Gesetzliche Unfallversicherung: Absage an privatversicherungsrechtliche Lösung, SozVers 1998, 208.

WOODHOUSE, Owen, Opening Address, in: Attorney-General's Department, Personal Compensation for Injury, Canberra 1985, 1.

WorkCover New South Wales, Outline of the Workers Compensation Premium Scheme for New South Wales 1997 / 1998.

YOUNG, A. F., Industrial Injuries Insurance, An Examination of British Policy, London 1964.

ZACHER, Hans Friedrich, Einführung in das Sozialrecht der Bundesrepublik Deutschland, 3. Aufl., Heidelberg, 1985.

ZWEIGERT, Konrad / KÖTZ, Hein, Einführung in die Rechtsvergleichung, 3. Aufl., Tübingen 1996.

**Entscheidungen**

*A & G Engineering Pty. Ltd. v Civitarese* (1996) NSWLR 41.

*Admax Processing Pty. Ltd. v Hua Dong Pan* (1993) AWCCD ¶ 74-435 (CCH).

*Aitkin v Goodyear Tyre & Rubber Co. (Australia) Ltd.* (1945) 46 SR (NSW) 20.

*Allied Constructions Pty. Ltd. v Norbedo* (1992) AWCCD ¶ 74-332 (CCH).

*Anderson Meat Packing Co. Pty. Ltd. v Giacomantonio* (1973) 47 WCR (NSW) 3.

*Antonio D'Aleo v Ambulance Service of NSW* (1996) http://www.austlii.edu.au/au/cases/nsw/supreme_ct//96040169.

*Apps v Apps Plant Hire Pty. Ltd.* (1997) 14 NSWCCR 258.

*Arnotts Snack Products Pty. Ltd. v Yacob* (1985) 155 CLR 171.

*Articulate Restorations & Developments Pty. Ltd. v Crawford* (1994) 10 NSWCCR 7.

*Atlas Tiles Ltd. v Briers* (1978) 144 CLR 202.

*Austin v Director General of Education* (1994) 10 NSWCCR 373.

*Australian Iron and Steel Ltd. v Connell* (1959) 102 CLR 522.

*Azzopardi v Tasman UEB Industries Ltd.* (1985) 4 NSWLR 139.

*Babcock Australia Ltd. v Proudfoot* (1993) 9 NSWCCR 525.

*Baker v Australian Insulations* (1985) 3 NSWLR 280.

*Barclay Mowlem Construction Ltd. v Donaldson* (1994) AWCCD ¶ 74-630 (CCH).

*Baugh v George Weston Foods Ltd. t/as Weston Milling* (1997) http://www.austlii.edu.au/au/cases/nsw/supreme_ct/95020191.html.

*Birkett v Tubbo Estate Co. Pty. Ltd.* (1997) 14 NSWCCR 369.

*Blayney Abattoirs Pty. Ltd. v McConnell & ors* (1998) http://www.austlii.edu.au/au/cases/nsw/supreme_ct/1998/93.html.

*Blayney Shire Council v Lobley & anor* (1995) 12 NSWCCR 52.

*Blyth v The Birmingham Waterworks Company* (1956) 11 Exch 781.

*Bohanna & Appleton t/as Anscott Partnership v Bohanna* (1996) 13 NSWCCR 724.

*Boral SGB Pty. Ltd. v Warren John White* (1996) 12 NSWCCR 662.

*Borovac v Corporate Ventures Pty. Ltd. t/as Bowsers Asphalt* (1995) 12 NSWCCR 84.

*Boston Clothing Co. v Margaronis* (1992) 27 NSWLR 580.

*Bresmac Pty. Ltd. v Starr* (1992) 29 NSWLR 318.

*Brooks v Roche Bros. Pty. Ltd.* (1997) 15 NSWCCR 64.

*Bus v Sydney County Council* (1989) 167 CLR 78.

*Bushby v Morris* (1980) 1 NSWLR 81.

*CIC Workers' Compensation (NSW) Ltd. v Alcan Australia Ltd. & ors* (1994) 10 NSWCCR 642.

*Civil & Civic Pty. Ltd. v Hughes* (1996) 39 NSWLR 505.

*Clutha Ltd. v Danswan* (1993) 9 NSWCCR 225.

*Clyde v State of New South Wales (TAFE Commission)* (1995) 12 NSWCCR 541.

*Colcoa v BP Australia Ltd. & anor* (1992) 2 VR 441.

*Colquhoun v Australian Iron and Steel Pty. Ltd.* (1996) http://www.austlii.edu.au/au/cases/nsw/supreme_ct/93040117.html.

*Commercial Union v Smith* (1994) 10 NSWCCR 267.

*Commissioner of Railways v Ruprecht* (1979) 142 CLR 563.

*Concrete Constructions Group Pty. Ltd. v Nelson* (1993) 30 NSWLR 130.

*Connelly v Wells* (1993) 55 IR 73.

*Container Terminals Australia Ltd. v Xeras* (1991) NSWLR 214.

*Cooper v Gollel Holdings Pty. Ltd.* (1990) AWCCD ¶ 74-136 (CCH).

*Cullen v Trappell* (1980) 146 CLR 1.

*Dalgety Farmers Ltd. t/as Grazcos v Bruce & anor* (1995) 12 NSWCCR 36.

*Darling Island Stevedoring & Lighterage Co. Ltd. v Hankinson* (1967) 117 CLR 19.

*Darling Island Stevedoring & Lighterage Co. Ltd. v Hussey* (1959) 102 CLR 482.

*Darling Island Stevedoring & Lighterage Co. Ltd. v Long* (1957) 97 CLR 36.

*Davis v Mobil Oil Australia Ltd.* (1988) 12 NSWLR 10.

*Dell v Dalton* (1991) 23 NSWLR 528.

*Department of Corrective Services v Smith* (1998) http://www.austlii.edu.au/au/cases/nsw/supreme_ct/211.html.

*Department of Technical and Further Education v Pitt* (1993) 9 NSWCCR 309.

*Hockey v Yelland* (1984) 157 CLR 124.

*Holden v Toll Chadwick Transport Ltd.* (1987) 8 NSWLR 222.

*Hood Constructions Pty. Ltd. v Nicholas & anor* (1987) 9 NSWLR 60.

*Hooker v State Rail Authority of NSW* (1998) http://www.austlii.edu.au/au/cases/nsw/supreme_ct/1998/330.html.

*Hoover (Australia) Pty. Ltd. v Combatti* (1989) 18 NSWLR 235.

*Horton v Goodman Fielder Wattie Ltd.* (1992) 8 NSWCCR 65.

*Howard Rotavator Pty. Ltd. v Wilson* (1987) 8 NSWLR 498.

*Humphrey Earl Ltd. v Speechley* (1951) 84 CLR 126.

*I & J Foods Pty. Ltd. v Bergzam Pty. Ltd.* (1997) http://www.austlii.edu.au/au/cases/nsw/supreme_ct/96040158.html.

*Insurers Guarantee Fund - NEM General Insurance Association Ltd. (in liq) & anor v Royal Insurance Australia Ltd. & ors* (1997) http://www.austlii.edu.au/au/cases/nsw/supreme_ct/96040736.html.

*Insurers' Guarantee Fund - NEM General Insurance Association Ltd. (in liq) v GIO General Ltd.* (1994) 33 NSWLR 247.

*Inverell Shire Council v Lewis* (1992) 8 NSWCCR 562.

*J. Odlin Shopfitting International Pty. Ltd. v Kaljanac* (1993) 29 NSWLR 632.

*J.A. Crockett Pty. Ltd. v Cox* (1994) 10 NSWCCR 622.

*J.C. Ludowici & Son Ltd. v Cutri* (1992) 26 NSWLR 580.

*James Hardie & Coy Pty. Ltd. v Newton* (1997) 42 NSWLR 729.

*James Hardie & Coy Pty. Ltd. v Tompson & anor* (1998) http://www.austlii.edu.au/au/cases/nsw/supreme_ct/1998/113.html.

*Jones Bros. Bus Co. Pty. Ltd. v Baker - Wyong Shire Council v Graham* (1992) 26 NSWLR 322.

*K.B. Hutcherson Pty. Ltd. v Correia* (1995) 183 CLR 50.

*Kavanagh v The Commonwealth of Australia* (1969) 103 CLR 547.

*Kelly v Glenrock Pastoral Co. Pty. Ltd. & anor* (1994) 10 NSWCCR 178.

*Kempsey District Hospital v Thackham* (1995) http://www.austlii.edu.au/au/cases/nsw/supreme_ct/unrep135.html.

*Kesen v Luke Singer Pty. Ltd.* (1989) 18 NSWLR 566.

*Kiraz v Classic Tiles Pty. Ltd.* (1995) 12 NSWCCR 139.

*Kondis v State Transport Authority (formerly Victorian Railways Board)* (1984) 154 CLR 672.

*Kwanchi Pty. Ltd. v Kocsis* (1996) http://www.austlii.edu.au/au/cases/nsw/supreme_ct/95040174.html

*Lemair (Australia) Pty. Ltd. v Cahill* (1993) 30 NSWLR 167.

*Leonard v Smith & anor* (1992) 27 NSWLR 5.

*Lewis v G.H. Varley Pty. Ltd. & Westham Dredging Co. Pty. Ltd.* (1996) http://www.austlii.edu.au/au/cases/nsw/supreme_ct/unrep641.html.

*Liedtke v Director General of Education* (1990) AWCCD ¶ 74-266 (CCH).

*Lismore City Council v Garland* (1992) 26 NSWLR 542.

*Lovett Building Co. Pty. Ltd. v Burns* (1992) 29 NSWLR 475.

*Lunette Pty. Ltd. v Bull* (1992) 8 NSWCCR 325.

*Magee v Readymix Group Ltd. & ors* (1985) 1 NSWLR 741.

*Manser v Spry & anor* (1994) 181 CLR 428.

*Mansini v Director General of Education* (1990) 6 NSWCCR 1.

*Manufacturers Mutual Insurance Ltd. & ors v National Employers' Mutual General Insurance Association Ltd. & ors* (1989) 5 ANZ Insurance Cases ¶ 60-906.

*Marmo Terrazzo Products Pty. Ltd. v FAI Workers Compensation (NSW) Ltd. & anor - Marmo Terrazzo Products Pty. Ltd. v TRAD & ors* (1994) 10 NSWCCR 824.

*Mastronardo v Remo Constructions Pty. Ltd.* (1996) http://www.austlii.edu.au/au/cases/nsw/supreme_ct/90016539.html.

*Matthews v Dean* (1990) 11 MVR 455.

*McCurry v Lamb* (1992) 8 NSWCCR 556.

*McDougall v Nestle Australia Pty. Ltd.* (1996) http://www.austlii.edu.au/au/cases/nsw/supreme_ct/92014561.html

*McGuire v The Union Steamship Company of New Zealand* (1920) 27 CLR 570.

*McLean v Tedman & Brambles Holding Ltd.* (1984) 58 ALJR 541.

*Medved v Dunlop Olympic Ltd.* (1991) http://www.austlii.edu.au/au/cases/cth/high_ct/unrep139.html.

*Millard v Allco Steel Constructions Pty. Ltd.* (1996) http://www.austlii.edu.au/au/cases/nsw/supreme_ct/95000042.html.

*Minchinton v Homfray & anor* (1994) 10 NSWCCR 778.

*MLC Insurance Ltd. v Pinto & anor* (1994) 10 NSWCCR 101.

*MMI Workers Compensation (NSW) Ltd. v Baker & ors* (1990) 41 NSWLR 289.

*MMI Workers Compensation (NSW) Ltd. v Kennedy & ors* (1993) 9 NSWCCR 482.

*Moir v Penrith City Council* (1998) http://www.austlii.edu.au/au/cases/nsw/supreme_ct/167.html.

*Murray v Moppett* (1957) 31 WCR (NSW) 109.

*Mynott & ors v Barnard* (1939) 62 CLR 68.

*National Employers Mutual General Insurance Association Ltd. (in liq) v Government Insurance Office of NSW* (1991) 23 NSWLR 183.

*Neil J. Gillespie v The Commonwealth of Australia* (1991) 105 FLR 196.

*Neilson v Lachley Meats (Forbes) Pty. Ltd.* (1998) http://www.austlii.edu.au/au/cases/nsw/supreme_ct/173.html.

*Newstead v Gulgong RSL Club Ltd.* (1995) 12 NSWCCR 102.

*NRMA Smash Repairs Pty. Ltd. v Hoy* (1995) 11 NSWCCR 326.

*O'Neill v Lumbey* (1987) 11 NSWLR 640.

*Offset Alpine Printing Pty. Ltd. v Porteous* (1992) AWCCD ¶ 74-376 (CCH).

*Ogden Industries Pty. Ltd. v Lucas* (1967) 116 CLR 537.

*Pacific Formwork Pty. Ltd. v Bignill* (1992) 8 NSWCCR 372.

*Patrick Stevedores No. 1 Ltd. t/as Patrick the Australian Stevedores v Divers* (1998) http://www.austlii.edu.au/au/cases/nsw/supreme_ct/1998/104.html.

*Pearson v Freemantle Harbour Trust* (1929) 42 CLR 320.

*Pennant Hills Restaurants Pty. Ltd. v Barrell Insurances Pty. Ltd.* (1981) 145 CLR 625.

*Peter Warren (Fairfield) Pty. Ltd. v McMartin* (1996) http://www.austlii.edu.au/95040458.html.

*Pitcher & anor v Langford & anor* (1991) 23 NSWLR 142.

*Priestley v Fowler* (1837) 3 M & W.

*Public Transport Commission (NSW) v J. Murray-More (NSW) Pty. Ltd.* (1975) 132 CLR 336.

*Pye v Butterfield Cheese Factors Pty. Ltd.* (1996) 39 NSWLR 425.

*Re: John Michael Canny And: John Pfeiffer Constructions and Aaro Jarvin* (1980) 49 FLR 232.

*Regal Paints Pty. Ltd. v Wasson* (1993) 9 NSWCCR 301.

*Rico Pty. Ltd. v Raod Traffic Authority* (1992) 28 NSWLR 679.

*Rodios und Trefle* (1937) WCR (NSW) 285.

*Royal North Shore Hospital v Rizk* (1995) 12 NSWCCR 147.

*Sanders v Nadow Training Program Ltd.* (1995) 11 NSWCCR 395.

*Schon v Axbond Pty. Ltd.* (1997) 15 NSWCCR 122.

*Skelton v Collins* (1966) 115 CLR 94.

*Slazengers (Australia) Pty. Ltd. v Burnett* (1951) AC 13.

*Smith Family v Dafinis* (1992) 8 NSWCCR 9.

*Southgate v Waterford* (1990) 21 NSWLR 427.

*Starr v Douglas & ors* (1994) 35 NSWLR 133.

*State Rail Authority of NSW v Belgrove* (1982) 2 NSWLR 738.

*State Rail Authority of NSW v Chalker* (1995) 11 NSWCCR 462.

*Stephan v Pacesetter Cleaning Services Pty. Ltd. & anor* (1995) 12 NSWCCR 19.

*Stevens v Brodribb Sawmilling Co. Pty. Ltd. - Gray v Brodribb Sawmilling Co. Pty. Ltd*, (1986) 160 CLR 16.

*Sungravure Pty. Ltd. v Meani* (1964) 110 CLR 24.

*Svilicich v Department of Technical and Further Education* (1998) http://www.austlii.edu.au/au/cases/nsw/supreme_ct/1998/132.html.

*Sydney City Council v Ince - Government Supply Department v Ince & anor* (1989) 16 NSWLR 690.

*Teen Ranch Pty. Ltd. v Brown* (1995) 11 NSWCCR 197.

*The Broken Hill Pty. Co. Ltd. v Derron* (1998) http://www.austlii.edu.au/au/cases/nsw/supreme_ct/1998/59.html.

*The Commonwealth of Australia v Hornsby* (1960) 103 CLR 588.

*The Leo McCarthy Memorial Smithfield RSL Sub Branch Club Ltd. v Bayliss* (1996) http://www.austlii.edu.au/au/cases/nsw/supreme_ct/95040543.html.

*Thom v Sinclair* (1917) AC 127.

*Thompson v Armstrong and Roys Pty. Ltd.* (1950) 81 CLR 585.

*Todorovic v Waller – Jetson v Hankin* (1981) 146 CLR 1.

*Tooth & Co. Ltd. v Tillyer* (1956) 95 CLR 605.

*Vabu Pty. Ltd. v The Commissioner of Taxation* (1995) http://www.austlii.edu.au/NSWIC/1995/13.html.

*Vacik Distributors Pty. Ltd. v Kelly* (1995) 12 NSWCCR 30.

*Van Haeften v Caltex Oil (Australia) Pty. Ltd.* (1995) 12 NSWCCR 250.

*Warren v Coombes* (1979) 142 CLR 531..

*Watson v Hanimex Colour Services Pty. Ltd.* (1991) 8 NSWCCR 190.

*Watson v Newcastle Corporation* (1962) 106 CLR 426.

*Watts Peterson Automotive Pty. Ltd. v Peterson* (1994) 10 NSWCCR 653.

*Weston v Great Boulder Gold Mines Ltd.* (1964) 112 CLR 30.

*Westpac Banking Corporation v Tomassian* (1992) 32 NSWLR 207.

*Wilkins v Electricity Commission of NSW* (1969) WCR 111.

*Wolstenholme v Coal and Allied Operations Pty. Ltd.* (1998) http://www.austlii.edu.au/au/cases/nsw/supreme_ct/1998/241.html.

*WorkCover Authority of NSW v Billpat Holdings Pty. Ltd.* (1995) 11 NSWCCR 565.

*WorkCover Authority of NSW v Walling & anor* (1998) http://www.austlii.edu.au/au/cases/nsw/supreme_ct/1998/315.html.

*Wyong Shire Council v Shirt* (1980) 146 CLR 40.

*Yates Bros. v Neil & anor* (1999) http://www.austlii.edu.au/au/cases/nsw/NSWCA/1999/108.html.

*Zickar v MGH Plastic Industries Pty. Ltd.* (1996) 71 ALJR 32.

*Ziebell v Metal Manufacturers Ltd.* (1996) http://www.austlii.edu.au/au/cases/nsw/supreme_ct/92090122.html.

*Zinc Co. Ltd. v Scarce* (1995) 12 NSWCCR 566.

*Zuijs v Wirth Bros Pty. Ltd.* (1955) 93 CLR 561.

## ABKÜRZUNGEN

| | |
|---|---|
| a. A. .................. | anderer Ansicht |
| Abs. .................. | Absatz |
| AC .................... | Appeal Cases |
| ALJR ................ | Australian Law Journal Reports |
| ALR ................. | Australian Law Reports (Argus Law Reports vor 1973) |
| Anm. ................ | Anmerkung |
| anor .................. | another |
| ANZ ................. | Australian and New Zealand |
| Art. .................... | Artikel |
| Aufl. .................. | Auflage |
| AWCCD .......... | Australian Workers Compensation Case Digest |
| AWE ................ | average weekly earnings |
| | |
| BAK ................. | Blutalkoholkonzentration |
| BArBl ............... | Bundesarbeitsblatt (Zeitschrift) |
| BB .................... | Der Betriebsberater (Zeitschrift) |
| BG .................... | Die Berufsgenossenschaft (Zeitschrift) |
| BGB ................. | Bürgerliches Gesetzbuch |
| BGH ................. | Bundesgerichtshof |
| BKV ................. | Berufskrankheitenverordnung |
| Breith. .............. | Breithaupt (Sammlung von Entscheidungen) |
| Bros. ................. | Brothers |
| BSG ................. | Bundessozialgericht |
| BSGE ............... | Entscheidungen des Bundessozialgerichts |
| BT-Drucks. ....... | Bundestags-Drucksache |
| BVerfG ............ | Bundesverfassungsgericht |
| BVerfGE .......... | Entscheidungen des Bundesverfassungsgerichts |
| bzw. ................. | beziehungsweise |
| | |
| CCA ................. | *Compensation Court Act* 1984 |
| CJ ..................... | Chief Judge |
| CLR ................. | Commonwealth Law Reports |
| Co. ................... | Company |

| | |
|---|---|
| d. h. .................... | das heißt |
| DSS .................. | Department of Social Security |
| EGV ................. | Vertrag zur Gründung der Europäischen Gemeinschaften |
| Einf. ................. | Einführung |
| Erg.L. ............... | Ergänzungslieferung |
| EU ..................... | Europäische Union |
| Exch. ................ | Court of Exchequer Law Reports |
| ff. ...................... | Folgende |
| FLR .................. | Federal Law Reports |
| Fn. ..................... | Fußnote |
| FS ...................... | Festschrift |
| GG ................... | Grundgesetz |
| h. M. .................. | herrschende Meinung |
| HGB ................. | Handelsgesetzbuch |
| Hrsg. ................ | Herausgeber |
| HS-UV ............. | Gesetzliche Unfallversicherung (Kommentar) |
| HVBG .............. | Hauptverband der gewerblichen Berufsgenossenschaften |
| HWCA ............. | Heads of Workers' Compensation Authorities |
| in liq ................ | in liquidation |
| IR ...................... | Industry Commission Reports |
| i. V. m. .............. | in Verbindung mit |
| J ........................ | Judge |
| JA ...................... | Judge of Appeal |
| Jura .................. | Juristische Ausbildung |
| LSG ................. | Landessozialgericht |
| Ltd. ................... | Limited |
| MdE ................. | Minderung der Erwerbsfähigkeit |
| Mio. ................. | Million |

MP .................... Member of Parliament
Mrd. .................. Milliarde
MVR ................ Motor Vehicle Reports

NJW .................. Neue Juristische Wochenschrift (Zeitschrift)
No. .................... Number
Nr. ..................... Nummer
NSW ................ New South Wales
NSWCCR ......... New South Wales Compensation Court Reports
NSWIC ............. New South Wales Industry Commission
NSWLR ............ New South Wales Law Reports
NZS ................... Neue Zeitschrift für Sozialrecht (Zeitschrift)

OHSA .............. *Occupational Health and Safety Act* 1982
ors ..................... others

P ........................ President (of the Court)
para. .................. paragraph
Pty. .................... Proprietary

RegE ................. Regierungsentwurf
RHpflG ............. Reichshaftpflichtgesetz
Rn. .................... Randnummer
RVO ................. Reichsversicherungsordnung

S. ....................... Seite
SC ..................... Supreme Court
sec. .................... section
SGb ................... Die Sozialgerichtsbarkeit (Zeitschrift)
SGB .................. Sozialgesetzbuch
SGG .................. Sozialgerichtsgesetz
SozR ................. Sozialrecht (Loseblattsammlung)
SozVers ............ Die Sozialversicherung (Zeitschrift)
SR ..................... State Reports
SSA ................... *Social Security Act* 1991
std. Rspr. ........... ständige Rechtsprechung

| | |
|---|---|
| StGB ................ | Strafgesetzbuch |
| t/as .................... | trading as |
| Tab. ................... | Tabelle |
| Tbc .................... | Tuberkulose |
| Urt. .................... | Urteil |
| USK .................. | Urteilssammlung für die gesetzliche Krankenversicherung |
| UVG ................ | Unfallversicherungsgesetz |
| v. ....................... | vom |
| VersR ............... | Versicherungsrecht (Zeitschrift) |
| vgl. .................... | vergleiche |
| VR .................... | Victorian Reports |
| VwGO ............... | Verwaltungsgerichtsordnung |
| VwVfG ............ | Verwaltungsverfahrensgesetz |
| WA ................... | Western Australia |
| WCA ................ | *Workers Compensation Act* 1987 |
| WCR ................ | Workers' Compensation Board Reports (NSW) |
| WIMAWCA ...... | *Workplace Injury Management and Workers Compensation Act* 1998 |
| z.B. .................... | zum Beispiel |
| ZSR .................. | Zeitschrift für Sozialreform |

# 1. Kapitel: Einleitung

Der deutsche Sozialstaat ist in einem Wandel begriffen. Zum einen sind innerhalb des Systems Strömungen zu erkennen „vom fürsorglichen zum aktivierenden Sozialstaat“[1] und zu einem „schlankeren Staat“[2]. Eine Reduzierung der Staatsaufgaben wird für notwendig erachtet, weil ihre Finanzierbarkeit an Grenzen gestoßen ist. Die sozialen Sicherungssysteme seien in der Vergangenheit zu sehr ausgebaut worden, jetzt sei die Zeit gekommen durch Privatisierung diese Entwicklung wenigstens teilweise wieder umzukehren.[3] Zum anderen stellt sich die „Frage nach dem zukünftigen Gesicht des Sozialstaats“ in Europa.[4]

Die gesetzliche Unfallversicherung ist eine der Komponenten des Sozialstaats. Sie schafft ein besonderes Entschädigungssystem für Arbeitnehmer, die Schäden in Zusammenhang mit einer betrieblichen Tätigkeit erleiden (arbeitsbedingte Schäden). In Deutschland hat sich die gesetzliche Unfallversicherung bewährt.[5] Der soziale Schutz der Arbeitnehmer ist auf hohem Niveau sichergestellt.[6] Andere EU-Mitgliedstaaten halten ein besonderes Ausgleichssystem für arbeitsbedingte Schäden für überflüssig und unnötig Kosten verursachend.

Auch wenn in weiten Kreisen für die Beibehaltung der Grundstrukturen des Systems plädiert wird,[7] ist eine Suche nach alternativen Gestaltungsmöglichkeiten für die gesetzliche Unfallversicherung angezeigt. Die gesetzliche Unfallversicherung hat einen sehr umfassenden gesetzlichen Leistungsauftrag. Den deutschen Unternehmen entsteht dadurch im europäischen Vergleich eine erhebliche Kostenbelastung, die ihre Konkurrenzfähigkeit in Europa mindert.[8] Die „Verschlankung des Staates“ könnte bei der gesetzlichen Unfallversicherung ansetzen. Die gesetzliche Unfallversicherung würde sich anbieten, weil sie mit ihrer Organisationsstruktur und der Alleinzuständigkeit der Berufsgenossenschaften klar abgrenzbar ist. Außerdem ist die Alleinzuständigkeit der Berufsgenossenschaften im Hinblick auf das europäische Gemeinschaftsrecht fraglich.[9] Der Ausschluss des Wettbewerbs, den das Monopol der Berufsgenossenschaften mit sich bringt, ist im Hinblick auf Art. 90 EGV nur zulässig, wenn er sich rechtfertigen lässt. Besondere Bedeutung erlangt in diesem Zusammenhang die Frage, ob der besondere Ausgleich arbeitsbedingter Schäden ebenso gut durch private Versicherungsgesellschaften erfolgen kann.[10] Doch darf die Reduzierung

---

[1] Zitat von Bundeskanzler SCHRÖDER nach: HELLER, Gottfried, Politikwende bringt DAX auf Trab, Börse Online, Nr. 28 1999, S. 162.

[2] SCHOLZ, Schlankerer Staat tut not!, S. 987; HEINTZEN, NZS 1999, S. 209; LEICHSENRING, BG 1996, S. 434.

[3] SCHOLZ, Schlankerer Staat tut not!, S. 987 f.; STOLLEIS, Industrielle Revolution und Sozialversicherung, S. 1081 (1090).

[4] Dabei handelt es sich um einen der fünf Forschungsschwerpunkte des Institut für die Zukunft der Arbeit, Vis-A-Vis Magazin, Januar 1999, S. 13.

[5] GITTER, BB Beilage 6 1998, S. 2.

[6] GITTER, SGb 1993, S. 297 (303); GOEKE / GRAEFF, BArBl 10 / 1996, S. (9) 13.

[7] PAPIER / MÖLLER, NZS 1998, S. 353; GITTER, SGb 1993, S. 297 (303).

[8] GITTER, BB Beilage 6 1998, S. 2.

[9] Dienstleistungsfreiheit Art. 59 ff. EGV, Wettbewerbsfreiheit Art. 85 ff. EGV; Giesen, Sozialversicherungsmonopol und EG-Vertrag, S. 1 ff.; LEICHSENRING / PETERMANN, SozVers 1998, S. 14 (20).

[10] PAPIER / MÖLLER, NZS 1998, S. 353.

bestehender Staatsaufgaben kein Selbstzweck werden. Die Vor- und Nachteile, die eine Privatisierung für die Allgemeinheit bringen wird, müssen so weit wie möglich ermittelt und bewertet werden.[11] Die Privatisierung der gesetzlichen Unfallversicherung darf nicht als rein organisatorisches Problem begriffen werden.[12] Inhaltlich nimmt die gesetzliche Unfallversicherung in der deutschen Rechtsordnung eine Sonderstellung ein, gerade im Hinblick darauf, dass sie das allgemeine Haftungs- und Schadensrecht ablöst, die Leistungen aber ein umfassender und vollwertiger Ersatz entsprechend den dem geschädigten Arbeitnehmer entgehenden Schadensersatzansprüchen sein sollen.[13]

Diese Beziehung der gesetzlichen Unfallversicherung zum allgemeinen Haftungs- und Schadensrecht macht einen Vergleich mit dem Workers' Compensation-System von New South Wales besonders interessant. Arbeitsbedingte Schäden werden in vielen Ländern durch besondere Entschädigungssysteme ausgeglichen. In New South Wales hat das „Workers' Compensation Scheme" diese Funktion. Im Vergleich der besonderen Entschädigungssysteme werden Systeme mit freier Anspruchskonkurrenz von Systemen unterschieden, die eine Haftungsablösung vorsehen. Freie Anspruchskonkurrenz bedeutet, dass die besonderen Entschädigungstatbestände neben das allgemeine Schadensrecht treten und der Geschädigte wählen kann, welche Ansprüche er geltend machen will. Ein System, das hingegen die Haftungsablösung vorsieht, lässt den besonderen Ausgleich an die Stelle des allgemeinen Haftungs- und Schadensrechts treten. Die Haftung des Arbeitgebers für arbeitsbedingte Schäden wird durch das besondere Entschädigungssystem abgelöst. Das Workers' Compensation Scheme ist auf freier Anspruchskonkurrenz aufgebaut, die gesetzliche Unfallversicherung in Deutschland hingegen auf Haftungsablösung. Die Überlegungen, die gesetzliche Unfallversicherung zu privatisieren, müssen auch die Möglichkeit oder sogar die Notwendigkeit der Aufhebung des Grundsatzes der Haftungsablösung mit einbeziehen. Als Alternative könnte das Workers' Compensation Scheme New South Wales in Betracht kommen.

Die verschiedenen Rechtsordnungen, denen die Systeme in New South Wales und Deutschland angehören, und die unterschiedliche Struktur machen die genaue Festlegung allgemein verwendeter Begriffe nötig. So wird der Begriff „soziale Sicherheit" international gebraucht, jedoch in verschiedenen Zusammenhängen sehr unterschiedlich definiert.[14] „Systeme sozialer Sicherheit" soll hier der Oberbegriff für die Rechtsgebiete beider Staaten sein, welche Sozialleistungen zum Gegenstand haben.[15] Auch nach WANNAGAT hat sich „der Begriff ‚soziale Sicherheit' als einheitliche Bezeichnung für recht verschiedene Sozialleistungssysteme, wie sie in den einzelnen Staaten bestehen, durchgesetzt".[16] Für Deutschland stimmt der Begriff daher im Ergebnis mit dem Begriff des Sozial-

---

[11] vgl. SOKOLL, BG 1998, S. 422.
[12] GITTER, Schadensausgleich im Arbeitsunfallrecht, S. 201.
[13] GITTER, Schadensausgleich im Arbeitsunfallrecht, S. 146.
[14] EICHENHOFER, Sozialrecht, Rn. 92; WANNAGAT, Lehrbuch des Sozialversicherungsrechts, S. 34.
[15] vgl. EICHENHOFER, Sozialrecht, Rn. 1.
[16] WANNAGAT, Lehrbuch des Sozialversicherungsrechts, S. 35.

rechts überein, der in New South Wales unbekannt ist.[17] Social Security in New South Wales soll auch als Social Security bezeichnet werden und ist, obwohl wörtliche Übersetzung des Begriffs, hier nicht mit „sozialer Sicherheit“ identisch. Grund dafür ist, dass das Workers' Compensation-System in New South Wales aus dem Social Security-System ausgegliedert ist, auch wenn es sich historisch um „the pioneer system of social security“[18] handelt.

In Deutschland ist die Bezeichnung Pflichtversicherung für die gesetzliche Unfallversicherung gebräuchlich. Manchmal wird auch von Zwangsversicherung gesprochen. WANNAGAT bemängelt die Ungenauigkeit der Bezeichnung.[19] Es bestehe keine Pflicht, kein Zwang, eine Versicherung abzuschließen. Es zieht vielmehr das Gesetz, bei Vorliegen bestimmter Sachverhalte, die Versicherung nach sich. In New South Wales spricht man von „compulsory insurance“, was sowohl mit Zwangs- als auch mit Pflichtversicherung übersetzt werden kann. Dort besteht tatsächlich die Verpflichtung einen dem Gesetz entsprechenden Versicherungsvertrag abzuschließen. Aufgrund dieses Unterschieds soll das System von New South Wales als Pflichtversicherung und das deutsche als Zwangsversicherung oder Versicherung kraft Gesetzes bezeichnet werden.

Für das besondere Entschädigungssystem in New South Wales soll der Begriff Workers' Compensation beibehalten werden. Ausgleichsansprüche und -leistungen werden solche aufgrund der gesetzlichen Unfallversicherung und dem *Workers Compensation Act* 1987[20] sein, in Anlehnung an die australische Nomenklatur. Der Begriff der Entschädigung soll alternativ dazu gebraucht werden und nicht im engeren Sinne des Rechts der sozialen Entschädigung, wie er in Deutschland Teil des Sozialrechts ist.[21] Ansprüche nach deutschem Delikts- und Schadensrecht und dem australischen Common Law werden als Ansprüche nach allgemeinem Haftungs- und Schadensrecht bezeichnet.

Der Begriff des „Common Law“ hat mehrere Bedeutungen. Zum einen wird so der anglo-amerikanische Rechtskreis insgesamt bezeichnet, dem man das kontinental-europäische Recht mit der Bezeichnung „Civil Law“ gegenüberstellt. Zum anderen ist das Common Law aber auch ein Teilgebiet dieses Rechtskreises. Es bezeichnet das dem anglo-amerikanischen Rechtskreis eigene, von den Gerichten geschaffene Recht. Es wird abgegrenzt von dem vom Parlament geschaffenen Gesetzesrecht und dem Rechtsgebiet der „Equity“, ein in Ergänzung zum Common Law geschaffenes Richterrecht des Court of Chancery.[22] Es ist diese engere Bedeutung des Common Law, die für diese Arbeit vor allem wichtig sein wird.

---

[17] EICHENHOFER, Sozialrecht, Rn. 2; In anderen Staaten ist das sprachliche Pendent zum deutschen Wort „Sozialrecht“ entweder nicht geläufig oder es hat einen anderen Sinn: So bedeutet „droit social“ in deutscher Terminologie das Arbeits- und Sozialrecht; vgl. auch RÜFNER, Einführung in das Sozialrecht, S. 11.

[18] BARTRIP, Workmen's Compensation in Twentieth Century Britain, S. 11.

[19] WANNAGAT, Lehrbuch des Sozialversicherungsrechts, S. 299.

[20] Der Gesetzgeber hat für den *Workers Compensation Act* 1987 im Gegensatz zum *Workers' Compensation Act* 1926 bewusst auf die Verwendung des Apostrophs verzichtet. MILLS, loose-leaf, S. 971.

[21] GITTER, Sozialrecht, S. 3 ff.

[22] ZWEIGERT / KÖTZ, Einführung in die Rechtsvergleichung, S. 185; PADFIELD, Law Made Simple, S. 14 ff.

Ein Schlüsselbegriff der besonderen Entschädigungssysteme ist der des arbeitsbedingten Schadens, der alternativ zur arbeitsbedingten Schädigung gebraucht wird.[23] Weitere Schlüsselbegriffe sind die des Arbeitgebers und des Arbeitnehmers. Keines der Gesetze enthält eine Definition des Begriffs des Arbeitgebers.[24] Im SGB VII wird vom Arbeitgeber überhaupt nicht gesprochen, sondern vom Unternehmer. Unternehmer ist derjenige, dem das Ergebnis des Unternehmens unmittelbar zum Vor- und Nachteil gereicht.[25] Damit ist gleichzeitig der Begriff des Arbeitgebers festgelegt, weil „Arbeitgeber" und „Unternehmer" im Rahmen der gesetzlichen Unfallversicherung die gleiche Bedeutung haben. Beleg dafür sind auch die allgemeinen Vorschriften im SGB IV, wo im Zusammenhang mit der gesetzlichen Unfallversicherung der Begriff des Arbeitgebers verwendet wird.[26] Das australische Recht spricht ausschließlich vom Arbeitgeber (employer). Arbeitgeber ist in beiden Systemen die „andere Seite" des abhängigen Beschäftigungsverhältnisses.[27] Er ist nach beiden Systemen derjenige, der einen oder mehrere Arbeitnehmer beschäftigt.[28] Die Begriffe des Arbeitgebers und Unternehmers sind daher Synonyme. Während das SGB VII stets vom Arbeitnehmer spricht, ist im *Workers Compensation Act* 1987 nicht vom „employee" sondern stets vom „worker" die Rede, was darum auch mit Arbeiter übersetzt werden soll.

---

[23] vgl. GITTER, Schadensausgleich im Arbeitsunfallrecht, S. 84.
[24] WANNAGAT, Lehrbuch des Sozialversicherungsrechts, S. 251.
[25] § 136 II Nr. 1 SGB VII.
[26] SCHULIN, Sozialrecht Rn. 285.
[27] WANNAGAT, Lehrbuch des Sozialversicherungsrechts, S. 250.
[28] vgl. PALANDT, BGB Einf. vor § 611 Rn. 6; MARKS & MCLEAN, ¶ 401 ff.

## 2. Kapitel: Länderberichte

### *A. New South Wales*

New South Wales ist einer der sechs Staaten des Commonwealth of Australia, wie die offizielle Bezeichnung des Bundes lautet. Der Bevölkerungsanteil des Staates, knapp 6 Mio. Einwohner, beträgt ein Drittel der Gesamtbevölkerung Australiens und er weist mit der Stadt Sydney die größte Siedlung des fünften Kontinents auf.[29] Das Commonwealth of Australia ist ein föderaler Bundesstaat, der in sechs Staaten[30] und zwei Territorien[31] gegliedert ist.

Die Verfassung des Commonwealth of Australia sieht für den Bund eng umschriebene Gesetzgebungskompetenzen vor. Darunter fallen die Leistungen sozialer Sicherheit, die in Australien einheitlich geregelt sind durch den *Social Security Act* 1991 (SSA).[32] Der Bund hat hingegen keine Zuständigkeit für staatliche Versicherungen (state insurance).[33] Da der Ausgleich arbeitsbedingter Schäden in der Form einer Versicherung durchgeführt wird, fällt er in die Kompetenz der Staaten. Diese ist in der Verfassung von New South Wales umschrieben als Kompetenz für „the peace, welfare and good government of New South Wales".[34] Unter diese Formulierung wird auch der Ausgleich arbeitsbedingter Schäden subsumiert. Auch wenn das Workers' Compensation Scheme oft als „eine Art Social Security" bezeichnet wird, ist es daher nicht Teil des nationalen Social Security-Systems.

In Australien sind es zehn verschiedene Systeme, die für den Ausgleich arbeitsbedingter Schäden von ungefähr 5,73 Mio. Arbeitern zuständig sind. Es gibt die der sechs australischen Staaten sowie der zwei Territorien, ein weiteres für Seeleute und das des Commonwealth.[35] Die Systeme basieren auf ganz unterschiedlichen Grundsatzentscheidungen, die von einer öffentlichen bis zu einer privaten Struktur reichen und von Haftungsablösung bis zu freier Anspruchskonkurrenz.[36]

In New South Wales ist das Thema Workers' Compensation ständiger Diskussionspunkt. [37] Der Sydney Morning Herald, die größte Tageszeitung in New South Wales, beschäftigt sich regelmäßig damit und es wurde gesagt, dass Workers' Compensation Prämien die Staatspolitik bestimmen.[38] Mit der absoluten

---

[29] HUNTER, The Statesman's Year Book 1997-98, S. 197.
[30] Western Australia, Queensland, New South Wales, Victoria, South Australia und Tasmania.
[31] Northern Territory und Australian Capital Territory.
[32] sec. 51 para. (xxiii) und (xxiiiA) der Verfassung des Commonwealth of Australia zählen auf: „maternity allowances, widows' pensions, child endowment, unemployment, pharmaceutical, sickness and hospital benefits, medical and dental services, benefits to students and family allowances."
[33] sec. 51 para. xiv der Verfassung des Commonwealth of Australia; PALMER, Compensation for Incapacity, S. 280.
[34] sec. 5 *Constitution Act* 1902 (NSW).
[35] INDUSTRY COMMISSION, Report No. 36, S. 15.
[36] GRELLMAN Report, S. 224 f.
[37] Council on the Cost of Government, S. 8.
[38] Ronald Clive McCallum, Blake Dawson Waldron Professor in Industrial Law, University of Sydney.

Belastung der Arbeitgeber kann das bei einem Prämiensatz von 2,6% des Lohnaufkommens nicht erklärt werden. Aber die Grundstruktur des Systems sozialer Sicherheit machen die Workers' Compensation Prämien zu einem spürbaren Posten der Gesamtabgaben der Arbeitgeber.

Das Workers' Compensation-System in New South Wales ist ein staatliches, gesetzliches Entschädigungssystem. Bei arbeitsbedingter Schädigung werden Arbeitnehmern verschuldensunabhängige Ersatzansprüche gegen ihre Arbeitgeber eingeräumt. Das System beruht auf dem Versicherungsprinzip, d. h. für die Arbeitgeber besteht Versicherungspflicht, die Arbeitnehmer können die gesetzlich festgelegten Leistungen aus der Versicherung beanspruchen. Das System wird oft als „WorkCover New South Wales" bezeichnet, nach der zuständigen Behörde, der WorkCover Authority of New South Wales. Der Workers Compensation Court, ein Fachgericht, ist für Streitigkeiten über die Entschädigungsansprüche zuständig. Sein besonders geregeltes, streitiges Verfahren folgt vereinfachten Verfahrens- und Beweisgrundsätzen. Eine Vielzahl von Gesetzen macht das Ausgleichssystem sehr komplex: Der *Workplace Injury Management and Workers Compensation Act* 1998 (WIMAWCA) gibt dem System den Rahmen. Er enthält grundsätzliche und organisatorische Regelungen und erklärt die Vorschriften über die Entschädigung der Arbeiter des *Workers Compensation Act* 1987 (WCA) für gültig. Der *Workers Compensation (Dust Diseases) Act* 1942 regelt Staublungenerkrankungen (dust diseases). Für sie gilt ein noch stärker beschleunigtes, noch informelleres Verfahren und die Entscheidung von Streitigkeiten ist dem Dust Diseases Tribunal übertragen. Daneben gibt es besondere Regelungen im *Workers' Compensation (Brucellosis) Act* 1979, *Workers Compensation (Bush Fire, Emergency and Rescue Services) Act* 1987[39] und dem *Sporting Injuries Insurance Act* 1978.[40]

Die Ausgleichsansprüche der Arbeitnehmer werden durch das Common Law ergänzt.[41] Dabei handelt es sich um das dem englischen Rechtskreis eigene Richterrecht. Primäre Rechtsquelle des Common Law sind Entscheidungen der Gerichte, die seit 1066 in Fallsammlungen dokumentiert werden.[42] Das Common Law ist geprägt durch Kasuistik, die für jeden zu lösenden Falltyp die spezifischen Besonderheiten eines Deliktstatbestandes herausarbeitet. Besonders wichtig und für arbeitsbedingte Schäden relevant ist die Generalklausel des Negligence-Tatbestandes.[43] Common Law Negligence ist die Bezeichnung für den Deliktstatbestand, der jemanden wegen eines von ihm vorwerfbar verursachten, indes nicht vorsätzlich herbeigeführten, Schadens ersatzpflichtig macht. Negligence umschreibt auch mit einem Wort die Grundvoraussetzungen des Tatbestandes: Der Schädiger muss eine Sorgfaltspflicht verletzt haben (breach of duty of care), die ihm gegenüber einem Personenkreis obliegt, zu dem auch der Geschädigte gehört.[44] Rechtsfolge eines solchen Common Law-Anspruchs ist im-

---

[39] sec. 7 WCA.
[40] MILLS, loose-leaf, S. 9001 ff.; CCH, loose-leaf, ¶ 33-926.
[41] The Australian Insurance Institute, S. 102.
[42] PADFIELD, Law Made Simple, S. 16.
[43] ZWEIGERT / KÖTZ, Einführung in die Rechtsvergleichung, S. 627.
[44] ZWEIGERT / KÖTZ, Einführung in die Rechtsvergleichung, S. 611.

mer Schadensersatz in der Form von Geldleistungen.[45] Durchgesetzt werden Common Law-Ansprüche im allgemeinen Rechtsweg.

Daneben können berufsbedingte Schäden auch auf nationaler Ebene durch die Sozialgesetzgebung des Commonwealth of Australia ausgeglichen werden.[46] Leistungen nach dem *Social Security Act* 1991 werden auf Antrag bei Vorliegen der gesetzlichen Voraussetzungen in einem administrativen Verfahren gewährt. Sie sollen einen minimalen Lebensstandard gewährleisten. Streitigkeiten werden vor dem Social Security Appeals Tribunal ausgetragen.[47]

In New South Wales kommen somit alle drei grundsätzlichen Modelle des Schadensausgleichs zum Tragen: Das allgemeine Haftungs- und Schadensrecht in der Form des Common Law, ein spezielles gesetzliches Entschädigungssystem, das Workers' Compensation Scheme, und mit dem Social Security-System ein administratives Ausgleichssystem.[48]

## I. Das System sozialer Sicherheit

Das System sozialer Sicherheit in New South Wales wird charakterisiert durch die Problematik des Zusammenspiels von staatlichem Entschädigungsrecht und dem bundeseinheitlichen Social Security-System. Eine genaue Kenntnis der Social Security-Vorschriften, die für arbeitsbedingt Geschädigte von Bedeutung sind, ist daher für den geschädigten Arbeiter und seinen Rechtsbeistand ausgesprochen wichtig.[49]

Während es dem geschädigten Arbeiter früher überlassen war, zwischen Social Security- und Workers' Compensation-Leistungen zu wählen, hat der Bundesgesetzgeber in den letzten zehn Jahren Regelungen geschaffen, die dem Workers' Compensation-System eine vorrangige Leistungspflicht zuweisen. Dadurch soll zum einen verhindert werden, dass der Arbeiter doppelt entschädigt wird, sofern er sich entschließen sollte sowohl Ansprüche nach dem *Social Security Act* 1991 als auch nach dem *Workers Compensation Act* 1987 geltend zu machen.[50] Zum anderen soll eine Kostenverlagerung vom Staat auf den Bund[51], oder von den Arbeitgebern (die das Workers' Compensation-System finanzieren) auf die Gemeinschaft,[52] verhindert werden.

Der *Social Security Act* 1991 stellt nämlich eine ganze Reihe von Leistungen zur Verfügung. Dazu gehören namentlich Altersrenten, Leistungen im Krankheitsfall, Arbeitslosenunterstützung, Renten bei Behinderung, Unterstützung für Eltern, Ausbildungsförderung für Studenten, Witwen- und Waisenrenten, Unter-

---

45 ZWEIGERT / KÖTZ, Einführung in die Rechtsvergleichung, S. 187.
46 NOMCHONG / WARDHAUGH, Workers' Compensation Handbook, S. 103; New South Wales Law Reform Commission, Accident Compensation (Issues Paper), S. 41.
47 VAN STEENWYK, Law Society Journal, May 1988, S. 56 (58).
48 STEWART, Workers' Compensation and Social Security: An Overview, S. 4; vgl. HWCA, Promoting Excellence, S. 28.
49 HASTWELL / RICHARDSON, Law Society Journal, October 1995, S. 67.
50 INDUSTRY COMMISSION, Report No. 36, S. 173 f.; HWCA, Promoting Excellence, S. 101.
51 New South Wales Law Reform Commission, Accident Compensation: Transport Accidents Scheme for New South Wales (Working Paper 1), S. 10.
52 WOODHOUSE Report, S. 26.

stützungen bei Neuanfang oder Umzug. Finanziert wird das Social Security-System aus dem Steueraufkommen.[53] Die Leistungen werden auf Antrag vom Department of Social Security gewährt, wenn die tatbestandsmäßigen Voraussetzungen erfüllt sind.[54] Bei den Leistungen handelt es sich um Festbeträge, die sich am Existenzminimum orientieren. Die Leistungen werden zudem nur bei Bedarf gewährt, d. h. nur wenn kein anderes Vermögen und keine Einkünfte vorhanden sind.[55] Das Social Security-System erfasst damit nur Bedürftige und die Zahlungen sind in der Regel niedriger sind als Workers' Compensation-Zahlungen.

Für einen geschädigten Arbeiter besteht trotzdem ein Anreiz, die Leistungen nach der Sozialgesetzgebung des Bundes geltend zu machen. Der Zugang zu den Social Security-Leistungen ist aufgrund des administrativen Verfahrens viel einfacher und schneller, als der Zugang zu den Workers Compensation Leistungen. Als besonderer Vorteil erscheint das einfachere Verfahren des Social Security-Systems, wenn die Workers' Compensation-Ansprüche streitig sind.[56] So wird ein Arbeiter regelmäßig Leistungen im Krankheitsfall nach dem *Social Security Act* 1991 in Anspruch nehmen während er auf seine Workers' Compensation-Zahlungen warten muss.[57] Ein Arbeiter wird auch dann auf Social Security-Leistungen zurückgreifen, wenn und soweit Workers' Compensation-Leistungen zeitlich oder der Höhe nach begrenzt sind.[58]

Darin liegt auch die Möglichkeit und Gefahr, dass Kosten vom Staat auf den Bund verlagert würden.[59] Die staatlichen Workers' Compensation-Systeme können insofern von dem nationalen Social Security-System verdeckt Gebrauch machen. Sie senken ihre Kosten und reduzieren die Ausgaben, indem sie die Arbeiter veranlassen Social Security- statt Workers' Compensation-Leistungen zu beanspruchen.[60] Die Mechanismen, durch die dies erreicht werden kann, sind vielfältig: Durch eine aufschiebende Wirkung der Rechtsmittel kann ein Arbeiter gezwungen werden, sich vorläufig andere finanzielle Unterstützung zu suchen. Schon die Definition der Schlüsselbegriffe des Entschädigungssystems, wie z. B. „worker", bestimmt den Geltungsbereich des Gesetzes und damit die Frage, ob sich ein geschädigter Arbeiter an den Staat oder Bund wenden wird.[61] Je schwieriger der Zugang zu den Workers' Compensation-Leistungen durch die staatliche Gesetzgebung gestaltet wird und je enger die Voraussetzungen für Ansprüche nach der staatlichen Gesetzgebung sind, desto wahrscheinlicher ist es, dass ein geschädigter Arbeiter sich an den Bund wenden wird, um finanzielle Unterstützung zu erlangen.

Im Gegenzug versucht der Bund durch die Sozialgesetzgebung dieser bewussten Kostenverlagerung entgegenzuwirken und gleichzeitig Regelungen zu schaffen,

---

[53] PALMER, Compensation for Incapacity, S. 47, 51.
[54] sec. 41 SSA.
[55] STEWART, Workers' Compensation and Social Security: Personal and Social Cost, S. 30; PALMER, Compensation for Incapacity, S. 47, 51.
[56] NOMCHONG / WARDHAUGH, Workers' Compensation Handbook, S. 103.
[57] STEWART, Workers' Compensation and Social Security: An Overview, S. 106.
[58] INDUSTRY COMMISSION, Report No. 36, S. 169.
[59] INDUSTRY COMMISSION, Report No. 36, S. 169 ff.
[60] STEWART, Workers' Compensation and Social Security: An Overview, S. 110.
[61] INDUSTRY COMMISSION, Report No. 36, S. 92.

die Doppelentschädigungen verhindern.[62] Der *Social Security Act* 1991 sieht mehrere Wege vor, um beides zu erreichen.

1. Der Arbeiter kann durch das Department of Social Security auf seine Workers' Compensation-Ansprüche verwiesen werden.[63] Es handelt sich um eine Ermessensentscheidung. Die erfolglose Geltendmachung von Ansprüchen nach dem *Workers Compensation Act* 1987 ist keine Voraussetzung für einen Anspruch nach dem *Social Security Act* 1991.[64]

2. Einige Staatsgesetze sehen vor, dass die Workers' Compensation-Leistungen gekürzt oder gestrichen werden können, wenn den Geschädigten dann Leistungen nach dem *Social Security Act* 1991 zustehen. Auch in New South Wales gibt es in sec. 45 WCA eine entsprechende Vorschrift.[65] Die Bundesgesetzgebung sieht vor, dass der Geschädigte so behandelt wird, als ob er Entschädigung erhielte und es die Bestimmung in dem Staatsgesetz nicht gäbe.[66]

Die Möglichkeit eine solche Regelung zu treffen, leitet der Bund aus der Verfassung ab:

> „When a law of a state is inconsistent with a law of the Commonwealth, the latter shall prevail [...] and the former shall, to the extent of the inconsistency, be invalid."[67]

3. Bereits gewährte Social Security-Leistungen müssen zurückerstattet werden, sobald der Arbeiter Leistungen nach dem *Workers Compensation Act* 1987 erhält.[68] Laufende Social Security-Zahlungen vermindern sich um den Betrag, der im Hinblick auf den gleichen Schaden als Entschädigung in der Form von wöchentlichen Zahlungen (weekly payments)[69] geleistet wird.

4. Erhält der Arbeiter einen Pauschalbetrag, der auch eine Entschädigung für Vermögensschäden enthält, besteht für zukünftige Ansprüche nach dem *Social Security Act* 1991 eine Ausschlussfrist, sec. 17, 1165 (3C) SSA.[70] Um diese Frist zu berechnen, wird folgende Formel verwendet: Wird das Verfahren durch Gerichtsurteil beendet, dann wird der Anteil für Vermögensschäden durch eine Aufschlüsselung des Schadensersatzbetrages, der stets ein Pauschalbetrag ist, durch den Richter festgelegt. Wenn ein Verfahren durch Vergleich beendet wurde und der Pauschalbetrag auch den Ersatz von Vermögensschäden vorsieht, dann wird davon ausgegangen, dass 50% des Gesamtbetrages als Ersatz für Vermögensschäden vorgesehen ist. Der so festgestellte Betrag wird dann divi-

---

62 MARKS & MCLEAN, ¶ 2704; MARKS & BALLA, ¶ 814 f.; Office of the Commissioner for Employees' Compensation, S. 112; *Baugh v George Weston Foods Ltd. t/as Weston Milling* (1997) http://www.austlii.edu.au/au/cases/nsw/supreme_ct/95020191.html; *Manser v Spry & anor* (1994) 181 CLR 428; *Dey v Victorian Railways Commissioners* (1949) 78 CLR 62; *Kwanchi Pty. Ltd. v Kocsis* (1996) http://www.austlii.edu.au/au/cases/nsw/supreme_ct/95040174.html.

63 sec. 1164 SSA.

64 NOMCHONG / WARDHAUGH, Workers' Compensation Handbook, S. 105.

65 CCH, loose-leaf, ¶ 33-950.

66 sec. 1163B WCA; CCH, loose-leaf, ¶ 33-950.

67 sec. 109 *The Constitution*.

68 INDUSTRY COMMISSION, Report No. 36, S. 163, 173.

69 sec. 33 ff. WCA.

70 NOMCHONG / WARDHAUGH, Workers' Compensation Handbook, S. 104.

diert durch die als AWE „all persons average weekly earnings" festgestellte Zahl, welche das Australian Bureau of Statistics jedes Jahr veröffentlicht.[71] Das Ergebnis dieser Division ergibt die Anzahl der Wochen, für die der Arbeiter von der Geltendmachung von Social Security-Ansprüchen ausgeschlossen ist.

Keinerlei Ansprüche auf staatliche finanzielle Hilfe in Notsituationen zu haben, widerspricht aber dem Grundgedanken sozialer Sicherheit. Es soll ja gerade ein Sicherheitsnetz für die in Not geratenen zur Verfügung gestellt werden. Darum sieht sec. 1184 SSA ein Ermessen vor, unter besonderen Umständen eine Workers' Compensation-Zahlung als nicht erfolgt anzusehen, womit dem Arbeiter der Zugang zu den Social Security-Leistungen wieder eröffnet werden kann.[72] Wann solche besonderen Umstände vorliegen, wird im Gesetz nicht gesagt.[73] Finanzielle Not als solche soll allerdings nicht ausreichen. Die besonderen Umstände müssen außergewöhnlich sein und zu einem ungerechten, unvernünftigen oder sonst unangemessenen Ergebnis führen.[74] Es müssen in der Regel mehrere Umstände zusammentreffen, wie eine Änderung der Rechtslage, Krankheit, finanzielle Bedrängnis, die Auswirkungen auf Angehörige und besondere Ausgaben, damit eine Ausnahme nach sec. 1184 SSA in Betracht kommt.[75]

In der Praxis können diese Regelungen allerdings Schwierigkeiten bereiten. Die zur Verfügung stehenden Studien zeigen, dass sogar die größten Summen, die als Pauschalbetrag gewährt werden, in relativ kurzer Zeit aufgebraucht sein können.[76] Eine gängige Schätzung besagt, dass eine große Mehrheit derjenigen, die einen Pauschalbetrag erhalten, innerhalb von fünf Jahren auf Social Security-Leistungen angewiesen ist. Damit wäre ohne Ausschlussfrist die Doppelentschädigung der Regelfall. Die strikte Anwendung der Ausschlussfrist hat aber zur Folge, dass der Empfänger sogar unverschuldet in finanzielle Notsituationen geraten kann, ohne irgendwelche Ansprüche auf Leistungen sozialer Sicherheit zu haben.[77]

Es muss folglich sichergestellt werden, dass die Arbeiter über Rückzahlungsverpflichtungen und Ausschlussfristen informiert sind. Werden die Arbeiter nicht hinreichend über die Verpflichtung zur Rückzahlung aufgeklärt, können sie zum Zeitpunkt der Forderungen des Department of Social Security bereits anderweitig über die Geldbeträge verfügt haben.[78] Vorgeschlagen wurde, die Aufklärungs- und Hinweispflichten den Versicherungsunternehmen aufzuerlegen. Tatsächlich ist es die Anwaltschaft, der diese Verpflichtung obliegt und die hierfür auch haftbar gemacht werden kann.[79]

Das System sozialer Sicherheit in New South Wales hat somit einen nachteiligen und problematischen Aspekt. Die Konkurrenz von staatlichem Entschädigungsrecht und nationalem Social Security-Recht führt dazu, dass der Bundes-

---

[71] CCH, loose-leaf, S. 47,733.
[72] HASTWELL / RICHARDSON, Law Society Journal, October 1995, S. 67 (69).
[73] VAN STEENWYK, Law Society Journal, May 1988, S. 58.
[74] CARNEY / HANKS, Social Security in Australia, S. 206.
[75] CARNEY / HANKS, Social Security in Australia, S. 207.
[76] BROOKS, Guidebook to Occupational Health and Safety, S. 919.
[77] STEWART, Workers' Compensation and Social Security: An Overview, S. 105.
[78] STEWART, Workers' Compensation and Social Security: An Overview, S. 107.
[79] NOMCHONG / WARDHAUGH, Workers' Compensation Handbook, S. 103.

gesetzgeber Maßnahmen ergriffen hat, um Doppelentschädigungen zu verhindern und einer Kostenverlagerung entgegenzuwirken. Es wurde aber kein Gesamtkonzept geschaffen, welches die Staaten mit einbezogen und die gesetzlichen Regelungen aufeinander abgestimmt hätte. Das hat zur Folge, dass die Maßnahmen letztlich zu Lasten der Geschädigten gehen.[80]

## II. Die geschichtliche Entwicklung

Das Workers' Compensation-System entstand als Alternative zum allgemeinen Haftungs- und Schadensrecht. Will man die geschichtliche Entwicklung des Ausgleichs arbeitsbedingter Schäden in New South Wales untersuchen, muss man seinen Blick zunächst nach England richten. Weil New South Wales englische Kolonie war, galten dort die englischen Rechtsgrundsätze. An der Geltung englischen Rechts änderte sich auch nichts, als sich die Kolonien des fünften Kontinents 1900 zum Commonwealth of Australia zusammenschlossen. Die australischen Gerichte behielten sich aber vor, das Recht entsprechend der australischen Gegebenheiten fortzuentwickeln. Der Einfluss des englischen Rechts blieb trotzdem bestehen, insbesondere bis 1986.[81] Bis dahin konnten höchstrichterliche australische Entscheidungen dem Privy Council des englischen House of Lords zur Überprüfung vorgelegt werden.[82] Heute sind englische Präjudizien nicht mehr bindend, sie werden aber zur Überzeugungsbildung dennoch nach wie vor herangezogen.[83] ZWEIGERT / KÖTZ stellen auch fest: „Von den großen nichteuropäischen Ländern des anglo-amerikanischen Rechtskreises ist – wie uns scheint, Australien dasjenige, dessen Recht dem englischen immer noch am nächsten steht.“[84]

### 1. Die Entwicklung der Arbeitgeberhaftung in England

Anfang des 19. Jahrhunderts wurden in England die Bedürftigen hauptsächlich durch private Hilfsorganisationen unterstützt und versorgt[85], ansonsten fielen sie unter das Armenrecht.[86] England war im 19. Jahrhundert Schauplatz der industriellen Revolution.[87] Die Arbeitsbedingungen waren schlecht. Einfachste Sicherheitsvorkehrungen wurden außer Acht gelassen, gefährliche Maschinen und Gerätschaften nicht gesichert.[88] Die hygienischen Bedingungen waren so schlecht, dass sie zu Epidemien führten und zu dem ersten Arbeitssicherheitsgesetz, dem *The Health and Morals of Apprentices Act* 1802.[89]

---

[80] INDUSTRY COMMISSION, Report No. 36, S. 174.

[81] Die *Australia Acts* 1986 beseitigten die der britischen Regierung verbliebenen Kompetenzen, die eine Einflussnahme auf die australischen Regierungsgeschäfte ermöglichten. HUNTER, The Statesman's Year-Book 1997-98, S. 110.

[82] HUNTER, The Statesman's Year-Book 1997-98, S 121.

[83] ZWEIGERT / KÖTZ, Einführung in die Rechtsvergleichung, S. 217.

[84] ZWEIGERT / KÖTZ, Einführung in die Rechtsvergleichung, S. 218.

[85] „Friendly Societies“ WILLOUGHBY, Workingmen's Insurance, S. 235 - 261.

[86] CARNEY / HANKS, Social Security in Australia, S. 26.

[87] HENDERSON, British Social Reforms and German Precedents, S. 8.

[88] BARTRIP / BURMAN, The wounded soldiers of industry, S. 9.

[89] GUNNINGHAM, Safeguarding the Worker, S. 38.

Die rechtliche Situation der Arbeiter in der Folge eines Arbeitsunfalles nach dem Common Law ist bis 1837 weitgehend unbekannt.[90] Als Geburtsstunde eines Rechtsgebiets Workers' Compensation wird im Allgemeinen der Fall *Priestley v Fowler*[91]aus dem Jahr 1837 gesehen. Es handelt sich um den ersten dokumentierten Fall des englischen High Court, der sich mit einer Klage eines Gehilfen (servant) gegen seinen Geschäftsherrn (master) beschäftigte, die auf eine arbeitsbedingte Schädigung gestützt wurde:[92] Als ein überladener Lastkarren umstürzte, wurde der Lenker, ein Metzgergehilfe, heruntergeschleudert und brach sich ein Bein.[93] Die Klage wurde darauf gestützt, dass der Karren von dem Geschäftsherrn, jedenfalls aber mit seinem Wissen überladen worden war. Die Urteilsbegründung ging aber auf den Aspekt eines Verschuldens des Geschäftsherrn nicht ein, was nicht ohne Kritik geblieben ist. Es ist nicht verständlich, warum der Arbeitgeber nicht wegen einer eigenen Sorgfaltspflichtverletzung zur Verantwortung gezogen wurde. Er schickte seinen Gehilfen mit dem Karren los, obwohl er wusste, dass der Karren überladen war.[94] BROOKS stellt fest, dass in den Dokumenten des Falles kein Hinweis darauf zu finden ist, dass der Karren von Mitarbeitern beladen worden war.[95] Trotzdem lag diese Annahme Lord ABINGERS Urteilsbegründung offensichtlich zugrunde. Er sah die alleinige Problematik des Falles in der Frage nach der stellvertretenden Haftung des Arbeitgebers für seine Mitarbeiter.

Lord ABINGER stellte fest, dass es keinen Präzedenzfall gäbe und die Entscheidung darum aufgrund allgemeiner Rechtsgrundsätze getroffen werden müsse. Er erkannte zunächst eine grundsätzliche Sorgfaltspflicht des Arbeitgebers an:

> „He is, no doubt, bound to provide for the safety of his servant in the course of his employment to the best of his judgment, information, and belief."[96]

Er wies die Klage aber ab, da er es für „absurd" hielt, die Geschäftsherrn für Fehler ihrer Gehilfen verantwortlich zu machen, wenn diese sich gegenseitig Schäden zufügten. Aus seiner Urteilsbegründung wurde später ein Rechtsprinzip abgeleitet, die Doctrine of Common Employment.[97] Die Doctrine besagt, dass ein Arbeitgeber nicht haftbar gemacht werden kann für Schäden, die einem Arbeiter durch die Fahrlässigkeit eines Kollegen entstehen. Dass die Annahme einer stellvertretenden Haftung des Arbeitgebers im vorliegenden Fall und als Rechtsprinzip „absurd" sei, hatte der Richter mit einer Reihe von Beispielen belegt. Seine Beispiele nannten Hausbedienstete und Selbständige, wie das Zimmermädchen, das einen Hausgast in klammer Bettwäsche schlafen lässt, und

---

[90] BARTRIP / BURMAN, The wounded soldiers of industry, S. 24.

[91] (1837) 3 M & W, BROOKS, Guidebook to Occupational Health and Safety, S. 16.

[92] BARTRIP, Workmen's Compensation in Twentieth Century Britain, S. 2.

[93] BARTRIP / BURMAN, The wounded soldiers of industry, S. 103.

[94] BARTRIP / BURMAN, The wounded soldiers of industry, S. 105.

[95] BROOKS, Guidebook to Occupational Health and Safety, S. 15.

[96] Zitiert nach: BROOKS, Guidebook to Occupational Health and Safety, S. 16.

[97] MILLS, Workers Compensation (New South Wales), S. 517; YOUNG, Industrial Injuries Insurance, S. 150; BARTRIP / BURMAN, The wounded soldiers of industry, S. 103 ff.; GLASS / MCHUGH / DOUGLAS, The Liability of Employers in Damages for Personal Injury, S. 100.

den Metzger, der schlechtes Fleisch liefert.[98] Da diese Beispiele ganz unterschiedliche Rechtsbeziehungen betreffen, im ersten Fall eine Hausangestellte, im zweiten einen selbständigen Unternehmer, eigneten sie sich nicht für die Begründung oder Ablehnung eines Rechtsprinzips. BARTRIP / BURMAN sind der Ansicht, dass Lord ABINGERS Worte deutlich machen, dass das Urteil eher nach politischen als nach rechtlichen Gesichtspunkten gefällt wurde.[99] Er hatte zum Ausdruck gebracht, dass er zugunsten des Arbeitgebers entschied, da jede andere Entscheidung „einer Klageflut Tür und Tor öffnen" und „ungeahnte Folgen" haben würde. Diese Einstellung wurde als repräsentativ für das richterliche Denken seiner Zeit bezeichnet.[100]

Lord ABINGER griff ausdrücklich auf das Rechtsprinzip volenti non fit injuria[101] zurück, um die Klage abzuweisen:

> „The servant is not bound to risk his safety in the service of his master, and may if he thinks fit, decline any service in which he reasonably apprehends injury to himself: and in most in which danger may be incurred, if not in all, he is just as likely to be acquainted with the probability and extent of it as the master."[102]

Geht der Arbeiter ein Risiko ein, welches ihm bekannt ist, dann kann er seinen Arbeitgeber nicht für den Schaden aus der Realisierung dieses Risikos verantwortlich machen.[103] Der Aussage, dass der Arbeiter eine Aufgabe ablehnen könne, wenn er für sich selber die Gefahr einer Schädigung sehe, liegt aber eine ganz unrealistische Annahme zugrunde. Es war einem Arbeiter aufgrund der gesellschaftlichen und wirtschaftlichen Verhältnisse - damals noch viel mehr als heute - nicht möglich, eine Aufgabe, die ihm sein Arbeitgeber zugewiesen hatte, unter Hinweis auf mangelnde Sicherheit und ein zu großes Risiko abzulehnen. Das Weisungsrecht des Arbeitgebers ist ein Merkmal eines Beschäftigungsverhältnisses. Die Mehrzahl der Arbeiter hatte zudem schon deshalb keine Wahl, weil es in den größten Industriezweigen, dem Bergbau und den Manufakturen, keine „sicheren" Arbeitsplätze gab, auf die der Arbeiter hätte ausweichen können.

Die in Lord ABINGERS Urteil enthaltenen Grundsätze wurden mit dem Fortschreiten der Industrialisierung im Verlauf des 19. Jahrhunderts fortentwikkelt.[104] Die Gerichte begannen im Bereich des Common Law spezielle Pflichten der Arbeitgeber gegenüber ihren Arbeitnehmern anzuerkennen und damit die Grundlagen zu definieren, unter denen Arbeitgeber ersatzpflichtig werden.[105] Die Arbeitgeber hatten die Pflichten, kompetente Arbeiter auszuwählen und eine sichere Arbeitsstätte zur Verfügung zu stellen. Der Geschädigte konnte eine

---

98 BROOKS, Guidebook to Occupational Health and Safety, S. 15; BARTRIP / BURMAN, The wounded soldiers of industry, S. 105.
99 BARTRIP / BURMAN, The wounded soldiers of industry, S. 104.
100 BARTRIP, Workmen's Compensation in Twentieth Century Britain, S. 6.
101 YOUNG, Industrial Injuries Insurance, S. 151.
102 Zitiert nach: BROOKS, Guidebook to Occupational Health and Safety, S. 16.
103 INDUSTRY COMMISSION, Report No. 36, S. F2.
104 INDUSTRY COMMISSION, Report No. 36, S. F3.
105 GUNNINGHAM, Safeguarding the Worker, S. 49.

Common Law Negligence-Klage auf die schuldhafte Verletzung dieser Sorgfaltspflichten stützen. Dem Arbeitgeber standen auf der anderen Seite drei rechtsvernichtende Einreden zur Verfügung, um sich gegen den Anspruch zu verteidigen. Die schon erwähnten Doctrine of Common Employment und volenti non fit injuria sowie die Einrede des Mitverschuldens, die damals den Anspruch ausschloss.[106] Diese drei Einreden wurden auch als „unholy trinity of common law defences" bezeichnet.[107] Ihre extensive Auslegung stand nämlich einer erfolgreichen Anspruchstellung in den meisten Fällen entgegen. Da es den Arbeitern zudem oblag ihren Arbeitgebern in einem formellen Beweisverfahren unter Beibringung zweier Augenzeugen ein Verschulden nachzuweisen, hatten Klagen von geschädigten Arbeitern kaum Aussicht auf Erfolg.[108] Dazu kam, dass der finanzielle Aufwand für ein Gerichtsverfahren für einen Arbeiter zu hoch war und ein Arbeiter mit dem Verlust seines Arbeitsplatzes rechnen musste sowie später, als Störenfried abgestempelt, wenig Chancen hatte wieder eine Anstellung zu finden.[109] Zusammen mit der Tatsache, dass sich viele Arbeitgeber im Schadenfall um ihre Arbeiter kümmerten, kann dies als Erklärung dafür dienen, dass der erste gerichtliche Fall so spät in der Geschichte der Arbeitsunfälle erscheint, und dass auch in der Folge nur wenige Fälle bekannt werden.[110]

Der Versuch, die Situation für geschädigte Arbeiter durch Gesetze zu verbessern, hatte keinen Erfolg. Zunächst war eine Ausgleichszahlung für Arbeiter an die strafgerichtliche Verurteilung der Arbeitgeber geknüpft. Es ist kein Fall einer solchen Ausgleichszahlung bekannt geworden. Auch das Gesetz zur Arbeitgeberhaftung, der *Employers' Liability Act* 1880,[111] konnte die Situation der Arbeiter nicht verbessern. Zum einen war das Gesetz beschränkt auf manuell tätige Arbeiter und auf die Einzelverpflichtungen des Arbeitgebers zuverlässiges Personal und eine sichere Arbeitsstätte zur Verfügung zu stellen. Eine generelle Fürsorge- oder Schutzpflicht wurde abgelehnt. Zum anderen standen den Arbeitgebern nach wie vor die drei rechtsvernichtenden Einreden zu, um Ansprüche abzuwehren.

Mit der fortschreitenden Industrialisierung, die durch mehr Technik größere und immer weniger kontrollierbare Risiken für die Arbeitnehmer mit sich brachte, wurde das bestehende Haftungsrecht von immer mehr Parlamentariern und Juristen nicht mehr als ausreichendes Ausgleichssystem angesehen.[112] Auf der Suche nach alternativen Lösungen wurde auch die Möglichkeit einer Versicherung diskutiert.[113] Der Blick richtete sich nach Deutschland.[114] Bismarcks gesetzliche Unfallversicherung diente als Vorlage für den 1897 erlassenen *Workmen's Compensation Act*.[115] In England hielt man aber die Unterschiede in den Gesell-

---

106 INDUSTRY COMMISSION, Report No. 36, S. F3. Erst nach 1950 fing man an, im Falle von Mitverschulden den Schaden proportional aufzuteilen.

107 FLEMING J zitiert in: *Commissioner of Railways v Ruprecht* (1979) 142 CLR 563.

108 WOODHOUSE Report, S. 24; INDUSTRY COMMISSION, Report No. 36, S. F2, F3.

109 BARTRIP / BURMAN, The wounded soldiers of industry, S. 26 ff.

110 BARTRIP, Workmen's Compensation in Twentieth Century Britain, S. 2 f.

111 BROOKS, Guidebook to Occupational Health and Safety, S. 28 - 48.

112 New South Wales Law Reform Commission, Accident Compensation (Outline of Issues Paper), S. 5;BARTRIP / BURMAN, The wounded soldiers of industry, S. 190 ff.

113 BARTRIP / BURMAN, The wounded soldiers of industry, S. 140.

114 HENNOCK, British Social Reforms and German Precedents, S. 3 ff.

115 HWCA, Promoting Excellence, S. 26.

schafts- und Wirtschaftsstrukturen der beiden Länder für so erheblich, dass die auf „Zwang“ und „Bürokratie“ gegründete deutsche Lösung abgelehnt wurde. Der *Workmen's Compensation Act* 1897 führte im Prinzip eine Gefährdungshaftung der Arbeitgeber unter weitgehender Ausschaltung der Schuldfrage ein.[116] Die Versicherung war Aufgabe privater Versicherungsgesellschaften. Es war jedoch keine Versicherungspflicht vorgesehen.[117]

2. Workers' Compensation in New South Wales

Die Industrialisierung stellte New South Wales im 19. Jahrhundert vor die gleiche Herausforderung.[118] Die Unzufriedenheit mit dem bestehenden Haftungsrecht Ausgangs des Jahrhunderts glich der Situation in England. Unter Übernahme des englischen Gesetzes von 1897 erließ daher das Parlament von New South Wales 1910 seinen ersten *Workmen's Compensation Act* 1910. Dieser schaffte ein Ausgleichssystem nach dem Prinzip der Gefährdungshaftung. Arbeiter, die bei ihrer Beschäftigung geschädigt wurden, hatten gesetzliche Ansprüche, unabhängig davon, ob sie ihrem Arbeitgeber ein Verschulden nachweisen konnten.[119] Die Frage nach Anspruchskonkurrenz oder Haftungsablösung wurde dabei außer Acht gelassen. Das Common Law hatte gegenüber den gesetzlichen Ansprüchen keine Bedeutung, weil die Arbeitnehmer ihre Schadensersatzansprüche in der Praxis nicht durchsetzen konnten.

Eine grundlegende Reform brachte der *Workers' Compensation Act* 1926: Die Doctrine of Common Employment fand keine Anwendung mehr.[120] Es war dieses Gesetz, welches zuerst das Konzept der Versicherungspflicht sowie der Zulassung und Regulierung der (privatrechtlich organisierten) Versicherungsgesellschaften beinhaltete. Der *Workers' Compensation Act* 1926 erfuhr zwei entscheidende Änderungen, die sich beide auf das Verhältnis von gesetzlichen und Common Law-Ansprüchen bezogen. 1938 wurde ein bindendes Wahlrecht eingeführt: Hatte sich ein Arbeiter für einen Antrag auf Workers' Compensation-Leistungen an die damals zuständige Kommission entschieden, konnte er danach kein Common Law-Verfahren mehr anstrengen.[121] 1953 wurde diese Regelung umgekehrt[122] und nachfolgend das Gesetz dahingehend ausgelegt, dass auch noch im Anschluss an die Anspruchstellung nach dem *Workers' Compensation Act* 1926 Common Law-Klagen zulässig seien.[123] Im Rahmen des *Workers' Compensation Act* 1926 kam auch vor ungefähr 25 Jahren eine Entwicklung zum Abschluss, die den Schutz des Gesetzes auf alle Beschäftigten ausdehnte.[124]

---

[116] RITTER, Bismarck und die Grundlegung des deutschen Sozialstaates, S. 789 (804).
[117] HENNOCK, British Social Reforms and German Precedents, S. 74 f.
[118] vgl. GUNNINGHAM, Safeguarding the Worker, S. 69.
[119] New South Wales Law Reform Commission, Accident Compensation (Issues Paper), S. 2.
[120] *Hamilton v Nuroof* (1956) 96 CLR 18; BROOKS, Guidebook to Occupational Health and Safety, S. 54.
[121] YOUNG, Industrial Injuries Insurance, S. 152.
[122] MILLS, Workers Compensation (New South Wales), S. 486; *Lewis v G.H. Varley Pty. Ltd. & Westham Dredging Co. Pty. Ltd.* (1996) http://www.austlii.edu.au/au/cases/nsw/supreme_ct/unrep641.html.
[123] BROOKS, Guidebook to Occupational Health and Safety, S. 55; *Workers' Compensation (Amendment) Act* 1953, sec. 7 (1) (c) (i) WCA.
[124] Ronald Clive McCallum, Blake Dawson Waldron Professor in Industrial Law, University of Sydney.

In den letzten 20 Jahre nahm das System eine rasante Entwicklung. Anfang der 1980er Jahre explodierten die Kosten geradezu. Während sich laut Statistik in einem Vergleichszeitraum die Zahl der Anträge um 20% reduziert hatte und die Zahl der Todesfälle um 30% zurückgegangen war, stiegen die Zahlungen um 140%.[125] Als Gründe wurden insbesondere die hohen Kosten für die Rechtsverfolgung, teils bedingt durch die Länge der Verfahren, die hohen Kosten für die medizinische Behandlung und die Präferenz der Geschädigten für Pauschalbeträge angeführt.[126] Da auch die Schwächen der privaten Versicherungswirtschaft für die Situation verantwortlich gemacht wurden, führte die Regierung zunächst für die Versicherungsgesellschaften eine verbindliche Formel zur Ermittlung der Prämiensätze ein. Damit erhielt das privatrechtliche Versicherungssystem eine weitere öffentliche Komponente.[127] Die so eingeführte Formel ist auch heute noch maßgebend. Der nach der Formel errechnete Prämiensatz war ein Höchstsatz, von dem die Versicherungsgesellschaften allerdings aufgrund der ständig schlechter werdenden finanziellen Situation kaum abwichen.[128] Die Versicherungsgesellschaften gerieten durch die vorgeschriebene Prämienermittlung so unter finanziellen Druck, dass sie sich im August 1986 veranlasst sahen, der Regierung ein Ultimatum zu stellen: Wenn das System nicht grundlegend reformiert würde, dann würden sie sich zum 30. September 1987 von der Workers' Compensation-Versicherung zurückziehen.[129]

Das Ergebnis dieses Ultimatums war der *Workers Compensation Act* 1987. Der Staat übernahm das Versicherungsrisiko und schuf somit im Prinzip ein öffentliches System.[130] Zum ersten Mal in der Geschichte sah ein Workers' Compensation-Gesetz in New South Wales die Ablösung der Arbeitgeberhaftung vor. Das neue System erreichte die ihm gesetzten Ziele und konnte eine positive finanzielle Entwicklung verzeichnen.[131] Aber schon 1989 führte eine erneute Gesetzesänderung dazu, dass eine Anspruchstellung nach dem Common Law wieder möglich wurde.[132] Da die Vorschriften auf den Zeitpunkt des Erlasses des *Workers Compensation Act* 1987 zurückwirken, kann man festhalten, dass das Workers' Compensation Scheme in New South Wales stets ein System der Anspruchskonkurrenz war.[133] Durch eine komplexe gesetzliche Regelung, die das Common Law modifizierte, versuchte man die Kosten unter Kontrolle zu halten.[134] Wie sich später zeigte, war das nicht gelungen. Am 4. Dezember 1997 wurde das Workers' Compensation-System vom Rechnungsprüfer des Rechnungshofes in New South Wales offiziell für bankrott erklärt.[135]

---

[125] Parliamentary debates (Hansard), 27 May 1987, S. 12637, 28 May 1987, S. 12808.
[126] INDUSTRY COMMISSION, Report No. 36, S. F5.
[127] GRELLMAN Report, S. 16.
[128] GRELLMAN Report, S. 15 f.
[129] GRELLMAN Report, S. 16.
[130] INDUSTRY COMMISSION, Report No. 36, S. F5.
[131] GRELLMAN Report, S. 17 f.
[132] *Workers Compensation (Benefits) Amendment Act* 1989 (NSW), Schedule 1 - Amendment of *Workers Compensation Act* 1987 (NSW) relating to Common Law rights.
[133] sec. 151U WCA; MILLS, loose-leaf, S. 1691.
[134] CCH, loose-leaf, ¶ 34-300; MILLS, loose-leaf, S. 4801.
[135] Riley, Mark, Auditor declares workers comp bankrupt, The Sydney Morning Herald, Friday, 5 December 1997, S. 3.

Als Reaktion darauf erließ die Regierung im Juli 1998 den *Workplace Injury Management and Workers Compensation Act* 1998, dessen Kernstück die Privatisierung des Workers' Compensation Scheme ist.[136] Die Privatisierung des Systems war ursprünglich zum 1. Oktober 1999 vorgesehen. Im Juli 1999 trat eine Gesetzesänderung in Kraft, die das festgelegte Datum in allen Workers' Compensation-Gesetzen durch den Begriff „private insurance start time" ersetzt. Der Wortlaut des *Workers Compensation Legislation Amendment Act 1999* weist darauf hin, dass das System frühestens zum 1. Oktober 2000 privatisiert wird. Unabhängig von der Frage der Privatisierung gelten die Vorschriften des *Workers Compensation Act* 1987, die sich mit dem Schadensausgleich beschäftigen, unverändert weiter.

### 3. Das Verhältnis von Workers' Compensation zum Common Law

Traditionell sind im Common Law die Entscheidungen der Gerichte primäre Rechtsquelle.[137] Trotzdem sind in den Common Law-Rechtssystemen die Parlamente als Gesetzgeber vorrangig. Die Gesetze gehen darum den Grundsätzen des Common Law vor und können Rechtsregeln des Common Law ausdrücklich aufheben.[138] So wurde bezüglich der Abschaffung der Doctrine of Common Employment in *Hamilton v Nuroof* gesagt: „The defence of common employment has been abolished by statute."[139] Im *Workers Compensation Act* 1987 findet dieser Grundsatz in sec. 151F WCA Bestätigung, der die Gerichte, auch die des allgemeinen Rechtswegs, ausdrücklich verpflichtet die besonderen gesetzlichen Vorschriften des *Workers Compensation Act* 1987 anzuwenden.[140] GROVE J, Richter der Common Law Division des Supreme Court of New South Wales, stellte dementsprechend fest, that „it is convenient to adopt some of the congenial language of the Compensation Court jurisdiction".[141]

Der *Workers Compensation Act* 1987 sieht vor, dass Arbeitnehmer auch Ansprüche nach allgemeinen Regeln geltend machen können.[142] Die Common Law-Ansprüche werden allerdings durch den *Workers Compensation Act* 1987 in 26 Vorschriften modifiziert.[143] Die Modifikationen beziehen sich fast ausschließlich auf die Rechtsfolge, den Schadensersatz. Aus diesem Grund wird außer von modifiziertem auch von gesetzlichem Schadensersatz (statutory damages) gesprochen. Die Voraussetzungen der Common Law-Ansprüche, so wie sie über die Jahre entwickelt wurden, werden durch den *Workers Compensation Act* 1987 nicht berührt. Allerdings werden die Common Law-Ansprüche schwerer geschädigten Arbeitern vorbehalten und die Verteidigungsmöglichkeiten des Arbeitgebers gegenüber den Ansprüchen des Arbeiters eingeschränkt.

---

136 Parliamentary debates (Hansard), 2 July 1998, S. 6706.
137 ZWEIGERT / KÖTZ, Einführung in die Rechtsvergleichung, S. 198.
138 PADFIELD, Law Made Simple, S. 32.
139 (1956) 96 CLR 18.
140 *Lewis v G.H. Varley Pty. Ltd. & Westham Dredging Co. Pty. Ltd.* (1996) http://www.austlii.edu.au/au/cases/nsw/supreme_ct/unrep641.html.
141 *Hooker v State Rail Authority of NSW* (1998) http://www.austlii.edu.au/au/cases/nsw/supreme_ct/1998/330.html.
142 sec. 151 WCA.
143 CCH, loose-leaf, ¶ 34-300 ff.

Die Modifikationen des Schadensersatzes nähern diesen an die Entschädigungsansprüche nach dem *Workers Compensation Act* 1987 an. Durch die Begrenzung des Schadensersatzes sollen die Kosten des Systems begrenzt werden. Wichtig ist das insbesondere, weil für den Arbeitgeber Versicherungspflicht hinsichtlich aller Ansprüche besteht, die nach dem *Workers Compensation Act* 1987 auf ihn zukommen können. Das beinhaltet nicht nur die gesetzlichen Entschädigungsansprüche, sondern auch die (gesetzlichen) Common Law-Ansprüche.[144] Das Verfahren zur Geltendmachung der Common Law-Ansprüche unterliegt aber nicht den besonderen Vorschriften des Entschädigungssystems, sondern folgt allgemeinen Regeln.

Nach dem *Workers Compensation Act* 1987 besteht eine beschränkte Wahlpflicht: Der Arbeiter muss grundsätzlich zwischen Workers' Compensation-Leistungen und Common Law-Schadensersatz wählen. Diese Wahlpflicht beschränkt sich aber auf die Nichtvermögensschäden.[145] Ein Arbeiter kann wöchentliche Zahlungen als Entgeltersatz nach dem *Workers Compensation Act* 1987 in Anspruch nehmen, ohne dadurch sein Recht auf Schadensersatz zu beeinträchtigen.[146] Die Wahl wird zum einen durch die Annahme von Workers' Compensation-Leistungen[147] und zum anderen durch die Erhebung einer Klage auf Schadensersatz erklärt.[148] Ob die Workers' Compensation-Leistung wirksam angenommen wurde, bestimmt sich allein nach der Kenntnis des Arbeiters.[149] Die Entscheidung ist grundsätzlich unwiderruflich.[150] Bleibt die Klage auf Schadensersatz erfolglos, weil der Arbeiter z. B. das Verschulden des Arbeitgebers nicht nachweisen kann, dann erhält er keinerlei Ersatz seines Nichtvermögensschadens. Er kann aber auf die Entgeltersatzleistungen nach dem *Workers Compensation Act* 1987 zurückgreifen.[151]

Eine Wahl kann aber ausnahmsweise nicht erforderlich oder nicht endgültig sein:[152] Eine Wahlpflicht entfällt, wenn der Common Law-Anspruch sich gänzlich aus einem anderen Gesetz ableiten lässt, wie z. B. dem *Motor Accidents Act* 1988 bei Unfällen im Straßenverkehr, vgl. *Peter Warren (Fairfield) Pty. Ltd. v McMartin*.[153] Zudem kann ein Arbeiter die Möglichkeit haben Schadensersatz nach dem Common Law außerhalb von New South Wales geltend zu machen, vgl. *Pye v Butterfield Cheese Factors Pty. Ltd.*[154], was seine Entschädigungsan-

---

144 INDUSTRY COMMISSION, Report No. 36, S. 20; sec. 151X WCA *Marmo Terrazzo Products Pty. Ltd. v FAI Workers Compensation (NSW) Ltd. & anor - Marmo Terrazzo Products Pty. Ltd. v TRAD & ors* (1994) 10 NSWCCR 824.

145 sec. 151A WCA; The Australian Insurance Institute, S. 102.

146 MILLS, loose-leaf, S. 4871.

147 NOMCHONG / WARDHAUGH, Workers' Compensation Handbook, S. 85; Ein Scheck gilt erst als angenommen, wenn er bei der Bank eingereicht wurde und die Bank daraufhin gezahlt hat, *Baugh v George Weston Foods Ltd. t/as Weston Milling* (1997) http://www.austlii.edu.au/au/cases/nsw/supreme_ct/95020191.html.

148 BARTLEY / FERRARI, Workers' Compensation - 1994 Update, S. 46.

149 *The Broken Hill Pty. Co. Ltd. v Derron* (1998) http://www.austlii.edu.au/au/cases/nsw/supreme_ct/1998/59.html.

150 sec. 151A (4) WCA.

151 MARKS & MCLEAN, ¶ 2002.

152 NOMCHONG / WARDHAUGH, Workers' Compensation Handbook, S. 86.

153 (1996) http://www.austlii.edu.au/au/cases/nsw/supreme_ct/95040458.html.

154 (1996) 39 NSWLR 425.

sprüche in New South Wales unberührt lässt. Der *Workers Compensation Act* 1987 selbst sieht die Möglichkeit des Widerrufs der Wahl vor.[155] Hat ein Arbeiter tatsächlich eine Entschädigungsleistung für Nichtvermögensschäden angenommen, kann er die damit erklärte Wahl widerrufen, wenn sein Gesundheitszustand sich später erheblich verschlechtert und diese Verschlechterung nicht vorhersehbar war.[156]

## III. Das Workers' Compensation Scheme

Das Workers' Compensation Scheme ist ein staatliches Versicherungssystem. Es handelt sich um ein System der Fremdvorsorge, in welchem die Arbeitgeber versicherungs- und beitragspflichtig sind, während der Versicherungsschutz den Arbeitnehmern zugute kommt.[157] Die Organisationsstruktur des Workers' Compensation-System wird durch den *Workplace Injury Management and Workers Compensation Act* 1998 vorgegeben. Verwaltet wird das System von einer durch Gesetz geschaffenen vom Staat unabhängigen Behörde, der WorkCover Authority. Für die Versicherung im engeren Sinn, als dem wichtigsten Aspekt des gesamten Workers' Compensation-Systems, sind lizensierte private Versicherungsgesellschaften zuständig, die als Beauftragte der WorkCover Authority tätig werden. Eine Besonderheit des Systems ist ein eigenes Entschädigungssystem für Staublungenerkrankungen innerhalb des Workers' Compensation-Systems. Es wurden für alle Entschädigungstatbestände des Systems eigene Verfahrensregeln geschaffen und mit dem Compensation Court und dem Dust Diseases Tribunal zwei Fachgerichte eingerichtet.

Die Privatisierung, die der *Workplace Injury Management and Workers Compensation Act* 1998 vorsieht, bedeutet eine grundlegende Veränderung für das System. Da die Privatisierung aber bis zum 1. Oktober 2000 verschoben wurde, bleiben die Auswirkungen abzuwarten. Außerdem wurde der ständige beratende Ausschuss eingerichtet, der die rechtsetzende Funktion der WorkCover Authority übernimmt,[158] und das Premiums Rating Bureau, das für die Festsetzung der Methode der Prämienermittlung zuständig ist. Trotz dieser einschneidenden Änderungen wurden aber die meisten Vorschriften aus den vorausgegangenen Gesetzen, dem *Workers Compensation Act* 1987 und dem *WorkCover Administration Act* 1989 übernommen. Die neuen Vorschriften über die Versicherung erlangen am 1. Oktober 2000 Geltung, alle anderen Vorschriften sind bereits in Kraft.[159]

---

[155] sec. 151A (5) WCA.

[156] Dem Arbeiter wurde der Widerruf gestattet in: *Dubbelde v Farrell Bros. Pty. Ltd.* (1998) http://www.austlii.edu.au/au/cases/nsw/supreme_ct/1998/20.html.

[157] sec. 155 WCA, 144 WIMAWCA; HARRISON, Employment Accident Litigation, S. 3; Council on the Cost of Government, S. 21.

[158] Parliamentary debates (Hansard), 26 June 1998, S. 6707.

[159] Wo die Vorschriften noch nicht in Kraft sind, sich aber gleichen, sollen sie auch gleichzeitig genannt werden.

1. Die Verwaltung des Systems

Die WorkCover Authority of New South Wales gibt es seit 1989. Welche Rechtsnatur sie genau hat, ist umstritten.[160] Die WorkCover Authority ist eine durch Gesetz geschaffene, unabhängige administrative Körperschaft.[161] Ihre finanzielle Zielvorgabe beschränkt sich auf die Deckung ihrer Ausgaben, sie hat keine Gewinnerzielungsabsicht.[162] Der *Workplace Injury Management and Workers Compensation Act* 1998 behält Struktur, Aufgaben und Funktionen der WorkCover Authority grundsätzlich bei.[163]

Die Organe der WorkCover Authority sind der Vorstand und der Hauptgeschäftsführer. Der Vorstand setzt sich aus dem Hauptgeschäftsführer und weiteren sechs Direktoren, die auf Empfehlung des zuständigen Ministers vom Gouverneur ernannt werden, zusammen.[164] Aufgabe des Vorstandes ist die Festlegung der Geschäftspolitik sowie die Überwachung einer angemessenen und effizienten Aufgabenerfüllung.[165] Der Hauptgeschäftsführer führt die Geschäfte und vertritt die WorkCover Authority nach außen.[166] Aufsicht über die WorkCover Authority führt der Arbeitsminister, sec. 18 WIMAWCA.[167]

Die grundsätzlichen Aufgaben der WorkCover Authority werden in sec. 22 WIMAWCA aufgezählt: Sie ist verantwortlich für die Durchsetzung der Workers' Compensation-Gesetze und des Arbeitssicherheitsrechts. Damit gehen die Organisation und Verwaltung der dazugehörigen Systeme einher.[168] Gegenüber dem ständigen beratenden Ausschuss hat die WorkCover Authority eine Beratungs- und Unterstützungsfunktion. Dem Arbeitsminister hat die Authority auf Verlangen und nach eigenem Ermessen Bericht zu erstatten und Vorschläge zu unterbreiten.

Eine wichtige Aufgabe, die unverändert bestehen bleibt, ist die Zulassung der Versicherungsgesellschaften.[169] Auf Antrag erteilt die WorkCover Authority den Versicherungsgesellschaften eine Lizenz auf fünf Jahre. Die Authority entscheidet nach eigenem Ermessen, ob sie eine Versicherungsgesellschaft zulässt, wobei sie bestimmte Versagungsgründe zu berücksichtigen hat. Es besteht also kein Anspruch auf Lizenzerteilung.[170] Antragsberechtigt sind nach dem alten System alle New South Wales Körperschaften, nach dem neuen System grundsätzlich die Versicherungsgesellschaften die unter den *Insurance Act 1973* (Cth) fallen.[171] Eine Lizenz kann ausgesetzt oder zurückgenommen werden.[172] Die Entscheidung steht im freien Ermessen der WorkCover Authority, muss aber begründet werden.

---

160 Council on the Cost of Government, S. 8.
161 sec. 14 WIMAWCA.
162 Council on the Cost of Government, S. 13.
163 Parliamentary debates (Hansard), 26 June 1998, S. 6707.
164 sec. 15 WIMAWCA.
165 sec. 19 WIMAWCA.
166 sec. 16, 20 WIMAWCA.
167 Council on the Cost of Government, S. 34.
168 Council on the Cost of Government, S. 9; The Australian Insurance Institute, S. 109.
169 sec. 175 ff. WIMAWCA.
170 The Australian Insurance Institute, S. 32.
171 sec. 175 WIMAWCA.
172 sec. 182 f. WIMAWCA.

Insgesamt kann gesagt werden, dass die WorkCover Authority umfassend für das Workers' Compensation-System zuständig ist. Eine Schlüsselfunktion wurde allerdings dem beratenden Ausschuss (Workers Compensation Advisory Council) zugewiesen.[173] Er trägt damit die Verantwortung für das System: Der beratende Ausschuss setzt die Richtlinien für das System fest und schlägt Gesetzesänderungen vor. Es obliegt ihm die Entwürfe für formelle Gesetze und Verordnungen auszuarbeiten und sie der Regierung als Empfehlungen vorzulegen. Damit einher geht die Aufgabe das System zu überwachen, womit der beratende Ausschuss gleichzeitig eine wichtige Kontrollfunktion hat.[174]

Durch die Einrichtung dieses ständigen Ausschusses soll die durch den *Workplace Injury Management and Workers Compensation Act* 1998 neu eingeführte Mitwirkung und Mitbestimmung der Betroffenen gewährleistet werden. Der Ausschuss wird paritätisch besetzt durch fünf stimmberechtigte Arbeitgebervertreter und fünf stimmberechtigte Arbeitervertreter. Zusätzlich gehören zwei nicht stimmberechtigte Vertreter der Versicherungsgesellschaften und der Hauptgeschäftsführer der WorkCover Authority, der ein beschränktes Stimmrecht hat, dem Ausschuss an.[175]

2. Die Versicherung im engeren Sinn

Es gibt in New South Wales derzeit 13 lizensierte Versicherungsgesellschaften. Daneben besteht für große Unternehmen die Möglichkeit, Lizenzen für Eigenversicherungen zu erhalten. Am 30. Juni 1994 gab es 51 solche Eigenversicherer.[176] Eine der Aufgaben der Versicherungsgesellschaften unter dem alten und dem neuen System ist der Abschluss der Versicherungsverträge mit den Arbeitgebern. Die Versicherungsgesellschaften unterliegen dabei dem Kontrahierungszwang.[177] Diese Versicherungspolicen haben für jeweils zwölf Monate Gültigkeit.[178] Der Vertrag verlängert sich automatisch um zwölf Monate, es sei denn, dass der Arbeitgeber der Versicherungsgesellschaft gegenüber eine schriftliche Erklärung abgibt, dass er eine Verlängerung nicht wünscht.[179] Der Arbeitgeber hat dadurch die Möglichkeit, auf einfachem Weg die Versicherungsgesellschaft zu wechseln.

Der Inhalt der Versicherungsverträge und die Rechte und Pflichten der Parteien werden durch die Workers' Compensation-Gesetze festgelegt.[180] Interessant ist das Verhältnis vom Arbeitgeber zur Versicherungsgesellschaft und von beiden zum Arbeiter. Sowohl der Arbeitgeber als auch der Versicherer sind dem Arbeiter persönlich haftbar für die Entschädigungsansprüche nach dem *Workers Compensation Act* 1987.[181] Der Arbeiter macht seine Ansprüche grundsätzlich gegenüber seinem Arbeitgeber geltend, kann sich aber auch direkt an die Versi-

---

173 sec. 10 ff. WIMAWCA.
174 Parliamentary debates (Hansard), 26 June 1998, S. 6707.
175 sec. 10 WIMAWCA.
176 The Australian Insurance Institute, S. 35.
177 sec. 157 WCA, 148 WIMAWCA.
178 sec. 155A WCA, 145 WIMAWCA.
179 WorkCover New South Wales, Outline of the Workers Compensation Premium Scheme for New South Wales 1997/1998, S. 12.
180 vgl. sec. 159 WCA, sec. 151 WIMAWCA.
181 MARKS & MCLEAN, ¶ 2201.

cherungsgesellschaft wenden.[182] Er kann seine Ansprüche aus dem Versicherungsvertrag geltend machen, als sei er Partei des Versicherungsvertrages.[183] Übermittelt der Arbeitgeber der Versicherungsgesellschaft das Schadensformular, mit dem der Arbeiter seine Workers' Compensation-Ansprüche geltend macht, obliegt es der Versicherungsgesellschaft eine Entscheidung über die Zahlungsverpflichtung zu treffen und die Leistungen nach dem *Workers Compensation Act* 1987 zu erbringen. Der Arbeitgeber hingegen hat nicht das Recht den Anspruch anzuerkennen.[184] Arbeitgeber und Versicherungsgesellschaft stehen dem Arbeiter wie eine Person gegenüber. Darum liest man in New South Wales auch oft vom „Arbeitgeber / Versicherer". Der Versicherer ist durch alle behördlichen und gerichtlichen Entscheidungen, die gegenüber dem Arbeitgeber ergehen, in der gleichen Weise gebunden wie dieser.[185] Es wird auch üblicherweise von Workers' Compensation-Zahlungen des Arbeitgebers gesprochen, obwohl tatsächlich die Versicherungsgesellschaft die Leistungen erbringt.

Jede Versicherungsgesellschaft muss einen von ihrem übrigen Vermögen gesonderten Fonds einrichten und unterhalten.[186] In den Fonds fließen die von den Arbeitgebern gezahlten Prämien, die die Versicherungsgesellschaften erheben. Aus dem Fonds werden die Ansprüche nach dem *Workers Compensation Act* 1987 bedient sowie alle anfallenden Kosten beglichen und Zahlungen erbracht, die aus dem Workers' Compensation Scheme resultieren. Die Versicherungsgesellschaften haben keinen Einfluss auf die Höhe der Prämien und wenig Einfluss darauf, ob streitige Ansprüche erfolgreich verglichen werden können, weil die WorkCover Authority sich vorbehält etwaige Vergleiche zu genehmigen.[187] Für ihre Tätigkeit erhalten die Gesellschaften eine Vergütung. Sie bekommen 3,7% der Prämien des laufenden Versicherungsjahres, $ 88 für jeden abgeschlossenen oder verlängerten Versicherungsvertrag, für jedes abgeschlossene Verfahren $ 268 und 0,25% des Fondsvermögens.[188] Die Gesellschaften haften nicht für die nach dem *Workers Compensation Act* 1987 zu erbringenden Leistungen.[189] Die Garantie dafür übernimmt vielmehr nach dem derzeit noch gültigen System die WorkCover Authority (public underwriting statt private underwriting). Die Versicherungsgesellschaften handeln bei der Durchführung der Versicherung als Beauftragte der WorkCover Authority.[190]

Zum 1. Oktober 2000 wird das System privatisiert, was bedeutet, dass die Gewinn- und Verlustchance der Workers' Compensation Versicherung von den (nach wie vor lizensierten) Versicherungsgesellschaften übernommen wurde (private underwriting). Die Versicherungsgesellschaften können allerdings auch in Zukunft die Prämien nicht frei kalkulieren. Der *Workplace Injury Management and Workers Compensation Act* 1998 schreibt die Festlegung der Methodik der Prämienermittlung durch das Premiums Rating Bureau und die Genehmi-

---

[182] The Australian Insurance Institute, S. 96.
[183] sec. 159 (5) WCA, sec. 151 (6) WIMAWCA.
[184] The Australian Insurance Institute, S. 73.
[185] MARKS & MCLEAN, ¶ 2201.
[186] sec. 195 ff. WIMAWCA.
[187] Council on the Cost of Government, S. 46.
[188] „Market value of invested funds" Council on the Cost of Government, S. 46.
[189] Council on the Cost of Government, S. 10.
[190] The Australian Insurance Institute, S. 33.

gung der Prämienermittlung durch die WorkCover Authority vor. Das zentrale Anliegen der Gesetzesreform ist eine Verbesserung der Strukturqualität und Prozessqualität in der Abwicklung der Schadensfälle, um eine schnellere, sichere und dauerhafte Rückkehr des Geschädigten in die Arbeitswelt bei möglichst hohen Verdienstmöglichkeiten zu erreichen.[191] Die Versicherungsgesellschaften bekommen deshalb die Aufgabe Pflichtenhefte zu erstellen, die Vorgaben für die medizinische Behandlung, medizinische und berufliche Rehabilitation sowie Schadensabwicklung enthalten.[192] Im konkreten Schadensfall werden sie in Zusammenarbeit mit dem geschädigten Arbeiter einen Injury Management Plan erstellen, der den Ablauf der weiteren Heilbehandlung und Rehabilitation für den Arbeiter verpflichtend festlegt. Die Versicherungsgesellschaften bekommen damit eine sehr weitreichende und aktive Rolle im Schadensmanagement.

3. Die Finanzierung des Systems

Das Workers' Compensation Scheme wird allein durch Beiträge der Arbeitgeber finanziert.[193] Erste Komponente der Beitragsbemessung ist die Grundprämie. Sie wird aus dem Lohnaufkommen des Unternehmens und einem Faktor für die Gefahrenklasse, in die das jeweilige Unternehmen eingestuft wird, ermittelt.[194] Zweite Komponente ist der Erfahrungswert (experience rating), der sich aus den für den Unternehmer aufgewendeten Kosten in der Folge von Schadensfällen ergibt.[195] Die Prämien fließen in gesetzliche Fonds, die von den Versicherungsgesellschaften verwaltet werden.[196]

Der *Workplace Injury Management and Workers Compensation Act* 1998 unterscheidet zwischen der Risikoprämie und der Gesamtprämie. Die Risikoprämie ist der Teil der Gesamtprämie, der zur Deckung der Entschädigungsleistungen bestimmt ist.[197] Die Gesamtprämie enthält zusätzlich die Verwaltungskosten der Versicherungsgesellschaft und ihre Gewinnmarge.[198] Während die Ermittlung der Risikoprämie Aufgabe des Premiums Rating Bureau ist, legen die Versicherungsgesellschaften ihre Methode zur Berechnung der Gesamtprämie selbst fest. Das Premiums Rating Bureau legt in Abstimmung mit dem beratenden Ausschuss die Methode fest, nach der die Risikoprämie zu ermitteln ist. Das Premiums Rating Bureau ist besetzt mit Vertretern aller zugelassenen Versicherungsgesellschaften und nicht stimmberechtigten Repräsentanten der Gewerkschaften und Arbeitgeber, die aus dem beratenden Ausschuss ernannt werden.[199] Die WorkCover Authority hat die vom Premiums Rating Bureau festgelegte Methode zur Ermittlung der Risikoprämie zu genehmigen.[200] Die Methode kann von der WorkCover Authority nur abgelehnt werden, wenn eine Unterdeckung ein-

---

191 sec. 41 ff. WIMAWCA.
192 Parliamentary debates (Hansard), 26 June 1998, S. 6707.
193 Council on the Cost of Government, S. 8, 13.
194 The Australian Insurance Institute, S. 60 – 67; *Workers Compensation (Insurance Premuims) Regulation* 1987.
195 Council on the Cost of Government, S. 9.
196 sec. 195 ff. WCA.
197 sec. 157 (1) WIMAWCA.
198 sec. 160 WIMAWCA.
199 Parliamentary debates (Hansard), 26 June 1998, S. 6707.
200 sec. 159 WIMAWCA.

treten wird oder eine erhebliche Überdeckung oder wenn größere Lastenausgleichsverfahren zwischen verschiedenen Industriezweigen vorgesehen oder vorhersehbar sind.[201] Die Prämien werden sich aber weiterhin aus den drei Komponenten Lohnaufkommen, Tarifklasse und Erfahrungswert zusammensetzen. Die Versicherungsgesellschaften haben der WorkCover Authority ihre Methode zur Berechnung der Gesamtprämie zur Genehmigung vorzulegen. Die WorkCover Authority kann die Methode nur ablehnen, wenn sie der Ansicht ist, dass die so berechneten Prämien die Verbindlichkeiten des Systems nicht abdecken werden.[202]

Neben den gesetzlichen Fonds der Versicherungsgesellschaften gibt es weitere, separate Fonds, in die (in gesetzlich näher bestimmter Weise) Anteile vom Prämienaufkommen eingezahlt werden. Aus dem WorkCover Authority Fund bestreitet die WorkCover Authority alle Verwaltungskosten und laufenden Kosten des Workers' Compensation Scheme. Dazu gehören unter anderem die Kosten des Compensation Court.[203] Daneben gibt es den Sonderausgleichsfonds des *Workers Compensation (Dust Diseases) Act* 1942.[204] Für den Fall der Insolvenz einer Versicherungsgesellschaft, wurde der Insurers' Guarantee Fund eingerichtet.[205] Hat ein Arbeitgeber, entgegen der gesetzlichen Verpflichtung, keinen Versicherungsvertrag abgeschlossen, greift das Uninsured Liability and Indemnity Scheme.[206] Dabei handelt es sich um eine von der WorkCover Authority verwaltete Ausfallversicherung.[207]

### 4. Der Rechtsschutz im System

Das Workers' Compensation Scheme stellt für die Entschädigungsansprüche ein eigenes Rechtsschutzsystem zur Verfügung.

#### a. Das Schlichtungsverfahren

Bevor eine Klage vor Gericht möglich ist, muss ein Schlichtungsverfahren durchgeführt werden.[208] Die WorkCover Authority unterhält zu diesem Zweck einen Schlichtungsausschuss.[209] Jede Partei des streitigen Anspruchs kann ein Schlichtungsverfahren anstrengen.[210] Der Arbeiter kann dies allerdings erst, wenn entweder der Arbeitgeber / Versicherer den Anspruch bestritten hat oder 35 Tage vergangen sind seit ordnungsgemäßer Antragstellung auf wöchentliche Zahlungen[211] bzw. zwölf Wochen seit Beantragung des Ersatzes von Nichtvermögensschäden.[212]

---

[201] sec. 159 (6) WIMAWCA; Parliamentary debates (Hansard), 2 July 1998, S. 6978.
[202] sec. 161 WIMAWCA; Parliamentary debates (Hansard), 26 June 1998, S. 6708
[203] sec. 35 (2) WIMAWCA.
[204] Parliamentary debates (Hansard), 2 July 1998, S. 6978.
[205] sec. 225 ff. WCA, sec. 203 ff. WIMAWCA; CCH, loose-leaf, ¶ 33-155.
[206] sec. 218 ff. WIMAWCA; CCH, loose-leaf, ¶ 33-130.
[207] MARKS & MCLEAN, ¶ 2209.
[208] NOMCHONG / WARDHAUGH, Workers' Compensation Handbook, S. 57.
[209] BEED / FITZGERALD / WORTHINGTON, The role of conciliation, S. 1.
[210] sec. 78 (1) WIMAWCA.
[211] Parliamentary Debates (Hansard), 26 June 1998, S. 6708; 2 July 1998, S. 6976.
[212] sec. 101 - 103 WIMAWCA.

Das Schlichtungsverfahren ist im Wesentlichen ein Treffen zwischen dem Arbeiter und eventuell seinem Rechtsbeistand sowie der Versicherungsgesellschaft und deren Rechtsbeistand.[213] Es soll klargestellt werden, wo die Streitpunkte liegen und ob diese nicht einvernehmlich lösbar sind. Der Vermittler muss alle erdenkbaren Anstrengungen unternehmen, um zwischen den Parteien des Rechtsstreits ein Einverständnis herbeizuführen.[214] Ihm wurden zu diesem Zweck weitreichende Befugnisse eingeräumt: Er kann Informationen einholen und diese nach eigenem Ermessen an die Parteien weitergeben.[215] Er kann auch die persönliche Anwesenheit der Parteien anordnen.[216] Der Vermittler hat insbesondere die Befugnis, für einen Zeitraum von zwölf Wochen wöchentliche Zahlungen anzuordnen, sec. 95 (2), 96 WIMAWCA.

Kommt es im Rahmen des Schlichtungsverfahrens zu einer gütlichen Einigung, wird zwischen den Parteien ein Vergleichsvertrag geschlossen.[217] Wird keine Einigung erzielt, so erhalten die Parteien eine Urkunde über den ganz oder teilweise erfolglosen Schlichtungsversuch.[218] Außerdem kann ein Schlichtungsversuch beendet werden, indem der Vermittler den Parteien eine Urkunde ausstellt, dass der Anspruch tatsächlich streitig ist, sec. 95 (4) WIMAWCA, und sie gleichzeitig darauf hinweist, dass sie die Möglichkeit einer Klage vor dem Compensation Court haben.

b. Der Compensation Court

Eingerichtet wurde der Compensation Court of New South Wales durch den *Compensation Court Act* 1984 (CCA).[219] Der Compensation Court ist zuständig für alle ihm nach Gesetzen zugewiesenen Ansprüche, insbesondere die nach dem *Workers Compensation Act* 1987.[220] Es handelt sich um ein Fachgericht, das auf der Ebene des District Court[221] eingerichtet wurde, sec. 15 (2) CCA. Zu der Spezialisierung auf die Materie arbeitsbedingter Schädigung treten Besonderheiten im Verfahren. Insbesondere gilt der *Evidence Act* 1898 nicht wie vor dem District Court. Es gilt ein gelockertes Beweisverfahren, um, gegenüber dem Common Law-Verfahren, auf einem einfacheren Weg schneller und effektiver zu befriedigenden Ansprüchen zu kommen.[222] Auch ist der Compensation Court nicht streng an Präjudizien gebunden, sec. 17 (2) CCA. Über die Kostenverteilung entscheidet das Gericht nach seinem Ermessen.[223] Dem Antragsteller dürfen die Kosten aber nur auferlegt werden, wenn es sich um eine schikanöse Antragstellung handelt, sec. 112 (3) WIMAWCA.[224]

---

213 BEED / FITZGERALD / WORTHINGTON, The role of conciliation, S. 1 ff.
214 sec. 79 (1) WIMAWCA.
215 sec. 80, 81 WIMAWCA.
216 sec. 82 WIMAWCA.
217 sec. 86 WIMAWCA.
218 sec. 84 WIMAWCA.
219 sec. 4 CCA.
220 sec. 15 (1) CCA.
221 Der District Court ist das Gericht mittlerer Ebene eines dreistufigen Gerichtsaufbaus auf Landesebene; vgl. ZWEIGERT / KÖTZ, Einführung in die Rechtsvergleichung, S. 218.
222 sec. 24 CCA.
223 sec. 112 WIMWCA.
224 *Container Terminals Australia Ltd. v Xeras* (1991) NSWLR 214; NOMCHONG / WARDHAUGH, Workers' Compensation Handbook, S. 113.

Besetzt ist das Gericht mit einem Einzelrichter, sec. 6 CCA, sofern nicht einem Commissioner die Zuständigkeit übertragen wurde. Die Verteilung der Zuständigkeit zwischen Richter, Commissioner und Rechtspfleger obliegt dem Oberrichter (Chief Judge).[225] Dabei soll die Komplexität des Sachverhaltes, die Schwierigkeit der rechtlichen Fragen, Anzahl der Parteien und die Höhe der beantragten Entschädigung in Betracht gezogen werden. Die schwierigen und umfangreichen Fälle werden vor einem Richter verhandelt. Wo die Grenze der Zuständigkeit der Commissioner zu ziehen ist, lässt sich aus Anhang 3 des *Compensation Court Act* 1984 entnehmen: Danach sollen dem Commissioner die einfacheren Angelegenheiten übertragen werden. Dazu gehören Anträge auf wöchentliche Zahlungen, bei denen der Zeitraum feststeht oder wenn der Arbeiter Einkommen bezieht; die Berechnung der Abfindung nach sec. 51 WCA, der Ersatz der Heilungs- und Rehabilitationskosten, der Ersatz von Nichtvermögensschäden bis $ 40.000 und Sachschäden. Die Rechtspfleger sind für verfahrenstechnische Fragen und Entscheidungen zuständig.

c. Die Überprüfung von Entscheidungen

Handelt es sich um Entscheidungen der Rechtspfleger, kann ein Antrag auf Überprüfung (review) bei Gericht eingereicht werden. Welchen Umfang diese Überprüfung durch den Einzelrichter haben soll, wurde unter der alten Regelung im Hinblick auf die damals zuständigen Commissioner oft diskutiert und es wurden durchaus verschiedene Meinungen vertreten, *Mansini v Director General of Education*[226], *Lunette Pty. Ltd. v Bull*[227], *Watson v Hanimex Colour Services Pty. Ltd*[228], *Boston Clothing Co. v Margaronis*[229], *Commercial Union v Smith*[230]. Im Ergebnis handelt es sich um eine zweite Tatsacheninstanz. Der Streitgegenstand ist beschränkt auf das was von den Parteien zur Überprüfung vorgetragen wird. Der Richter fällt sein Urteil aufgrund der mündlichen Verhandlung, ohne die Beweise und Erkenntnisse aus 1. Instanz hinzuzuziehen.[231]

Gegen Entscheidungen der Commissioner gibt es jetzt den Appeal, sec. 34A CCA. Auch diesem Begriff wurden im australischen Recht mehrere Bedeutungen beigemessen. Das Gesetz legt hier im konkreten Fall allerdings fest, dass sich der Appeal nur auf eine Rechtsfrage beziehen kann oder auf die Frage der Zulassung von Beweismitteln.[232] Mit Zulassung des Richters kann auch eine Ermessensentscheidung überprüft werden. Als Folge eines solchen Appeals erfolgt keine erneute Tatsachenverhandlung, es steht dem Richter aber frei, neue Beweise zuzulassen, wenn er besondere Umstände für gegeben hält. Ob besondere Umstände vorliegen, entscheidet der Richter nach eigenem Ermessen.[233] Der Richter kann die Sache an den Commissioner zurückverweisen, der dann

---

225 sec. 22 CCA.
226 (1990) 6 NSWCCR 1.
227 (1992) 8 NSWCCR 325.
228 (1991) 8 NSWCCR 190.
229 (1992) 27 NSWLR 580.
230 (1994) 10 NSWCCR 267.
231 NOMCHONG / WARDHAUGH, Workers' Compensation Handbook, S. 112.
232 sec. 34A (1) CCA.
233 Das Gesetz spricht von „special grounds“ ohne diese näher zu definieren, sec. 34A (4) CCA.

die Sache unter Beachtung der Rechtsauffassung des Richters erneut entschei-det, „or make such other order in relation to the appeal as the Judge sees fit“.[234]

Geht es um die Überprüfung von Entscheidungen eines Richters, so sind auch diese auf Rechtsfragen und die Zulassung von Beweismitteln beschränkt.[235] Es gibt folglich keine zweite Tatsacheninstanz. Der Court of Appeal kann die Sache zurückverweisen zur Entscheidung unter Beachtung der Rechtsauffassung des Gerichts oder eine Anordnung treffen.[236] Ein Appeal bedarf der Zulassung, wenn es sich um eine vorläufige Entscheidung oder eine Kostenentscheidung handelt oder die Entscheidung unter $ 20.000 lag. Was Rechtsfragen sind und wie sie genau zu überprüfen sind, steht seit *Azzopardi v Tasman UEB Industries Ltd.* fest.[237] Danach kommt es nur darauf an, ob das Recht, wie es gesetzlich fest-gelegt ist, richtig ermittelt und der Sachverhalt richtig darunter subsumiert wur-de. Selbst wenn die Beweiswürdigung überhaupt nicht nachvollziehbar ist, gibt das der Überprüfungsinstanz nicht das Recht das Urteil zu korrigieren.

5. Die besonderen Vorschriften für Staublungenerkrankungen

Bei Staublungenerkrankungen (dust diseases) verschlechtert sich der Gesund-heitszustand eines Geschädigten oft sehr schnell und die Krankheiten enden oft tödlich. Um diesen Gegebenheiten Rechnung zu tragen, wurde für Staublunge-nerkrankungen ein eigenes Entschädigungssystem geschaffen. Die Staublunge-nerkrankungen sind vom Anwendungsbereich des *Workers Compensation Act* 1987 ausgenommen und statt dessen im *Workers Compensation (Dust Diseases) Act* 1942 geregelt. Dort werden die relevanten Krankheiten einzeln aufgeführt.[238] Entschädigt werden Staublungenerkrankungen, wenn die durch Gesetz einge-richtete medizinische Behörde die durch eine Staublungenerkrankung hervorge-rufene Invalidität eines Geschädigten feststellt.[239] Das zuständige Gericht ist das Dust Diseases Tribunal.[240] Es ist ein auf Ebene des Supreme Court eingerichtetes Fachgericht, welches sowohl über die gesetzlichen Entschädigungsansprüche als auch über Common Law-Ansprüche (die sich auf eine Staublungenerkrankung stützen) entscheidet.[241] Das Dust Diseases Tribunal handhabt die Verfahrensvor-schriften sehr flexibel. In dringenden Fällen werden Verhandlungen an Wochen-enden oder nachts durchgeführt, oft am Krankenbett eines Sterbenden. Von der Klageeinreichung bis zum Ende des Verfahrens vergehen dann häufig nicht mehr als vier Tage.[242]

---

[234] sec. 34A (5) (a) and (b) CCA.
[235] sec. 32 CCA.
[236] *Warren v Coombes* (1979) 142 CLR 531.
[237] (1985) 4 NSWLR 139.
[238] Anhang 1 *Workers Compensation (Dust Diseases) Act* 1942.
[239] *Baker v Australian Insulations* (1985) 3 NSWLR 280.
[240] *Dust Diseases Tribunal Act* 1989.
[241] RASINK, Investigation into the Resources of the Dust Diseases Tribunal, S. 2.
[242] NEWBRUN, The Dust Diseases Tribunal, S. 36.

## IV. Die Entschädigung nach dem *Workers Compensation Act* 1987

„A worker who has received an injury shall receive compensation from the worker's employer in accordance with this Act".

Die Formulierung der Anspruchsnorm des *Workers Compensation Act* 1987, sec. 9 (1) WCA, ist sehr weit und allgemein gehalten.[243] Als einzige Anspruchsvoraussetzung ist die Schädigung (injury) genannt. Dabei handelt es sich um den klassischen Ansatz im australischen Entschädigungsrecht, der den Gegensatz zur Verschuldenshaftung deutlich macht: Der Grundsatz der Verschuldenshaftung ist durch Ihrings Worte: „Nicht der Schaden verpflichtet zum Ersatz sondern die Schuld" klar beschrieben.[244] Die entsprechende englische Formulierung lautet: „No liability without fault".[245] Im Entschädigungsrecht gilt hingegen: Allein der Schaden verpflichtet zum Ersatz.

Da nach dem *Workers Compensation Act* 1987 aber nur arbeitsbedingte Schädigungen ausgeglichen werden sollen, werden die Ansprüche eingegrenzt, indem der Begriff der Schädigung in sec. 4 WCA entsprechend definiert wird:

In this Act „injury":

(a) means personal injury arising out of or in the course of employment,

(b) includes:

(i) a disease which is contracted by a worker in the course of employment and to which the employment was a contributing factor; and

(ii) the aggravation, acceleration, exacerbation or deterioration of any disease, where the employment was a contributing factor to the aggravation, acceleration, exacerbation or deterioration..."[246]

Die Schädigung muss also einen bestimmten Zusammenhang zum Arbeitsverhältnis (course of employment) aufweisen. Die Feststellung der Schädigung geht dabei der Prüfung, ob ein Zusammenhang zum Arbeitsverhältnis vorliegt, logisch vor und ist streng davon zu trennen, *The Commonwealth of Australia v Hornsby*.[247]

Die Konstruktion des Workers' Compensation Scheme macht es zudem erforderlich, den oder die richtigen Anspruchsgegner zu identifizieren. Die Formulierung der sec. 9 WCA, dass der Arbeiter von seinem Arbeitgeber Entschädigung verlangen kann, weist vom Wortlaut darauf hin. Der Grund für die Notwendigkeit der Feststellung des richtigen Anspruchsgegners ist aber vielmehr, dass die Leistungen aus dem jeweiligen Fonds einer der 13 Versicherungsgesellschaften erbracht werden.[248] Es muss die Versicherungsgesellschaft leisten, bei der der Arbeitgeber, dessen Arbeiter einen arbeitsbedingten Schaden erlitten hat, zum Zeitpunkt der Schädigung einen Versicherungsvertrag abgeschlossen hatte.

---

[243] MARKS & MCLEAN, ¶ 502.
[244] Ihring, Das Schuldmoment im römischen Privatrecht, 1876, S. 40, zitiert nach WANNAGAT, Lehrbuch des Sozialversicherungsrechts, S. 75.
[245] ZWEIGERT / KÖTZ, Einführung in die Rechtsvergleichung, S. 610.
[246] sec. 4 WCA und sec. 4 (1) WIMAWCA mit einer sinn- und fast wortgleichen Definition.
[247] (1960) 103 CLR 588 (597).
[248] vgl. 2. Kapitel: A. III. 2.

## 1. Der geschützte Personenkreis

Der Begriff des Arbeiters wird im *Workplace Injury Management and Workers Compensation Act* 1998 abschließend definiert.[249] Ein Arbeiter ist danach eine Person, die einen Dienst- oder Ausbildungsvertrag eingegangen ist oder unter einem solchen bei einem Arbeitgeber arbeitet. Unerheblich soll dabei sein, um welche Art von Arbeit es sich handelt, ob manuelle Arbeit oder Büroarbeit. Genauso kommt es nicht darauf an, ob der Arbeitsvertrag ausdrücklich oder stillschweigend, mündlich oder schriftlich abgeschlossen wurde.[250]

Manche Beschäftigte fallen nur unter bestimmten, vom Gesetz näher umschriebenen Voraussetzungen unter den Begriff des Arbeiters. Dazu gehören unter anderem Angehörige des Polizeidienstes, religiöser Gruppierungen und karitativer Hilfsorganisationen, Gelegenheitsarbeiter und Sportler.[251] Liegt keiner dieser besonders genannten Fälle vor, so kommt es darauf an, ob ein Dienstvertrag vorliegt. Dies bestimmt sich nach Common Law-Grundsätzen.[252] Voraussetzungen für einen Vertrag ist ein wechselseitiges Leistungsversprechen der Parteien, dessen rechtliche Durchsetzbarkeit gewollt ist.[253] Für den Dienstvertrag stellt das Common Law keine Definition[254] zur Verfügung, sondern eine Reihe von Kriterien, die durch Abgrenzung zu anderen Verträgen[255] auf den Dienstvertrag hinweisen. Zumeist geht es um die Abgrenzung der abhängigen Beschäftigung von der freien Mitarbeit oder der Zusammenarbeit von selbständigen Unternehmern. In den Präzedenzfällen *Zuijs v Wirth Bros. Pty. Ltd.*[256] und *Stevens v Brodribb Sawmilling Co. Pty. Ltd. - Gray v Brodribb Sawmilling Co. Pty. Ltd.*,[257] wird das Recht zur Kontrolle als Voraussetzung für ein abhängiges Beschäftigungsverhältnis aufgestellt und diskutiert. Ergebnis dieser Diskussion war, dass es sich bei dem Recht zur Kontrolle in der arbeitsteiligen und spezialisierten Arbeitswelt, wie sie heute besteht, nur um ein Indiz handeln kann und das Recht zur Kontrolle zudem umformuliert werden muss als rechtmäßige Befugnis Weisungen zu erteilen.[258] Weitere Indizien, die auf einen Arbeitsvertrag hinweisen, sind: Die persönliche Dienstleistung durch den Arbeiter, andauernder und ausschließlicher Dienst bei einem Arbeitgeber, die Beachtung der Vorschriften für Arbeitsverhältnisse nach dem Steuerrecht, Kollektivarbeitsrecht und Versicherungsrecht. Entscheidend ist auch, wer das Material und die Arbeitsmittel zur Verfügung stellt, bei wem das Recht zur Entlassung liegt, die Art der Vergü-

---

[249] Vor Erlass des Gesetzes fand sich eine wortgleiche Definition in sec. 3 WCA.
[250] sec. 4 WIMAWCA.
[251] sec. 4 (1) und 5 WIMAWCA mit Anhang 1; MILLS, loose-leaf, S. 1232; *Dern v Metropolitan Water Sewerage & Drainage Board* (1988) 12 NSWLR 208 (Sportler); *Newstead v Gulgong RSL Club Ltd.* (1995) 12 NSWCCR 102 (Entertainer).
[252] MILLS, loose-leaf, S. 1173.
[253] *Teen Ranch Pty. Ltd. v Brown* (1995) 11 NSWCCR 197; *Birkett v Tubbo Estate Co. Pty. Ltd.* (1997) 14 NSWCCR 369; MARKS & MCLEAN, ¶ 303.
[254] MILLS, loose-leaf, S. 1196.
[255] MILLS, loose-leaf, S. 1181.
[256] (1955) 93 CLR 561.
[257] (1986) 160 CLR 16.
[258] MILLS, loose-leaf, S. 1211 – 1221; *Pitcher & anor v Langford & anor* (1991) 23 NSWLR 142; *Vacik Distributors Pty. Ltd. v Kelly* (1995) 12 NSWCCR 30.

tung, die Arbeitszeit und Urlaubsregelungen.[259] In neuerer Zeit wurde versucht eine neue, bestimmtere Voraussetzung aufzustellen, und zwar die der Zugehörigkeit des Arbeiters zur Organisation des Arbeitgebers, *Stevens v Brodribb Sawmilling Co. Pty. Ltd., Gray v Brodribb Sawmilling Co. Pty. Ltd.*[260] Aber auch diese Formulierung bietet keine Patentlösung, so dass es letztlich doch einer Analyse des Beschäftigungsverhältnisses unter Heranziehung aller genannten Kriterien bedarf.[261]

2. Schädigungen, die die Ersatzpflicht auslösen

Die Ersatzpflicht erstreckt sich auf Körperschäden, Krankheiten und deren Verschlimmerung, Beschleunigung, Verschärfung oder Verschlechterung. Der Begriff des Körperschadens hat zunächst die normale Bedeutung einer Verletzung wie sie im alltäglichen Sprachgebrauch vorkommt.[262] Krankheit wird definiert als krankhafter Zustand des Körpers, *Favelle Mort Ltd. v Murray,*[263] *O'Neill v Lumbey.*[264] Die Verschlechterung einer Krankheit wurde als weitere Kategorie in das Gesetz eingefügt, nachdem in *Darling Island Stevedoring & Lighterage & Co. Ltd. v Hussey*[265] eine Entschädigung nicht gewährt wurde, weil der Arbeiter sich die Krankheit nicht durch die Arbeit zugezogen hatte (disease which is contracted), sondern eine bereits bestehende Krankheit durch das Arbeitsverhältnis fatale Folgen hatte. Mit „aggravation, acceleration, exacerbation or deterioration" ist jede Verschlechterung des Gesundheitszustandes gemeint, ohne dass zwischen den einzelnen Begriffen ein Unterschied zu machen wäre, *Federal Broom Co. Pty. Ltd. v Semlitch.*[266]

Das Gesetz bezieht auch psychische Schädigungen in den Schadensbegriff ein.[267] Zudem gelten für bestimmte, in den Anhängen 2 und 3 der *Workers Compensation (General) Regulation* 1987 aufgelistete Krankheiten Beweiserleichterungen.[268] Für Krankheiten mit langen Latenz- und Expositionszeiten werden Bestimmungen getroffen, die zur Ermittlung und Bestimmung des Schadenszeitpunkts und der richtigen Anspruchsgegner dienen.[269]

---

[259] MILLS, loose-leaf, S. 1222 – 1231; *Articulate Restorations & Developments Pty. Ltd. v Crawford* (1994) 10 NSWCCR 751; *Connelly v Wells* (1993) 55 IR 73; *Stephan v Pacesetter Cleaning Services Pty. Ltd. & anor* (1995) 12 NSWCCR 19; *Vabu Pty. Ltd. v The Commissioner of Taxation* (1995) http://www.austlii.edu.au/NSWIC/1995/13.html.

[260] *Stevens v Brodribb Sawmilling Co. Pty. Ltd. - Gray v Brodribb Sawmilling Co. Pty. Ltd.* (1986) 160 CLR 16; *Kondis v State Transport Authority (formerly Victorian Railways Board)* (1984) 154 CLR 672.

[261] MARKS & MCLEAN, ¶ 307; *Dalgety Farmers Ltd. t/as Grazcos v Bruce & anor* (1995) 12 NSWCCR 36.

[262] MARKS & MCLEAN, ¶ 505.

[263] (1976) 8 ALR 649.

[264] (1987) 11 NSWLR 640; *GIO Workers Compensation (NSW) Ltd. v GIO General Ltd. & anor* (1995)12 NSWCCR 187.

[265] (1959) 102 CLR 482.

[266] (1964) ALR 1031.

[267] sec. 11A WCA.

[268] sec. 19 WCA.

[269] sec. 15 bis 18 WCA.

a. Sec. 4 WCA

Wie sec. 4 WCA mit den drei Komponenten des Schadensbegriffs genau zu lesen ist, ist allerdings bis heute streitig. Schließen sich die verwendeten Begriffe des Körperschadens und der Krankheit gegenseitig aus, so der Privy Council in *Slazengers (Australia) Pty. Ltd. v Burnett*[270], oder kann eine Krankheit im Einzelfall gleichzeitig ein Körperschaden sein, vgl. *Favelle Mort Ltd. v Murray*[271]? Die Streitfrage in Bezug auf die richtige Konstruktion der sec. 4 WCA entwikkelte sich wie folgt: Ursprünglich sprachen die Gesetze sowohl in England als auch in New South Wales von „personal injury by accident".[272] Dieser Begriff wurde von den Gerichten sehr weit ausgelegt. Sowohl das Platzen eines Blutgefäßes im Gehirn als auch das Eindringen eines Virus in den Körper wurden darunter subsumiert. Diese extensive Auslegung machte auch Krankheiten in gewissem Umfang ersatzfähig, wenn man ein spezifisches Ereignis als Ursprung identifizieren und als Körperschaden klassifizieren konnte.[273] In New South Wales wurde 1926 das Kriterium des Unfalls aufgegeben, ersatzfähig wurde die „injury". Damit sollte vor allem das Erfordernis eines äußeren Ereignisses aufgegeben werden. 1951 entschied dann der englische Privy Council in *Slazengers (Australia) Pty. Ltd. v Burnett* autoritativ, dass sich die Begriffe des Körperschadens und der Krankheit gegenseitig ausschließen.[274] Als Folge des Urteils musste der Schaden entweder als Körperschaden oder als Krankheit eingestuft werden. Das Ergebnis war, dass die neuere Definition der Schädigung als „injury" enger war als die alte Definition als „personal injury by accident". Die Gerichte in Australien wollten diese Auswirkungen nicht akzeptieren, da sie mit der Intention des Gesetzes von 1926 die Ersatzpflicht auszudehnen, nicht vereinbar waren.[275] Dem Urteil wurde zwar im Hinblick auf die Rechtssicherheit als Präzedenzfall gefolgt, *Darling Island Stevedoring & Lighterage Co. Ltd. v Hussey*[276], aber fast stets mit Hinweis auf abweichende Ansichten, z.B. *Hockey v Yelland.*[277] In *Favelle Mort Ltd. v Murray*[278] wurde entschieden, dass eine Krankheit, die aus einem Körperschaden resultiert, als Schaden unter den ersten Teil der Definition fällt. In *Zickar v MGH Plastic Industries Pty. Ltd.*[279] wandte sich der High Court of Australia dann ausdrücklich gegen die Entscheidung in *Slazengers*. Die Freiheit sich jetzt doch anders zu entscheiden wurde insbesondere damit begründet, dass *Slazengers* nicht mehr bindend sei für den High Court of Australia, da aufgrund der Änderung des Rechtssystems durch die *Australia Acts* 1986 der Privy Council nicht mehr Überprüfungsinstanz für das oberste australische Gericht ist.[280]

---

[270] (1951) AC 13.
[271] (1976) 8 ALR 649.
[272] *McGuire v The Union Steamship Company of New Zealand* (1920) 27 CLR 570; *Fenton v J. Thorley & Co. Ltd.* (1903) AC 443.
[273] *O'Neill v Lumbey* (1987) 11 NSWLR 640; *Favelle Mort Ltd. v Murray* (1976) 8 ALR 649.
[274] (1951) AC 13; *Australian Iron and Steel Ltd. v Connell* (1959) 102 CLR 522.
[275] MILLS, loose-leaf, S. 1328.
[276] (1959) 102 CLR 482.
[277] (1984) 157 CLR 124, GIBBS CJ 56 ALR at 223-4.
[278] (1976) 8 ALR 649 (HC).
[279] (1996) 71 ALJR 32.
[280] MILLS, loose-leaf, S. 1266.

Damit wurde wieder die Möglichkeit einer extensiven Auslegung des Begriffs des Körperschadens eröffnet. Kann ein spezifisches Ereignis als Ursache des Schadens ermittelt werden, ist Entschädigung nach sec. 4 (a) WCA zu gewähren. Es wurde jedoch ausdrücklich darauf hingewiesen, dass nicht der Fehler begangen werden darf, dieses spezifische Ereignis mit einem Unfall gleichzusetzen.[281] Der Begriff des Unfalls spielt im Bereich Workers' Compensation keine Rolle mehr. Die Vorschriften über Krankheiten in sec. 4 (b) und (c) WCA sind als Ergänzung und Erweiterung des Schadensbegriffs gedacht.[282] Zusätzlich gibt es neben sec. 4 WCA einige besondere Vorschriften für Schädigungen.

b. Der Ersatz psychischer Schäden nach sec. 11A WCA

Sec. 11A WCA erweitert den Anwendungsbereich der sec. 4 (a) WCA auf psychische Schäden.[283] Psychische Schäden sind seelische Störungen und Geisteskrankheiten.[284] Ist eine physiologische Auswirkung nachweisbar, fällt der Schaden grundsätzlich unter sec. 4 WCA.[285] Eine Ausnahme besteht, wenn es sich um physiologische Auswirkungen von Störungen des Nervensystems handelt.[286] Eine Entschädigung kommt aber nicht in Betracht, wenn ein psychischer Schaden auf Anordnungen des Arbeitgebers in Personalfragen beruht, so lange diese unter objektiven Gesichtspunkten vertretbar erscheinen. Solche Anordnungen können sich auf Versetzungen, Rückstufungen, Beförderungen, Leistungsbewertungen, Disziplinarmaßnahmen, Entlassungen und Gratifikationen beziehen.[287]

c. Staublungenerkrankungen

Staublungenerkrankungen sind grundsätzlich vom Anwendungsbereich des *Workers Compensation Act* 1987 ausgenommen. Sie werden statt dessen nach dem *Workers' Compensation (Dust Diseases) Act* 1942 entschädigt.[288] Die Sonderregelungen wurden geschaffen, um bei oft tödlichem und sehr rapidem Krankheitsverlauf ein wirksames Entschädigungssystem zur Verfügung zu stellen. Der *Workers' Compensation (Dust Diseases) Act* 1942 gilt entsprechend dieser Zielsetzung nur für wenige, im Einzelnen aufgelistete Krankheiten. Neben den Staublungenerkrankungen aufgrund von Aluminium, Asbest, Beryllium, Kohlenstaub und Hartmetall, Byssinose, Silikose, Siliko-Tuberkulose und Farmerlunge, werden durch Asbest verursachter Krebs sowie Erkrankungen der Pleura und Mesotheliom aufgezählt.[289] Eine Ausnahme gilt, wenn der Anspruchsteller als Arbeiter unter den *Coal Mines Regulation Act* 1982 fällt. Dann blei-

---

281 *Neil J. Gillespie v The Commonwealth of Australia* (1991) 105 FLR 196.
282 Zur Abgrenzung des Körperschadens von der Verschlechterung einer Krankheit: *Darling Island Stevedoring & Lighterage Co. Ltd. v Hankinson* (1967) 117 CLR 19.
283 NOMCHONG / WARDHAUGH, Workers' Compensation Handbook, S. 71 f.
284 sec. 11A (3) Satz 1 WCA.
285 *Anderson Meat Packing Co. Pty. Limted v Giacomantonio* (1973) 47 WCR (NSW) 3; *Zinc Co. Ltd. v Scarce* (1995) 12 NSWCCR 566; *Austin v Director General of Education* (1994) 10 NSWCCR 373.
286 sec. 11A (3) S. 2 WCA.
287 sec. 11A (1) WCA.
288 sec. 4 (c) WCA; MARKS & MCLEAN, ¶ 502.
289 Anhang 1 *Workers' Compensation (Dust Diseases) Act* 1942.

ben auch Staublungenerkrankungen im Anwendungsbereich des *Workers Compensation Act* 1987.[290]

d. Die Beweiserleichterung in sec. 19 WCA

Für Krankheiten, die der Arbeiter sich im Verlauf seines Beschäftigungsverhältnisses zugezogen hat, sec. 4 (b) WCA, enthält sec. 19 WCA eine Beweiserleichterung.

In Anhang 2 der *Workers Compensation (General) Regulation* 1987 sind einige Berufskrankheiten und korrespondierende Beschäftigungsverhältnisse aufgelistet. Hat ein Arbeiter eine solche Berufskrankheit und stand er in einem solchen Beschäftigungsverhältnis, so besteht nach sec. 19 WCA die widerlegbare Vermutung, dass die Voraussetzungen für die Entschädigungspflicht vorliegen, sec. 19 (1) WCA.[291] In Anhang 3 der *Workers Compensation (General) Regulation* 1987 sind weitere Berufskrankheiten und medizinische Testverfahren für ihre Anerkennung aufgelistet. Erfüllt ein Test die genannten Voraussetzungen, so wird die Krankheit als im Verlauf des Arbeitsverhältnisses zugezogen anerkannt, sec. 19 (2) WCA.

e. Sec. 15 bis 18 WCA

Krankheiten, die sich erst nach längeren Expositionszeiten manifestieren, wie Silikose, Asbestose oder Lärmschwerhörigkeit, stellen ein Problem für die Entschädigung von Krankheiten in sec. 4 (b) und (c) WCA dar.[292] Der Zeitpunkt des Schadenseintritts, z. B. der Zeitpunkt, zu welchem der Arbeiter sich die Krankheit zugezogen hat (disease which is contracted), ist nicht eindeutig bestimmbar.[293] Hat der Arbeiter seinen Arbeitgeber gewechselt, stellt sich die Frage nach dem richtigen Anspruchsgegner: Dem Arbeitgeber wie der Versicherungsgesellschaft. Die sec. 15 bis 18 WCA bestimmen einen fiktiven Schadenszeitpunkt und den oder die richtigen Anspruchsgegner.[294] Für Krankheiten mit langen Expositionszeiten, sec. 15 WCA, wird der Schadenszeitpunkt auf den Tod, den Eintritt der Arbeitsunfähigkeit oder den Zeitpunkt der Antragstellung festgelegt.[295] Der verantwortliche Arbeitgeber ist der, der den Arbeiter zuletzt in einem Arbeitsverhältnis beschäftigte, auf das sich die Krankheit zurückführen lässt („last employer").[296] Für die Verschlechterung von Krankheiten gilt ein entsprechender Schadenszeitpunkt.[297] Das Arbeitsverhältnis, wieder das letzte, auf das sich die Verschlechterung der Krankheit zurückführen lässt, muss aber maßgeblich zur Verschlechterung der Krankheit beigetragen haben.[298] Bei Lärmschwer-

---

[290] MILLS, loose-leaf, S. 1399.25.
[291] MILLS, loose-leaf, S. 1409.
[292] CCH, loose-leaf, ¶ 33-310.
[293] MILLS, loose-leaf, S. 1399.25.
[294] BARTLEY / FERRARI, Workers' Compensation - 1994 Update, S. 52.
[295] sec. 15 (1) (a) WCA.
[296] sec. 15 (1) (b) WCA; Beispielsfälle: *Kelly v Glenrock Pastoral Co. Pty. Ltd. & anor* (1994) 10 NSWCCR 178, *Grate Lace Pty. Ltd. t/as Grate Lace Bricklaying Co. v Theiss Watkins White (Constructions) Pty. Ltd.* & ors (1995) 12 NSWCCR 365.
[297] sec. 16 (1) (a) WCA.
[298] sec. 16 (1) (b) WCA.

hörigkeit[299] ist Zeitpunkt des Schadenseintritts der Zeitpunkt der Antragstellung, wenn der Arbeiter bei der Antragstellung in einem Arbeitsverhältnis stand, durch das die Lärmschwerhörigkeit verursacht worden sein kann.[300] Dann ist auch der Arbeitgeber dieses Beschäftigungsverhältnisses der richtige Anspruchsgegner.[301] Sonst gilt der Zeitpunkt als maßgeblich und der Arbeitgeber als verantwortlich, bei welchem der Arbeiter zuletzt in einem solchen Arbeitsverhältnis stand, auf das sich die Lärmschwerhörigkeit zurückführen lässt.[302]

Sec. 18 WCA ergänzt diese Vorschriften im Hinblick auf die Frage nach der zahlungspflichtigen Versicherungsgesellschaft. Ist der Arbeiter noch bei dem verantwortlichen „last employer" beschäftigt, zahlt die Versicherungsgesellschaft, bei der der Arbeitgeber zum (fiktiven) Schadenszeitpunkt versichert war. Steht der Arbeitnehmer aber nicht mehr in einem Arbeitsverhältnis beim „last employer", ist der Versicherer zahlungspflichtig, bei der der Arbeitgeber am letzten Tag des Beschäftigungsverhältnisses zwischen Arbeitgeber und Arbeiter versichert war.

3. Der Zusammenhang zum Arbeitsverhältnis

Die Diskussion um die Konstruktion der sec. 4 WCA hatte sich an dem Erfordernis des notwendigen Zusammenhangs zum Arbeitsverhältnis entzündet. In sec. 4 WCA sind in dieser Hinsicht für Körperschäden, Krankheiten und die Verschlechterung von Krankheiten jeweils unterschiedliche Voraussetzungen aufgestellt. Für Körperschäden reicht nach sec. 4 (a) WCA „arising out of **or in the course of the employment**" ein rein zeitlicher Zusammenhang. Körperschäden sind danach zu ersetzen, wenn sie „während" der Beschäftigung eingetreten sind, *Kavanagh v The Commonwealth of Australia.*[303] Krankheiten und die Verschlechterung von Krankheiten sind zu entschädigen, wenn sie kausal auf das Arbeitsverhältnis zurückzuführen sind (the employment was a contributing factor), sec. 4 (b) WCA.[304] Dabei sind an den kausalen Zusammenhang nach sec. 4 (a) WCA „arising out of the employment" strengere Anforderungen zu stellen als an den kausalen Zusammenhang nach sec. 4 (b) WCA „employment was a contributing factor", *Favelle Mort Ltd. v Murray.*[305] Für Schäden, die nach dem 12. Januar 1997 eingetreten sind, gilt nun gemäß sec. 9A WCA, dass Körperverletzungen und Krankheiten nur zu entschädigen sind, wenn das Arbeitsverhältnis wesentlich zur Verursachung beigetragen hat. Allerdings ist die Problematik der Abgrenzung der verschiedenen Schadensarten und der dazugehörigen Kausalzusammenhänge auch durch Erlass der sec. 9A WCA nicht hinfällig ge-

---

299 sec. 17 WCA ist lex specialis zu sec. 15, 16 WCA.

300 sec. 17 (1) (a) (i) WCA; *Wolstenholme v Coal and Allied Operations Pty. Ltd.* (1998) http://www.austlii.edu.au/au/cases/nsw/supreme_ct/1998/241.html.

301 sec. 17 (1) (c) (i) WCA.

302 sec. 17 (1) (a) (ii) und (c) (ii) WCA. Beispielsfälle: *A & G Engineering Pty. Ltd. v Civitarese* (1996) NSWLR 41; *Blayney Shire Council v Lobley & anor* (1995) 12 NSWCCR 52; *Rico Pty. Ltd. v Raod Traffic Authority* (1992) 28 NSWLR 679, *State Rail Authority of NSW v Chalker* (1995) 11 NSWCCR 462.

303 (1960) 103 CLR 547 (557, 559); *Pearson v Freemantle Harbour Trust* (1929) 42 CLR 320.

304 NOMCHONG / WARDHAUGH, Workers' Compensation Handbook, S. 6; MILLS, loose-leaf, S. 1320.

305 (1976) 8 ALR 649.

worden. Zum einen ist die genaue Bedeutung der sec. 9A WCA noch nicht autoritativ geklärt und zum anderen ist die Anwendbarkeit der Vorschrift auf die gesetzlichen Erweiterungen der Ersatzpflicht ausgeschlossen.[306]

Aufgrund der Tatsache, dass der rein zeitliche Zusammenhang ausreichte um Körperverletzungen ersatzpflichtig zu machen, entstand eine ausführliche Rechtsprechung zum „course of employment“, dem Rahmen des Arbeitsverhältnisses, innerhalb dessen Schädigungen ersetzt werden.

a. Der Rahmen des Arbeitsverhältnisses

In New South Wales wird zunächst ein zeitlicher Rahmen gezogen, der zu einer Ersatzpflicht all der Schädigungen führt, die innerhalb dieses zeitlichen Rahmens entstehen. Dieser Rahmen des Arbeitsverhältnisses (course of employment) umfasst neben der reinen Arbeitszeit alles, was eine gewisse Zugehörigkeit zum Arbeitsverhältnis aufweist (that which is reasonably incidental).[307] Auch Arbeitspausen und Arbeitsunterbrechungen zur Erholung fallen in New South Wales grundsätzlich in den Rahmen des Arbeitsverhältnisses, weil man die gewisse Zugehörigkeit zur Erfüllung der eigentlichen Arbeitspflicht bejaht, *Hatzimanolis v ANI Co. Ltd.*[308], *Inverell Shire Council v Lewis*[309]. Ein allgemein formuliertes Kriterium für die Annahme der Zugehörigkeit ist, ob der Arbeitgeber die konkrete Aktivität verlangt, erwartet oder autorisiert hat, *Humphrey Earl Ltd. v Speechley.*[310] Voraussetzung für einen Ersatzanspruch ist das allerdings nicht.[311] Der Arbeitgeber kann den Arbeiter auch zu etwas aufgefordert haben, das nach dem Sinn des Gesetzes nicht unter Versicherungsschutz stehen sollte. Als Beispiel wurde genannt, dass der Arbeitgeber den Arbeitnehmer auffordert nach der Arbeit den Arzt aufzusuchen. In *Hatzimanolis v ANI Co. Ltd.*[312] wurde daher ein weiteres, ergänzendes Kriterium formuliert, das zu einer näheren Bestimmung des zeitlichen Rahmens führt. Ausgegangen wird in dem Urteil von der unstrittigen Annahme:

> „The course of employment is ordinarily perceived as commencing when the employee starts work in accordance with his or her ordinary or overtime hours of work and as ending when the employee completes his or her ordinary or overtime hours of work.“

Ob der Arbeiter seine Arbeit in diesem Sinn beendet hat und sich außerhalb des Rahmens des Arbeitsverhältnisses bewegt, oder ob eine Arbeitsunterbrechung vorliegt, soll nicht so entscheidend von der Haltung des Arbeitgebers abhängen, wie es in *Humphrey Earl Ltd. v Speechley*[313] formuliert worden war, als viel-

---

306 sec. 9A (4) WCA; HARRISON, Workers' Compensation - New South Wales, S. 13; ARMITAGE, Workers Compensation Update, S. 2.

307 *Hatzimanolis v ANI Co. Ltd.* (1992) 173 CLR 473.

308 (1992) 173 CLR 473.

309 (1992) 8 NSWCCR 562.

310 (1951) 84 CLR 126 (133); NOMCHONG / WARDHAUGH, Workers' Compensation Handbook, S. 6.

311 *WorkCover Authority of NSW v Walling & anor* (1998) http://www.austlii.edu.au/au/cases/nsw/supreme_ct/1998/315.html.

312 (1992) 173 CLR 473.

313 (1951) 84 CLR 126 (133); NOMCHONG / WARDHAUGH, Workers' Compensation Handbook, S. 6.

mehr von einer wertenden Betrachtung dessen, was die „Arbeitszeit" des Arbeiters konstituiert.

> „For the purposes of workers compensation law, an injury is more readily seen as occurring in the course of employment when it has been sustained in an interval or interlude occurring within an overall period or episode of work than when it has been sustained in the interval between two discrete periods of work. Where an employee performs his or her work at a permanent location or in a permanent locality, there is usually little difficulty in identifying the period between the daily starting an finishing points as a discrete working period. A tea break or lunch break within such a period occurs as an interlude or interval within an overall work period. [...] On the other hand, there are cases where an employee is required to embark upon some undertaking for the purposes of his or her work in circumstances where, notwithstanding that it extends over a number of daily periods of actual work, the whole period of the undertaking constitutes an overall period or episode of work."[314]

Der Rahmen des Arbeitsverhältnisses verändert sich also entscheidend, je nachdem, ob der Arbeiter sich an seinem ständigen Arbeitsplatz befindet und regelmäßig zwischen betrieblicher und privater Sphäre hin und her pendelt, oder ob er sich zu Arbeitszwecken, meist für einen begrenzten Zeitraum, an einem anderen Ort aufhält. In letzterem Fall fällt sogar die Nacht, in der der Arbeiter schläft, noch in den Rahmen des Arbeitsverhältnisses. Da es für die Abgrenzung maßgeblich auf den Ort ankommt, wird das Kriterium oft auch entsprechend formuliert: Eine Ersatzpflicht wird dann angenommen, wenn der Arbeiter an einem Ort zu Schaden kommt, an dem er sich wegen seines Arbeitsverhältnisses aufhält, *Murray v Moppett*.[315] In *Murray v Moppett* war ein Viehtreiber im Zustand der Volltrunkenheit von seinen Kollegen am offenen Lagerfeuer zum Schlafen abgelegt worden. Durch den übermäßigen Alkoholgenuss war der Viehtreiber so betäubt, dass er nicht spürte, wie ihm im Schlaf die Füße verbrannten. Als seine Kollegen darauf aufmerksam wurden, war sein linker Fuß bereits so schwer geschädigt, dass er amputiert werden musste. Das Gericht entschied, dass der Viehtrieb eine „overall period of work" darstellt. Damit fiel die Schädigung in den Rahmen des Arbeitsverhältnisses.

Sind diese Kriterien erfüllt, kommt es auf die (anderen) Ursachen der Schädigung nicht an. Das belegen insbesondere die Fälle, bei denen Arbeiter in mobilen Wohnanlagen in der Nähe ihrer Arbeitsstätte untergebracht sind. In *McCurry v Lamb*[316] und *Inverell Shire Council v Lewis*[317] wurden Arbeitern, die außerhalb der Arbeitszeit in den Unterkünften angeschossen und schwer verletzt worden waren, Entschädigungsansprüche zugesprochen. Grund für die Schießerei war jeweils Eifersucht auf ein Liebesverhältnis des Arbeiters gewesen. Die Entschädigungspflicht wurde bejaht, weil die Arbeitgeber die Unterkünfte zur Verfügung gestellt hatten und auch wollten, dass die Arbeiter sie nutzten. Zudem wa-

---

[314] *Hatzimanolis v ANI Co. Ltd.* (1992) 173 CLR 473.
[315] (1957) 31 WCR (NSW) 109.
[316] (1992) 8 NSWCCR 556.
[317] (1992) 8 NSWCCR 562.

ren die Arbeitgeber darüber informiert, wie die Arbeiter ihre Abende und Nächte verbrachten und hatten dagegen keine Einwände. Damit waren die Voraussetzungen, wie sie in *Humphrey Earl Ltd. v Speechley*[318] und *Hatzimanolis v ANI Co. Ltd.*[319] aufgestellt worden waren, erfüllt. Der Aufenthalt in den mobilen Wohnanlagen und die Art und Weise des Aufenthalts war vom Arbeitgeber autorisiert und die Arbeiter befanden sich innerhalb des zeitlichen Rahmens ihres Arbeitsverhältnisses. Auch waren sie nur wegen ihres Arbeitsverhältnisses überhaupt in den mobilen Wohnanlagen untergebracht.

Allerdings kann der Arbeiter sich selbst durch sein Handeln aus dem Rahmen des Arbeitsverhältnisses hinausbewegen. Die Grenze der Zugehörigkeit wird dort gezogen, wo der Arbeiter bei seiner Tätigkeit und seiner Vorgehensweise seine persönlichen Bedürfnisse und sein Vergnügen in den Vordergrund stellt, *Humphrey Earl Ltd. v Speechley.*[320] In *Humphrey Earl Ltd. v Speechley* geht es um die Nahrungsaufnahme während der Mittagspause. Die Nahrungsaufnahme als solche ist nicht Einfüllung der Arbeitspflichten, sondern die Befriedigung eines wiederkehrenden menschlichen Bedürfnisses. Eine gewisse Zugehörigkeit zum Arbeitsverhältnis kann allerdings auf den konkreten Umständen der Arbeitserfüllung beruhen. Dabei kommt es darauf an, ob die vom Arbeiter gewählte Vorgehensweise in der jeweiligen Situation angemessen ist. Im vorliegenden Fall wollte ein Handwerker, der bei einem Kunden eine Maschine reparierte, unbedingt Fisch zu Mittag und fuhr darum viele Kilometer durch mehrere Stadtteile, wobei er auf dem Rückweg einen Unfall erlitt. Während die Nahrungsaufnahme eines Außendienstmitarbeiters grundsätzlich als zum Arbeitsverhältnis zugehörig betrachtet wird, ergab hier die Wertung im Einzelfall, dass der Arbeiter die Grenze der Zugehörigkeit überschritten hatte.

Diese Wertungen müssen im Einzelfall die Gerichte treffen.[321] Durch die Rechtsprechung haben sich Fallgruppen herausgebildet, bei denen eine Zugehörigkeit zum Arbeitsverhältnis bejaht wird. Zunächst gehören alle Tätigkeiten zum Arbeitsverhältnis, die mit diesem in unmittelbarem Zusammenhang stehen, wie die Benutzung der vom Arbeitgeber zur Verfügung gestellten Einrichtungen, der Kantine, Toilette, Duschen und Umkleideräume.[322] Wenn der Besuch von Seminaren, Konferenzen, Fortbildungsveranstaltungen zum Arbeitsverhältnis gehört, weil der Arbeitgeber die Teilnahme veranlasst, gehört sogar das dazugehörige Rahmenprogramm zum Arbeitsverhältnis.[323] Sportliche Aktivitäten gehören dann zum Arbeitsverhältnis, wenn der Arbeitgeber sie unterstützt, die Ausrüstung, Sportstätten oder Geldmittel zur Verfügung stellt.[324] Gesellige Veranstaltungen, wie Betriebsausflüge oder Weihnachtsfeiern, können auch zum Arbeitsverhältnis gehören. Kriterien sind, ob der Arbeitgeber die Veranstaltung organisiert hat, ob erwartet wird, dass der Arbeiter teilnimmt, ob Gehalt gezahlt wird

---

318 (1951) 84 CLR 126 (133); NOMCHONG / WARDHAUGH, Workers' Compensation Handbook, S. 6.
319 (1992) 173 CLR 473.
320 (1951) 84 CLR 126 (135).
321 MILLS, loose-leaf, S. 1273; *Fekonja v Lucsan Pty. Ltd.* (1994) 10 NSWCCR 339.
322 MARKS & MCLEAN, ¶ 816.
323 MARKS & MCLEAN, ¶ 824.
324 *Van Haeften v Caltex Oil (Australia) Pty. Ltd.* (1995) 12 NSWCCR 250.

für die Teilnahme und ob es sich bei den Gästen um Mitarbeiter und Kunden handelt.

b. Der wesentliche Verursachungsbeitrag

Hat ein Arbeiter nach dem 12. Januar 1997 einen Schaden erlitten, muss er nachweisen, dass die übertragene Arbeit einen wesentlichen Verursachungsbeitrag (the employment concerned was a substantial contributing factor) zur Schadensentstehung geleistet hat. [325] Für die Feststellung des wesentlichen Verursachungsbeitrags führt sec. 9A (2) WCA beispielhaft[326] einige Kriterien auf: Ort und Zeit der Schädigung, die Art der ausgeführten Arbeit, die Dauer des Arbeitsverhältnisses, die Möglichkeit, dass eine gleichartige Verletzung auch aufgrund allgemeinen Lebensrisikos eingetreten wäre, die Gesundheit des Arbeiters vor der Schädigung und erbliche Gesundheitsschäden sowie der Lebensstil des Arbeiters und seine Freizeitaktivitäten.[327]

Weil aber insbesondere das Wort „substantial" im Gesetz nicht definiert wurde, wurde nach Erlass der Vorschrift angemerkt, dass „substantial" auch „tatsächlich" bedeuten könne, womit keine Änderung der Rechtslage eintreten würde.[328] Auch wenn es zutrifft, dass erst Gerichtsentscheidungen zu dieser Vorschrift die nötige Klarheit bringen werden, kann diese Auffassung nicht richtig sein. Ihr steht schon der Wortlaut der sec. 9A WCA entgegen. Ein rein temporaler Zusammenhang zwischen Körperschaden und Arbeitsverhältnis dürfte jetzt jedenfalls nicht mehr ausreichen um einen Ausgleichsanspruch zu begründen.[329] Sec. 9A (3) WCA stellt ausdrücklich klar, dass die übertragene Arbeit nicht schon dann als maßgeblicher Verursachungsbeitrag anzusehen ist, wenn der Schaden während oder durch, oder auch während der und durch die Beschäftigung entstanden ist.[330] Damit ist vom Wortlaut des Gesetzes klar darauf hingewiesen, dass auch der früher so großzügig ausgelegte Kausalzusammenhang[331] für einen Anspruch auf Entschädigung nicht mehr ausreicht. ARMITAGE weist darauf hin, dass zwei weitere Fallkategorien darum in Zukunft andere Wertungen erfahren dürften. Zum einen die Fälle, in denen ein gewisser Zusammenhang aus medizinischer Sicht besteht, die Krankheit aber auch unabhängig vom Arbeitsverhältnis entstanden wäre.[332] Zum anderen die Fälle, in denen der Arbeiter gemischte Zwecke mit seiner Tätigkeit verfolgte, teils private und teils berufliche.[333] Dass eine Änderung der Rechtslage vom Gesetzgeber beabsichtigt ist, ergibt sich aus den Parlamentsdebatten: Sec. 9A WCA wurde eingefügt, um

---

[325] NOMCHONG / WARDHAUGH, Workers' Compensation Handbook, S. 5.
[326] ARMITAGE, Workers Compensation Update, S. 2; *Smith Family v Dafinis* (1992) 8 NSWCCR 9.
[327] MCGRATH / LIAVIS, Workers' Compensation & Comcare: an Update, S. 2.
[328] HARRISON, Workers' Compensation - New South Wales, S. 12.
[329] ARMITAGE, Workers Compensation Update, S. 4; *Zickar v MGH Plastic Industries Pty. Ltd.* (1996) 71 ALJR 32; *Weston v Great Boulder Gold Mines Ltd.* (1964) 112 CLR 30; *Inverell Shire Council v Lewis* (1992) 8 NSWCCR 562.
[330] ARMITAGE, Workers Compensation Update, S. 2; HARRISON, Workers' Compensation - New South Wales, S. 13.
[331] *Thom v Sinclair* (1917) AC 127.
[332] ARMITAGE, Workers Compensation Update, S. 3; *Watts Peterson Automotive Pty. Ltd. v Peterson* (1994) 10 NSWCCR 653.
[333] *Glenbuddah Pty. Ltd. v Williams* (1995) 12 NSWCCR 468.

- aus Kostengründen - eine generelle Einschränkung der Ansprüche nach dem *Workers Compensation Act* 1987 zu erreichen.[334] Aufgrund einer 100 Jahre alten englischen Regel, nach der es dem Richter verboten war, sich bei der Auslegung der Gesetze auf die Erklärungen zu stützen, die im Parlament bei der Beratung von Gesetzen abgegeben worden sind, messen die Gerichte in New South Wales der Intention des Gesetzgebers als Auslegungsmittel keine Bedeutung bei, obwohl das englische House of Lords diese Regel 1993 aufgegeben hat.[335] Als KIRBY P in *Lemair (Australia) Pty. Ltd. v Cahill* auf die vom Arbeitgeber eingebrachten Parlamentsdebatten eingeht und sie als hilfreich bezeichnet, ist dies der einzige Punkt seiner Urteilsbegründung, in dem MEAGHER JA ihm widerspricht:

> „If there were some real ambiguity in the statute, no amount of pondering over the utterances of the minister in his Second Reading Speech would have been of the slightest assistance."[336]

Nach der Rechtsprechung, die bereits vor Erlass der sec. 9A WCA erging, hatte ein Arbeiter einen Ursachenzusammenhang nachgewiesen, wenn die Tatsache seiner Beschäftigung in diesem bestimmten Arbeitsverhältnis die Verletzung verursacht oder entscheidend dazu beigetragen hatte.[337] Oft wird in diesem Zusammenhang auf das spezielle Risiko des Arbeitsverhältnisses im Gegensatz zum allgemeinen Lebensrisiko abgestellt.[338] Dieses spezielle Risiko wird sehr großzügig und sehr weit interpretiert. Wie bei der Frage nach dem Rahmen des Arbeitsverhältnisses spielt auch hier der Ort eine Rolle. Schon die Tatsache, dass sich der Arbeiter aufgrund des Arbeitsverhältnisses an einem bestimmten Ort befindet, gilt als spezielles Risiko und begründet die Ersatzpflicht, *Thom v Sinclair*.[339] Der illustrative Fall *Murray v Moppett*[340] hat auch in diesem Zusammenhang Bedeutung.[341] Es wurde vom Gericht nicht nur angenommen, dass die Schädigung in den Rahmen des Arbeitsverhältnisses fiel, sondern auch, dass die Übernachtung im Camp den Arbeiter dem besonderen Risiko des Lagerfeuers ausgesetzt hatte. Weil er sich wegen seiner Arbeit in dem Camp aufhalten musste, wurde die arbeitsbedingte Schädigung bejaht. Das Problem der Volltrunkenheit spielte erst beim Ausschluss der Ausgleichsansprüche eine Rolle.

### 4. Ausschluss des Anspruchs auf Entschädigung

Ausgeschlossen sind die Ansprüche nach dem *Workers Compensation Act* 1987, wenn der Schaden das Ergebnis eines ernsthaften und vorsätzlichen Fehlverhaltens des Arbeiters ist, sec. 14 (2) WCA, oder der Arbeiter sich den Schaden absichtlich zugefügt hat, sec. 14 (3) WCA.[342] Trotz eines ernsthaften und vorsätzlichen Fehlverhaltens behält der Arbeiter seine Ausgleichsansprüche, wenn die Schädigung den Tod oder eine ernsthafte und dauerhafte Behinderung nach sich

---

334 Parliamentary debates (Hansard), 20 November 1996, S. 6333.
335 ZWEIGERT / KÖTZ, Einführung in die Rechtsvergleichung, S. 261.
336 *Lemair (Australia) Pty. Ltd. v Cahill* (1993) 30 NSWLR 167 (172).
337 MARKS & MCLEAN, ¶ 807; *Davis v Mobil Oil Australia Ltd.* (1988) 12 NSWLR 10.
338 MARKS & MCLEAN, ¶ 808.
339 (1917) AC 127.
340 (1957) 31 WCR (NSW) 109.
341 zum Sachverhalt: 2. Kapitel: A. IV. 3. a.
342 The Australian Insurance Institute, S. 72; MILLS, loose-leaf, S. 1399.14; MARKS & MCLEAN, ¶ 1401 ff.

zieht.[343] Um auf den Fall *Murray v Moppett*[344] zurückzukommen: Sich selbst einem Zustand der Volltrunkenheit zuzuführen solange man sich im Rahmen des Arbeitsverhältnisses bewegt, ist grundsätzlich als ernsthaftes und vorsätzliches Fehlverhalten anzusehen. Da die Amputation des linken Fußes aber eine ernsthafte und dauerhafte Behinderung darstellt, erhält der Geschädigte Entschädigung nach dem *Workers Compensation Act* 1987. Die Ausgleichsansprüche wegen derart schwerwiegender Schadensfolgen werden selbst dann nicht ausgeschlossen, wenn der Arbeiter gegen Gesetze oder Anweisungen des Arbeitgebers verstoßen hat (solange die Tätigkeit, der der Arbeiter nachging, mit dem Geschäft des Arbeitgebers in Zusammenhang steht).[345]

5. Gesetzliche Erweiterungen der Entschädigungspflicht

Der *Workers Compensation Act* 1987 dehnt die Ersatzpflicht auf Fahrten, Arbeitspausen und Tätigkeiten eines Arbeiters in seiner Funktion als Gewerkschaftsrepräsentant aus. Die gesetzlichen Ansprüche und die gesetzlichen Erweiterungen ergänzen und überschneiden sich. Sec. 11 WCA hat für Arbeitsunterbrechungen tatsächlich ergänzende Funktion. Bei Arbeitspausen, die der Arbeiter auf dem Betriebsgelände verbringt, ist er bereits nach sec. 9, 4 WCA geschützt. Die gesetzliche Erweiterung betrifft daher Arbeitsunterbrechungen, während derer der Arbeiter das Betriebsgelände verlässt. Befindet sich der Arbeiter hingegen auf einer Fahrt, so werden die Ansprüche in der Praxis stets auf sec. 10 WCA gestützt, auch wenn es sich um eine Fahrt handelt, welche die Voraussetzungen eines Anspruchs nach sec. 9, 4 WCA erfüllt. In sec. 12 WCA erfahren neben den Tätigkeiten als Gewerkschaftsrepräsentant auch die damit in Zusammenhang stehenden Fahrten eine eigene Regelung.

a. Journey Claims[346]

Mit den Journey Claims werden den Arbeitern Ansprüche für Schäden eingeräumt, die sie auf dem täglichen Weg zwischen ihrer Schlafstätte und der Arbeitsstätte erleiden.[347] Grundsätzlich fällt nämlich die tägliche Fahrt zur Arbeitsstätte nicht in den Rahmen des Arbeitsverhältnisses. Die Verantwortlichkeit des Arbeitgebers beginnt erst, wenn der Arbeiter das Betriebsgelände erreicht.[348] Dabei kann eine Fahrt nach den zum „course of employment" entwickelten Grundsätzen auch in den Rahmen des Arbeitsverhältnisses fallen. Es kann zum Berufsbild eines Arbeiters gehören, Fahrten zu machen, wie z. B. bei Handlungsreisenden[349] oder Taxifahrern. Oder der Arbeiter kann im Einzelfall vom Arbeitgeber zu einer Fahrt beauftragt worden sein, womit auch diese Fahrt in den Rahmen des Arbeitsverhältnisses fällt.[350] Aber selbst diese Ansprüche werden zumeist auf sec. 10 WCA gestützt.

---

[343] sec. 14 (2) letzter Halbsatz WCA.
[344] (1957) 31 WCR (NSW) 109.
[345] sec. 14 (1) WCA.
[346] Der englische Begriff soll in Ermangelung eines adäquaten deutschen beibehalten werden.
[347] sec. 10 WCA.
[348] MARKS & MCLEAN, ¶ 811.
[349] MILLS, loose-leaf, S. 1285.
[350] MARKS & MCLEAN, ¶ 813 ff.

Um Journey Claims geltend machen zu können, muss der Arbeiter auf einer der im Gesetz aufgezählten Fahrten einen Körperschaden erleiden.[351] Die gesetzliche Konstruktion ist die folgende: Solange sich ein Arbeiter auf einer der im Gesetz aufgezählten Wegstrecken befindet, ist ein Schaden, den er auf dieser Strecke erleidet, ein Schaden, der aus dem oder im Verlaufe des Arbeitsverhältnisses entstanden ist (an injury arising out of or in the course of employment, sec. 4 WCA).[352] Die Gerichte betonen, dass es letztlich eine Einzelfallentscheidung ist, ob ein während einer Fahrt erlittener Schaden ersatzfähig ist oder nicht, *Wilkins v Electricity Commission of NSW*.[353]

*(1) Geschichte*

Die Vorschriften, die Journey Claims nach den Workers' Compensation-Gesetzen ersatzfähig machten, waren schon bei ihrer Einführung in New South Wales im Jahr 1926 umstritten. Weil die Arbeitgeber das Wegerisiko nicht beeinflussen können, sei es nicht gerechtfertigt, den Arbeitgebern die Kosten für die Wegerisiken aufzuerlegen.[354] Nach einem Regierungswechsel wurden die Vorschriften schon 1929 wieder gestrichen. 1942 wurden sie wegen der Besonderheiten der Kriegszeiten wieder eingeführt, aber nur beschränkt auf Fahrten während der Nacht und während des Krieges, die wegen vermehrter Schichtarbeit ein erhöhtes Risiko für Arbeitnehmer mit sich brachten. Diese Sonderregelung wurde 1947 dergestalt aufgehoben, dass Journey Claims generell ersatzfähig wurden.[355] Bei der Vorbereitung des *Workers Compensation Act* 1987 wurden erneut Bedenken gegen den Einbezug der Wegstrecken in den Versicherungsschutz vorgebracht. Das Gesetz sah dann vor, dass Journey Claims zu ersetzen waren, sie aber bei der Prämienberechnung für den Erfahrungswert des Arbeitgebers außer Betracht zu bleiben hätten. Die weiter andauernden Einwände führten dazu, dass man sich 1989 zunächst auf eine Einschränkung des Anspruchs dahingehend einigte, dass nur noch solche Fahrten ersatzfähig waren, die ein wesentlich erhöhtes Risiko des Schadenseintritts bargen (materially increased). Diese Vorschrift des *Workers Compensation (Benefits) Amendment Act* 1989 wurde aber nie verkündet und trat damit nie in Kraft. Der *Workers Compensation (Amendment) Act* 1989 brachte dann eine Änderung: Von der Ersatzpflicht ausgeschlossen wurden die Schäden, die ganz oder teilweise durch ein Verschulden des Arbeiters verursacht worden waren.[356] Erst mit dem *WorkCover Legislation Amendment Act* 1996 wurden wieder verschuldensunabhängige Journey Claims eingeführt.

*(2) Körperschäden*

Ersatzfähig ist nur der Körperschaden (personal injury).[357] Im Vergleich mit sec. 4 WCA lässt sich erkennen, dass Krankheiten und die Verschlechterung

---

[351] sec. 10 WCA.
[352] *WorkCover Authority of NSW v Billpat Holdings Pty. Ltd.* (1995) 11 NSWCCR 565.
[353] (1969) WCR 111.
[354] INDUSTRY COMMISSION, Report No. 36, S. 178; MILLS, loose-leaf, S. 1393; Parliamentary debates (Hansard), 1 August 1989, S. 8821.
[355] MILLS, loose-leaf, S. 1392.
[356] MILLS, loose-leaf, S. 1393.
[357] sec. 10 (1) WCA.

derselben nicht unter sec. 10 WCA fallen. Damit stellt sich erneut die Frage nach der genauen Definition des Begriffs des Körperschadens (personal injury). Den in diesem Zusammenhang zu sec. 4 WCA diskutierten Fällen *Slazengers (Australia) Pty. Ltd. v Burnett*[358] und *Darling Island Stevedoring & Lighterage Co. Ltd. v Hussey*[359] lagen Journey Claims zugrunde. Sie eignen sich aber für eine Klärung der Frage nur bedingt, da sie noch zur alten Vorschrift ergingen, die wie sec. 4 WCA nicht vom Körperschaden sondern schlicht vom Schaden sprach. Zieht man das Ergebnis von oben heran, dass der Begriff des Körperschadens weit zu interpretieren ist, so können nach sec. 10 WCA nicht nur Körperschäden, sondern auch solche Krankheiten, die sich auf eine bestimmte, zeitlich abgrenzbare physische Veränderung zurückführen lassen, entschädigt werden. Ein Ersatz von bestehenden Gesundheitsschäden, die sich nur zufällig während einer Fahrt manifestieren, war aber nie gewollt. Darum sind Körperschäden, die auf dem Gesundheitszustand des Arbeiters beruhen und zu denen die Fahrt in keiner Weise verursachend beigetragen hat, gemäß sec. 10 (1D) WCA nicht zu entschädigen.[360]

*(3) Zusammenhang*

Ein besonderer Zusammenhang zwischen Fahrt und Körperschaden gehört nicht zu den Voraussetzungen des Entschädigungsanspruchs nach sec. 10 WCA. Der Wortlaut des Gesetzes „on any journey" lässt den zeitlichen Zusammenhang ausreichen und die Anwendbarkeit der sec. 9A WCA ist ausgeschlossen.[361] Damit braucht keine wesentliche Verursachung nachgewiesen werden. Die Praxis, alle Schädigungen während einer Fahrt auf sec. 10 WCA zu stützen, wird darum in Zukunft noch verstärkt an Bedeutung gewinnen. Es steht allerdings zu erwarten, dass die Gerichte das im Laufe der Zeit korrigieren werden.

*(4) Wegstrecken*

Die Fahrten, die Versicherungsschutz genießen, sind in sec. 10 (3) WCA aufgezählt.

> The journeys to which this section applies are as follows:
>
> (a) the daily or other periodic journeys between the worker's place of abode and place of employment,
>
> (b) the daily or other periodic journeys between the worker's place of abode, or place of employment, and any educational institution which the worker is required by the terms of the worker's employment, or is expected by the worker's employer, to attend,
>
> (c) a journey between the worker's place of abode or place of employment and any other place, where the journey is made for the purpose of obtaining a medical certificate or receiving medical, surgical or hospital advice, attention or treatment or of receiving payment of

---

[358] (1951) AC 13 (PC).
[359] (1959) 102 CLR 482.
[360] MILLS, loose-leaf, S. 1397.2; NOMCHONG / WARDHAUGH, Workers' Compensation Handbook, S. 76.
[361] sec. 9A (4) WCA.

compensation in connection with any injury for which the worker is entitled to receive compensation,

(d) a journey between the worker's place of abode or place of employment or any other place, where the journey is made for the purpose of having, undergoing or obtaining any consultation, examination or prescription referred to in section 74 (3),

(e) a journey between any camp or place

(i) where the worker is required by the terms of the worker's employment, or is expected by the worker's employer, to reside temporarily, or

(ii) where it is reasonably necessary or convenient that the worker reside temporarily for any purpose of the worker's employment, and the worker's place of abode when not so residing,[362]

(f) a journey between the worker's place of abode and the place of pick-up referred to in clause 14 of Schedule 1,[363]

(g) a journey between the worker's place of abode and place of employment, where the journey is made for the purpose of receiving payment of any wages or other money:

(i) due to the worker under the terms of his or her employment, and

(ii) which, pursuant to the terms of his or her employment or any agreement or arrangement between the worker and his or her employer, are available or are reasonably expected by the worker to be available for collection by the worker at the place of employment.

Ein Punkt der Fahrt ist dabei zumeist „a place of abode". Darunter ist nicht notwendigerweise der Wohnsitz des Arbeiters zu verstehen. Es handelt sich vielmehr um den Ort, an dem der Arbeiter die Nacht verbringt, an dem er seine Schlafstätte eingerichtet hat.[364] Dabei beginnt die Ersatzpflicht an den Grenzen der Grundstücke, auf denen die jeweiligen Unterkünfte stehen, sec. 10 (4) WCA.[365] Zusätzlich werden Fahrten von einem Arbeitgeber zum nächsten den täglichen Fahrten vom oder zum Arbeitsplatz gleichgestellt.[366]

In (d) geht es um die Besuche beim Arzt zum Ersatz oder zur Reparatur von Körperersatzstücken. Die Vorschrift in (f) wurde insbesondere für Hafenarbeiter geschaffen, die sich an Sammelstellen einfinden und dort für bestimmte Arbeiten angeheuert werden. Diese gelegentliche Beschäftigung wird in clause 14 des Anhang 1 als Arbeitsverhältnis im Sinne des *Workers Compensation Act* 1987 anerkannt. Konsequenterweise wird der Weg zu und von den Sammelstellen auch unter Versicherungsschutz gestellt.[367]

---

[362] *Brooks v Roche Bros Pty. Ltd.* (1997) 15 NSWCCR 64.
[363] *Darling Island Stevedoring & Lighterage Co. Ltd. v Hussey* (1959) 102 CLR 482.
[364] sec. 10 (6) WCA.
[365] NOMCHONG / WARDHAUGH, Workers' Compensation Handbook, S. 73.
[366] sec. 10 (5) WCA.
[367] MILLS, loose-leaf, S. 1842.

*(5) Umwege und Unterbrechungen*

Eine Ersatzpflicht scheidet grundsätzlich aus, wenn der Arbeiter den Weg unterbricht oder Umwege fährt.[368] Zum einen fällt aber nicht nur der kürzeste und direkte Weg unter sec. 10 WCA,[369] zum anderen können Unterbrechungen und Umwege in Zusammenhang stehen mit dem Arbeitsverhältnis oder mit dem Zweck der Fahrt.[370] Außerdem hat der Arbeiter die Möglichkeit, geltend zu machen, dass der Umweg oder die Unterbrechung das Schadensrisiko nicht wesentlich erhöht haben.[371] Ob das Risiko eines Schadenseintritts wesentlich erhöht wurde, ist durch einen Vergleich der Situation, wie sie sich jetzt darstellt, mit dem, was ohne Umweg und Unterbrechung der Fall gewesen wäre, zu ermitteln, *Minchinton v Homfray & anor.*[372] Keine Rolle kann dabei spielen, dass schon die rein zeitliche Ausdehnung der Fahrt den Eintritt eines Schadens wahrscheinlicher macht. In vielen Fällen spielt der Konsum von Alkohol eine Rolle, der zu einem erhöhten Risiko führen kann.[373]

*(6) Ausschluss*

Der Ausschluss der Entschädigungsansprüche ist für Journey Claims gesondert geregelt, wenn auch eine erhebliche Ähnlichkeit zu der Regelung in sec. 14 WCA besteht. Dem Arbeiter muss ein schwerwiegendes und vorsätzliches Fehlverhalten (serious and wilful misconduct) zur Last gelegt werden können, um ihm die Ansprüche nach dem *Workers Compensation Act* 1987 zu versagen.[374] Kann der Arbeitgeber Alkohol- oder Drogenkonsum nachweisen, wird ein schwerwiegendes und vorsätzliches Fehlverhalten angenommen. Eine Ausnahme wird nur gemacht, wenn dem Arbeiter der Beweis gelingt, dass die Drogen oder der Alkohol in keiner Weise zum Unfall beigetragen haben oder nicht freiwillig eingenommen wurden.[375]

b. Arbeitspausen

Sec. 11 WCA dehnt die Entschädigungspflicht auf die Arbeitspausen aus, während derer der Arbeiter sich nicht an seinem Arbeitsplatz befindet. Ersetzt werden Körperschäden (personal injury wie bei sec. 10 WCA im Unterschied zu sec. 4 WCA), die während einer gewöhnlichen Arbeitsunterbrechung eingetreten sind.[376] Gewöhnliche Arbeitsunterbrechung bedeutet eine relative kurze Unterbrechung der bis dahin andauernden Arbeitstätigkeit, die zur Erholung, Erfrischung oder Entspannung dient.[377] Der Arbeiter muss allerdings am Arbeitsplatz anwesend sein bis er die Arbeit unterbricht. Sec. 11 WCA kommt nicht in Be-

---

[368] sec. 10 (2) WCA.
[369] *Babcock Australia Ltd. v Proudfoot* (1993) 9 NSWCCR 525.
[370] NOMCHONG / WARDHAUGH, Workers' Compensation Handbook, S. 76.
[371] sec. 10 (2) WCA; *Boral SGB Pty. Ltd. v Warren John White* (1996) 12 NSWCCR 662.
[372] (1994) 10 NSWCCR 778 (788F).
[373] *Babcock Australia Ltd. v Proudfoot* (1993) 9 NSWCCR 525; *NRMA Smash Repairs Pty. Ltd. v Hoy* (1995) 11 NSWCCR 326; NOMCHONG / WARDHAUGH, Workers' Compensation Handbook, S. 76.
[374] sec. 10 (1A) WCA; ARMITAGE, Workers Compensation Update, S. 8.
[375] sec. 10 (1B) WCA; HARRISON, Workers' Compensation - New South Wales, S. 12.
[376] MILLS, loose-leaf, S. 1846.
[377] MILLS, loose-leaf, S. 1399.9.

tracht, wenn der Arbeiter nur kurz am Arbeitsplatz vorbeifährt, um sich dort zu melden oder etwas abzugeben. Der Anspruch ist ausgeschlossen, wenn der Arbeiter sich wissentlich einer außergewöhnlichen Gefahr ausgesetzt hat. [378] Während einer solchen gewöhnlichen Arbeitsunterbrechung nach sec. 11 WCA, kann sich ein Arbeiter gleichzeitig auf einer nach sec. 10 WCA relevanten Wegstrekke befinden. So ist ein Arbeiter, der in seiner Mittagspause immer zum Essen nach Hause fährt, während der Fahrt gem. sec. 10 WCA geschützt. Der Rest der Pause, inklusive der Zeit, die er zu Hause verbringt, fällt unter sec. 11 WCA, *Harvard v Illawara Meat Co. Pty. Ltd.*[379]

c. Gewerkschaftsrepräsentanten

Der Versicherungsschutz wurde auch auf Tätigkeiten eines Arbeiters ausgedehnt, die er in seiner Funktion als Gewerkschaftsrepräsentant ausübt. Erleidet er dabei einen Schaden, gilt dieser als aus dem oder im Verlaufe des Arbeitsverhältnisses entstanden, sec. 12 WCA. Dabei ist der Begriff des Gewerkschaftsrepräsentanten in der Überschrift „Claims by trade union representatives" eher irreführend. Geschützt sind einerseits nur die Arbeiter, die neben ihrem Arbeitsverhältnis eine entsprechende Funktion haben. Andererseits fallen unter sec. 12 WCA nicht nur Gewerkschaften, sondern alle Arbeitnehmerorganisationen, selbst Vereinigungen mit rein sozialem oder geselligem Charakter. [380] Voraussetzung ist allein, dass der Organisation neben dem geschädigten Arbeiter noch ein weiterer Arbeitnehmer des Arbeitgebers angehört.[381] Die Aufgaben, denen der Arbeiter nachgeht, muss er mit Zustimmung oder auf Verlangen des Arbeitgebers oder einer Kollektivarbeitsvereinbarung (industrial award or agreement) erfüllen.[382] Erleidet er bei der Pflichterfüllung einen Körperschaden, kann er Ansprüche nach dem *Workers Compensation Act* 1987 geltend machen. Die Ersatzpflicht erstreckt sich auch auf die mit den Aufgaben in Zusammenhang stehenden Fahrten (associated journeys).[383] Bemerkenswert ist, dass in *Civil & Civic Pty. Ltd. v Hughes*[384] entschieden wurde, dass die nach sec. 12 WCA geschützten Fahrten sich von den in sec. 10 WCA unterscheiden. Durch die Festlegung der Grundstücksgrenze als Ausgangspunkt in sec. 10 (4) WCA sei den Fahrten eine willkürliche gesetzliche Bestimmung gegeben worden, die nicht auf sec. 12 WCA übertragen werden könne. Den Fahrten von Gewerkschaftsrepräsentanten sei vielmehr ihre normale Bedeutung zu belassen, so dass sie bereits mit Durchschreiten der Außentür des Wohnbereichs beginnen.

6. Leistungen

Der *Workers Compensation Act* 1987 sieht als Leistungen wöchentliche Zahlungen als Ersatz für entgangene Einkünfte, Heilungskosten und Nichtvermögensschäden vor.[385] Daneben werden Ausgleichszahlungen im Todesfall,

---

[378] sec. 11 (b) WCA; MILLS, loose-leaf, S. 1399.8.
[379] (1956) WCR 4.
[380] MILLS, loose-leaf, S. 1399.10.
[381] sec. 12 (a) WCA.
[382] sec. 12 (b) WCA.
[383] MARKS & MCLEAN, ¶ 1024.
[384] (1996) 39 NSWLR 505.
[385] NOMCHONG / WARDAUGH, Workers' Compensation Handbook, S. 5.

Rehabilitationsleistungen und ein eingeschränkter Ersatz bestimmter Sachschäden gewährt.

a. Wöchentliche Zahlungen als Einkommensersatz

Ein geschädigter Arbeiter erhält wöchentliche Zahlungen als Ersatz für entgangenes Einkommen, *J.C. Ludowici & Son Ltd. v Cutri*.[386] Die Höhe der Zahlungen bestimmt sich nach dem tariflichen Wochenlohn und ist nach der Dauer der Arbeitsunfähigkeit und dem Grad der Arbeitsunfähigkeit gestaffelt. Sie sind zudem nach oben begrenzt auf einen gesetzlich festgelegten Betrag, von zur Zeit $ 1.000.[387] Geleistet wird ab dem Zeitpunkt der Anspruchsentstehung, welcher nicht notwendigerweise mit dem Schadenszeitpunkt identisch sein muss.[388]

Voraussetzung für den Anspruch auf wöchentliche Zahlungen ist nämlich die Arbeitsunfähigkeit (incapacity for work) des Geschädigten.[389] Arbeitsunfähigkeit ist das körperliche Unvermögen, nach dem Schadensfall die zuletzt ausgeübte Arbeit weiterhin zu verrichten, oder eine ähnliche Tätigkeit auf dem Arbeitsmarkt aufzunehmen, *Arnotts Snack Products Pty. Ltd. v Yacob*.[390] Neben dem rein körperlichen Unvermögen kann auch ein psychischer Schaden zur Arbeitsunfähigkeit beitragen, *Lovett Building Co. Pty. Ltd. v Burns*.[391] Was eine ähnliche Tätigkeit ist, bestimmt sich nach den persönlichen Daten des Arbeiters: Die körperliche Verfassung, das Alter, der berufliche Werdegang, die Fähigkeiten, das Können und Wissen sowie die praktische und theoretische Ausbildung werden zur Beurteilung herangezogen. Außer Betracht bleibt hingegen die Lage des Arbeitsmarktes und sein wirtschaftlicher Einfluss auf die Möglichkeiten des Beschäftigten Arbeit zu erhalten.[392] Ob dem Arbeiter dabei tatsächlich ein finanzieller Nachteil entsteht, ist für den Begriff der Arbeitsunfähigkeit ohne Bedeutung, *Arnotts Snack Products Pty. Ltd. v Yacob*.[393] Dem Gericht wurde ein Ermessensspielraum bei der Bestimmung der Arbeitsunfähigkeit des Arbeiters eingeräumt, vgl. *Horton v Goodman Fielder Wattie Ltd*.[394] Das Gericht ist allerdings nicht verpflichtet eine Ermessensprüfung und Abwägung vorzunehmen, wenn sich nach den genannten Kriterien eine eindeutige Lösung ergibt, *Gregory R. Ball Pty. Ltd. v Stead*.[395]

Die Arbeitsunfähigkeit muss aus dem Schaden resultieren.[396] Es wird allerdings nur die Arbeitsunfähigkeit entschädigt, die sich auf den die Entschädigungspflicht auslösenden Schaden zurückführen lässt.[397] Dieser Zusammenhang zwischen dem Schaden und der Arbeitsunfähigkeit kann durch einen novus actus

---

386 (1992) 26 NSWLR 580; sec. 33 bis 35 WCA.
387 sec. 35 WCA.
388 sec. 34 (1) und (3) WCA.
389 TILBURY, University of New South Wales Law Journal, (6) 1983, S. 224.
390 (1985) 155 CLR 171.
391 (1992) 29 NSWLR 475.
392 MARKS & MCLEAN, ¶ 1204.
393 (1985) 155 CLR 171.
394 (1992) 8 NSWCCR 65; NOMCHONG / WARDHAUGH, Workers' Compensation Handbook, S. 14;MCGRATH / LIAVIS, Workers' Compensation & Comcare: an Update, S. 6.
395 (1993) 9 NSWCCR 148.
396 *Gruber v Quantas Flight Catering Ltd.* (1997) 15 NSWCCR 72.
397 *Aitkin v Goodyear Tyre & Rubber Co. (Australia) Ltd.* (1945) 46 SR (NSW) 20.

interveniens unterbrochen werden, was insbesondere in Zusammenhang mit der Heilbehandlung relevant wird.[398]

Die Zahlungen unterscheiden sich nach dem Grad der Arbeitsunfähigkeit des Arbeiters. Es wird unterschieden zwischen teilweiser und vollständiger Arbeitsunfähigkeit. Für bestimmte Fälle der teilweisen Arbeitsunfähigkeit wird der Arbeiter wie vollständig arbeitsunfähig behandelt.

*(1) Vollständige Arbeitsunfähigkeit*

Eine zu entschädigende vollständige Arbeitsunfähigkeit liegt vor, wenn die Möglichkeit des Arbeiters, seine Arbeitskraft auf dem Arbeitsmarkt zu verwerten, infolge des Schadens ausgeschlossen ist. Grundsätzlich ist allein das körperliche Unvermögen entscheidend. Eine Ausnahme wird dann gemacht, wenn der Arbeiter zwar aufgrund seiner physischen Konstitution bestimmten Tätigkeiten noch nachgehen könnten, eine seinen körperlichen Fähigkeiten entsprechende Arbeitsstelle für ihn aber nicht zur Verfügung steht.[399] Als Beispiel wird ein 55jähriger ausländischer Arbeiter mit schlechten Englischkenntnissen genannt, der sein ganzes Leben manuelle Arbeit verrichtet hat und sich eine Rükkenverletzung zugezogen hat. Wenn er danach keine manuelle Arbeit mehr verrichten kann, wird es für ihn kaum möglich sein eine Anstellung zu finden. Er wird entsprechend der Bestimmungen über die vollständige Arbeitsunfähigkeit entschädigt.[400]

Die ersten 26 Wochen bekommt der Arbeiter den tariflichen Wochenlohn (current weekly wage rate), sec. 36, 42 WCA.[401] Ist ein Arbeiter mehrere Arbeitsverhältnisse eingegangen, ist der höhere Verdienst maßgebend, sec. 42 (7A) WCA.[402] Nach Ablauf dieser 26 Wochen bemisst sich im Fall vollständiger Arbeitsunfähigkeit die Rentenzahlung nach dem wöchentlichen Durchschnittsverdienst (average weekly earnings) des Arbeiters, sec. 37 (1) und (7) i.V.m. 43 WCA.[403] Er erhält 90% seines wöchentlichen Durchschnittsverdienstes, begrenzt nach oben und unten durch gesetzlich festgelegte Beträge: Ein Arbeiter erhält mindestens $ 153 und maximal $ 235,20.[404] Tatsächlich ist dieser Höchstbetrag so niedrig, dass die meisten Anspruchsberechtigten den Höchstbetrag erhalten.[405] Eine Erhöhung erfahren die Zahlungen durch zusätzliche Leistungen für abhängige Angehörige, insbesondere Ehegatten und Kinder.[406] Der

---

[398] MARKS & MCLEAN, ¶ 1210 ff.

[399] sec. 39 WCA; Kritisch MCGRATH / LIAVIS, Workers' Compensation & Comcare: an Update, S. 5.

[400] NOMCHONG / WARDHAUGH, Workers' Compensation Handbook, S. 7.

[401] *Lismore City Council v Garland* (1992) 26 NSWLR 542; The Australian Insurance Institute, S. 77; NOMCHONG / WARDAUGH, Workers' Compensation Handbook, S. 7; FARAH-THOMPSON, WorkCover Legislation Amendment Act 1995, S. 5; *Kiraz v Classic Tiles Pty. Ltd.* (1995) 12 NSWCCR 139.

[402] GRACIE, Workers' Compensation - An Update, S. 82.

[403] The Australian Insurance Institute, S. 77.

[404] sec. 37 (1) (a) (i) und (iii) WCA.

[405] NOMCHONG / WARDHAUGH, Workers' Compensation Handbook, S. 8.

[406] sec. 37 (1) (b) und (c) WCA.

so ermittelte Betrag darf wiederum den tariflichen Wochenlohn nicht übersteigen.[407]

Die ersten 26 Wochen müssen nicht die ersten 26 Wochen nach Entstehung eines Anspruchs nach dem *Workers Compensation Act* 1987 sein. Gleichgültig wann vollkommene Arbeitsunfähigkeit eintritt, ob vor, nach oder während teilweiser Arbeitsunfähigkeit, für 26 Wochen kann der Arbeiter die Leistungen gemäß sec. 36 WCA beanspruchen.[408]

*(2) Teilweise Arbeitsunfähigkeit*

Ist die Fähigkeit des Arbeiters seine Arbeitskraft auf dem Arbeitsmarkt zu verwerten eingeschränkt, dann ist er teilweise arbeitsunfähig gemäß sec. 40 WCA, *Arnotts Snack Products Pty. Ltd. v Yacob*[409], *Holden v Toll Chadwick Transport Ltd*[410]. Die wöchentlichen Zahlungen ergeben sich aus der Differenz zwischen dem Einkommen, welches der Arbeiter ohne den Schaden verdienen würde[411] und dem Einkommen, das er aufgrund der Schädigung noch zu verdienen imstande ist, sec. 40 (2) WCA.[412] Das Gericht hat dabei zudem ein Ermessen, weil der geschädigte Arbeiter solche wöchentlichen Zahlungen erhalten soll, die den konkreten Umständen Rechnung tragen (as may appear proper in the case).[413]

Eine Frage ist, wie das Einkommen des Arbeiters nach der Schädigung zu bestimmen ist. Die Streitfrage, die schon Anfang des Jahrhunderts diskutiert und noch immer nicht autoritativ entschieden wurde, rankt sich um die Konstruktion von sec. 40 (2) (b) WCA, bzw. den Vorgänger der Vorschrift. Dort heißt es: „the average weekly amount that the worker is earning, or would be able to earn in some suitable employment“.[414] Während der erste Teil sich mit den tatsächlichen Einkünften beschäftigt, geht es im zweiten Teil darum, was der Arbeiter in einem angemessenen Beschäftigungsverhältnis zu verdienen imstande wäre. Die Frage, die sich von jeher stellte, war, ob die beiden Teile getrennt zu lesen waren und sich gegenseitig ausschlössen, oder ob es sich um eine zusammengesetzte Definition handelt von der stets beide Teile heranzuziehen sind. Die erste Auslegung hätte zur Folge, dass, sobald der Arbeiter ein Einkommen vorweist, seine Leistungen nach dem *Workers Compensation Act* 1987 den Unterschied zu seinen Verdienstmöglichkeiten ohne Schaden ausgleichen würden. Dies wäre vollkommen unabhängig davon, ob der Arbeiter einer anderen Arbeit mit höheren Verdienstmöglichkeiten nachgehen könnte, d. h. ob die konkrete Tätigkeit

---

407 sec. 37 (2) WCA.

408 sec. 37 (1A) WCA.

409 (1985) 155 CLR 171.

410 (1987) 8 NSWLR 222.

411 *Pacific Formwork Pty. Ltd. v Bignill* (1992) 8 NSWCCR 372; *Admax Processing Pty. Ltd. v Hua Dong Pan* (1993) AWCCD ¶ 74-435 (CCH).

412 Marks & McLean, ¶ 1513; The Australian Insurance Institute, S. 78; *Kesen v Luke Singer Pty. Ltd.* (1989) 18 NSWLR 566; *Department of Corrective Services v Smith* (1998) http://www.austlii.edu.au/au/cases/nsw/supreme_ct/211.html.

413 *Moir v Penrith City Council* (1998) http://www.austlii.edu.au/au/cases/nsw/supreme_ct/167.html; *Neilson v Lachley Meats (Forbes) Pty. Ltd.* (1998) http://www.austlii.edu.au/au/cases/nsw/supreme_ct/173.html.

414 *Horton v Goodman Fielder Wattie Ltd. t/as Buttercup Buns & Fielders Bakeries* (1992) 8 NSWCCR 65; *Fox Sound & Electronics Pty. Ltd. v Mellios* (1995) 11 NSWCCR 485; *Allied Constructions Pty. Ltd. v Norbedo* (1992) AWCCD ¶ 74-332 (CCH).

seiner teilweisen Arbeitsunfähigkeit angemessen ist. Dieser Auslegung wurde in New South Wales nie gefolgt. Dort wurde stets davon ausgegangen, dass die zweite Interpretation die richtige ist. Entscheidend ist danach, was der Arbeiter in einer passenden Beschäftigung verdienen könnte. Es wird dadurch dem Arbeiter die Verpflichtung auferlegt, sich einen seinen Kapazitäten angemessenen Arbeitsplatz zu suchen.

Was eine passende Beschäftigung ist, wird in sec. 43A WCA bestimmt. Angemessen ist die Arbeit, wenn sie der Art der Gesundheitsschädigung und der Beschäftigung des Arbeiters vor dem Schadensfall Rechnung trägt. Daneben spielen das Alter des Arbeiters, seine Ausbildung, Fähigkeiten, Berufserfahrung und sein Wohnort eine Rolle. Die Einzelheiten des medizinischen Gutachtens, der Injury Management Plan und die berufliche Rehabilitation können einen Spielraum für Beschäftigung erkennen lassen. Daneben ist der Zeitraum in Betracht zu ziehen, während dessen sich der Arbeiter vergeblich um eine Arbeit bemüht hat, sowie „any other relevant circumstances".[415] Die Weiterbeschäftigung beim alten Arbeitgeber sollte, was die Pflichten und Arbeitszeiten anbelangt, auf die Rückführung des Arbeiters an seinen alten Arbeitsplatz bzw. seine Wiedereingliederung in das normale Arbeitsleben zielen.[416] Die Beschäftigung ist nicht angemessen, wenn sie nur aus Wohltätigkeit erfolgt und keinen Nutzen für den Geschäftsbetrieb hat oder wenn sie den Arbeiter in seiner Persönlichkeit im Hinblick auf seine Stellung im Berufsleben abwertet.[417]

In *J.C. Ludowici & Son Ltd. v Cutri*[418] tauchte eine Variante dieses Problems auf, die vorher noch nicht diskutiert worden war. Der geschädigte Arbeiter erzielte nämlich einen Verdienst, der nach Ansicht des Richters über dem lag, was seinen Verdienstmöglichkeiten auf dem Arbeitsmarkt infolge der Arbeitsunfähigkeit entsprach. Der Richter legte den hypothetischen, der Arbeitsunfähigkeit entsprechenden Wert seiner Berechnung zugrunde. In dem Urteil wurde dem Arbeiter letztlich mehr zugesprochen als er verlangt hatte. Diese Auslegung wurde vom Court of Appeal abgelehnt. Zwar spreche viel für solch eine neutrale Konstruktion, die es dem Richter überlasse die Verdienstmöglichkeiten des Arbeiters frei zu beurteilen, unabhängig davon ob sie über oder unter seinem tatsächlichen Einkommen liegen. Dem stehe aber insbesondere die Funktion der Vorschrift entgegen. Sie soll den Verlust der Erwerbsfähigkeit ausgleichen bzw., wirtschaftlich gesehen, Ersatz für entgangenes Einkommen leisten.

*(3) Normative vollständige Arbeitsunfähigkeit*

Ist der Arbeiter teilweise arbeitsunfähig, ist es möglich, dass er für einen Zeitraum von maximal 52 Wochen als vollständig arbeitsunfähig behandelt wird, sec. 38 WCA.[419] Ratio legis ist, dass der Arbeiter, durch Zahlung des höheren Betrages für vollständige Arbeitsunfähigkeit, ermutigt werden soll sich während seiner Arbeitsunfähigkeit eine angemessene Arbeit zu suchen.[420] Um diesen hö-

---

[415] sec. 43 (1) WCA.
[416] sec. 43 (2) WCA.
[417] sec. 43 (3) WCA.
[418] (1992) 26 NSWLR 580.
[419] *Barclay Mowlem Construction Ltd. v Donaldson* (1994) AWCCD ¶ 74-630 (CCH).
[420] NOMCHONG / WARDHAUGH, Workers' Compensation Handbook, S. 8.

heren Anspruch zu erlangen, muss der Arbeiter in einer gesetzlich festgelegten Weise vorgehen: Er ist verpflichtet dem Arbeitgeber ein ärztliches Attest vorlegen, welches seine Arbeitsunfähigkeit nachweist und vom Arbeitgeber eine dem Grad seiner Arbeitsunfähigkeit angemessene Arbeit (sec. 43A WCA) verlangen.[421] Er muss zudem bereit, willens und imstande sein eine angemessene Arbeit für den entsprechenden Zeitraum anzunehmen. Die ersten 26 Wochen erhält der Arbeiter dann wie unter sec. 36 WCA den tariflichen Wochenlohn.[422] Bis zur 52. Woche erhält er den höheren von zwei Beträgen: Entweder 80% seines Durchschnittsverdienstes, was 80% des Betrages für die ersten 26 Wochen entspricht, oder den für die Zeit nach den ersten 26 Wochen gesetzlich festgelegten Betrag.

*(4) Begrenzungen der Zahlungen und Verwirkung*

Die wöchentlichen Zahlungen enden ein Jahr, nachdem der Arbeiter das Rentenalter erreicht hat.[423] Danach wird die Altersrente nach dem *Social Security Act* 1991 gewährt. Bis vor zwei Jahren war das Erreichen der Altersgrenze der einzige Beendigungsgrund für wöchentliche Zahlungen. Das Workers' Compensation Scheme sollte dem geschädigten Arbeiter für den Rest seines Erwerbslebens unbegrenzte Zeit wöchentliche Entgeltersatzleistungen garantieren.[424]

Durch Einfügung der sec. 52A WCA wurde diese Situation geändert. Danach führen näher definierte Umstände zu einer Beendigung der Zahlungen wegen teilweiser Arbeitsunfähigkeit nach 104 Wochen.[425] Die Zahlungen können eingestellt werden, wenn der Arbeiter sich entweder nicht darum bemüht, eine passende Beschäftigung zu finden, oder ein Angebot auf passende Beschäftigung ohne vernünftigen Grund ablehnt. Ein Beendigungsgrund kann auch sein, dass der Arbeiter ausschließlich aufgrund der Arbeitsmarktlage keine angemessene Beschäftigung finden kann.[426] Die Vorschrift soll der frühzeitigen Wiedereingliederung des Geschädigten in das Arbeitsleben dienen. Der geschädigte Arbeiter soll veranlasst werden, sich eine seinem körperlichen Zustand entsprechende Arbeit zu suchen.[427] Die Beendigung der Zahlungen muss dem Arbeiter allerdings zwölf Wochen vorher angezeigt werden. Die Anzeige kann wiederum frühestens zwölf Wochen vor Ablauf der 104 Wochen erfolgen.[428]

Nach den ab 1. Oktober 1999 geltenden Regeln können die Versicherungsgesellschaften die Zahlungen kürzen oder einstellen, wenn ein Arbeiter im Rahmen des Schadensmanagement seinen Mitwirkungspflichten aus dem Pflichtenheft oder seinem Injury Management Plan unentschuldigt nicht nachkommt. Die Gesellschaften sind verpflichtet, die Arbeiter vorweg über diese mögliche Konsequenz der Nichtmitwirkung zu unterrichten. Machen die Versicherungsgesell-

---

[421] sec. 38A WCA.
[422] sec. 38 WCA.
[423] sec. 52 WCA; *Royal North Shore Hospital v Rizk* (1995) 12 NSWCCR 147.
[424] ARMITAGE, Workers Compensation Update, S. 12.
[425] ARMITAGE, Workers Compensation Update, S. 12.
[426] HARRISON, Workers' Compensation - New South Wales, S. 15.
[427] NOMCHONG / WARDHAUGH, Workers' Compensation Handbook, S. 15.
[428] NOMCHONG / WARDHAUGH, Workers' Compensation Handbook, S. 15.

schaften von der Verwirkungsvorschrift Gebrauch, müssen sie die Entscheidung begründen und eine Rechtsbehelfsbelehrung beifügen.[429]

b. Abfindung

Es besteht die Möglichkeit, dass die wöchentlichen Leistungen ganz oder teilweise abgefunden werden (commutation), sec. 51 WCA. Mit der (ordnungsgemäßen) vom Gericht vorgenommenen Abfindung verliert der Arbeiter jegliche Ansprüche nach dem *Workers Compensation Act* 1987.[430] Aus diesem Grund hat der Compensation Court die Aufgabe sicherzustellen, dass die Abfindung mit ihren Folgen den Interessen des Arbeiters gerecht wird. Der Arbeiter soll die Konsequenzen kennen und verstehen. Entscheidend ist, dass er hinreichend belehrt wurde, sec. 51 (2B) WCA.[431] Diese Aufgabe fällt dem Rechtsbeistand des Arbeiters zu.

Der Abfindungsbetrag wird vom Compensation Court festgesetzt, der Arbeiter muss zustimmen. Bei der Festsetzung muss das Gericht in Betracht ziehen inwieweit die Verpflichtung nach dem *Workers Compensation Act* 1987 streitig ist. Außerdem kommt es auf die Schwere der Verletzung, das Alter des Arbeiters und seinen Beruf an sowie seine verminderten Chancen auf dem offenen Arbeitsmarkt. Wichtig ist auch, ob der Arbeiter Einkünfte aus anderen Quellen bezieht.[432]

c. Nichtvermögensschäden

Neben dem Ausgleich von Vermögensschäden, sieht der *Workers Compensation Act* 1987 auch den Ausgleich von Nichtvermögensschäden vor. Der Geschädigte erhält einen Pauschalbetrag, der sich aus zwei Komponenten zusammensetzen kann. Entschädigt werden zum einen bleibende Schädigungen, sec. 66 WCA, und zum anderen kann ein Anspruch auf Schmerzensgeld bestehen, sec. 67 WCA. Entsprechend ihrer Stellung im Gesetz werden die Ansprüche in der Praxis meist als „section 66 / 67 entitlements“ bezeichnet.[433]

*(1) Sec. 66 WCA*

Der Geschädigte erhält einen Ausgleich für den endgültigen Verlust oder den Funktionsverlust eines Körperteils oder eines Sinnes (the permanent loss of the use, or of the efficient use).[434] Auch eine bleibende Beeinträchtigung des Rükkens, des Nackens oder der Hüfte und schwerwiegende Entstellungen im Gesicht oder am Körper sowie Gehirnschädigungen führen zu einem Anspruch.[435]

Die Abgeltung für bleibende Verluste wird nach dem Gesetzeswortlaut bei „Verlust eines Dinges“ (loss of a thing) gewährt. Welche „Dinge“ entschädigt

---

429 Parliamentary debates (Hansard), 26 June 1998, S. 6708.
430 sec. 51 (3) und (5) WCA.
431 Parliamentary debates (Hansard), 2 July 1998, S. 6987.
432 sec. 51 (2) WCA.
433 Der Fall *Fugen Holdings Pty. Ltd. v Brassington* vom 14. April 1999 http://www.austlii.edu.au/au/cases/nsw/NSWCA/1999/107.html beschäftigt sich ausführlich mit allen wichtigen Facetten dieser Vorschriften.
434 vgl. sec 65 (1) (b) WCA.
435 sec. 65 (2) WCA.

werden, wird im Einzelnen in einer Tabelle bestimmt. Die neuesten Ergänzungen zu der Tabelle sind AIDS und HIV-Infektionen und der endgültige Verlust der Darmfunktionen, *Concrete Constructions Group Pty. Ltd. v Nelson.*[436] Die Berechnung des Ausgleichsbetrags geht von einem Höchstbetrag von derzeit $ 100.000 aus.[437] Welcher Höchstbetrag einzusetzen ist, bestimmt sich nach der Fassung des Gesetzes zum Zeitpunkt des Schadenseintritts, sec. 66 (3) WCA.[438] Für die jeweiligen Verluste wird in der Tabelle ein Prozentsatz ausgewiesen, mit dem der Anteil des Höchstbetrages als Entschädigungsleistung festgesetzt ist.[439] Der Verlust der rechten Hand führt für einen Rechtshänders zu einer Ausgleichszahlung von 70% von $ 100.000, also $ 70.000.

Der endgültige Verlust eines Körperteils (die Amputation) oder der Verlust eines Sinnes ist aber glücklicherweise die Ausnahme. Die meisten Schädigungen, auch wenn sie eine bleibende Beeinträchtigung zur Folge haben, führen nur zu einem teilweisen Verlust, der sich als Verlust der Gebrauchstauglichkeit manifestiert. So können mehrere Finger einer Hand steif und unbeweglich bleiben. Für diesen teilweisen Verlust wird anteiliger Ersatz gewährt.[440] Verliert ein Rechtshänder 50% der Funktionsfähigkeit seiner Hand, bekommt er $ 35.000 Entschädigung. Er bekommt 50% des Betrages, der bei einem endgültigen Verlust der Hand nach der Tabelle gezahlt würde. Während bei einer Hand oder einem Bein der endgültige Verlust des Körperteils durch die Amputation eindeutig ist, kann eine entsprechende Feststellung für eine Schädigung z. B. des Rückens oder des Gehirns nicht getroffen werden.[441] Für diese Schädigungen wird in der Tabelle ein Spielraum für die Bewertung vorgesehen. Bei Gehirnschädigungen z. B. besteht der maximale Spielraum von 0–100%, für Schädigungen des Rückens von 0–80% des gesetzlichen Höchstbetrags. Gemäß der der Tabelle beigefügten Auslegungshilfe (a) wird der vorgesehene Höchstprozentsatz in einem Extremfall relevant, während in allen anderen Fällen ein angemessener Anteil davon zu zahlen ist.[442]

Das Ausmaß der Schädigung, d. h. der bleibenden Beeinträchtigung ist anhand objektiver Kriterien zu ermitteln. Objektiv bedeutet in diesem Zusammenhang, dass die Auswirkungen der Beeinträchtigung auf den Beruf des Geschädigten außer Betracht bleiben. Für den Verlust eines Fingers erhalten der Pianist und der Anwalt den gleichen Betrag.[443] Das bedeutet jedoch nicht, dass das subjektive Empfinden der Beeinträchtigung unberücksichtigt bleiben müsste.[444] In *Lovett Building Co. Pty. Ltd. v Burns*[445] hatte sich ein Tischler durch eine elektrische

---

[436] KIRBY P (1993) 30 NSWLR 130 (134G – 135C); ARMITAGE / HARRISON, Workers' Compensation Scheme, S. 10; NOMCHONG / WARDHAUGH, Workers' Compensation Handbook, S. 35; FARAH-THOMPSON, WorkCover Legislation Amendment Act 1995, S. 7.

[437] sec. 66 (1) WCA.

[438] *Bresmac Pty. Ltd. v Starr* (1992) 29 NSWLR 318.

[439] MARKS & MCLEAN, ¶ 1701 ff.

[440] sec. 68 WCA.

[441] vgl. *Fugen Holdings Pty. Ltd. v Brassington* (1999) http:///www.austlii.edu.au/au/cases/nsw/NSWCA/1999/107.html.

[442] Die Rechtsprechung dazu, was einen Extremfall konstituiert, hat sich zu sec. 67 WCA entwickelt, vgl. 2. Kapitel: A. IV. 6. c. (2) .

[443] *Lovett Building Co. Pty. Ltd. v Burns* (1992) 29 NSWLR 475 (484).

[444] *Borovac v Corporate Ventures Pty. Ltd. t/as Bowsers Asphalt* (1995) 12 NSWCCR 84.

[445] (1992) 29 NSWLR 475.

Säge Verletzungen an einer Hand zugezogen. Die Verletzungen heilten gut, der Tischler musste jedoch feststellen, dass er bei seiner Rückkehr an seinen Arbeitsplatz immer größere Schwierigkeiten im Umgang mit dem Arbeitsgerät bekam. Zum einen hatte er ein Gefühl der Taubheit in der Hand, manchmal auch Schmerzen, und an seinem Zeigefinger bildete sich seitlich ein Knoten, der ihn irritierte. Als sein größtes Problem entwickelte sich aber seine Angst vor gefährlichem Arbeitsgerät, insbesondere elektrischen Sägen. Das führte dazu, dass er seinen Beruf aufgab. Dem Geschädigten wurde ein Anspruch nach sec. 66 WCA wegen 8% Verlust der Funktionsfähigkeit der Hand zugesprochen. Das Gericht stellte fest, dass die Hand so gut ausgeheilt sei, dass die rein „mechanische" Gebrauchstauglichkeit nur sehr geringfügig beeinträchtigt sei. Der Geschädigte habe aber Probleme beim Gebrauch seiner Hand, was durch die Geschehnisse deutlich geworden sei, auch wenn man den Beruf als Tischler nicht in die Bewertung mit einbeziehe. Selbst wenn diese Einschränkung der Gebrauchstauglichkeit eine stark subjektive Komponente habe, sei sie zu berücksichtigen. Die Bestimmung des Ausmaßes des Verlustes wird allerdings nur dann vom Richter vorgenommen, wenn sich die Parteien nicht einigen, *Jones Bros. Bus Co. Pty. Ltd. v Baker - Wyong Shire Council v Graham.*[446]

Mit Erlass des *Workers Compensation Act* 1987 wurde die Tabelle anders gestaltet. Statt dem Verlust eines Armes, des unteren Teils eines Armes, einer Hand oder der fünf Finger einer Hand ist heute vom Arm am oder über dem Ellenbogen oder dem Arm unter dem Ellenbogen die Rede.[447] Gleiches gilt für andere Gliedmaßen. Das führte zu folgendem Problem: Bei einer Unterteilung z. B. eines Beines in oberhalb des Knies und unterhalb des Knies, ist es wahrscheinlich, dass eine Beeinträchtigung der Funktion des Beines oberhalb des Knies gleichzeitig zu einem Funktionsverlust unterhalb des Knies führt. Sind nun beide Beeinträchtigungen getrennt zu bewerten und zu entschädigen oder handelt es sich um eine Beeinträchtigung des einen Beines?[448] Der High Court entschied in *K.B. Hutcherson Pty. Ltd. v Correia*[449], dass in Bezug auf ein Bein auch nur eine Feststellung eines Verlustes zu treffen ist. Die der Tabelle in sec. 73 WCA beigefügten Auslegungshilfen bestätigen dies jetzt ausdrücklich.[450]

Dem Arbeitgeber wurde mit sec. 68A WCA die Möglichkeit eingeräumt, sich gegen einen Anspruch nach sec. 66 WCA zu verteidigen. Er kann seit 1996 geltend machen, dass der Arbeiter Vorschäden hatte, die bei der Berechnung der Entschädigung nach sec. 66 WCA berücksichtigt werden müssen,[451] trägt für die Vorschäden allerdings die Beweislast, *Ellul v Government Cleaning Service.*[452] Diese Gesetzesänderung bedeutete eine Kehrtwendung. In New South Wales

---

[446] (1992) 26 NSWLR 322.
[447] *J. Odlin Shopfitting International Pty. Ltd. v Kaljanac* (1993) 29 NSWLR 632.
[448] *Deredge Pty. Ltd. t/as Sunny Bank Plumbing Excavations v Sinclair* (1993) 30 NSWLR 174.
[449] (1995) 183 CLR 50.
[450] *Workers' Compensation Legislation (Miscellaneous Amendments) Act* 1994 No. 6.
[451] Mit dem *WorkCover Legislation Amendment Act* 1995 war die Verteidigungsmöglichkeit für Beeinträchtigungen von Rücken, Nacken und Becken geschaffen worden, die dann durch den *WorkCover Legislation Amendment Act* 1996 auf alle Tatbestände der sec. 66 WCA ausgedehnt wurde; ARMITAGE / HARRISON, Workers' Compensation Scheme, S. 6.
[452] (1996) 12 NSWCCR 630.

war jedenfalls seit der Entscheidung in *Rodios v Trefle* 1937[453] dem Grundsatz gefolgt worden, dass Vorschäden bei der Berechnung der Entschädigungsansprüche keinerlei Berücksichtigung finden.[454] Jetzt muss nicht nur ein Vorschaden berücksichtigt werden, der eine Ersatzpflicht nach dem *Workers Compensation Act* 1987 auslösen könnte, sondern „any pre-existing condition or abnormality". Es soll nicht darauf ankommen, ob der Vorschaden zu einer Beeinträchtigung der Arbeitsfähigkeit oder sonst einer spürbaren körperlichen Beeinträchtigung geführt hatte. Es reicht die Existenz eines Vorschadens, auch wenn sich keinerlei Symptome gezeigt hatten. In *D'Aleo v Ambulance Service of NSW*[455] wurde bei einem Sanitäter, ungefähr 45 Jahre alt, der seit 15 Jahren in seinem Beruf tätig war, eine Beeinträchtigung des Rückens von 35% des Extremfalles festgestellt. Diese Schädigung war hauptsächlich auf einen Vorfall im Mai 1995 zurückzuführen. Die Frage nach Vorschäden ergab, dass bei einem Alter von 45 Jahren auf jeden Fall degenerative Verschleißerscheinungen vorhanden seien, die bei einem Sanitäter, dessen Aufgabe über sieben Jahre darin bestanden hatte schwere Patienten zu heben, durch Überbeanspruchung und viele kleine Vorkommnisse einer Schädigung am Rücken bei der Ausübung seiner Tätigkeit verstärkt würden. Der altersbedingte Verschleiß wurde als Vorschaden angesehen, weil es sich um eine „pre-existing condition" handele. Nicht hingegen die durch das Arbeitsverhältnis verursachte Verstärkung des Verschleißes.

Die Höhe des abzuziehenden Betrages wird prozentual bestimmt (deductible proportion), sec. 68A (2) WCA. Der Teil der Schädigung, der sich auf den Vorschaden zurückführen lässt, wird als Prozentsatz des prozentualen Verlustes nach sec. 66 WCA bestimmt. Im Fall *D'Aleo v Ambulance Service of NSW*[456] war kein Beweis über die Höhe des Verursachungsbeitrags des Vorschadens angetreten worden. Für solche Fälle wurde zur Verfahrenserleichterung vorgesehen, dass ein pauschaler Abzug von 10% vorzunehmen ist, wenn es Schwierigkeiten bereiten oder Kosten verursachen würde das Ausmaß des Vorschadens zu bestimmen.[457] Damit soll verhindert werden, dass allein für die Feststellung der Vorschäden die so kostspieligen und zeitraubenden medizinischen Gutachten oder ärztlichen Zeugenaussagen in den Prozess eingebracht werden müssen. Das Gericht soll bereits anhand der vorliegenden Beweise entscheiden können. Führen diese nach der Überzeugung des Gerichts zu keinem eindeutigen Ergebnis, kommt der pauschale Abzug von 10% zur Anwendung, *Government Cleaning Service v Ellul*.[458] Stellt man bei dem geschädigten Sanitäter in *D'Aleo v Ambulance Service of NSW*[459] eine Beeinträchtigung seines Rückens von 35% fest und

---

[453] (1937) WCR (NSW) 285.
[454] *Clutha Ltd. v Danswan* (1993) 9 NSWCCR 225; *NSW Department of Technical & Further Education v Pitt* (1993) 9 NSWCCR 309; bestätigt in *J.A. Crockett Pty. Ltd. v Cox* (1994) 10 NSWCCR 622.
[455] (1996) http://www.austlii.edu.au/au/cases/nsw/supreme_ct//96040169; ARMITAGE, Workers Compensation Update, S. 15; HARRISON, Workers' Compensation - New South Wales, S. 14.
[456] (1996) http://www.austlii.edu.au/au/cases/nsw/supreme_ct//96040169.
[457] sec. 68A (6) WCA.
[458] (1996) 13 NSWCCR 344; ARMITAGE, Workers Compensation Update, S. 16; *Jones Bros. Bus Co. Pty. Ltd. v Baker* (1992) 8 NSWCCR 30.
[459] (1996) http://www.austlii.edu.au/au/cases/nsw/supreme_ct//96040169.

nimmt man wegen des (der Höhe nach nicht exakt feststellbaren) altersbedingten Verschleißes den pauschalen Abzug vor, beläuft sich die „deductible proportion“ auf 3,5%, nämlich 10% von 35%.

Besondere Regelungen wurden für Sachverhaltskonstellationen geschaffen, die bei einer „injury“ zu mehreren Verlusten führen. Die Entschädigungsbeträge für die einzelnen Verluste werden einzeln ermittelt und zusammengezählt. Der Geschädigte erhält aber insgesamt nie mehr als $ 121.000 Entschädigung.[460] Zudem kann aus einem Verlust ein weiterer Verlust resultieren. So kann eine Schädigung am Rücken (Primärverlust) zur Folge haben, dass die Gebrauchstauglichkeit eines Beines eingeschränkt wird (Sekundärverlust). Von dem Sekundärverlust muss auch die für den Primärverlust ermittelte „deductible proportion“ wegen eines Vorschadens abgezogen werden. [461] Zusätzlich kann das Bein selbst vorgeschädigt gewesen sein, womit ein Abzug wegen eines eigenen Vorschadens nach sec. 68A (1) WCA vorzunehmen ist.[462]

*(2) Sec. 67 WCA*

Der geschädigte Arbeiter kann auch einen Anspruch auf Schmerzensgeld (pain and suffering) haben. Der *Workers Compensation Act* 1987 sieht für den Begriff „pain and suffering“ eine eigene Definition vor:

> „pain and suffering means:
> (a) actual pain, or
> (b) distress or anxiety,
> suffered or likely to be suffered by the injured worker.“[463]

Der Begriff des Schmerzensgeldes nach dem Entschädigungsrecht ist damit enger als der des allgemeinen Haftungs- und Schadensrechts. Im Common Law werden zusätzlich der „loss of amenities of life“ und „loss of expectation of life“ als dritte und vierte Komponente eines Schmerzensgeldanspruchs gesehen. Neben dem physischen Schmerz und den mentalen und psychischen Traumata soll der Verlust der Lebensfreude ausgeglichen werden, der entsteht, weil der Geschädigte seinen gewohnten Aktivitäten nicht mehr nachgehen kann und weil die Lebenserwartung verkürzt wurde.[464] Allerdings zieht auch der Compensation Court bei der Frage nach Schmerzen, Kummer und Sorgen alle Lebensumstände des Arbeiters in Betracht. Um dem Gericht eine Beurteilung zu ermöglichen, obliegt es dem geschädigten Arbeiter genaue Angaben zu machen zu seinem alltäglichen Leben, seinem Familienleben, seinen Freizeitbeschäftigungen und allen anderen Aktivitäten und Interessen.[465]

Die Unterschiede zwischen Workers' Compensation und Common Law Schmerzensgeld lassen sich darauf zurückführen, dass der Anspruch nach sec. 67 WCA akzessorisch ist zu dem Anspruch auf Entschädigung der bleibenden Beeinträchtigung nach sec. 66 WCA. Schmerzensgeld wird nur gezahlt für

---

460 sec. 66 (2) WCA.
461 sec. 68A (3) WCA.
462 GRACIE, Workers' Compensation - An Update, S. 91; ARMITAGE / HARRISON, Workers' Compensation Scheme, S. 8.
463 sec. 67 (7) WCA.
464 PALMER, Compensation for Incapacity, S. 216, 217.
465 NOMCHONG / WARDHAUGH, Workers' Compensation Handbook, S. 45.

Schmerzen, Kummer und Sorgen, die aus einem Verlust im Sinne der sec. 66 WCA resultieren und nur, wenn der Arbeiter einen Anspruch auf Entschädigung eines Verlustes hat.[466] Voraussetzung ist, dass der geschädigte Arbeiter einen Ausgleichsbetrag von mindestens 10% des gesetzlichen Höchstbetrages für seinen Verlust zugesprochen bekommt, sec. 67 (2) WCA.[467] Gemeint ist der in sec. 66 (1) WCA genannte Höchstbetrag, nicht der vom Arbeiter für seinen Schaden nach der Tabelle maximal zu erreichende Betrag, *Lemair (Australia) Pty. Ltd. v Cahill*.[468] Der Mindestbetrag von derzeit $ 10.000 kann auch erreicht werden, indem mehrere Ausgleichsbeträge für Verluste zusammengezählt werden, solange sie Folge derselben „injury" sind. Resultieren mehrere Verluste aus verschiedenen Schädigungen, muss der Mindestbetrag für jeden einzelnen Verlust erreicht werden.[469]

Genau wie die Berechnung der bleibenden Beeinträchtigung, wird auch das Schmerzensgeld als Anteil eines gesetzlichen Höchstbetrages ermittelt.[470] Bezug zu nehmen ist auch hier auf den jeweiligen Höchstbetrag zum Zeitpunkt des Schadenseintritts.[471] Der Höchstbetrag von $ 50.000 ist nur in einem Extremfall zu zahlen.[472] Der Extremfall ist dabei nicht der denkbar schlimmste Fall:

> „The phrase ‚a most extreme case' does not require one to imagine *the* most extreme case and put that at the top of some grisly table of catastrophes."[473]

Ein Fall, in dem der Höchstbetrag vom Gericht zugesprochen wurde, betraf einen Arbeiter, der durch eine Explosion und ein anschließendes Feuer am Arbeitsplatz Verbrennungen erlitten hatte. Wie schwer die Verbrennungen waren, zeigt sich an der Bewertung der Verluste des Arbeiters durch das Gericht: 35% Entstellungen am Körper, 30% Entstellungen im Gesicht, jeweils 5% des rechten Armes oberhalb und unterhalb des Ellenbogens sowie des linken Armes oberhalb des Ellenbogens und 40% des linken Armes unterhalb des Ellenbogens.[474]

Es gibt allerdings keinen direkten Zusammenhang zwischen dem Prozentsatz für den Anspruch nach sec. 66 WCA wegen des Verlustes und dem Schmerzens-

---

466 sec. 67 (1) WCA; sec. 67 (1A) WCA eingefügt durch den *Workers Compensation (Amendment) Act* 1995, als gesetzliche Bestätigung der Rechtslage nach der Rechtsprechung, vgl. *Cooper v Gollel Holdings Pty. Ltd* (1990) AWCCD ¶ 74-136 (CCH); FARAH-THOMPSON, WorkCover Legislation Amendment Act 1995, S. 6; ARMITAGE / HARRISON, Workers' Compensation Scheme, S. 5.

467 CCH, loose-leaf, ¶ 33-710; ARMITAGE, Workers Compensation Update, S. 5; GRACIE, Workers' Compensation - An Update, S. 87; *Concrete Constructions Group Pty. Ltd. v Nelson* (1993) 30 NSWLR 130.

468 (1993) 30 NSWLR 167.

469 MARKS & MCLEAN, ¶ 1707.

470 MARKS & MCLEAN, ¶ 1707.

471 CCH, loose-leaf, ¶ 33-710.

472 ARMITAGE, Workers Compensation Update, S. 10; NOMCHONG / WARDHAUGH, Workers' Compensation Handbook, S. 46; sec. 67 (3) WCA; *Offset Alpine Printing Pty. Ltd. v Porteous* (1992) AWCCD ¶ 74-376 (CCH); *Liedtke v Director General of Education* (1990) AWCCD ¶ 74-266 (CCH).

473 GROVE J in *Matthews v Dean* SC (NSW) 11 MVR 455, zitiert in: *Southgate v Waterford* (1990) 21 NSWLR 427 und *Dell v Dalton* (1991) 23 NSWLR 528.

474 *Regal Paints Pty. Ltd. v Wasson* (1993) 9 NSWCCR 301.

geld. Ein erheblicher Verlust kann zu relativ wenig Schmerzen, Kummer und Sorgen führen, während geringfügige Verluste schwerwiegende Auswirkungen auf den Geschädigten haben können, *Jones Bros. Bus Co. Pty. Ltd. v Baker - Wyong Shire Council v Graham.*[475] So kann z. B. ein anteiliger Verlust der Sehfähigkeit auf einem Auge so durch Sehhilfen ausgeglichen werden, dass der Geschädigte in seiner Lebensführung kaum beeinträchtigt wird. Ein auch nur geringfügiger Bandscheibenvorfall, eine Beeinträchtigung des Rückens im Sinne der sec. 66 WCA, führt hingegen oft zu Schmerzen und Problemen bei längerem Sitzen und Stehen, was zu erheblichen Schmerzen, Kummer und Sorgen beim Geschädigten führen wird. Der Betrag, der dem Arbeiter zugesprochen wird, deckt seinen Schmerzensgeldanspruch insgesamt ab, *Jones Bros. Bus Co. Pty. Ltd. v Baker - Wyong Shire Council v Graham.*[476] Problematisch erscheint in diesem Zusammenhang, dass, wegen der vereinfachten und schnelleren Verfahren im Workers' Compensation-System, eine endgültige Entscheidung schon getroffen werden kann, bevor sich der Gesundheitszustand des Geschädigten manifestiert hat.

d. Heilungskosten

Zusätzlich zu den anderen Leistungen werden dem Arbeiter seine Heilungskosten ersetzt. Unter Heilungskosten werden medizinische Behandlung, Krankenhausaufenthalte, Inanspruchnahme von Ambulanzen und Einrichtungen zur beruflichen Rehabilitation und die mit den Maßnahmen zusammenhängenden Fahrkosten subsumiert.[477] Die Vorschrift ist sehr weit gefasst. So fallen unter „medical or related treatment“[478] „any nursing, medicines, medical or surgical supplies or curative apparatus, supplied or provided for the worker otherwise than as hospital treatment“[479]. Ersetzt werden daher auch die Kosten für den Kauf und Umbau eines Privatfahrzeugs für einen nach einem Arbeitsunfall querschnittgelähmten Arbeiter und die Kosten für die Anpassung der Wohnung des Arbeiters, wie z. B. einen Treppenlift für einen Rollstuhl.[480] Die Maßnahme muss allerdings einen therapeutischen Zweck erfüllen, *Bresmac Pty. Ltd. v Starr.*[481] Der Ersatz der Heilungskosten wird durch gesetzliche Höchstbeträge begrenzt, die allerdings vom Gericht nach Billigkeitsgesichtspunkten überschritten werden können.[482] Eingefügt in diesen Abschnitt wurde der Kostenersatz für Übersetzer, sec. 64A WCA.

e. Sachschäden

Der *Workers Compensation Act* 1987 sieht auch den Ersatz von Sachschäden vor. Darunter versteht man Schäden an Körperersatzstücken, Krücken, Brillen

---

475 (1992) 26 NSWLR 322.
476 (1992) 26 NSWLR 322.
477 Sämtliche Begriffe sind in sec. 59 WCA definiert.
478 sec. 60 (1) (a) WCA.
479 sec. 59 (e) WCA.
480 *Golan v Maxwell & Jones Pty. Ltd.* (1997) 15 NSWCCR 324.
481 (1992) 29 NSWLR 318 (332).
482 sec. 60 - 64 WCA; LITTLE, Workers' Compensation in New South Wales, S. 23; MARKS & MCLEAN, ¶ 1602.

und anderen Hilfsmitteln sowie Kleidungsstücken, sec. 74 (1) und 75 WCA.[483] Wie schon für die Heilungskosten sind für den Ersatz der Sachschäden Höchstbeträge vorgesehen, die nach dem Ermessen des Gerichts überschritten werden können.[484] Ersetzt werden auch die Kosten, die im Zusammenhang mit der Reparatur oder der Erneuerung von Körperersatzstücken oder Hilfsmitteln anfallen, wie ärztliche Gebühren und Verdienstausfall.[485]

f. Leistungen im Todesfall

Verstirbt ein Arbeiter infolge der Schädigung, fallen die Entschädigungsansprüche nach dem *Workers Compensation Act* 1987 in den Nachlass. Entsprechend dem englischen Recht geht auch in Australien der Nachlass des Erblassers nicht direkt auf seine Erben über, sondern wird von seinem Nachlassverwalter oder Testamentsvollstrecker verwaltet.[486] Haben zu Lebzeiten des Erblassers Entschädigungsansprüche bestanden, die noch nicht erfüllt worden sind, kann der Nachlassverwalter oder Testamentsvollstrecker sie durchsetzen.[487] Nur der Schmerzensgeldanspruch des Verletzten nach sec. 67 WCA geht mit seinem Tode unter.[488]

Die finanziell abhängigen Angehörigen, die der Arbeiter zurücklässt, haben nach sec. 25 ff. WCA Ansprüche auf finanzielle Unterstützung. Der anspruchsberechtigte Personenkreis ist sehr weit gezogen.[489] Es handelt sich um alle Familienangehörigen, wobei weder Verwandtschaft bestehen muss, noch die Familienzugehörigkeit rechtlich durch Heirat bei Partnern oder Adoption bei Kindern gegeben sein muss. Entscheidend sind vielmehr die tatsächlichen Verhältnisse, so dass Partner einer nichtehelichen Lebensgemeinschaft und Kinder, für die der Arbeiter Stief- oder Pflegeelternteil ist, zu den Anspruchsberechtigten gehören. Unter den Angehörigen wird ein Pauschalbetrag von $ 211.850 aufgeteilt.[490] Kinder unter 16 Jahren und Studenten unter 21 Jahren erhalten zusätzlich wöchentliche Zahlungen.[491] Etwas anderes gilt, wenn keiner der Angehörigen völlig vom verstorbenen Arbeiter abhängig war. Dann liegt es letztlich im Ermessen des Gerichts, wie die Zahlungen ausfallen.[492] MILLS kritisiert diese Regelung, weil das für teilweise abhängige Kinder zu unterschiedlichen Ergebnissen führt, je nachdem, ob es in der Familie auch eine Person gibt, die völlig vom Verstorbenen abhängig war oder nicht. Gibt es auch nur eine völlig vom Arbeiter abhängige Person, richten sich die Zahlungen an alle Anspruchsberechtigten nach sec. 25 WCA.[493]

---

483 The Australian Insurance Institute, S. 77.
484 sec. 76, 77 WCA.
485 sec. 74 (3) WCA.
486 PADFIELD, Law Made Simple, S. 306.
487 vgl. *Bresmac Pty. Ltd. v Starr* (1992) 29 NSWLR 318.
488 sec. 67 (5) WCA.
489 vgl. sec. 4 WIMAWCA.
490 sec. 25 (1) (a), 29 WCA, MILLS, loose-leaf, S. 1425 ff.
491 CCH, loose-leaf, ¶ 33-530.
492 sec. 26 WCA.
493 MILLS, loose-leaf, S. 1430.

Hinterlässt der Arbeiter keine Hinterbliebenen, werden die Beerdigungskosten bezahlt.[494] Zudem werden Überführungskosten ersetzt.[495]

7. Anteilige Entschädigungsleistungen

Im *Workers Compensation Act* 1987 ist vorgesehen, dass die Entschädigungsleistungen anteilig von mehreren Arbeitgebern und / oder Versicherungsgesellschaften zu erbringen sind.[496] Voraussetzung für die Aufteilung der Zahlungsverpflichtung ist, dass eine Leistungsverpflichtung auf mehreren Schäden beruht. Hintergrund der Regelung ist die Konstruktion des Workers' Compensation Scheme und die Ausgestaltung der Leistungsverpflichtung. Die Ansprüche sind so ausgestaltet, dass Grundvoraussetzung zunächst der Schaden ist, Vermögensschäden aber nur bei Arbeitsunfähigkeit und Nichtvermögensschäden nur bei Verlust eines Dinges ersetzt werden. Die Arbeitsunfähigkeit eines Arbeiters kann zum Teil auf einem und zum Teil auf einem anderen Schaden beruhen, die zu unterschiedlichen Zeitpunkten eingetreten sind. Zwischen beiden Zeitpunkten kann der Arbeiter seinen Arbeitgeber und der Arbeitgeber die Versicherungsgesellschaft gewechselt haben.[497] In *Bushby v Morris*[498] musste nach zwei Bandscheibenvorfällen, die der Arbeiter im Abstand von zwei Jahren bei verschiedenen Arbeitgebern erlitten hatte, trotz intensiver und jahrelanger ärztlicher Behandlung, eine teilweise Arbeitsunfähigkeit des Arbeiters festgestellt werden. Da zu jedem Schaden ein Anspruchsgegner ermittelt wird, sollen die mehreren Leistungsverpflichteten die wöchentlichen Zahlungen, die sich aus der Arbeitsunfähigkeit ergeben, anteilig erbringen. Die sec. 22, 22A WCA gelten aber nicht nur bei wöchentlichen Zahlungen wegen Arbeitsunfähigkeit, sondern auch für Nichtvermögensschäden, den Ersatz von Heilungskosten und Leistungen im Todesfall. Die Aufteilung der Leistungsverpflichtung ist für jede Anspruchsgruppe getrennt zu bewerten, wobei die Prüfung durchaus zu unterschiedlichen Ergebnissen führen kann.[499]

Entscheidend für eine Aufteilung der Leistungsverpflichtung ist zunächst, dass der Arbeiter mehrere Schäden erlitten hat. Die Problematik um den Begriff der „injury" wird auch hier wieder relevant.[500] In *MMI Workers Compensation (NSW) v Kennedy & ors*[501] wurde entschieden, dass eine Schädigung im Sinne der sec. 22 WCA eine physiologische Veränderung voraussetzt, die durch ein Trauma verursacht wurde. Krankheiten, die sich nicht auf einen bestimmten

---

494 sec. 27 WCA; MARKS & MCLEAN, ¶ 1901.

495 sec. 28 WCA.

496 sec. 22, 22A WCA; Die Vorschriften sind das Ergebnis einer Entwicklung, die mit der Entscheidung *Bushby v Morris* (1980) 1 NSWLR 81 begann.

497 sec. 22 WCA betrifft verschiedene Arbeitgeber; sec. 22A WCA wurde für verschiedene Versicherungsgesellschaften eines Arbeitgebers eingefügt als Folge von *Insurers' Guarantee Fund - NEM General Insurance Association Ltd. (in liq) v GIO General Ltd.* (1994) 33 NSWLR 247 und *Manufacturers Mutual Insurance Ltd. & ors v National Employers' Mutual General Insurance Association Ltd. & ors* (1989) 5 ANZ Insurance Cases ¶ 60-906.

498 (1980) 1 NSWLR 81.

499 *Blayney Abattoirs Pty. Ltd. v McConnell & ors* (1998) http://www.austlii.edu.au/au/cases/nsw/supreme_ct/1998/93.html.

500 vgl. 2. Kapitel: A. IV. 2. a. .

501 (1993) 9 NSWCCR 482.

Vorfall zurückführen lassen, sondern sich nach längeren Expositionszeiten manifestieren, fallen nicht unter diesen Begriff. Auf solche „diseases of gradual onset" finden aber die sec. 22, 22A WCA von vornherein keine Anwendung. In sec. 15 bis 18 WCA werden für diese Krankheiten der maßgebliche Schadenszeitpunkt und der „letzte Arbeitgeber" als richtiger Anspruchsgegner sowie die zahlungspflichtige Versicherungsgesellschaft gesetzlich bestimmt.[502] Es liegt also nach der gesetzlichen Regelung nur ein Schaden vor.[503]

Es gibt weitere Sachverhaltskonstellationen, in welchen eine Aufteilung der Leistungsverpflichtung nicht in Betracht kommt: So wurden die Geschehnisse über einen längeren Zeitraum nicht als mehrere Schadensereignisse gewertet, sondern als eine Reihe von Ereignissen, die insgesamt zu einem Schaden führten. Der Fall *Insurers Guarantee Fund - NEM General Insurance Association Ltd. (in liq) & anor v Royal Insurance Australia Ltd. & ors*[504] betraf einen Arbeiter, zu dessen Aufgaben es gehörte, mittels eines fast vier Meter langen Feuerhakens Ablagerungen von Dampfkesseln zu entfernen. Nach 18 Jahren dieser Tätigkeit bei verschiedenen Arbeitgebern, entwickelte er Symptome in einer Schulter, die sich später als schwere Schädigung der Sehnen herausstellten und operativ behandelt werden mussten. Das Gericht entschied, dass es sich um nur eine Schädigung, um die Verletzung seines Armes, handelte:

> „His Honour did not find that he sustained injuries to the arm rather his finding in its terms plainly conveys that a plurality of events were causative of an injury."

Dieses Ergebnis kann damit begründet werden, dass die Schädigung der Sehnen keine Krankheit darstellte, wie das Gericht auch feststellte. Gleichzeitig konnten aber auch nicht eine Vielzahl von einzelnen Vorkommnisse als Schäden identifiziert werden, sondern der Schaden beruhte auf einer andauernden Überbeanspruchung. Da sich diese über mehrere Arbeitsverhältnisse erstreckt hatte, entschied das Gericht, dass die Arbeitgeber anteilig zum Ausgleich verpflichtet waren.

Mehrere Schäden führen aber nicht notwendigerweise zu einer Aufteilung der Leistungsverpflichtung. Werden Nichtvermögensschäden geltend gemacht und lässt sich der zweite Verlust ganz oder teilweise auf den ersten Verlust zurückführen, wird ein Abzug für Vorschäden gemäß sec. 68A WCA vorgenommen.[505] Für eine Aufteilung der Haftung nach sec. 22, 22A WCA ist danach kein Raum mehr.[506]

Wurden mehrere Schäden festgestellt, kommt es für die Aufteilung der Zahlungen maßgeblich darauf an, dass sich aus ihnen nur <u>eine</u> Leistungsverpflichtung ergibt. Führen mehrere Schäden zu jeweils gesondert feststellbarer und abgrenzbarer Arbeitsunfähigkeit, wird für jede Arbeitsunfähigkeit gesondert geleistet, *Sydney City Council v Ince - Government Supply Department v Ince & anor.*[507]

---

502 vgl. 2. Kapitel: A. IV. 2. e. .
503 vgl. *MLC Insurance Ltd. v Pinto & anor* (1994) 10 NSWCCR 101; *Yates Bros. v Neil & anor* (1999) http://www.austlii.edu.au/au/cases/nsw/NSWCA/1999/108.html.
504 (1997) http://www.austlii.edu.au/au/cases/nsw/supreme_ct/96040736.html.
505 vgl. 2. Kapitel: A. IV. 6. c. (1) .
506 *Apps v Apps Plant Hire Pty. Ltd.* (1997) 14 NSWCCR 258.
507 (1989) 16 NSWLR 690.

Beruht die festgestellte Arbeitsunfähigkeit hingegen auf mehreren Schäden, bestehen, abgesehen von der Aufteilung, die in *Bushby v Morris*[508] aufgezeigten Möglichkeiten: Der Arbeiter könnte, da die Anspruchsvoraussetzungen hinsichtlich jeder Schädigung erfüllt sind, mehrfach entschädigt werden und man könnte ihm diesen Vorteil belassen. Da eine Doppelentschädigung des Arbeiters nicht gewollt ist, erfüllt die Zahlung eines Arbeitgebers die Ansprüche des Arbeiters erfüllen und tilgt die Titel gegen die anderen. Das bedeutet, dass von dem Arbeitgeber die gesamte Leistung kommt, an den der Arbeiter sich als erstes wendet. Dass man einen der Schäden als Ursache der Arbeitsunfähigkeit auswählen könnte, wurde als zu willkürlich abgelehnt.

Der *Workers Compensation Act* 1987 sieht jetzt als Lösung vor, dass der Arbeiter seine Ansprüche unabhängig von sec. 22, 22A WCA geltend machen kann. Arbeitgeber und Versicherungsgesellschaften können sich gegenüber dem Entschädigungsanspruch des Geschädigten nicht darauf berufen, dass sie nur anteilig haften. Jeder Arbeitgeber, auf dessen Beschäftigungsverhältnis sich einer der Schäden zurückführen lässt, kann zu vollem Ausgleich nach dem *Workers Compensation Act* 1987 verurteilt werden.[509] Eine Aufteilung der Entschädigungsleistungen wird nur zwischen den Arbeitgebern und Versicherungsgesellschaften vorgenommen, die Partei des Verfahrens sind. Ihre Ausgleichsansprüche machen die Leistungsverpflichteten untereinander geltend. Sie können die Aufteilung der Entschädigungsleistungen übereinstimmend vornehmen.[510] Erzielen die Parteien keine Übereinkunft, trifft der Compensation Court die notwendigen Regelungen.[511]

## V. Common Law

Im Common Law wurden für arbeitsbedingte Schädigungen besondere Rechtsgrundsätze entwickelt.[512] Heute werden diese durch die Workers' Compensation-Gesetze modifiziert. Der Schadensersatz nach dem Common Law wird ausschließlich als Geldleistung erbracht und diese wird an die Geldleistungen nach dem *Workers Compensation Act* 1987 angeglichen. Damit wird eine Begrenzung des Schadensersatzes der Höhe nach erreicht.

### 1. Die Common Law-Anspruchsgrundlagen

Es gibt zwei Wege bei arbeitsbedingter Schädigung Common Law Schadensersatz geltend zu machen: Verschuldenshaftung und Haftung für vermutetes Verschulden.[513] Der erste Anspruch stützt sich auf die schuldhafte Verletzung einer Sorgfaltspflicht des Arbeitgebers (breach of duty of care). Die zweite An-

---

508 (1980) 1 NSWLR 81 (82).
509 *Patrick Stevedores No. 1 Ltd. t/as Patrick the Australian Stevedores v Divers* (1998) http://www.austlii.edu.au/au/cases/nsw/supreme_ct/1998/104.html.
510 sec. 22 (3) WCA.
511 sec. 22 (1) WCA.
512 MUNKMAN, Employer's Liability at Common Law, S. 27.
513 *Sungravure Pty. Ltd. v Meani* (1964) 110 CLR 24.

spruchsgruppe besteht aus Verstößen gegen gesetzliche Sorgfaltspflichten (breach of statutory duty). [514]

a. Sorgfaltspflichtverletzungen des Arbeitgebers

Ein Arbeiter kann einen Anspruch auf Schadensersatz gegen seinen Arbeitgeber haben wegen schuldhafter Verletzung der im Rahmen des Arbeitsverhältnisses bestehenden Sorgfaltspflichten.[515] Die Sorgfaltspflichten des Arbeitgebers müssen gerade gegenüber dem Arbeiter bestanden haben. Der Arbeitgeber muss sie verletzt haben und der Arbeiter dadurch einen Schaden erlitten haben.[516]

In Australien wird dieser Anspruch traditionell als deliktischer Anspruch, als „common law negligence" behandelt.[517] Es wird allerdings auch oft davon ausgegangen, dass es sich um einen Anspruch wegen Vertragsverletzung handelt. Die Sorgfaltspflichten werden als stillschweigend vereinbarte Pflichten des Arbeitsvertrages behandelt. Dies lässt sich insbesondere aus dem historischen Ansatz erklären, dass vertragliche Vereinbarungen (auch stillschweigend getroffene Vereinbarungen) den von den Gerichten entwickelten Regeln vorgingen.[518] In der maßgeblichen Literatur werden verschiedene Meinungen vertreten. Nach MARKS & BALLA handelt es sich um einen rein akademischen Streit, da der zu gewährende Schadensersatz der gleiche sei.[519] BROOKS hingegen ist anderer Meinung: Es könnten sich verfahrensrechtliche und möglicherweise auch materiell-rechtliche Unterschiede ergeben.[520] Diese Unterschiede werden auch von GLASS / MCHUGH / DOUGLAS gesehen, sie halten es aber für entschieden, dass der Anspruch sowohl vertraglicher als auch deliktischer Natur ist.[521] Dieser Ansatz wurde auch in Gerichtsurteilen bestätigt, wie z. B. in *Neil J. Gillespie v The Commonwealth of Australia,*[522] wo durchweg von „negligence and breach of contract" gesprochen wird. Für die Klageerhebung bei Gericht bedeutet das nur, dass es dem Geschädigten freisteht worauf er seinen Anspruch stützt. Mit der in Australien üblichen Praxis, soll im Folgenden von einem deliktischen Anspruch ausgegangen werden.

Typisches Merkmal und Grundlage der Ersatzpflicht des Schädigers ist die Außerachtlassung der im Verkehr erforderlichen Sorgfalt.[523] Der Begriff der „negligence" bedeutet auch im allgemeinen Sprachgebrauch Nachlässigkeit, einen Mangel an Sorgfalt. Nach der Definition, die sich der High Court of Australia zu eigen gemacht hat, ist „negligence"

---

[514] MARKS & BALLA, ¶ 101.
[515] MARKS & BALLA, ¶ 202.
[516] ZWEIGERT / KÖTZ, Einführung in die Rechtsvergleichung, S. 613.
[517] Dazu allgemein: ZWEIGERT / KÖTZ, Einführung in die Rechtsvergleichung, S. 610 ff.
[518] So auch die Vertragsklauseln, in denen sich der Arbeitnehmer verpflichtete, keine Klagen gegen den Arbeitnehmer anzustrengen, wenn er geschädigt worden war = „contracting out", YOUNG, Industrial Injuries Insurance, S. 139.
[519] MARKS & BALLA, ¶ 202.
[520] BROOKS, Guidebook to Occupational Health and Safety, S. 110, 137.
[521] GLASS / MCHUGH / DOUGLAS, The Liability of Employers in Damages for Personal Injury, S. 1 und 2.
[522] (1991) 105 FLR 196.
[523] ZWEIGERT / KÖTZ, Einführung in die Rechtsvergleichung, S. 611.

> „the omission to do something which a reasonable man, guided upon those considerations which ordinarily regulate the conduct of human affairs, would do, or doing something which a prudent and reasonable man would not do".[524]

Dem Arbeitgeber obliegen gegenüber seinen Arbeitern Sorgfaltspflichten, weil das Beschäftigungsverhältnis Gefahren bergen kann für die Gesundheit und körperliche Integrität der Arbeiter. Die Sorgfaltspflicht obliegt dem Arbeitgeber persönlich, sie ist nicht übertragbar, *Kondis v State Transport Authority.*[525] Grundsätzlich werden Sorgfaltspflichten nur dort angenommen, wo eine hinreichende Nähe zwischen den Parteien besteht, *Wyong Shire Council v Shirt.*[526] Das Konzept der Negligence verlangt, dass die Sorgfaltspflichten gerade gegenüber dem Arbeiter bestehen. Aufgrund des abhängigen Beschäftigungsverhältnisses ist diese Forderung aber erfüllt. Sind die Gefahren der Beschäftigung für den Arbeitgeber vorhersehbar und vermeidbar, hat der Arbeiter bei Realisierung der Gefahr Ansprüche auf Ersatz des eingetretenen Schadens. [527] Vorhersehbar ist alles, was nicht außerhalb jeglichen Vorstellungsvermögens liegt, *Wyong Shire Council v Shirt.*[528] Der Arbeitgeber ist verpflichtet Fehleinschätzungen, Unachtsamkeit und Unaufmerksamkeit seiner Arbeiter mit einzukalkulieren, *Ferraloro v Preston Timber Pty. Ltd.*[529], *McLean v Tedman & Brambles Holding Ltd.* [530]. Für die Feststellung, ob eine Gefahr vorhersehbar und dabei (zumutbar) vermeidbar war, werden objektive Maßstäbe angelegt.[531] Gefragt wird, wie ein umsichtiger und vernünftiger Arbeitgeber die Situation beurteilt hätte.[532] In Betracht gezogen werden müssen die Größe der Gefahr, die Wahrscheinlichkeit des Schadenseintritts sowie die Kosten und die Durchführbarkeit von Gegenmaßnahmen, *Wyong Shire Council v Shirt.*[533] Die Gerichte betonen, dass es immer eine Frage des Einzelfalls sein wird, wieviel Sorgfalt und Voraussicht von dem Arbeitgeber verlangt werden muss.[534]

---

524 ALDERSON in *Blyth v The Birmingham Waterworks Company* (1956) 11 Exch 781 (784) zitiert nach *Kondis v State Transport Authority* (1984) 154 CLR 672.

525 (1984) 154 CLR 672; MARKS & BALLA, ¶ 210; BROOKS, Guidebook to Occupational Health and Safety, S. 69.

526 (1980) 146 CLR 40.

527 *Wyong Shire Council v Shirt* (1980) 146 CLR 40; GLASS / MCHUGH / DOUGLAS, The Liability of Employers in Damages for Personal Injury, S. 16; BROOKS, Guidebook to Occupational Health and Safety, S. 76 – 100; *McLean v Tedman & Brambles Holding Ltd.* (1984) 58 ALJR 541; *Neil J. Gillespie v The Commonwealth of Australia* (1991) 105 FLR 196.

528 (1980) 146 CLR 40.

529 (1982) 42 ALR 627 (629); vgl. bereits *Commissioner of Railways v Ruprecht* (1979) 142 CLR 563.

530 (1984) 58 ALJR 541; bestätigt in *Bus v Sydney County Council* (1989) 167 CLR 78.

531 MARKS & BALLA, ¶ 203.

532 *Hamilton v Nuroof (WA) Pty. Ltd.* (1956) 96 CLR 18 (25).

533 (1980) 146 CLR 40; *Kondis v State Transport Authority* (1984) 154 CLR 672.

534 BROOKS, Guidebook to Occupational Health and Safety, S. 105, MARKS & BALLA, ¶ 212; *Hamilton v Nuroof (WA) Pty. Ltd.* (1956) 96 CLR 18 (25).

Die Sorgfaltspflicht wird einheitlich als „duty to take reasonable care for the safety of the employee in all the circumstances of the case“ definiert.[535] Es handelt sich um eine umfassende, eine facettenreiche Pflicht, die in den verschiedensten Situationen der heute so komplexen industriellen Arbeitswelt zum Tragen kommt.[536] Der Arbeitgeber muss eine sichere Arbeitsstätte zur Verfügung stellen. Er muss den Betrieb und alle Gerätschaften und Maschinen sichern. Außerdem müssen die Arbeitsabläufe sicher gestaltet werden und für angemessene Aufsicht und Überwachung gesorgt werden.[537] Besonders wichtig ist auch, dass der Arbeitgeber nicht nur für die Anschaffung sicherer Arbeitsmittel zu sorgen hat, sondern auch durch Unterhaltung und Wartung für ihre gefahrlose Verwendung im weiteren Arbeitsverlauf Sorge tragen muss. Ebenso reicht es nicht, wenn der Arbeitgeber sichere Arbeitsabläufe vorsieht. Er hat vielmehr auch für ihre Einhaltung und Durchsetzung sowie die weitere Beibehaltung zu sorgen.[538] Der Arbeitgeber muss erreichen, dass die Beschäftigung sicher ist für den durchschnittlichen Arbeiter, wenn dieser angemessene Sorgfalt in eigenen Angelegenheiten walten lässt, *Sungravure Pty. Ltd. v Meani.*[539] In *Svilicich v Department of Technical and Further Education*[540] wurde allerdings festgestellt, dass der Arbeitgeber auch die Erfahrung und Ausbildung des Arbeitnehmers in Betracht ziehen muss, wenn ein Arbeitsplatz besondere Gefahren birgt. Eine junge Laborantin hatte sich in einem Chemielabor aufgrund ihrer Unerfahrenheit schwere Verätzungen der Haut zugezogen.

In der Rechtsprechung haben sich Fallgruppen gebildet, die regelmäßig zur Annahme von Sorgfaltspflichtverletzungen und der Anerkennung der Ersatzpflicht führen:

- Das Versäumnis, einen Arbeiter hinreichend vor einer ungewöhnlichen oder unerwarteten Gefahr zu warnen. Dabei muss die Gefahr allerdings für den konkreten Arbeiter ungewöhnlich oder unerwartet sein, und der Arbeitgeber muss sich ihrer bewusst sein oder hätte sich ihrer zumindest bewusst sein müssen.
- Das Versäumnis, einen Arbeiter ordnungsgemäß anzuweisen, wie eine spezielle Arbeit auszuführen ist, *I & J Foods Pty. Ltd. v Bergzam Pty. Ltd.*[541]
- Das Versäumnis, einen Arbeiter ordnungsgemäß zu überwachen, und zu gewährleisten, dass Warnungen und Anweisungen ordnungsgemäß befolgt werden.
- Das Versäumnis eine angemessene und fähige Arbeiterschaft bereitzustellen.

---

[535] GLASS / MCHUGH / DOUGLAS, The Liability of Employers in Damages for Personal Injury, S. 2; *Ferraloro v Preston Timber Pty. Ltd.* (1982) 42 ALR 627 (629); *Hamilton v Nuroof (WA) Pty. Ltd.* (1956) 96 CLR 18 (25).

[536] BROOKS, Guidebook to Occupational Health and Safety, S. 72, 110; *Colquhoun v Australian Iron and Steel Pty. Ltd.* (1996) http://www.austlii.edu.au/au/cases/nsw/supreme_ct/93040117.html; *Svilicich v Department of Technical and Further Education* (1998) http://www.austlii.edu.au/au/cases/nsw/supreme_ct/1998/132.html.

[537] *Svilicich v Department of Technical and Further Education* (1998) http://www.austlii.edu.au/au/cases/nsw/supreme_ct/1998/132.html.

[538] *Colquhoun v Australian Iron and Steel Pty. Ltd.* (1996) http://www.austlii.edu.au/au/cases/nsw/supreme_ct/93040117.html.

[539] (1964) 110 CLR 24.

[540] (1998) http://www.austlii.edu.au/au/cases/nsw/supreme_ct/1998/132.html.

[541] (1997) http://www.austlii.edu.au/au/cases/nsw/supreme_ct/96040158.html.

- Das Versäumnis vorangegangenen Beschwerden Aufmerksamkeit zu schenken.[542]

b. Die Verletzung gesetzlicher Pflichten

Kann der geschädigte Arbeiter seinen Anspruch auf die Verletzung einer gesetzlichen Pflicht des Arbeitgebers stützen, ist das für ihn meist vorteilhaft, da es sich um eine Haftung für vermutetes Verschulden handelt. Der Anspruch ist gegeben, wenn ein Verstoß gegen die gesetzliche Vorschrift vorliegt, ohne dass es auf die Fragen nach Vorhersehbarkeit und Vermeidbarkeit ankommt.[543] Die Voraussetzungen für den Anspruch sind in *Darling Island Stevedoring & Lighterage Co. v Long*[544] dargestellt: Eine (wirksame) formelle oder materielle gesetzliche Vorschrift erlegt dem Arbeitgeber eine Pflicht auf, die dem Schutz der Gesundheit und /oder der Sicherheit der Arbeiterschaft[545] dient.[546] Der Arbeitgeber hat diese gesetzlich festgelegte Pflicht verletzt.[547] Durch die Pflichtverletzung erlitt der Arbeiter einen Schaden.[548] Die gesetzliche Verpflichtung wollte gerade auch vor diesem Schaden bewahren.[549]

Eine entscheidende und sehr interessante Frage, die Vorfrage zum Anspruch ist, geht dahin, ob die zur Diskussion stehende gesetzliche Vorschrift als Anspruchsgrundlage für einen zivilrechtlichen Schadensersatzanspruch sein kann.[550] Grundsätzlich sollen die Motive des Gesetzgebers ausschlaggebend sein. Aufgrund der besonderen Beziehung zwischen Arbeitgeber und Arbeitnehmer wird allerdings die Vermutung aufgestellt, dass dem Arbeiter gegenüber bestehende Verpflichtungen stets auch dessen Anspruch auf Schadensersatz begründen.[551] Etwas anderes gilt nur, wenn sich aus dem Gesetz eine andere Absicht erkennen lässt. Das soll insbesondere dann der Fall sein, wenn die Pflichten Strafsanktionen als Folge eines Verstoßes vorsehen.[552] Diese Aussage ist für den *Occupational Health and Safety Act* 1983 (OHSA) entscheidend. Dort bestimmt sec. 22 OHSA, dass vorstehende Vorschriften keine Grundlage für zivilrechtliche Ansprüche bilden und auch sonst keinen Einfluss auf zivilrechtliche

---

[542] MARKS & BALLA, ¶ 221.
[543] MARKS & BALLA, ¶ 302.
[544] (1957) 97 CLR 36.
[545] Allgemein muss es sich um eine bestimmte, abgenzbare Gruppe von Personen oder Mitgliedern der Gesellschaft handeln.
[546] GLASS / MCHUGH / DOUGLAS, The Liability of Employers in Damages for Personal Injury, S. 112.
[547] BROOKS, Guidebook to Occupational Health and Safety, S. 181; GLASS / MCHUGH / DOUGLAS, The Liability of Employers in Damages for Personal Injury, S. 120.
[548] GLASS / MCHUGH / DOUGLAS, The Liability of Employers in Damages for Personal Injury, S. 121; MARKS & BALLA, ¶ 302; BROOKS, Guidebook to Occupational Health and Safety, S. 184.
[549] BROOKS, Guidebook to Occupational Health and Safety, S. 194.
[550] GLASS / MCHUGH / DOUGLAS, The Liability of Employers in Damages for Personal Injury, S. 113.
[551] *Re: John Michael Canny And: John Pfeiffer Constructions and Aaro Jarvin* (1980) 49 FLR 232.
[552] BROOKS, Guidebook to Occupational Health and Safety, S. 155; Anders entschieden in: *Re: John Michael Canny And: John Pfeiffer Constructions and Aaro Jarvin* (1980) 49 FLR 232.

Ansprüche nehmen.[553] Der *Occupational Health and Safety Act* 1983 enthält Generalklauseln der Arbeitssicherheit, die als Ordnungsvorschriften mit Strafsanktionen ausgestattet sind. So bestimmt sec. 15 (1) OHSA, dass jeder Arbeitgeber die Gesundheit, Sicherheit und das Wohlergehen all seiner Arbeitnehmer bei der Arbeit sicherzustellen hat. Eine solch weitreichende Verpflichtung, als Grundlage einer zivilrechtlichen Schadensersatzpflicht anzuerkennen ohne eine Verschuldensprüfung vorzunehmen, wird abgelehnt. Eine Ausnahme gilt für Vorschriften, die aufgrund der nach sec. 46 OHSA erlassenen Verordnung ergingen und sich auf genauer bestimmte Sachverhalte beziehen.[554]

Ob die Vorschrift wirksam zustande gekommen ist, muss nur bewiesen werden, wenn ihre Unwirksamkeit behauptet wird.[555] Als gesetzliche Vorschriften kommen sowohl formelle als auch materielle Vorschriften in Betracht. In New South Wales sind das z. B. der *Factories, Shops and Industries Act* 1962[556], der *Construction Safety Act* sowie die *Construction Safety Regulations*.[557] Der *Factories, Shops and Industries Act* 1962 enthält mit der „duty to fence dangerous machinery“ eine der ersten Pflichten, die für Arbeitgeber anerkannt wurden.[558] Bei der dem Arbeitgeber auferlegten Pflicht kommt es nicht darauf an, ob ihm diese in seiner Eigenschaft als Arbeitgeber auferlegt wurde. Ihm kann auch als Inhaber des Betriebsgeländes oder Bauunternehmer eine Pflicht auferlegt sein. Der Arbeitgeber muss die Pflicht nicht persönlich verletzt haben.[559] Er ist stellvertretend auch für die Handlungen seiner Arbeiter verantwortlich, soweit die Handlungen mit dem Arbeitsverhältnis in Zusammenhang stehen.[560]

### 2. Schadensersatz

Im Common Law besteht grundsätzlich ein Anspruch auf Schadensersatz. Schadensersatz wird gewährt als einmaliger, pauschaler Geldbetrag. Es bestehen keine Ansprüche auf Erfüllung oder Naturalherstellung. So wird Schadensersatz grundsätzlich definiert als jede Art monetären Ausgleichs.[561] Durch die Gewährung von Schadensersatz soll der geschädigte Arbeiter in die Position zurückversetzt werden, in der er sich vor dem schädigenden Ereignis befand, nach dem Rechtsgrundsatz restitutio in integrum.[562] Dies wird im Bereich arbeitsbedingter Schäden als gerechterer Ausgleich angesehen, wenn der Arbeiter seinem Arbeitgeber ein Verschulden nachweisen kann. In dem am Einzelfall orientierten Common Law System, in welchem man jede Generalisierung zu vermeiden sucht, ist die Ermittlung und Berechnung von Schadensersatz ein äußerst

---

553 MARKS & BALLA, ¶ 309.
554 sec. 22 (2) OHSA.
555 MARKS & BALLA, ¶ 304.
556 *Medved v Dunlop Olympic Ltd.* (1991) http://www.austlii.edu.au/au/cases/cth/high_ct/unrep139.html.
557 BROOKS, Guidebook to Occupational Health and Safety, S. 164.
558 *Sungravure Pty. Ltd. v Meani* (1964) 110 CLR 24; MUNKMAN, Employers' Liability at Common Law, S. 187.
559 *Law Reform (Vicarious Liability) Act* 1983 (NSW).
560 MARKS & BALLA, ¶ 306; BROOKS, Guidebook to Occupational Health and Safety, S. 181.
561 The Australian Insurance Institute, S. 102; sec. 149 (1) (a) WCA.
562 MARKS & BALLA, ¶ 801; *Haines v Bendall* (1991) 172 CLR 60.

schwieriges Unterfangen.[563] Darin liegt auch der Grund für die Häufigkeit, mit der Fälle zu diesem Thema von den Gerichten entschieden werden.[564] BROOKS postuliert, dass gerade diese Häufigkeit eher zu Verwirrung geführt hat, als dass klare Regeln aufgestellt worden wären.[565]

Ein Klageantrag lautet schlicht auf Schadensersatz, er wird nicht beziffert. Der als Schadensersatz zu zahlende Betrag wird vom Richter oder von den Geschworenen bestimmt. Für Ansprüche wegen arbeitsbedingter Schäden haben sich im Common Law besondere Rechtsgrundsätze herausgebildet, die in New South Wales durch den *Workers Compensation Act* 1987 modifiziert werden. So ist es üblich, den Schadensersatzbetrag aus Einzelposten zu ermitteln und das Urteil dahingehend aufzuschlüsseln. Eine Vorgehensweise, die kritisiert worden ist.[566]

Der Anspruch auf den gesetzlichen, modifizierten Schadensersatz gegen den Arbeitgeber kann mit dem Common Law-Anspruch gegen einen Dritten zusammentreffen. Interessant ist daher auch eine Gegenüberstellung des gesetzlichen mit dem Common Law Schadensersatz, weil daraus die Vorteile ersichtlich werden, die dem Arbeiter aus einer Inanspruchnahme eines Drittschädigers entstehen, *Lewis v G.H. Varley Pty. Ltd. & Westham Dredging Co. Pty. Ltd.* [567]

a. Vermögensschäden

Die Schadensersatzansprüche für Vermögensschäden sind mit den Leistungen nach dem *Workers Compensation Act* 1987 verknüpft. Nach sec. 151H WCA wird Ersatz für Vermögensschäden nur dann geleistet, wenn der Arbeiter einen schwerwiegenden Schaden erleidet[568] oder in der Folge stirbt.[569] Als schwerwiegender Schaden gilt jetzt der, für den entweder nach sec. 66 WCA nicht weniger als 25% des Höchstbetrages oder ein Minimum von $ 48.000 Schmerzensgeld zu zahlen wäre. Ob die erforderlichen 25% erreicht sind, ist vom zuständigen Gericht zu ermitteln, vgl. *Mastronardo v Remo Constructions Pty. Ltd.*[570] Das Gericht kann zu diesem Zweck die Sache an einen medizinischen Schiedsrichter oder einen medizinischen Ausschuss abgeben. Die im Zusammenhang mit dem Ersatz von Nichtvermögensschäden nach sec. 66 WCA entwickelte Tabelle soll dabei eine Richtlinie für die Festsetzung sein. [571]

Ersetzt werden alle bis zum Urteil angefallenen und nachweisbaren Kosten, wie z. B. Arztkosten, Heilbehandlung, Krankenhausbehandlung, Rehabilitationskosten, alle damit in Zusammenhang stehenden Fahrtkosten und Medikamente.[572]

---

563 BROOKS, Guidebook to Occupational Health and Safety, S. 137; BARTLEY / FERRARI, Workers' Compensation - 1994 Update, S. 46.
564 SHER, The Australian Law Journal, (55) July 1981, S. 458.
565 BROOKS, Guidebook to Occupational Health and Safety, S. 138.
566 MARKS & BALLA, ¶ 802.
567 (1996) http://www.austlii.edu.au/au/cases/nsw/supreme_ct/unrep641.html.
568 ANFORTH, Law Society Journal, May 1996, S. 68.
569 CCH, loose-leaf, ¶ 34-330.
570 (1996) http://www.austlii.edu.au/au/cases/nsw/supreme_ct/90016539.html.
571 BARTLEY / FERRARI, Workers' Compensation - 1994 Update, S. 47.
572 *McDougall v Nestle Australia Pty. Ltd.* (1996) http://www.austlii.edu.au/au/cases/nsw/supreme_ct/92014561.html; *Lewis v G. H. Varley Pty. Ltd. & Westham Dredging Co. Pty. Ltd.* (1996) http://www.austlii.edu.au/au/cases/nsw/supreme_ct/unrep641.html.

Des Weiteren wird der Bedarf hinsichtlich der entsprechenden Kosten für die Zukunft ermittelt. Dazu gehören auch Pflegeleistungen und sonstige Kosten, die durch eine andere Lebensführung notwendig werden, wie die Anschaffung von Hilfsmitteln und Einrichtungen.[573] In *Griffiths v Kerkemeyer*[574] wurde festgelegt, dass im Fall arbeitsbedingter Schädigung auch freiwillige (kostenlose) Leistungen von Familienangehörigen den finanziellen Bedarf des Arbeiters erhöhen und als Schadensposten zu berücksichtigen sind. Solche Dienste sollen dem Schädiger nicht zugute kommen. Etwas anderes gilt, wenn zusätzliche Leistungen durch eine Umverteilung der häuslichen Aufgaben innerhalb der Familie erbracht werden können.[575] Es kommt auf den Umfang der Leistungen an und ein weiteres Kriterium ist, ob die Art der geleisteten Dienste normalerweise von entsprechend ausgebildeten Personen und in entsprechenden Einrichtungen vorgenommen wird, oder ob es sich um geringfügige Arbeiten handelt, die leicht innerhalb der Familie erbracht werden können. In *Griffiths v Kerkemeyer*[576] war der Geschädigte querschnittgelähmt und konnte weder selbständig essen, noch sich ankleiden oder in irgendeiner Weise fortbewegen. Die Pflege teilten sich seine Verlobte und seine Mutter, die dafür alle ihnen zur Verfügung stehende Zeit aufwendeten. Sec. 151K WCA begrenzt den Schadensersatz nach *Griffiths v Kerkemeyer* auf den durchschnittlichen wöchentlichen Verdienst aller Arbeitnehmer.[577]

Ein weiterer Posten ist das in der Vergangenheit entgangene Einkommen.[578] Es wird grundsätzlich das wöchentliche Nettoeinkommen vor dem schädigenden Ereignis zugrunde gelegt und ein Abzug vorgenommen für das Einkommen, das der Arbeiter nach dem Unfall zu verdienen imstande gewesen war.[579] Zu verzinsen ist nur der Anteil des Betrages, der nicht durch anderweitige Zahlungen wie Social Security- oder Workers' Compensation-Leistungen abgedeckt wurde.[580] Der für den Verdienstausfall zu zahlende Betrag wird nach oben begrenzt durch den als wöchentliche Zahlungen gemäß sec. 35 WCA festgesetzten Betrag, sec. 151H und 151I WCA.[581] Der Betrag beläuft sich auf $ 1000 und ist ein Bruttobetrag.[582]

Der zukünftige Vermögensschaden ist einer der schwierigsten zu benennenden Posten der Schadensberechnung.[583] Nach einer Meinung ist der zukünftige Ver-

---

573 BROOKS, Guidebook to Occupational Health and Safety, S. 138.
574 (1977) 139 CLR 161.
575 MARKS & BALLA, ¶ 805.
576 (1977) 139 CLR 161.
577 BARTLEY / FERRARI, Workers' Compensation - 1994 Update, S. 49.
578 BROOKS, Guidebook to Occupational Health and Safety, S. 138, *Lewis v G. H. Varley Pty. Ltd. & Westham Dredging Co. Pty. Ltd.* (1996) http://www.austlii.edu.au/au/cases/nsw/supreme_ct/unrep641.html.
579 Hier wurden in *McDougall v Nestle Australia Pty. Ltd.* (1996) http://www.austlii.edu.au/au/cases/nsw/supreme_ct/92014561.html Workers' Compensation-Leistungen als Entgeltersatz berücksichtigt.
580 *Lewis v G. H. Varley Pty. Ltd. & Westham Dredging Co. Pty. Ltd.* (1996) http://www.austlii.edu.au/au/cases/nsw/supreme_ct/unrep641.html.
581 HARRISON, Workers' Compensation - New South Wales, S. 18.
582 BARTLEY / FERRARI, Workers' Compensation - 1994 Update, S. 49.
583 *Atlas Tiles Ltd. v Briers* (1978) 144 CLR 202; *Cullen v Trappell* (1980) 146 CLR 1; *Pennant Hills Restaurants Pty. Ltd. v Barrell Insurances Pty. Ltd.* (1981) 145 CLR 625.

dienstausfall zu ersetzen. Eine andere Meinung sieht den zukünftigen Vermögensschaden im Verlust der Erwerbsfähigkeit und somit in der Einbuße eines Vermögenswertes.[584] Der Schaden wäre in einer Gesamtschau dieser Einbuße zu ermitteln. Diese am vehementesten von BARWICK CJ in *Atlas Tiles Ltd. v Briers* vertretene Ansicht hat sich aber nur teilweise durchgesetzt.[585] *Atlas Tiles Ltd. v Briers*[586] war der erste Fall vor dem High Court, der sich mit der Frage nach der richtigen Berechnungsgrundlage für den zukünftigen Vermögensschaden beschäftigte. Die Vorlage ging dahin, dass fälschlicherweise der Brutto- und nicht der Nettoverdienst des Arbeiters der Berechnung zugrunde gelegt worden war. Mit einer knappen Mehrheit von 3 : 2 Richterstimmen wurde die Heranziehung des Nettoverdienstes abgelehnt mit dem Hinweis darauf, dass eine mathematische Berechnung dem Verlust dieses bedeutenden Vermögenswertes nicht gerecht würde. Die Überprüfung dieser Entscheidung zwei Jahre später führte mit 4 : 3 Richterstimmen zum gegenteiligen Ergebnis, *Cullen v Trappell*.[587] Auch wenn heute der Verlust der Erwerbsfähigkeit als maßgeblich betrachtet wird, berechnet sich der Schaden wie folgt: Von dem Nettoverdienst, den der Arbeiter zum Zeitpunkt der Entscheidung in dem vor dem schädigenden Ereignis ausgeübten Beruf erzielen würde, ist der Nettoverdienst abzuziehen, den er zum Zeitpunkt der Entscheidung im Rahmen seiner verbleibenden Erwerbsfähigkeit erzielen kann. Der sich ergebende Betrag wird dann mit einem entsprechenden Faktor aus einer Sterbetabelle hochgerechnet.[588] Hierbei kann es auch zu einer Aufteilung nach Zeiträumen kommen, wenn z. B. zu erwarten ist, dass sich die Erwerbsfähigkeit nach ein paar Jahren aufgrund dann abgeschlossener Heil- und Rehabilitationsmaßnahmen verbessern wird.[589]

Wurde so ein Betrag ermittelt, müssen anschließend weitere Gesichtspunkte in Betracht gezogen werden: Einerseits erfolgt durch die Inflation im Laufe der Zeit eine Geldentwertung. Dieser Geldentwertung kann durch die Investition und Anlage des Geldbetrages, die zu Zinserträgen und Gewinnen führen, entgegengewirkt werden. Die so erzielten Einnahmen sind allerdings wieder zu versteuern. In *Todorovic v Waller – Jetson v Hankin*[590] wurde entschieden, dass im Hinblick auf Inflation, Investitionsgewinne und hypothetische Steuern darum grundsätzlich ein Abzug von 3% vorzunehmen ist.[591] Statt dem 3% Abzug, wie *Todorovic v Waller – Jetson v Hankin*[592] ihn vorsieht, wird zukünftiger Verdienstausfall nach sec. 151J WCA stets mit einem 5%igen Abzug ersetzt. Außerdem soll für die „Wechselfälle des Lebens“ ein weiterer am Einzelfall orientierter Abzug vorgenommen werden. Einige Arbeitsplätze bieten größere Sicherheit als andere und manche Arbeiter können schadensunabhängige Gesund-

---

584 MARKS & BALLA, ¶ 806.
585 (1978) 144 CLR 202; BROOKS, Guidebook to Occupational Health and Safety, S. 138.
586 (1978) 144 CLR 202 (210).
587 (1981) 146 CLR 1.
588 *McDougall v Nestle Australia Pty. Ltd.* (1996) http://www.austlii.edu.au/au/cases/nsw/supreme_ct/92014561.html.
589 *Lewis v G. H. Varley Pty. Ltd. & Westham Dredging Co. Pty. Ltd.* (1996) http://www.austlii.edu.au/au/cases/nsw/supreme_ct/unrep641.html.
590 (1981) 150 CLR 402; BROOKS, Guidebook to Occupational Health and Safety, S. 140.
591 PASCOE, Law Institute Journal, (56) July 1982, S. 473; SHER, The Australian Law Journal, (55) July 1981, S. 458 (459 ff.).
592 (1981) 150 CLR 402; BROOKS, Guidebook to Occupational Health and Safety, S. 140.

heitsschäden haben, die ihr zukünftiges Arbeitsleben beeinflussen werden.[593] In Betracht gezogen wurde auch der „energetic lifestile" eines sehr sportiven und abenteuerlustigen Arbeiters, der seine Freizeit mit einigen Risikosportarten verbrachte. Nach Ansicht des Gerichts barg seine Lebensführung so viele Gefahren in sich, dass ein Gesundheitsschaden relativ wahrscheinlicher und somit ein größerer Abzug gerechtfertigt war.[594]

Ein weiterer Posten ist der in Folge des Urteils *Fox v Wood*[595] zu zahlende Betrag, der die von den Workers' Compensation-Leistungen gezahlten Steuern betrifft. Der Arbeiter muss seine Workers' Compensation-Leistungen zurückzahlen, wenn er Schadensersatz erhält. Da die Workers' Compensation-Leistungen besteuert werden, ergab sich die Frage, wer den Nachteil der abgeführten Steuern zu tragen hat. Das Gesetz verlangt die Rückzahlung des Bruttobetrages. Da aber der Arbeiter aufgrund des erlangten Schadensersatzes nicht schlechter stehen soll, wird der Anteil an den Workers' Compensation-Leistungen, der als Steuer abgezogen worden war, dem Schadensersatzanspruch hinzugerechnet.[596]

b. Nichtvermögensschäden

Die größte Modifikation in der Ermittlung des Schadensersatzbetrages ergibt sich für die Nichtvermögensschäden. Grundsätzlich erfolgt im Common Law ein Ersatz von Nichtvermögensschäden nach freiem Ermessen, wobei eine Aufteilung für die Vergangenheit und für die Zukunft erfolgen muss, da der für die Vergangenheit gewährte Teil verzinst wird. [597] Das Schmerzensgeld enthält die Entschädigung für vergangene und zukünftige Schmerzen, Kummer und Sorgen, Verlust der Annehmlichkeiten des Lebens und, in einigen Fällen, Verkürzung der Lebenserwartung, *Skelton v Collins*.[598] Der Zinssatz soll dem auf dem Markt üblichen entsprechen.[599]

Nach dem *Workers Compensation Act* 1987 hingegen ist auch für den Common Law Schadensersatz bei der Berechnung des Nichtvermögensschadens von einem gesetzlich vorgeschriebenen Höchstbetrag auszugehen.[600] In einem Extremfall können $ 204.000 zugesprochen werden.[601] Ausgehend von den Umständen, die man als Extremfall einstufen würde, ist der zur Entscheidung stehende Fall unter Berücksichtigung der Schwere des Vermögensschadens dazu in Relation

---

593 MARKS & BALLA, ¶ 806.
594 *McDougall v Nestle Australia Pty. Ltd.* (1996) http://www.austlii.edu.au/au/cases/nsw/supreme_ct/92014561.html.
595 (1981) 148 CLR 438.
596 *Lewis v G.H. Varley Pty. Ltd. & Westham Dredging Co. Pty. Ltd.* (1996) http://www.austlii.edu.au/au/cases/nsw/supreme_ct/unrep641.html; *McDougall v Nestle Australia Pty. Ltd.* (1996) http://www.austlii.edu.au/au/cases/nsw/supreme_ct/92014561.html.
597 BROOKS, Guidebook to Occupational Health and Safety, S. 139.
598 (1966) 115 CLR 94; *McDougall v Nestle Australia Pty. Ltd.* (1996) http://www.austlii.edu.au/au/cases/nsw/supreme_ct/92014561.html; MARKS & BALLA, ¶ 803.
599 MARKS & BALLA, ¶ 804.
600 sec. 151G (1) WCA.
601 sec. 151G (2) WCA.

zu setzen und mit einem entsprechenden Anteil von $ 204.000 zu entschädigen, *Lewis v G.H. Varley Pty. Ltd. & Westham Dredging Co. Pty. Ltd.*[602]

Der Ersatz des Nichtvermögensschadens ist nicht nur nach oben begrenzt.[603] Es ist auch ein Mindestbetrag von $ 36.000 bestimmt. Wenn ein geringerer Betrag als $ 36.000 für Nichtvermögensschäden ermittelt wird, bekommt der Arbeiter gar keinen Ersatz. Daneben gibt es eine weitere Abstufung: Liegt ein Nichtvermögensschaden zwischen $ 36.000 und $ 48.000, so wird der Ersatzanspruch nach einer Formel ermittelt, die von dem ermittelten Nichtvermögensschaden das Minimum von $ 36.000 abzieht und den sich so ergebenden Betrag mit 4 multipliziert.[604] Das Ergebnis ist ein reduzierter Schadensersatzbetrag.[605]

c. Schadensminderungsobliegenheit

Bei der Berechnung des Schadensersatzes muss das Gericht die Schritte berücksichtigen, die der Arbeiter zur Schadensminderung unternommen hat.[606] Hat der geschädigte Arbeiter sich in angemessene medizinische Behandlung begeben? Hat er sich unverzüglich passende Beschäftigung gesucht? Hat er sich dem Rehabilitationsprogramm des Arbeitgebers zur Verfügung gestellt oder hat er an einem anderen Rehabilitationsprogramm teilgenommen?[607] Das Gericht muss diese Punkte erst in Betracht zu ziehen, wenn es die Überzeugung gewonnen hat, dass vom Kläger erwartete werden konnte den Anforderungen zu genügen, weil er vom Arbeitgeber / Versicherer über das Erfordernis dieser Schritte unterrichtet worden war.[608] Dann trägt allerdings der Arbeiter die Beweislast für die in Frage stehenden Punkte.

d. Mitverschulden

Der Schadensersatzanspruch des Geschädigten wird wegen Mitverschuldens gekürzt. Es gelten die Grundsätze des Common Law, die für arbeitsbedingte Schäden entwickelt wurden, sec. 151N WCA.[609] Der Schadensersatz, der wegen des Verlustes der Erwerbsfähigkeit gewährt wird, kann nur bis zu dem Betrag gekürzt werden, der bei einer Abfindung der wöchentlichen Zahlungen nach sec. 51 WCA zu zahlen wäre.[610] Wichtig ist, dass die Vorschriften über das Mitverschulden auch dann Anwendung finden, wenn es sich um einen Anspruch han-

---

602 (1996) http://www.austlii.edu.au/au/cases/nsw/supreme_ct/unrep641.html; *Mastronardo v Remo Constructions Pty. Ltd.* (1996) http://www.austlii.edu.au/au/cases/nsw/supreme_ct/90016539.html.

603 MARKS & MCLEAN, ¶ 2004.

604 BARTLEY / FERRARI, Workers' Compensation - 1994 Update, S. 48.

605 NOMCHONG / WARDHAUGH, Workers' Compensation Handbook, S. 86.

606 HARRISON, Workers' Compensation - New South Wales, S. 17.

607 NOMCHONG / WARDHAUGH, Workers' Compensation Handbook, S. 88.

608 *Ziebell v Metal Manufacturers Ltd.* (1996) http://www.austlii.edu.au/au/cases/nsw/supreme_ct/92090122.html; HARRISON, Workers' Compensation - New South Wales, S. 18.

609 BROOKS, Guidebook to Occupational Health and Safety, S. 115; GLASS / MCHUGH / DOUGLAS, The Liability of Employers in Damages for Personal Injury, S. 218.

610 vgl. 2. Kapitel: A. IV. 6. b. *Millard v Allco Steel Constructions Pty. Ltd.* (1996) http://www.austlii.edu.au/au/cases/nsw/supreme_ct/95000042.html; NOMCHONG / WARDHAUGH, Workers' Compensation Handbook, S. 89.

delt, der sich auf die Verletzung gesetzlicher Pflichten gründet.[611] Durch den *Statutory Duties (Contributory Negligence) Act* 1945 war die Einrede des Mitverschuldens für Schadensersatzansprüche wegen der Verletzung gesetzlicher Verpflichtung generell ausgeschlossen worden.[612]

Die Rechtsprechung ist uneinheitlich im Hinblick darauf, welcher Maßstab für das Mitverschulden anzulegen ist.[613] Grundsätzlich gilt der gleiche Verschuldensmaßstab für das Mitverschulden wie für das Verschulden. Entscheidend ist das Verhalten eines vernünftigen und vorsichtigen Menschen.[614] Es haben sich aber zwei unterschiedliche Ansichten entwickelt: Eine Meinung unterscheidet zwischen Mitverschulden und bloßer Unaufmerksamkeit oder Unachtsamkeit, *McLean v Tedman & Brambles Holding Ltd.*[615] Sie sieht insbesondere in einer Unachtsamkeit, die aus der Routine der Arbeitsabläufe entsteht, kein Verschulden. Die andere Meinung postuliert, dass auch reine Unaufmerksamkeit oder Gedankenlosigkeit ein Mitverschulden darstellen kann, *Commissioner of Railways v Ruprecht.*[616]

Die Einrede volenti non fit injuria ist ausgeschlossen.[617] Wo sie ohne den Ausschluss anwendbar wäre, wird die Schadensersatzleistung nach dem Ermessen des Gerichts gekürzt. Das Gesetz enthält die Fiktion, dass der Arbeiter fahrlässigerweise nicht ausreichend für seine eigene Sicherheit gesorgt hat.[618]

e. Verzinsung

Zinsen sind nur zu zahlen, wenn das Gericht die Überzeugung gewonnen hat, dass der Arbeitgeber keinen ernsthaften Vergleichsversuch gemacht hat oder der zugesprochene Schadensersatz das höchste Vergleichsangebot um mehr als 20% übersteigt.[619] Nach sec. 151M WCA fallen keine Zinsen für Nichtvermögensschäden und Schadensersatz wegen häuslicher Dienste, Kranken- und Pflegedienste an.[620]

f. Abzug der gewährten Workers' Compensation-Leistungen

Wenn der Schadensersatzbetrag feststeht, sind die gewährten Workers' Compensation-Leistungen davon abzuziehen, *Manser v Spry & anor*[621], *Hood Constructions Pty. Ltd. v Nicholas & anor.*[622] Es werden auch dann wöchentliche Workers' Compensation-Zahlungen vom Schadensersatz abgezogen, wenn dieser keine Komponente für vergangen oder zukünftigen Verdienstausfall enthält.

---

611 sec. 151N (3) WCA; BARTLEY / FERRARI, Workers' Compensation - 1994 Update, S. 50.
612 MARKS & BALLA, ¶ 503; BROOKS, Guidebook to Occupational Health and Safety, S. 193.
613 *Sungravure Pty. Ltd. v Meani* (1964) 110 CLR 24.
614 *Sungravure Pty. Ltd. v Meani* (1964) 110 CLR 24; gefolgt in: *Commissioner of Railways v Ruprecht* (1979) 142 CLR 563.
615 (1984) 155 CLR 306.
616 (1979) 142 CLR 563 bestätigt *Sungravure Pty. Ltd. v Meani* (1964) 110 CLR 24.
617 sec. 151O WCA.
618 The Australian Insurance Institute, S. 105.
619 BARTLEY / FERRARI, Workers' Compensation - 1994 Update, S. 49.
620 FARAH-THOMPSON, WorkCover Legislation Amendment Act 1995, S. 13.
621 (1994) 181 CLR 428.
622 (1987) 9 NSWLR 60.

Dieser Abzug wurde kritisiert, weil es nicht anginge Vermögensschäden mit Nichtvermögensschäden zu verrechnen.[623]

3. Die Diskussion um die Berechtigung des Common Law beim Ausgleich arbeitsbedingter Schädigung

In New South Wales wird seit den 1970er Jahren eine engagierte Diskussion um die Vor- und Nachteile der Common Law-Ansprüche bei arbeitsbedingter Schädigung geführt. Hinter dieser Diskussion steht die Frage, ob ein gesetzliches Ausgleichssystem für arbeitsbedingte Schäden auf Anspruchskonkurrenz aufgebaut werden sollte, oder ob eine Haftungsablösung nicht passender wäre. Es gibt eine Reihe von Argumenten, die immer wieder vorgebracht werden.

a. Die fundamentale Bedeutung des Common Law

Die Befürworter einer Anspruchskonkurrenz berufen sich auf die fundamentale Bedeutung des Common Law für die gesamte Rechtsordnung. Das wichtigste Anliegen eines Workers' Compensation-Systems müssten die Rechte der Opfer von Arbeitsunfällen sein. Unentbehrlich für die Wahrung dieser Rechte der Opfer sei ihr Zugang zum Common Law.[624] Das Common Law ist sehr flexibel und hat die Fähigkeit, sich den ständig ändernden sozialen Gegebenheiten anzupassen.[625] Das Common Law sei eines der ursprünglichsten und grundsätzlichsten Systeme, welches dem Einzelnen Rechte gewährt.[626] Das Recht auf Schadensersatz bei fahrlässiger Schädigung durch einen anderen sei ein fundamentales Recht aller.[627] Der Anspruch eines Arbeitnehmers auf Schadensersatz gegen seinen Arbeitgeber wegen Fahrlässigkeit, der Common Law Negligence Anspruch, sei von den Gerichten über einen Zeitraum von 800 Jahren entwickelt worden.[628]

Diese historische Bedeutung, die dem Common Law beigemessen wird, entspricht nicht den Tatsachen. Das Konzept der Fahrlässigkeit wurde erst im 19. Jahrhundert mit der Entwicklung der Industriegesellschaft in das Common Law eingeführt, vorher kannte man nur die unbedingte, verschuldensunabhängige Haftung (strict liability). Aber auch die Wahrung der Rechte der Opfer durch den Common Law Negligence Anspruch kann als Argument keine uneingeschränkte Gültigkeit beanspruchen. Die Einführung des Fahrlässigkeitstatbestandes hatte nämlich den (beabsichtigten) Effekt die bestehende unbedingte rechtliche Einstandspflicht, insbesondere auch der Arbeitgeber, zu reduzieren.[629] In dem neuen Maschinenzeitalter wollte man die Unternehmer nicht mit den

---

623 *James Hardie & Coy Pty. Ltd. v Newton* (1997) 42 NSWLR 729; bestätigt in: *James Hardie & Coy Pty. Ltd. v Tompson & anor* (1998) http://www.austlii.edu.au/au/cases/nsw/supreme_ct/1998/113.html.

624 No need for federal Compensation law, Australian Lawyer, March 1994, S. 26.

625 PALMER, Compensation for Incapacity, S. 31.

626 Parliamentary debates (Hansard), 28 May 1987, S. 12889.

627 New South Wales Law Reform Commission, Accident Compensation (Issues Paper), S. 26; INDUSTRY COMMISSION, Report No. 47, S. D13.

628 Legal profession unites to retain common law in workers compensation schemes - Reports from the Law Society, Law Society Journal, June 1995, S. 74; INDUSTRY COMMISSION, Report No. 36, S. D1.

629 WOODHOUSE Report, S. 36; New South Wales Law Reform Commission, Accident Compensation (Issues Paper), S. 26; INDUSTRY COMMISSION, Report No. 36, S. D13.

Kosten „unvermeidlicher“ Unfälle belasten.[630] Durch die Probleme der Finanzierung eines streitigen Prozesses, bei dem ein Verschulden nachgewiesen werden musste, und den drei rechtsvernichtenden Einreden Common Employment, volenti non fit injuria und Mitverschulden, konnte der geschädigte Arbeiter einen derartigen Anspruch kaum jemals durchsetzen. Im Verhältnis zur vorher bestehenden unbedingten Einstandspflicht der Schädiger, verkürzte der neu eingeführte Fahrlässigkeitstatbestand die Rechte der Geschädigten erheblich.[631]

b. Das Verschuldensprinzip und arbeitsbedingte Schäden

Gegen die Common Law-Ansprüche wird immer wieder angeführt, dass das Verschuldensprinzip für ein Workers' Compensation-System unpassend sei.[632] Durch die moderne Technologie kann ein Augenblick der Unaufmerksamkeit zu katastrophalen Schäden führen. Der zu zahlende Schadensersatz steht in keinem Verhältnis zum Verschulden. Der Schädiger muss bei leichter Fahrlässigkeit wie bei Vorsatz den gesamten Schaden ersetzen.[633] Außerdem bestünde der Sinn und Zweck eines Workers' Compensation-Systems ja gerade darin, einen verschuldensunabhängigen Anspruch einzuräumen.[634]

Verfahren nach dem Common Law gefährdeten außerdem das Arbeitsverhältnis.[635] Die Tatsache, dass der Arbeiter seinem Arbeitgeber vor Gericht ein Verschulden nachweisen müsse, könne zur Beendigung des Beschäftigungsverhältnisses führen. Zumindest könne der Arbeitgeber deswegen abgeneigt sein zur Rehabilitation und Wiedereingliederung des Arbeiters beizutragen. Das Verschuldensprinzip führt dazu, dass nur ein Teil der arbeitsbedingt geschädigten Arbeiter Ersatz erhält.[636]

c. Vollkommener Schadensausgleich im Common Law

Die individuelle Betrachtungsweise führe zu gerechteren Ergebnissen, weil dem Geschädigten nach dem Rechtsgrundsatz restitutio in integrum sein Schaden vollkommen ausgeglichen werde.[637] Ein großer Vorteil des Schadensersatzes sei

---

630 ROBINSON, S. 2.

631 New South Wales Law Reform Commission, Accident Compensation (Issues Paper), S. 18; ROBINSON, Accident Compensation in Australia - No-Fault Schemes, S. 1.

632 New South Wales Law Reform Commission, Accident Compensation (Issues Paper), S. 7.

633 New South Wales Law Reform Commission, Accident Compensation (Outline of Issues Paper), S. 5.

634 Parliamentary debates (Hansard), 27 May 1987, S. 12655.

635 INDUSTRY COMMISSION, Report No. 36, S. D4.

636 PALMER, Compensation for Incapacity, S. 23.

637 INDUSTRY COMMISSION, Report No. 47, S. D14; New South Wales Law Reform Commission, Accident Compensation: Transport Accidents Scheme for New South Wales (Working Paper 1), S. 38; Parliamentary debates (Hansard), 28 May 1987, S. 12835, 12842; No need for federal Compensation law, Australian Lawyer, March 1994, S. 23; Legal profession unites to retain common law in workers compensation schemes - Reports from the Law Society, Law Society Journal, June 1995, S. 74; Law Council of Australia, Workers Compensation battle Continues, Law Society Journal, November 1993, S. 69; WOODHOUSE Report, S. 49; New South Wales Law Reform Commission, Accident Compensation: Transport Accidents Scheme for New South Wales (Working Paper 1), S. 40.

auch, dass der Gesamtbetrag auf einmal ausbezahlt werde.[638] Insbesondere schwer geschädigte Arbeiter könnten große Vorteile aus dem Kapital ziehen über das sie frei verfügen können. Es könne dazu genutzt werden Schulden zu tilgen, ein Geschäft aufzumachen, einen passenden Wohnort zu finden oder einfach Pläne für die Zukunft zu schmieden.[639] Die relativ geringen Beträge der wöchentlichen Zahlungen könnten dem Geschädigten nicht dazu verhelfen.

Diese individuell festgesetzte Pauschalsumme sei das, was die Arbeiter wollten und was ihren Interessen am besten gerecht werde.[640] Die Juristen weisen darauf hin, dass die Arbeiter, im Gegensatz zur Regierung und den Arbeitgebern, die parallele Existenz von Workers' Compensation und Common Law befürworten.[641] Dafür dürfte die Struktur der Leistungen verantwortlich sein. Ein Schadensersatzbetrag, den sie endgültig behalten dürfen, zusätzlich zu den Erwerbsmöglichkeiten, die ihnen verbleiben, wird vielen Arbeitern reizvoller erscheinen als wöchentliche Zahlungen, die im Moment der Aufnahme einer Erwerbstätigkeit gekürzt werden.[642] Es gibt aber eine Studie, die belegt, dass diese Präferenz hauptsächlich bei einer ex ante-Betrachtung gegeben ist. Die Studie, die im Zusammenhang mit den Entschädigungsleistungen bei Verkehrsunfällen angefertigt wurde, untersuchte, inwieweit der Ausgang eines Common Law-Verfahrens dem Geschädigten einen ausreichenden Ausgleich gewährte. Als man die Geschädigten nach ihrer Meinung fragte, hielten zum Zeitpunkt des Verfahrensabschlusses 60,4% den erlangten Schadensersatzbetrag für ausreichend, um ihre infolge des Schadens entstandenen Kosten zu decken. Eine Umfrage acht bis neun Jahre später ergab, dass nur noch 24% der Geschädigten den erhaltenen Betrag als hinreichend erachteten.[643] Es hatte also für mehr als ein Drittel aller Geschädigten der Schadensersatzbetrag längerfristig nicht zur Deckung ihres schadensbedingten Mehrbedarfs ausgereicht.

Damit ist schon angedeutet, dass Klagen nach dem Common Law in der Praxis nicht grundsätzlich zu einem vollkommenen und gerechten Schadensausgleich führen.[644] Die Berechnung des Schadensersatzes ist schwierig. Die Richter und Geschworenen müssen in vielen Punkten Schätzungen und Vermutungen anstellen, wenn sie die einzelnen Posten ermitteln.[645] Der Prozess der Ermittlung des Betrages wurde als „exercise in sheer fantasy" bezeichnet, eine reine Fantasieübung.[646] Die Mehrzahl der Common Law-Klagen wird durch außergerichtli-

---

638 PALMER, Compensation for Incapacity, S. 215; New South Wales Law Reform Commission, Accident Compensation (Issues Paper), S. 20.

639 *Todorovic v Waller* (1981) 56 ALJR 59 (61); WOODHOUSE Report, S. 54.

640 No need for federal Compensation law, Australian Lawyer, March 1994, S. 23.

641 Legal profession unites to retain common law in workers compensation schemes - Reports from the Law Society, Law Society Journal, June 1995, 74.

642 WOODHOUSE Report, S. 54.

643 CCH, loose-leaf, S. 47,858.

644 INDUSTRY COMMISSION, Report No. 36, S. D14; New South Wales Law Reform Commission, Accident Compensation: Transport Accidents Scheme for New South Wales (Working Paper 1), S. 38, 40; WOODHOUSE Report, S. 49.

645 MARKS & BALLA, ¶ 802; *Pennant Hills Restaurant Pty. Ltd. v Barrell Insurances Pty. Ltd.* (1981) 145 CLR 625.

646 LEE J zitiert in: New South Wales Law Reform Commission, Accident Compensation (Issues Paper), S. 8; New South Wales Law Reform Commission, Accident Compensation: Transport Accidents Scheme for New South Wales (Working Paper 1), S. 33.

chen Vergleich beendet und der Handel, der dabei abgeschlossen wird, sieht meist nur eine Vergleichssumme vor, die bei weitem nicht an den Betrag heranreicht, der einen vollen Ausgleich darstellen würde.[647] Auch große Summen können sich später als unzureichend erweisen, wenn die Inflation zu einer Geldentwertung führt.[648] Und das Common Law führt, nicht anders als Workers' Compensation-Leistungen, zu unterschiedlichen Beträgen für Anspruchsteller mit gleichen Bedürfnissen.[649]

Zusätzlich muss bei der Berechnung des zu gewährenden Betrags ein Mitverschulden berücksichtigt werden: In einer Studie, die die Common Law-Ansprüche von 56 Klägern untersuchte, wurde ermittelt, dass in 16,5% aller eingeklagten Fälle ein Abzug wegen Mitverschuldens vorgenommen wird. Bei einem durchschnittlichen Schadensersatzbetrag von $ 232.486 wurde ein durchschnittlicher Abzug wegen Mitverschuldens in Höhe von $ 116.221 vorgenommen, was der Hälfte aller Fälle entspricht.[650]

Der Vorteil einer freien Nutzung des Schadensersatzbetrags für persönliche Zukunftspläne, kann in den meisten Fällen nicht realisiert werden. BARWICK J bezweifelt aufgrund seiner Erfahrung, dass eine vorteilhafte Investition des Schadensersatzbetrags, die dem Geschädigten auf Dauer einen finanziellen Vorteil gegenüber den gesetzlichen Leistungen bringt, überhaupt je funktioniert.[651] Es gibt eine Menge Material darüber, dass auch hohe Summen relativ bald nach der Urteilsverkündung aufgebraucht sind.[652] Eine Studie, die 1983 in New South Wales durchgeführt wurde, ergab, dass 50% der Befragten, die Common Law Schadensersatz erhalten hatten, später auf Social Security-Leistungen angewiesen waren.[653] Die Gründe sind vielfältig: Wegen Unerfahrenheit, schlechter Beratung oder Pech waren die Beträge im Durchschnitt innerhalb von fünf Jahren verbraucht.[654] Eine weitere Erhebung konnte keinen statistischen Beweis dafür erbringen, dass das Einholen professionellen Rates die Geschädigten vor einer finanziellen Notlage bewahrt hätte.[655]

Diese Problematik wurde früher stets unter dem Gesichtspunkt der Doppelentschädigung diskutiert. Der Geschädigten erhielte erst seinen vollen Schaden durch das Common Law ersetzt und würde dann zusätzlich Social Security-Leistungen in Anspruch nehmen, die ihm nicht zustünden, da er bereits einen vollen Ausgleich seiner Schäden erhalten habe. Da der Bundesgesetzgeber im

---

647 New South Wales Law Reform Commission, Accident Compensation (Issues Paper), S. 25; WOODHOUSE Report, S. 41.

648 Parliamentary debates (Hansard), 28 May 1987, S. 12808; Die High Court Entscheidungen *Pennant Hills Restaurant Pty. Ltd. v Barrell Insurances Pty. Ltd.* (1981) 145 CLR 625 und *Todorovic v Waller - Jetson v Hankin* (1981) 150 CLR 402 beschäftigen sich besonders mit der Thematik der Inflation.

649 Office of the Commissioner for Employees' Compensation, Workers' Compensation Legislation in Australia 1987, S. 133.

650 WOODHOUSE Report, S. 44, 45.

651 *Pennant Hills Restaurant Pty. Ltd. v Barrell Insurances Pty. Ltd.* (1981) 145 CLR 625 (636).

652 BROOKS, Guidebook to Occupational Health and Safety, S. 919; HWCA, Promoting Excellence, S. 104.

653 CCH, loose-leaf, S. 47,859.

654 INDUSTRY COMMISSION, Report No. 47, S. D12, D16.

655 CCH, loose-leaf, S. 47,866.

*Social Security Act* 1991 jetzt durch die Vorschriften über Rückzahlungsverpflichtungen und Ausschlussfristen dieser Situation entgegenwirkt, sieht die Juristenvereinigung in New South Wales das Problem als gelöst an: Doppelentschädigungen gebe es in New South Wales nicht.[656] Zum einen sieht aber der *Social Security Act* 1991 selbst eine Ausnahmeregelung vor. Zum anderen bleibt die Tatsache bestehen, dass die Schadensersatzbeträge aufgebraucht sind und die Geschädigten auf ein Einkommens- und Vermögensniveau gesunken sind, dass sie - ohne die Ausschlussfristen - zu Social Security-Leistungen berechtigen würde. Auch wenn einer doppelten Inanspruchnahme des Systems sozialer Sicherheit entgegengewirkt wurde, die Situation der Geschädigten wurde nicht verbessert.

d. Das Common Law-Verfahren

Die Hinauszögerung des Verfahrensabschlusses ist eine unausweichliche Konsequenz von Common Law-Verfahren.[657] Ein entscheidender Grund ist, dass sich die Schadensfolgen manifestiert haben müssen bevor sie bewertet werden können.[658] Das streitige Common Law-Verfahren hat daneben viele Aspekte, die zu einer langen Dauer des Verfahrens beitragen und zu hohen Kosten führen. Die Ermittlung des Sachverhalts bezüglich der Sorgfaltspflichtverletzung und die Beibringung der Zeugen und Beweismittel führt im Rahmen des streitigen Verfahrens zu Verzögerungen.[659] Jede Partei benötigt einen Solicitor und einen Barrister.[660] Der Solicitor ist der Anwalt, der berät und das Verfahren vorbereitet. Der Barrister vertritt die Partei in der mündlichen Verhandlung vor Gericht. Während es vor dem Compensation Court auch dem Solicitor gestattet ist, vor Gericht zu sprechen, muss im Common Law-Verfahren ein Barrister in der mündlichen Verhandlung auftreten. Die Fähigkeiten der Barrister sind es insbesondere, die den Ausgang der mündlichen Verhandlung bestimmen. Ihre Aufgabe ist es, die Geschworenen von der Berechtigung ihres Anspruchs zu überzeugen, was maßgeblich von der Präsentation der Beweise abhängt. Mit entscheidend ist der Eindruck, den die Parteien vermitteln, die selbst Zeugnis ablegen. In den Verfahren wegen arbeitsbedingter Schädigung werden keine Kosten und Mühen gescheut für den Beweis des Gesundheitszustandes.[661] Das führt dazu, dass der Geschädigte, zusätzlich zu seinen Arztbesuchen aus therapeutischem Anlass, sowohl von seinem eigenen Anwalt als auch von den Anwälten der Gegenseite zu medizinischen Gutachten bestellt wird, und meist zu mehreren. Die Schwierigkeiten der Berechnung des Schadensersatzes und die Unsicherheit des Verfahrensausgangs führen dazu, dass sich in allen Bereichen der finanzielle und zeitliche Aufwand erhöht. Die steigende Zahl von Anträgen verstärkt diesen Effekt noch, so dass ein normaler Fall vom Zeitpunkt des Schadenseintritts zwi-

---

656 Legal profession unites to retain common law in workers compensation schemes - Reports from the Law Society, Law Society Journal, June 1995, 74.

657 INDUSTRY COMMISSION, Report No. 36, S. D3.

658 PALMER, Compensation for Incapacity, S. 24; INDUSTRY COMMISSION, Report No. 36, S. D 3.

659 PALMER, Compensation for Incapacity, S. 24.

660 Der Unterschied zwischen Barrister und Solicitor ist grundsätzlich, dass ein Barrister for Gericht zugelassen ist, der Solicitor hingegen nicht, vgl. ZWEIGERT / KÖTZ, Einführung in die Rechtsvergleichung, S. 208 ff.

661 INDUSTRY COMMISSION, Report No. 36, S. 208.

schen zwei und drei Jahre bis zum Abschluss dauert.[662] Deutlich werden die Defizite der Common Law-Verfahren durch die Vergleiche, die oft noch während der mündlichen Verhandlung geschlossen werden und nicht auf ein möglichst gerechtes Ergebnis, sondern auf „the best possible bargain" für beide Seiten abzielen.[663]

Ein Vorteil des Common Law-Verfahrens ist die Endgültigkeit des Verfahrensabschlusses.[664] Auf der einen Seite braucht sich der Arbeiter über das Geschehene keine Gedanken mehr zu machen, er kann mit dem Unglücksfall abschließen. Dadurch wird ihm ein Neubeginn ermöglicht. Die Versicherungsgesellschaft auf der anderen Seite wird von der Verwaltung des Falles befreit und den damit verbundenen Kosten, die angefallen wären, wenn sie die wiederkehrenden Leistungen des Workers' Compensation Scheme hätten erbringen müssen.[665] Aber der endgültige Verfahrensabschluss ist nicht nur vorteilhaft.[666] Wurde einmal Schadensersatz gezahlt, kann das Verfahren nicht wieder eröffnet werden. Auch dann nicht, wenn sich die Summe als unzureichend erweist. Der Arbeiter wird nach erfolgreichem Abschluss eines Common Law-Verfahrens auch keine Leistungen nach dem *Workers Compensation Act* 1987 mehr erhalten.[667]

Wie negativ sich das Common Law-Verfahren im Einzelfall auswirken kann, macht ein Beispielsfall aus dem WOODHOUSE Report deutlich: Ein Arbeiter verlor als Folge eines Arbeitsunfalls am 5. Juni 1969 sein Augenlicht. In der letzten mündlichen Verhandlung am 21. Februar 1972 setzten die Geschworenen den Schadensersatz auf $ 162.568 fest und reduzierten diesen Betrag wegen Mitverschuldens um ein Drittel. Das Berufungsgericht ordnete am 31. Dezember 1972 eine Neuverhandlung an. Bei der Neuverhandlung Ende Februar 1974 wurde das ursprüngliche Urteil aufgehoben und die Klage abgewiesen. So blieb der Arbeiter nach fünf Jahren des Wartens ohne jeglichen finanziellen Ausgleich.[668]

### e. Das Common Law und der Anreiz zur Rehabilitation

Ein weiterer Nachteil des Common Law ist, dass Anreize zu einer schnellen und effektiven medizinischen Rehabilitation für den Arbeitnehmer zerstört werden könnten.[669] Der Gesundheitszustand des Arbeiters wird, wenn sich die Schadensfolgen manifestiert haben, in der letzten mündlichen Verhandlung bewertet. Um einen möglichst hohen Schadensersatzbetrag zu erzielen, könne der Arbeiter die

---

662 MARKS & BALLA, S. 109; New South Wales Law Reform Commission, Accident Compensation: Transport Accidents Scheme for New South Wales (Working Paper 1), S. 25; WOODHOUSE Report, S. 43 ff. a. A. die Law Society, die es als positiv ansieht, dass die meisten Verfahren in weniger als drei Jahren abgeschlossen sind, Legal profession unites to retain common law in workers compensation schemes - Reports from the Law Society, Law Society Journal, June 1995, 74.

663 WOODHOUSE Report, S. 41.

664 INDUSTRY COMMISSION, Report No. 47, S. D15.

665 CCH, loose-leaf, S. 47,852.

666 INDUSTRY COMMISSION, Report No. 36, S. D15.

667 Parliamentary debates (Hansard), 28 May 1987, S. 12808.

668 WOODHOUSE Report, S. 42.

669 INDUSTRY COMMISSION, Report No. 36, S. D4.

Verbesserung seines Zustandes bewusst oder unbewusst verzögern.[670] Es erscheint allerdings fraglich, gerade bei den schwerer Geschädigten, für die die Common Law-Ansprüche zur Verfügung stehen, dass sie die Wiederherstellung ihrer Gesundheit zugunsten einer unsicheren Aussicht auf einen (höheren) Geldbetrag verzögern würden. Die Ärzteschaft hat sich allerdings einstimmig dahingehend geäußert, dass das Common Law zu einem dramatischen Anstieg von Fällen mit Unfallneurosen führe.[671]

f. Die Kosten des Common Law

Die Kosten von Common Law-Verfahren sind in vieler Hinsicht drastisch.[672] Die große Anzahl der Fälle[673], die Kosten der Rechtsverfolgung[674] und die Höhe der zugesprochenen Schadensersatzbeträge[675] sind einige der Faktoren. Das streitige Verfahren führt zu ausufernden medizinischen Kosten für die Beweiserbringung bezüglich der Schädigungen.[676] O'MEALLY J vom Compensation Court sagt, dass, unabhängig vom Ergebnis des Verfahrens, die Kosten der Rechtsverfolgung auf alle Fälle den Wert der Forderung übersteigen werden.[677]

g. Der erzieherische Effekt des Common Law

Dem Common Law wird oft eine erzieherische Wirkung im Hinblick auf Arbeitssicherheit und Gesundheitsschutz zugesprochen. Die Common Law Gerichtsverhandlung biete ein öffentliches Forum das Verhalten des Schädigers in allen Einzelheiten zu überprüfen.[678] Gleichzeitig liege in dem Bekanntwerden des Unrechts eine Wiedergutmachung für den Geschädigten.[679] Die Aufmerksamkeit, die Common Law-Verfahren geschenkt wird und die Auswirkungen, die erfolgreiche Common Law-Verfahren auf die Prämien der Arbeitgeber haben, seien ein äußerst zwingender Anreiz für Arbeitgeber sichere Arbeitsmethoden einzuführen.[680]

---

670 WOODHOUSE Report, S. 56; BROOKS, Guidebook to Occupational Health and Safety, S. 919.

671 WOODHOUSE Report, S. 56.

672 INDUSTRY COMMISSION, Report No. 47, S. D6 ff; PALMER, S. 23; Die Law Society behauptet dagegen, dass der Jahresbericht der WorkCover Authority ein recht niedriges Kostenniveau ausweist, Legal profession unites to retain common law in workers compensation schemes - Reports from the Law Society, Law Society Journal, June 1995, 74, was daran liegt, dass der Großteil der Kosten des Common Law-Verfahrens, den die Parteien selbst bestreiten, nicht erfasst wird.

673 INDUSTRY COMMISSION, Report No. 47, S. XLI.

674 Office of the Commissioner for Employees' Compensation, Workers' Compensation Legislation in Australia 1987, S. 133.

675 New South Wales Law Reform Commission, Accident Compensation (Issues Paper), S. 12.

676 INDUSTRY COMMISSION, Report No. 47, S. D13.

677 Zitiert in: INDUSTRY COMMISSION, Report No. 47, S. D9.

678 INDUSTRY COMMISSION, Report No. 36, S. D14; New South Wales Law Reform Commission, Accident Compensation (Issues Paper), S. 27; BROOKS, Guidebook to Occupational Health and Safety, S. 920; New South Wales Law Reform Commission, Accident Compensation: Transport Accidents Scheme for New South Wales (Working Paper 1), S. 36; Parliamentary debates (Hansard), 26 May 1987, S. 12476.

679 CCH, loose-leaf, S. 47,859; PALMER, Compensation for Incapacity, S. 31.

680 No need for federal Compensation law, Australian Lawyer, March 1994, S. 23.

Gegen diese Ansicht wird protestiert.[681] Es würden ganz im Gegenteil Anreize für Arbeitsschutz und Sicherheit am Arbeitsplatz für den Arbeitgeber zunichte gemacht.[682] Der Arbeitgeber könne dazu verleitet werden, die Verbesserung der Arbeitsbedingungen nach einem Schadenfall zu verzögern, da ihm derartige Aktivitäten als Beweis dafür ausgelegt werden könnten, dass die Sicherheitsstandards vor dem Arbeitsunfall schlecht waren.[683]

Ein geschädigter Arbeitnehmer sollte auch nicht gezwungen sein, eine Common Law Klage anzustrengen, um eine öffentliche Überprüfung der Unfallursachen und der Angemessenheit des Sicherheitssystems am Arbeitsplatz zu veranlassen. Die Überprüfung der Arbeitssicherheit anlässlich eines Schadensfalles ist vielmehr Aufgabe der Behörden, die für den Arbeitsschutz zuständig sind. In New South Wales können die zuständigen Behörden Strafverfahren wegen der Verletzung einschlägiger Vorschriften anstrengen.[684]

Zudem werden die meisten Klagen aufgrund des Common Law verglichen, ohne dass ein Gericht ein Urteil fällt.[685] Je gröber die Fahrlässigkeit und klarer die Beweislage, desto wahrscheinlicher ist es, dass es zu einem Vergleich kommt. Es sind nur die zweifelhaften Fälle, die vor Gericht ausgestritten werden und zu negativer Publicity für den Arbeitgeber führen. Das widerspricht aber gerade einem erzieherischen Effekt, der mit der Schwere der Pflichtverletzung zunehmen sollte. Außerdem hätte der Gesetzgeber, wollte er den Common Law-Ansprüchen bei arbeitsbedingten Schäden einen erzieherischen Effekt beimessen, den verschärften oder strafenden Schadensersatz[686] nicht ausgeschlossen, wie es in sec. 151R WCA geschehen ist.[687]

### 4. Strukturierte Vergleiche

Um einigen negativen Auswirkungen der Pauschalbeträge des Common Law entgegenzuwirken, besteht die Möglichkeit für die Parteien einen strukturierten Vergleich (structured settlement) zu schließen, sec. 151Q WCA. Der Schadensersatz für zukünftige Vermögensschäden kann aufgeteilt werden in einen sofort zu zahlenden Teil und einen Teil, der einbehalten wird, um als wiederkehrende Leistung oder in Raten an den Geschädigten ausbezahlt zu werden. Damit soll eine den individuellen Bedürfnissen des Geschädigten mögliche Verwaltung seines Schadensersatzbetrages ermöglicht werden.[688] Ein strukturierter Vergleich kommt in Betracht, wenn Kläger oder Beklagter einen entsprechenden Antrag stellen oder das Gericht einen strukturierten Vergleich für angebracht hält.[689]

---

681 New South Wales Law Reform Commission, Accident Compensation (Issues Paper), S. 27; BROOKS, Guidebook to Occupational Health and Safety, S. 920; INDUSTRY COMMISSION, Report No 36, S. D14; WOODHOUSE Report, S. 47.

682 INDUSTRY COMMISSION, Report No. 36, S. D5.

683 INDUSTRY COMMISSION, Report No. 36, S. D13.

684 *Occupational Health and Safety Act* 1982 (NSW).

685 CCH, loose-leaf, S. 47,859.

686 In New South Wales gibt es unter eng begrenzten Voraussetzungen „punitive damages", vgl. *Colcoa v BP Australia Ltd. & anor* (1992) 2 VR 441.

687 INDUSTRY COMMISSION, Report No. 47, S. D13.

688 CCH, loose-leaf, S. 47,867.

689 BARTLEY / FERRARI, Workers' Compensation - 1994 Update, S. 50.

Das Gericht hat ein weites Ermessen, was die konkrete Ausgestaltung des Vergleichs anbelangt. So ordnete das Gericht in einem Fall an, dass der Arbeiter den Betrag im Rahmen eines Investmentplans für den Kauf einer Farm selbst verwalten könne.[690] Das Gericht kann auch verfügen, dass zukünftige Krankenhaus- und Behandlungskosten nach einem bestimmten Zahlungsplan beglichen werden. Wenn der Arbeiter so schwer verletzt wurde, dass er längerfristig auf medizinische Hilfe angewiesen sein wird, kann es angebracht sein, einen Teil des Schadensersatzbetrages einzubehalten.[691] Im Gesetz sind einige Punkte aufgeführt, die das Gericht bei der Gestaltung des strukturierten Vergleichs in Betracht ziehen muss.[692] Ein Vergleich kommt insbesondere in Betracht, wenn die Fähigkeit des geschädigten Arbeiters bezweifelt werden muss, eine größere Summe, wie sie die Schadensersatzzahlung darstellen würde, selbst zu verwalten und zu investieren. Künftige Forderungen, die der Arbeiter aufgrund des Vergleichs an seinen Arbeitgeber oder die Versicherung stellen kann, dürfen nicht unverhältnismäßig sein. Es muss zudem sichergestellt werden, dass sie ordnungsgemäß nachgewiesen werden und dass sie tatsächlich auf dem Unfall beruhen. Zukünftige Krankenhaus- und Behandlungskosten müssen nach den medizinischen Erkenntnissen einige günstige Prognose für den Gesundheitszustand des Arbeiters erwarten lassen. Das Gericht muss die Ansichten des Beklagten bezüglich eines solchen Vergleichs berücksichtigen und alle weiteren Umstände, die es für angezeigt hält.[693]

Solche strukturierten Vergleiche haben in der Entschädigungspraxis keine besondere Bedeutung erlangt. Von ihnen wird kaum Gebrauch gemacht.[694] Die geschädigten Arbeiter, auf deren Wünsche es maßgeblich ankommt, strengen Common Law Klagen deshalb an, weil sie einen pauschalen Schadensersatzbetrag wollen.[695] Ein strukturierter Vergleich steht diesem Ziel entgegen.

## VI. Haftung und Rückgriff

Die Struktur des Systems sozialer Sicherheit hat zur Folge, dass der Arbeiter in Fällen arbeitsbedingter Schädigung drei Anspruchsgegner haben kann: Das Sozialministerium (Department of Social Security) für Leistungen sozialer Sicherheit, den Arbeitgeber / Versicherer für Entschädigungsleistungen nach dem *Workers Compensation Act* 1987 und einen Drittschädiger wegen eines Common Law Schadensersatzanspruchs. Aufgrund der Anspruchskonkurrenz kommen Sachverhalte hinzu, in welchen der Arbeiter von seinem Arbeitgeber sowohl Entschädigungsleistungen als auch (modifizierten) Schadensersatz beanspruchen kann.

Zwei Dinge sind zur Frage des Rückgriffs vorab festzustellen: Die Workers' Compensation Versicherer nehmen bei den Arbeitgebern keinen Rückgriff.[696]

---

[690] NOMCHONG / WARDHAUGH, Workers' Compensation Handbook, S. 89.
[691] MARKS & MCLEAN, ¶ 2013.
[692] sec. 151Q (3) WCA.
[693] NOMCHONG / WARDHAUGH, Workers' Compensation Handbook, S. 89.
[694] CCH, loose-leaf, S. 47,867.
[695] MARKS & MCLEAN, ¶ 2013.
[696] vgl. zum Verhältnis von Arbeitgeber und Versicherer 2. Kapitel: A. III. 2.

Der Arbeitgeber kann bei dem Arbeiter nur Rückgriff nehmen, wenn er diesem ein schwerwiegendes und vorsätzliches Fehlverhalten nachweisen kann, *Employee's Liability (Indemnification of Employer) Act* 1982.[697] Diese Regelung stellt die Parallele zum Ausschluss der Ansprüche nach dem *Workers Compensation Act* 1987 bei schwerwiegendem und vorsätzlichem Fehlverhalten dar.[698]

Die Bestimmungen über die Haftung werden von einem Grundgedanken beherrscht: Der Arbeiter soll seinen Schaden möglichst vollständig ersetzt erhalten, soll aber aus der Mehrheit der Anspruchsgrundlagen keinen Vorteil ziehen. Er soll seinen Schaden, auch wenn er ihn mehrfach geltend machen kann, nur einmal ersetzt erhalten.[699]

1. Social Security

Das staatliche Workers' Compensation Scheme ist gegenüber dem nationalen Social Security-System vorrangig zur Leistung verpflichtet. Die laufenden Zahlungen beider Systeme werden miteinander verrechnet. Dabei erhält der Arbeiter seine vollen wöchentlichen Leistungen nach dem *Workers Compensation Act* 1987 und Zahlungen nach dem *Social Security Act* 1991 nur, soweit diese über die Entschädigungsleistungen hinausgehen.[700] Bekommt der Arbeiter seine Entgeltersatzansprüche, die bis zum Zeitpunkt der Entscheidung über die Entschädigung ungerechtfertigterweise nicht geleistet wurden, als pauschalen Betrag ausbezahlt, muss er seine bis dahin erhaltenen Social Security-Leistungen aus diesem Betrag zurückerstatten.[701]

2. Common Law

Ansprüche auf Common Law Schadensersatz und Workers' Compensation Entschädigungsleistungen können im Ein- und Mehrpersonenverhältnis zusammentreffen. Die möglichen Sachverhaltskonstellationen sind im *Workers Compensation Act* 1987 im Detail geregelt.

Die sehr ausführlichen Vorschriften sind zum Teil darauf zurückzuführen, dass es im Common Law keine Regelung des Schadensausgleichs zwischen mehreren Schädigern gibt.[702] Durch den *Law Reform (Miscellaneous Provisions) Act* 1946 wurde die Rechtslage allgemein geändert. Mitschädiger haften seitdem gesamtschuldnerisch. Der *Workers Compensation Act* 1987 muss zusätzlich den Unterschied zwischen dem modifizierten gesetzlichen Schadensersatz und dem vollen Common Law Schadensersatz berücksichtigen.

a. Entschädigung und Schadensersatz vom Arbeitgeber

Um eine doppelte Belastung des Arbeitgebers und eine doppelte Entschädigung des Arbeiters zu vermeiden, bestehen Anrechnungsregeln, sec. 151B WCA. Ein Arbeiter, der Schadensersatz nach dem Common Law von seinem Arbeitgeber

---

697 MARKS & BALLA, ¶ 704.
698 sec. 14 WCA.
699 MARKS & MCLEAN, ¶ 2016.
700 VAN STEENWYK, Law Society Journal, May 1988, S. 56.
701 NOMCHONG / WARDHAUGH, Workers' Compensation Handbook, S. 103.
702 MARKS & BALLA, ¶ 701.

erhält, hat danach keine Ansprüche mehr nach dem *Workers Compensation Act* 1987.[703] Für bereits geleistete Workers' Compensation-Zahlungen ist vorgesehen, dass sie von dem Schadensersatzbetrag abgezogen werden.[704]

Die Anwendung dieser klaren Grundregeln der Anrechnung führt aber zu Ungerechtigkeiten, wenn im Common Law-Verfahren festgestellt wurde, dass die Schädigung des Arbeiters nicht schwer genug ist, um die Mindestvoraussetzungen für Schadensersatzansprüche zu erfüllen. Die Mindestvoraussetzungen können nämlich entweder für Vermögensschäden oder für Nichtvermögensschäden vorliegen,[705] so dass der Arbeiter im Common Law-Verfahren z. B. nur seinen Vermögensschaden ersetzt erhalten kann. Seine Ansprüche auf Ersatz seines Nichtvermögensschadens nach dem *Workers Compensation Act* 1987 hat er aber wegen der Wahlvorschriften in sec. 151A WCA bereits durch die Klageerhebung verloren. Aus dem (modifizierten) Common Law Schadensersatzbetrag für Vermögensschäden müsste er zusätzlich alle bereits gewährten Workers' Compensation-Leistungen zurückerstatten. Im Ergebnis verbleibt dem Arbeiter in solchen Fällen allenfalls eine sehr geringe Entschädigung.

Der *Workers Compensation Act* 1987 versucht einen gerechten Ausgleich zu schaffen.[706] Erhält der Arbeiter nach dem Common Law nur seinen Nichtvermögensschaden, nicht aber den Vermögensschaden ersetzt (wegen der Mindestvoraussetzungen in sec. 151H WCA), finden die Anrechnungsregeln keine Anwendung.[707] Weil der Arbeiter durch die Klageerhebung seine Nichtvermögensschäden nach dem *Workers Compensation Act* 1987 abgewählt hat, erhält er im Ergebnis seinen Vermögensschaden nach dem *Workers Compensation Act* 1987 und seinen Nichtvermögensschaden nach dem Common Law ersetzt. Sec. 151B (3) WCA betrifft sozusagen den umgekehrten Fall, dass die Forderung des Ersatzes des Vermögensschadens nach dem Common Law Erfolg hat, der Nichtvermögensschaden aber nicht ersetzt wird, weil die Mindestvoraussetzungen gemäß sec. 151H WCA nicht erfüllt sind. Der Wortlaut der Vorschrift besagt, dass der Arbeiter in diesen Fällen seine Ansprüche nach dem *Workers Compensation Act* 1987 weiter geltend machen kann, ausgenommen den Schmerzensgeldanspruch nach sec. 67 WCA. Zieht man aber in Betracht, dass der Arbeiter mit der Wahl des Common Law-Verfahrens sich aller Ansprüche auf Nichtvermögensschäden nach dem *Workers Compensation Act* 1987 begeben hat,[708] müsste die Unterscheidung zwischen sec. 66 und 67 WCA ohne Wirkung bleiben.

Die Grundregeln für das Zusammentreffen von Entschädigung und Schadensersatz müssten wie folgt lauten: Ein Arbeiter, der Common Law-Schadensersatz von seinem Arbeitgeber erhält, hat daneben keine Ansprüche auf Workers' Compensation-Leistungen. Erhält er nur entweder seine Nichtvermögensschäden oder seine Vermögensschäden nach dem Common Law ersetzt, so kann er

---

[703] sec. 151B (1) (a) WCA.
[704] sec. 151B (1) (b) WCA.
[705] sec. 151G WCA und sec. 151H WCA.
[706] sec. 151B (2) und (3) WCA
[707] sec. 151B (2) WCA.
[708] sec. 151A (2) und (3) WCA.

daneben seine Vermögensschäden nach dem *Workers Compensation Act* 1987 beanspruchen.

b. Entschädigung vom Arbeitgeber und Schadensersatz von einem Dritten

Der Arbeiter kann nebeneinander Entschädigungsansprüche gegen seinen Arbeitgeber und Schadensersatzansprüche gegen einen Dritten geltend machen. Er kann aber nicht beide Leistungen behalten.[709] Behalten darf er bereits erbrachte Workers' Compensation-Leistungen und die Schadensspitzen, d. h. den über die Workers' Compensation-Leistungen hinausgehenden Schadensersatzbetrag. Der Dritte zahlt vollen Schadensersatz und der Arbeitgeber kann gezahlte Workers' Compensation-Leistungen bis zur Höhe des Schadensersatzbetrages zurückverlangen.[710]

Je nach Ablauf der Ereignisse, ergeben sich Unterschiede für die Ansprüche und Erstattungen, die in sec. 151Z (1) (b) bis (e1) WCA genannt sind: Hat der geschädigte Arbeiter zunächst Workers' Compensation-Leistungen vom Arbeitgeber erhalten und später Schadensersatz vom Dritten, muss er die Workers' Compensation-Leistungen aus dem Schadensersatz, d. h. maximal bis zur Höhe des gewährten Schadensersatzbetrages, zurückzahlen. Erhält der Arbeiter Schadensersatz, kann er danach keine Workers' Compensation-Zahlungen mehr beanspruchen. Der Arbeitgeber / Versicherer, der die Workers' Compensation-Leistungen erbracht hat, kann bis zur Höhe des zu leistenden Schadensersatzes bei dem Dritten Regress nehmen. Der Dritte, bei dem der Arbeitgeber / Versicherer bereits Regress genommen hat, kann den gezahlten Betrag dem Schadensersatzanspruch des Arbeiters als Einrede entgegenhalten. Hat der Arbeiter bereits einen Titel gegen den Dritten, gilt die Erfüllung des Regressanspruchs des Arbeitgebers / Versicherers durch den Dritten als Befriedigung des Titels.

Die Regelung birgt für den geschädigten Arbeiter eine Gefahr. Er muss sich gut überlegen, ob er einen Anspruch gegen den Dritten geltend macht, weil dieser Schadensersatzanspruch ihm seine Entschädigungsansprüche nimmt. In *Hoover (Australia) Pty. Ltd. v Combatti* erklärt KIRBY P die Problematik unter der Überschrift „an unwelcome damages judgement".[711] Als dem Arbeiter ein Schadensersatz von knapp $ 20.000 gegen den Dritten zugesprochen wurde, hatte er bereits mehr als $ 32.000 Entschädigungsleistungen erhalten. Die Schadensersatzklage führte nicht nur dazu, dass er kein Geld erhielt, weil er die Entschädigungsleistungen zurückerstatten musste, er verlor überdies für die Zukunft seine wöchentlichen Zahlungen, die der Arbeitgeber / Versicherer bis zu dem Urteil geleistet hatte.

---

709 sec. 151Z (1) WCA.

710 vgl. zur gleichlautenden sec. 64 (1) *Workers' Compensation Act* 1926: *Public Transport Commission (NSW) v J. Murray-More (NSW) Pty. Ltd.* (1975) 132 CLR 336; *Hoover (Australia) Pty. Ltd. v Combatti* (1989) 18 NSWLR 235; *Hood Constructions Pty. Ltd. v Nichols & anor* (1987) 9 NSWLR 60; *Howard Rotavator Pty. Ltd. v Wilson* (1987) 8 NSWLR 498; *Tooth & Co. Ltd. v Tillyer* (1956) 95 CLR 605; *Watson v Newcastle Corporation* (1962) 106 CLR 426.

711 (1989) 18 NSWLR 235 (237 f.).

c. Schadensersatz vom Arbeitgeber und Dritten

Sind sowohl der Arbeitgeber als auch ein Dritter zur Zahlung von Schadensersatz verpflichtet, so stellt sich das Problem, dass der Dritte auf vollen Schadensersatz nach dem Common Law haftet, der Arbeitgeber hingegen nur den modifizierten (geringeren) Schadensersatzansprüchen nach dem *Workers Compensation Act* 1987 ausgesetzt ist.[712] Es handelt sich um eine Konstellation der gestörten Gesamtschuld, *Grijak v Trivan Pty. Ltd. (in liq) (formerly known as Trivan Building Services Pty. Ltd.)*[713], *Kempsey District Hospital v Thackham*[714].

Arbeitgeber und Dritter haften entsprechend ihrem Anteil im Innenverhältnis.[715] Der zu zahlende Betrag wird für den Arbeitgeber aus dem modifizierten Schadensersatz berechnet, für den Dritten aus dem (höheren) Common Law Schadensersatz, *Leonard v Smith & anor*[716], *I & J Foods Pty. Ltd. v Bergzam Pty. Ltd.*[717]. Der Arbeitgeber soll nicht deshalb höheren Ansprüchen ausgesetzt sein, weil ein anderer den Schaden schuldhaft mitverursacht hat. Letztlich geht die Regelung zu Lasten des Arbeiters. Hätte er nur den Dritten und nicht gleichzeitig den Arbeitgeber als Anspruchsgegner, so würde sein Anspruch höher ausfallen. Dafür bietet ihm das Workers' Compensation-System den Vorteil, dass er in dem versicherten Arbeitgeber auch für höchste Schadensersatzforderungen einen solventen Schuldner hat, wohingegen die Leistungsfähigkeit des Dritten fraglich sein kann.

In sec. 151Z (2) (e) WCA ist der Sonderfall geregelt, dass zwar ein Anspruch nach dem Common Law gegen den Arbeitgeber und den Dritten gegeben ist, der Arbeiter aber gegen den Arbeitgeber nicht vorgeht, sondern nur gegen den Dritten. Der Vorteil für den Arbeiter läge darin, dass die Schadensersatzforderung gegen den Dritten nicht durch die gesetzlichen Begrenzungen vermindert ist. Nach dem Gesetz wird der Arbeiter in diesen Fällen so gestellt als habe er keinen Anspruch auf Schadensersatz gegen den Arbeitgeber. Es gilt sec. 151Z (1) WCA.[718] Der Arbeiter bekommt auch in diesem Fall einen Betrag, der neben seinen Workers' Compensation-Zahlungen auf die Schadensspitzen beschränkt ist. Der Rückgriffsanspruch des Arbeitgebers gegen den Dritten wird aber gegenüber der Regelung in sec. 151Z (1) WCA beschränkt auf das, was der Arbeitgeber im Innenverhältnis zu viel gezahlt hat. Der Arbeitgeber erhält nur den Betrag der Workers' Compensation-Leistungen erstattet, der über das hinausgeht, was er als Mitschädiger im Verhältnis zum Dritten schuldet. Die erbrachten Workers' Compensation-Leistungen geben ihm eine Einrede gegenüber dem Ausgleichsanspruch des Dritten.[719]

Nur angemerkt werden soll, dass bei Wegeunfällen eine weitere Besonderheit besteht: Der Schadensersatz nach dem *Motor Accidents Act* 1988 ist nämlich

---

[712] sec. 151Z (2) WCA.
[713] (1994) 35 NSWLR 82.
[714] (1995) http://www.austlii.edu.au/au/cases/nsw/supreme_ct/unrep135.html.
[715] sec. 151Z (2) (c) und (d) WCA.
[716] (1992) 27 NSWLR 5; NOMCHONG / WARDHAUGH, Workers' Compensation Handbook, S. 89.
[717] (1997) http://www.austlii.edu.au/au/cases/nsw/supreme_ct/96040158.html.
[718] vgl. 2. Kapitel: A. VI. 2. b.
[719] The Australian Insurance Institute, S. 107.

auch gesetzlich begrenzt und liegt quantitativ zwischen dem gesetzlichen Schadensersatz nach dem *Workers Compensation Act* 1987 und dem Common Law Schadensersatz.[720]

## VII. Ausblick auf den *Workplace Injury Management and Workers Compensation Act* 1998

Der *Workplace Injury Management and Workers Compensation Act* 1998 ist noch nicht lange genug in Kraft, um seine Auswirkungen auf das Workers' Compensation Scheme abschließend beurteilen zu können. Zudem wurde die entscheidende Umgestaltung des Systems, die Privatisierung der Versicherung, auf den 1. Oktober 2000 verschoben. Es sind aber schon Meinungen geäußert und Prognosen abgegeben worden.

Der INSURANCE COUNCIL OF AUSTRALIA glaubt, dass der *Workplace Injury Management and Workers Compensation Act* 1998 auf lange Sicht eine dauernde Basis für ein sicheres Workers' Compensation-System sein wird.[721] Auf der anderen Seite wurde bereits seit Beginn des Gesetzgebungsverfahrens Kritik geübt. Das Gesetzgebungsverfahren zu dieser grundlegenden Reform dauerte nämlich weniger als eine Woche. Die Regierung legte dem Parlament am Freitag, den 26. Juni 1998 den Regierungsentwurf vor, der am Donnerstag, den 2. Juli 1998 im Parlament und im zuständigen Ausschuss behandelt wurde.[722] Die Opposition war verärgert und äußerte sich dahingehend, dass sie in dem Zeitraum von weniger als einer Woche nicht genügend Zeit gehabt habe sich mit dem Entwurf auseinanderzusetzen. Bis zur Vorlage am Freitag, den 26. Juni 1998 hatte niemand Kenntnis von den Reformvorschlägen, da der Entwurf streng geheim gehalten worden war.[723] Das änderte aber nichts daran, dass das Gesetz noch am selben Tag beschlossen wurde. In New South Wales besteht darüber hinaus für die Regierung die Möglichkeit, Gesetzesänderungen, auch wenn sie positiv verbeschieden wurden, nicht zu verkünden und damit ihren ursprünglichen Gesetzesentwurf unbeschadet als Gesetz zu verabschieden.[724] Die Regierung äußerte sich schon in der Debatte dahingehend, dass man zunächst den Erfolg der Regelungen, so wie sie eingebracht worden waren, abwarten wolle und dann bei Bedarf Amendments erlassen würde. Die erste Gesetzesänderung erfolgte bereits.[725]

Eine wirklich positive Entwicklung nimmt der *Workplace Injury Management and Workers Compensation Act* 1998 durch die erstmalige Beteiligung von Arbeitern und Arbeitgebern an der Verwaltung des Systems. Die Initiative, den beratenden Ausschuss in New South Wales paritätisch zu besetzen, ist zu begrüßen. Nachdem das Fehlen einer solchen Regelung in der Vergangenheit wieder-

---

720 *Sanders v Nadow Training Program Ltd.* (1995) 11 NSWCCR 395; *Westpac Banking Corporation v Tomassian* (1992) 32 NSWLR 207; *Schon v Axbond Pty. Ltd.* (1997) 15 NSWCCR 122.

721 Parliamentary debates (Hansard), 2 July 1998, S. 6968.

722 Parliamentary debates (Hansard), 26 June 1998, S. 6706 ff., 2 July 1998, S. 6955.

723 Parliamentary debates (Hansard), 2 July 1998, S. 6956.

724 Parliamentary debates (Hansard), 2 July 1998, S. 6978.

725 *Workers Compensation Legislation Amendment Act* 1999.

holt kritisiert worden war, sind davon positive Impulse für das System zu erwarten.

Was durch das neue Gesetz nicht wirklich angesprochen wird, ist eine Verbesserung der Kontrollmechanismen und des Informationsflusses, obwohl diese Missstände für die negative finanzielle Entwicklung der letzten Jahre verantwortlich gemacht wurden. Anscheinend wird davon ausgegangen, dass durch die Privatisierung die Probleme aus dem Verantwortungsbereich des staatlichen Systems auf die Versicherungsgesellschaften übertragen worden sind. So haben die Versicherungsgesellschaften zugestimmt, dass Mechanismen geschaffen werden müssen, um ungerechtfertigte Streitigkeiten zu vermeiden. Sie werden interne Überprüfungsmechanismen schaffen.[726] Wie das in der Praxis aussehen wird, kann sich allerdings frühestens im Jahr 2001 zeigen. Wenn sich die Arbeiter gegen ein Fehlverhalten der Versicherungen und Arbeitgebern wehren wollen, so müssen sie entsprechend *Gibson v Parkes District Hospital*[727] nach dem Common Law klagen. Dort wurde entschieden, dass Versicherungsgesellschaften und Arbeitgeber bei der Handhabung der Schadensfälle nach gutem Glauben vorzugehen haben, was die Arbeiter bei schuldhafter Verletzung dieser Pflicht zu Schadensersatzansprüchen berechtigt (duty of good faith).[728] Auch hier sieht sich ein Arbeiter dann allen Nachteilen eines Common Law-Verfahrens gegenüber.

Es soll aber auch das Vorgehen der Versicherungsgesellschaften im Allgemeinen überwacht werden. Entwickeln sich Muster eines Fehlverhaltens, das den Zielsetzungen des Workers' Compensation-Systems widerspricht, muss dem entgegengewirkt werden. „Wenn die Ziele des Systems nicht genügend verfolgt werden, dann sollte jemand darüber informiert sein und Maßnahmen ergreifen."[729] Sec. 75 WIMAWCA sieht daher vor, dass Richter und Commissioner des Compensation Court sowie Vermittler des Schlichtungsservice der WorkCover Authority Bericht erstatten können, wenn festgestellt wird, dass Verzögerungen bei der Antragsbearbeitung eintreten, erhöhte oder unsinnige Kosten entstehen oder sonst Unregelmäßigkeiten zu Tage treten. Welche Maßnahmen dann ergriffen werden sollen, ist allerdings nicht festgelegt. Es muss bezweifelt werden, dass das Sammeln von Informationen durch den Compensation Court eine geeignete Lösung zur Behebung von Missständen ist. Die Schwierigkeiten, die zur Änderung des Systems führten, beruhten insbesondere auf der Verzögerung des Informationsflusses. Diese wiederum soll maßgeblich auf die Länge der Verfahren zurückzuführen sein.[730]

Die Vorschriften, die eine verbesserte Schadensabwicklung gewährleisten sollen, wurden bereits im Vorfeld kritisiert. Dass die Schadensabwicklung in der Vergangenheit Mängel aufwies, räumen auch die Versicherungsgesellschaften selbst ein. Sie berufen sich allerdings darauf, dass die Vorschriften der WorkCover Authority den Gesellschaften keinen Spielraum ließen, bessere Verfahren zu entwickeln. In den Debatten zum neuen Gesetz wurde die Berechti-

---

[726] Parliamentary debates (Hansard), 2 July 1998, S. 6975.
[727] (1991) 26 NSWLR 9.
[728] Parliamentary debates (Hansard), 2 July 1998, S. 6988.
[729] The Hon. J.P. HANNAFORD, Parliamentary debates (Hansard), 2 July 1998, S. 6975.
[730] GRELLMAN Report, S. 23.

gung dieses Arguments eingeräumt, gleichzeitig aber auf die erheblichen Bearbeitungszeiten bei den Gesellschaften hingewiesen. Die Verfahrensverzögerungen sollen maßgeblich auf die mangelhafte Schadensabwicklung durch die Sachbearbeiter zurückzuführen sein. Die Privatisierung des Systems schafft in dieser Hinsicht keine Abhilfe. Auch das neue System wird sich genau dieser Sachbearbeiter bedienen. Problematisch ist dabei insbesondere, dass den Sachbearbeitern durch das neue Gesetz, das die Verantwortung für die Schadensabwicklung den Versicherungsgesellschaften überträgt, weitreichende Kompetenzen eingeräumt werden.[731] So wird der Injury Management Plan von den Sachbearbeitern erstellt. Es wurde bemängelt, dass den Versicherungsgesellschaften keine Vorgaben hinsichtlich der Qualifikation der Sachbearbeiter gemacht würden. Diese würden schließlich weitreichende Entscheidungen bezüglich medizinischer und beruflicher Rehabilitation treffen. Zudem werden es in Zukunft die Versicherungssachbearbeiter sein, welche die ausreichende oder fehlende Mitwirkung der Arbeiter in Bezug auf den Injury Management Plan beurteilen und danach bestimmen, ob der Arbeiter seine Zahlungen verliert. Damit kontrollierten die Versicherungen den Entschädigungsprozess über ihre Kenntnisse und Expertise hinaus und es erscheine unmöglich, dass unparteiisch entschieden werde.[732] Die Motivation der Sachbearbeiter werde dahin gehen, zum Wohl der eigenen Gesellschaft zu handeln. Das ist eine Abkehr von der unabhängigen Hilfe, die zur Zeit noch durch die WorkCover Authority und Rehabilitationseinrichtungen zur Verfügung gestellt wird.[733]

Eine düstere Prognose für das neue System bezog sich von Anfang an auf die Kosten, die mit der Privatisierung auf die Arbeitgeber zukommen werden. Der aufgestaute Ärger der Unternehmer über das nicht funktionierende Workers' Compensation-System habe sich vor Einführung des *Workplace Injury Management and Workers Compensation Act* 1998 nur deshalb in Grenzen gehalten, weil man in Kenntnis von GRELLMANS Bericht erwartete, dass das System zufriedenstellend reformiert werden würde. Wenn die Arbeitgeber erfahren, dass die Prämiensätze mit dem neuen System keineswegs spürbar sinken werden, wird sich dieser aufgestaute Ärger entladen und es wird in der Folge eine ganze Reihe weiterer Reformen geben müssen.[734] Darüber hinaus würden die Prämien nicht nur nicht erheblich sinken, sondern das Defizit in den Jahren 1998/1999 und 1999/2000 weiter anwachsen, weil die Regierung die Prämien bei 2,8% festgeschrieben habe, obwohl der kostendeckende Prämiensatz über diesem Wert liege. Zusätzlich soll das bereits vorhandene Defizit im Wege einer Sonderumlage von den Arbeitgebern getragen werden. So werde für das neue System mit festen, niedrigeren Prämiensätzen geworben, es werde aber daneben von den Arbeitgebern ein Betrag eingefordert werden, dessen Größenordnung noch nicht bekannt ist. „What a farce."[735] Diese Annahmen haben bereits Bestätigung gefunden in dem Aufschub der Privatisierung. Grund für die Gesetzesänderung im Juli 1999 war der Druck der Arbeitgeber, die höhere Prämien be-

---

[731] Parliamentary debates (Hansard), 2 July 1998, S. 6965.
[732] Parliamentary debates (Hansard), 2 July 1998, S. 6967.
[733] Parliamentary debates (Hansard), 2 July 1998, S. 6967.
[734] Parliamentary debates (Hansard), 2 July 1998, S. 6959.
[735] The Hon. DR. A. CHESTERFIELD-EVANS, Parliamentary debates (Hansard), 2 July 1998, S. 6963.

fürchtet hatten.[736] In Anwaltskreisen wird jetzt gemutmaßt, dass die Privatisierung vielleicht gar nicht kommt.

## B. Deutschland

In Deutschland ist die gesetzliche Unfallversicherung für den Ausgleich arbeitsbedingter Schäden zuständig. Die gesetzliche Unfallversicherung gewährt unabhängig vom Verschulden des Versicherten Versicherungsschutz gegen Gefahren, die in einem inneren Zusammenhang mit der versicherten (betriebsdienlichen) Tätigkeit stehen, und ersetzt Schäden, die ursächlich auf die versicherte Tätigkeit zurückzuführen sind.[737] Das Unfallversicherungsrecht beruht auf zwei Prinzipen: Dem sozialen Schutzprinzip und dem Prinzip der Haftungsersetzung durch Versicherungsschutz.[738] So wird dem Geschädigten ohne Rücksicht auf ein Verschulden ein öffentlich-rechtlicher Ersatzanspruch eingeräumt. Verfahrensrechtlich sind die Ansprüche durch die Leistungsgewährung von Amts wegen und den Zugang zur Sozialgerichtsbarkeit abgesichert. Die Haftung des Arbeitgebers nach allgemeinem Haftungs- und Schadensrecht wird durch die Versicherungsleistungen abgelöst.[739] Träger der gesetzlichen Unfallversicherung sind vom Staat unabhängige, öffentlich-rechtliche Körperschaften, die Berufsgenossenschaften. In ihnen sind 2.948.398 Unternehmen[740] und 42.117.106 Versicherte[741] zusammengefasst. Die Finanzierung erfolgt allein durch Beiträge der Unternehmer. Damit wird dem Gedanken Rechnung getragen, dass der Arbeitsunfall dem Risikobereich des Unternehmers zuzurechnen ist.[742]

Die gesetzliche Unfallversicherung ist einer der klassischen Zweige der Sozialversicherung. Sie fällt daher in die Kompetenz der Bundesgesetzgebung, Art. 74 Abs. 1 Nr. 12 GG.[743] Was die deutsche gesetzliche Unfallversicherung auszeichnet, ist Kontinuität. Das drückt sich insbesondere in der Stabilität der Prämien über die Jahre hin aus. Die gesetzliche Unfallversicherung wird nicht zuletzt deswegen von einem besonders starken Vertrauen der Sozialpartner getragen.[744]

### I. Soziale Sicherheit in Deutschland

Soziale Sicherheit in Deutschland wird durch das Rechtsgebiet des Sozialrechts erfasst. Das Sozialrecht war von Anfang an ganz überwiegend Bundesrecht.[745] Überlegungen zur Systematisierung haben dazu geführt, dass das Sozialrecht in

---

[736] Sydney Morning Herald, July 1999, http://www.smh.com.au.
[737] GITTER, BB Beilage 6 1998, S. 3.
[738] GITTER, Sozialrecht, S. 176.
[739] GITTER, SGb 1993, S. 297 (299).
[740] Zahlen für 1997: HVBG 97, S. 8.
[741] Zahlen für 1997: HVBG 97, S. 10.
[742] GITTER, SGb 1993, S. 297.
[743] PAPIER / MÖLLER, NZS 1998, S. 353.
[744] KRASNEY, SGb 1995, S. 374.
[745] GITTER, Sozialrecht, S. 27 ff.

soziale Vorsorge, soziale Entschädigung, soziale Förderung und soziale Hilfe unterteilt wird.[746] Die gesetzliche Unfallversicherung als Teil der sozialen Vorsorge gehört zum wichtigsten Zweig des Sozialrechts.[747] Das Sozialrecht ist an der rechtlichen Ausgestaltung der Existenzsicherung wesentlich beteiligt. Das Sozialversicherungsrecht als bedeutendes Teilgebiet des Sozialrechts gibt den Versicherten einen Rechtsanspruch auf Sozialversicherungsleistungen, wenn sich ein versichertes Existenzrisiko verwirklicht.[748] Das Sozialrecht und damit auch das Recht der Sozialversicherung gehören dem öffentlichen Recht an.[749] Das Sozialversicherungsrecht ist innerhalb des öffentlichen Rechts ein Teil des Verwaltungsrechts, und zwar des besonderen Verwaltungsrechts.[750]

Differenzierte Zuständigkeiten verschiedener Sozialleistungsträger und ein umfassendes Leistungssystem kennzeichnen das deutsche Sozialleistungssystem. Angesichts des gegliederten deutschen Sozialleistungssystems kann es gerade bei Geldleistungen zu kumulierten Leistungen aus verschiedenen Rechtsgründen kommen.[751] Bei arbeitsbedingter Schädigung erfüllt der Arbeitnehmer regelmäßig die Voraussetzungen für Versicherungsfälle nach der gesetzlichen Krankenversicherung und gleichzeitig der gesetzlichen Unfallversicherung. Neben anderen Ansprüchen[752] kumulieren Ansprüche nach der gesetzlichen Unfallversicherung insbesondere auch mit Ansprüchen nach der gesetzlichen Rentenversicherung.[753] Grund für die Kumulierung von Leistungen der gesetzlichen Kranken- oder Rentenversicherung mit Leistungen der gesetzlichen Unfallversicherung ist die Ausgestaltung der Leistungsgründe. Bei der Unfallversicherung ist der Leistungsgrund kausal ausgestaltet, bei Kranken- und Rentenversicherung final.[754]

Die größten Gemeinsamkeiten bestehen zwischen gesetzlicher Unfall- und Krankenversicherung: Die versicherten Personenkreise stimmen grundsätzlich überein, der Begriff der Krankheit ist weitgehend identisch und die Leistungskataloge einschließlich der ergänzenden Leistungen entsprechen sich.[755] Die wichtigsten sozialrechtlichen Entgeltersatzleistungen sind das Krankengeld der gesetzlichen Krankenversicherung und das Verletztengeld der gesetzlichen Unfallversicherung.[756] Die Gemeinsamkeiten zwischen gesetzlicher Rentenversicherung und der gesetzlichen Unfallversicherung sind nicht so groß. Sie schützen aber beide die individuelle Erwerbsfähigkeit.[757] Das Leistungssystem der gesetzlichen Unfallversicherung wird über weite Strecken von seiner Funktion als Ersatz für die abgelöste Haftpflicht des Unternehmers gegenüber seinen Arbeitnehmern wegen Personenschäden geprägt.[758] Die Renten der gesetzlichen

---

[746] RÜFNER, Einführung in das Sozialrecht, S. 19; EICHENHOFER, Sozialrecht, Rn. 13.
[747] EICHENHOFER, Sozialrecht, Rn. 15.
[748] WALTERMANN / GROHMANN, SGb 1997, S. 97.
[749] WANNAGAT, Lehrbuch des Sozialversicherungsrechts, S. 193.
[750] WANNAGAT, Lehrbuch des Sozialversicherungsrechts, S. 195.
[751] WALTERMANN / GROHMANN, SGb 1997, S. 97.
[752] GEBHARDT, NZS 1998, S. 165 (166).
[753] RULAND / SCHULZ-WEIDNER in: Schulin HS-UV § 10 Rn. 71.
[754] RULAND / SCHULZ-WEIDNER in: Schulin HS-UV § 10 Rn. 2.
[755] SPINNARKE in: Schulin HS-UV § 9 Rn. 2.
[756] WALTERMANN / GROHMANN, SGb 1997, S. 97 (101).
[757] RULAND / SCHULZ-WEIDNER in: Schulin HS-UV § 10 Rn. 41.
[758] BVerfGE 34, 118, 128 ff.

Unfallversicherung sollen daher einen Ersatz für entgangene Erwerbschancen bieten. Die entsprechenden Leistungen der gesetzlichen Rentenversicherung treten hingegen an die Stelle des versicherten Erwerbseinkommens. In der Unfallversicherung ist die individuelle Leistungsfähigkeit versichert, in der Rentenversicherung das Erwerbseinkommen.

Diese Kumulierung von Ansprüchen ist aber mit den Zielsetzungen der Sozialversicherung nicht vereinbar. Bei Kranken- und Verletztengeld würden Doppelleistungen dem Sinn der Entgeltersatzleistungen widersprechen. Sie sollen den Lebensunterhalt sichern, nicht aber den Arbeitsunfähigen besser stellen.[759] Das Zusammentreffen mehrerer Sozialversicherungsleistungen kann auch überhaupt zu einer sozialpolitisch nicht sinnvollen und mit dem Grundanliegen der Sozialversicherung nicht zu vereinbarenden Gesamthöhe der Bezüge führen.[760]

Was die Arbeitsunfälle angeht, weist das Sozialversicherungsrecht dem kausalen Leistungssystem der Unfallversicherung den prinzipiellen Vorrang vor den finalen Leistungssystemen der Krankenversicherung und Rentenversicherung zu.[761] Für die Krankenversicherung ist das ausdrücklich in § 11 IV SGB V geregelt.[762] Der Anspruch auf Krankengeld ruht, solange Versicherte Verletztengeld beziehen.[763] Eine Rente aus der Rentenversicherung wird nicht geleistet, soweit die Summe der zusammentreffenden Rentenbeträge vor Anrechnung des Einkommens den jeweiligen Grenzbetrag übersteigt. Dieser Grenzbetrag beträgt nach § 93 III SGB VI 70% von einem Zwölftel des Jahresarbeitsverdienstes, der der Berechnung der Rente aus der Unfallversicherung zugrunde liegt. Letztlich ist also die gesetzliche Unfallversicherung gewissermaßen „vorleistungspflichtig".[764]

In diesen Fällen, in denen das Gesetz vorsieht, dass sich die Leistungen zweier Versicherungsträger beeinflussen, bedarf es regelmäßig eines Zusammenwirkens dieser Versicherungsträger.[765] Die Verknüpfung der Leistungen der verschiedenen Zweige der Sozialversicherung untereinander, die differenzierte Zuständigkeit der Unfallversicherungsträger und die öffentlich-rechtliche Struktur des Systems mit dem Grundsatz der Leistungsgewährung von Amts wegen, macht eine wechselseitige Information[766] und enge Zusammenarbeit der Leistungsträger erforderlich, §§ 86 ff. SGB X.[767] Aus Gründen der Zweckmäßigkeit können die Unfallversicherungsträger z. B. die Krankenkassen wegen ihrer größeren Versichertennähe mit der Erbringung von Geldleistungen beauftragen.[768] Ziel der Zusammenarbeit muss eine möglichst wirkungsvolle Gewährung der Sozialleistungen sein, damit die Interessen des Versicherten in sachgerechter Weise erfüllt werden können.[769] Dabei soll der Versicherte die ihm zustehenden

---

759 WALTERMANN / GROHMANN, SGb 1997, S. 97 (101).
760 WALTERMANN / GROHMANN, SGb 1997, S. 97.
761 SPINNARKE in: Schulin HS-UV § 9 Rn. 3; BT-Drucks. 11/2273, S. 163 (§ 611 III).
762 SCHULIN, Sozialrecht, Rn. 245.
763 WALTERMANN / GROHMANN, SGb 1997, S. 97 (101).
764 GITTER, BB Beilage 6 1998, S. 13.
765 BSGE 57, 146 (150).
766 §§ 188, 190 SGB VII.
767 BSGE 57, 146 (149); BSGE 58, 263 (275 ff.); KATER / LEUBE § 188 Rn. 3.
768 § 189 SGB VII.
769 BSGE 57, 146 (150).

Leistungen möglichst zeitnah, umfassend und schnell erhalten, unabhängig von Fragen der Zuständigkeit oder Vorrangigkeit der Leistungsträger und der Zugang sollte möglichst einfach gestaltet sein, § 17 SGB I.[770] Ein Zuständigkeitskonflikt darf nicht zu Lasten des Versicherten gehen.[771] Um ein möglichst reibungsloses Verfahren zu gewährleisten, wird daher der Anspruch des Berechtigten erfüllt, unabhängig davon, welcher Leistungsträger zahlt.[772] Hat der „falsche" Leistungsträger gezahlt, machen die Leistungsträger etwaige Erstattungsansprüche, §§ 102 ff. SGB X, untereinander geltend.[773]

Es kann daher folgender Grundsatz aufgestellt werden: Auch wenn Voraussetzungen für Leistungen nach anderen Vorschriften gegeben sind, bestehen für den arbeitsbedingt geschädigten Arbeitnehmer ausschließlich Ansprüche gegen den Unfallversicherungsträger.

## II. Die geschichtliche Entwicklung

Auch in Deutschland wurden im Verlaufe des 19. Jahrhunderts aufgrund der industriellen Entwicklung Arbeitsunfälle zu einem gesellschaftlichen und rechtlichen Problem.[774] Es fehlte ein wirksamer Arbeits- und Gesundheitsschutz und die Schwere und Zahl der Unfälle und Schäden nahm aufgrund der maschinellen Produktionsweise ständig zu.[775]

Das existente bürgerliche Haftungsrecht beruhte auf der Verschuldenshaftung. Deshalb konnte der Arbeitnehmer, der sich bei Ausübung der ihm übertragenen Arbeit einen Körper- oder Gesundheitsschaden zuzog, Schadensersatz nur dann erlangen, wenn den Arbeitgeber ein persönliches Verschulden an dem Unfall traf.[776] Durch die Aufteilung der Produktionsprozesse und die Delegation der Aufgaben nahm allerdings die persönliche Verantwortlichkeit des Arbeitgebers immer mehr ab. Beruhte der Unfall auf einer betriebseigentümlichen Gefahr eines Arbeitsgerätes oder war er durch Zufall oder Eigenverschulden des Arbeitnehmers entstanden, so sah das bürgerliche Haftungsrecht eine Haftung nicht vor.[777] Außer Betracht blieb, dass der Arbeiter bei einer Tätigkeit verunglückte, der er letztlich im Interesse des Arbeitgebers nachging.[778] Bei einem Verschulden des Arbeitgebers hing die Höhe des Ersatzanspruches zusätzlich davon ab, inwieweit dem Geschädigten ein Mitverschulden anzulasten war.

Neben diesen Schwierigkeiten, die den Geschädigten hinsichtlich des materiellen Anspruchs trafen, bestanden auch prozessuale Probleme. Die Arbeiter hatten selten die Mittel einen Prozess gegen ihre Arbeitgeber zu bestreiten. Nach der damals gültigen formalen Beweistheorie mussten zwei „unverdächtige" Zeugen

---

[770] PICKEL, SGb 1997, S. 206.
[771] GITTER / TOFALL, Anmerkung zu BSG Urt. v. 23. September 1997 - 2 RU 37/96 -, SGb 1998, S. 372.
[772] § 107 SGB X.
[773] DAHM, SozVers 1998, S. 93 (96).
[774] GITTER, Schadensausgleich im Arbeitsunfallrecht, S. 5.
[775] GITTER, SGb 1993, S. 297.
[776] GITTER, Schadensausgleich im Arbeitsunfallrecht, S. 11.
[777] GITTER, Schadensausgleich im Arbeitsunfallrecht, S. 6.
[778] EICHENHOFER, Sozialrecht, Rn. 390.

die Angaben des Arbeiters bestätigen. Dafür kamen meist nur Arbeitskollegen in Betracht, die im Hinblick auf ihren Arbeitsplatz nur selten bereit waren, dem Arbeiter zu helfen. Zusätzlich musste auch der Arbeiter mit dem Verlust seines Arbeitsplatzes und sehr schlechten Möglichkeiten für eine Neueinstellung rechnen. Sollte er trotz alledem mit einer Klage Erfolg haben, bekam er meist nur den Lohn für die Kündigungsfrist, was einen völlig unzureichenden Ausgleich darstellte.[779]

Im 19. Jahrhundert brachte die Industrialisierung und Technisierung durch die vielen zusätzlichen unbeherrschbaren Risiken eine weitreichende Veränderung der Arbeitsplätze mit sich. Wegen der Erhöhung des Unfallrisikos durch Maschinenarbeit entstand der Vorläufer der späteren Unfallversicherung, das Reichshaftpflichtgesetz (RHpflG) vom 7. Juni 1871. Für die Unternehmer der Eisenbahn und weitere als besonders gefährlich erachtete Bereiche (Bergwerke, Fabriken, Steinbrüche und Gruben) wurde eine vom Verschulden unabhängige Einstandspflicht eingeführt.[780] Der Betriebsunternehmer hatte nun auch für das Verschulden seiner Repräsentanten und Bevollmächtigten einzustehen.[781] Die Leistungen nach dem RHpflG bestanden in Heilungs- bzw. Beerdigungskosten sowie einem Ausgleich für sonstige Vermögensnachteile. Die vom Gesetz nicht erfassten Berufsgruppen der Land- und Forstwirtschaft sowie das Baugewerbe schlossen sich zu Unfallversicherungsgenossenschaften zusammen, während im knappschaftlichen Bereich besondere Haftpflichtkassen entstanden.[782]

Obwohl durch das RHpflG eine Verschärfung der Haftung der Unternehmer erfolgt war, erwies es sich binnen kürzester Zeit als unzulänglich.[783] Der Schutz der Unfallopfer war nicht wesentlich verbessert worden. Ende der 1870er Jahre wurde daher unter Kanzler Bismarck die Einführung einer allgemeinen Gefährdungshaftung verbunden mit dem Obligatorium zum Abschluss einer Haftpflichtversicherung erwogen.[784] Eine erneute Haftungsverschärfung durch ein weiteres (Haftpflicht-) Gesetz wurde von der Regierung aber abgelehnt, da sie erkannte, dass erhebliche soziale Spannungen zwischen Arbeitnehmern und Arbeitgebern in dessen Folge unausbleiblich wären. Die Gefährdung des Betriebsfriedens wurde durchaus als maßgebliches und ernstes Problem gesehen, auch von Bismarck selbst. Dieser verfolgte expliziter auch das Ziel die Anwälte oder „Winkeladvokaten“ wie er sie (durchaus abwertend) nannte, aus dem System herauszuhalten.[785] Vor diesem Hintergrund wurde eine öffentlich-rechtliche Regelung von der Regierung befürwortet, die auf zwei Grundprinzipien beruhen würde, dem sozialen Schutzprinzip und dem Prinzip der Haftungsablösung durch Versicherungsschutz.[786]

Das erste Unfallversicherungsgesetz erging am 6. Juli 1884 und trat am 1. Oktober 1885 in Kraft. Die Regelungen entsprechen grundsätzlich dem heutigen Stand. Am 18. Juli 1891 wurde die Unfallversicherung in die Reichsversi-

---

779 GITTER, SGb 1993, S. 297 f.
780 §§ 1, 2 RHpflG.
781 RITTER, Bismarck und die Grundlagen des deutschen Sozialstaates, S. 789 (800).
782 GITTER, Sozialrecht, S. 12.
783 WANNAGAT, Lehrbuch des Sozialversicherungsrechts, S. 66; GITTER in: SRH C.15 Rz. 1.
784 EICHENHOFER, Sozialrecht, Rn. 391.
785 TENNSTEDT, ZSR 1981, S. 663 (680).
786 GITTER, SGb 1993, S. 297.

cherungsordnung (RVO) mit einbezogen,[787] deren wesentliche Fortschritte eine einheitliche Organisation der Versicherungsbehörden für Verwaltung und Rechtsprechung sowie ein einheitliches Verfahren waren. In der Folge wurde der Versicherungsschutz immer weiter ausgedehnt bis das 6. Gesetz über die Änderungen der Unfallversicherung vom 9. März 1942 die Betriebsunfallversicherung beseitigte: An die Stelle der Betriebe und Tätigkeiten traten versicherte Personengruppen.[788] Heute ist die gesetzliche Unfallversicherung im Siebten Buch des Sozialgesetzbuchs (SGB VII) enthalten.

## III. Die Organisationsstruktur der gesetzlichen Unfallversicherung

Die gesetzliche Unfallversicherung wird von Berufsgenossenschaften durchgeführt. Die Berufsgenossenschaften sind die in solidarischer Verbundenheit zusammengeschlossenen Unternehmer, die das System auch finanzieren.

### 1. Die Berufsgenossenschaften

Träger der Unfallversicherung sind die Berufsgenossenschaften.[789] Es handelt sich um eine Organisationsform, die branchennah, risikonah und versichertennah ausgestaltet ist.[790] Sie sind örtlich und fachlich, d. h. nach Gewerbezweigen, in 35 unabhängige Berufsgenossenschaften gegliedert. Diese fachliche Gliederung ist die Grundlage für eine spezialisierte, erfolgversprechende Unfallverhütung.[791] Neben der Aufgabe der Prävention sind die Berufsgenossenschaften umfassend für die Rehabilitation und Entschädigung zuständig.

Die Unfallversicherungsträger sind Teile der mittelbaren Staatsverwaltung.[792] Als Körperschaften des öffentlichen Rechts[793] gilt für sie der Grundsatz der Selbstverwaltung, vgl. § 29 I SGB IV.[794] Die Selbstverwaltung wird in der Regel durch die Versicherten und die Arbeitgeber ausgeübt.[795] Ihre Aufgaben erfüllen die Unfallversicherungsträger in eigener Verantwortung grundsätzlich unabhängig von Weisungen staatlicher Stellen.[796]

Die Organe der Selbstverwaltung bestehen je zur Hälfte aus Vertretern der Versicherten und der Arbeitgeber.[797] Die Vertreter werden in der Regel im allgemeinen Sozialversicherungsverfahren alle sechs Jahre gewählt, § 45 SGB IV.[798] Die Organe der Berufsgenossenschaften sind die Vertreterversammlung, der Vorstand und der Geschäftsführer.[799] Die Vertreterversammlung, § 33 SGB IV,

---

[787] RÜFNER, Einführung in das Sozialrecht, S. 3; GITTER, Sozialrecht, S. 16.
[788] GITTER, Sozialrecht, S. 19.
[789] §§ 114 ff. SGB VII.
[790] GITTER, SGb 1993, S. 297 (298).
[791] WATERMANN in: Lauterbach SGB VII § 114, Rn. 12.
[792] BVerfGE 21, 362 (368).
[793] EICHENHOFER, Sozialrecht, Rn. 393; GITTER, Sozialrecht, S. 149.
[794] RADEK, SdL 1993, S. 1 ff.
[795] Politische Selbstverwaltung § 29 II SGB IV.
[796] Rechtliche Selbstverwaltung § 29 III SGB IV.
[797] Parität § 44 I Nr. 1 SGB IV.
[798] KATER / LEUBE § 114 Rn. 6.
[799] WATERMANN / GÖTTSCH in: Lauterbach SGB VII § 121 Rn. 12 f.

ist das rechtsetzende Organ. Insbesondere beschließt sie die Satzung[800], die Unfallverhütungsvorschriften, den jährlichen Haushalt, die Beitragsgrundsätze und sonstiges autonomes Recht, wählt den Vorstand und - auf Vorschlag des Vorstandes - den Geschäftsführer sowie seinen Stellvertreter und vertritt den Unfallversicherungsträger gegenüber dem Vorstand.[801] Der Vorstand, § 35 SGB IV, verwaltet den Unfallversicherungsträger und vertritt ihn gerichtlich und außergerichtlich, soweit nicht der Geschäftsführer zuständig ist.[802] Der Geschäftsführer, § 36 SGB IV, führt hauptamtlich die laufenden Geschäfte[803] und vertritt insoweit den Unfallversicherungsträger gerichtlich und außergerichtlich.[804]

Ausdruck der Zugehörigkeit der Unfallversicherungsträger zur mittelbaren Staatsverwaltung ist die staatliche Aufsicht.[805] Diese ist in der Regel allgemeine Rechtsaufsicht, jedoch auf dem Gebiet der Prävention Fachaufsicht und erstreckt sich insoweit auch auf den Umfang und die Zweckmäßigkeit der Maßnahmen.[806] Die Eingliederung der Berufsgenossenschaften in die Staatsverwaltung drückt sich des Weiteren in den erforderlichen Genehmigungsverfahren aus, wie der Genehmigung der Satzung[807] und der Genehmigung der Dienstordnung[808]. Dabei handelt es sich um gesetzliche Einschränkungen der Selbstverwaltung.[809]

2. Die Unternehmer

Die Berufsgenossenschaften sind durch Gesetz gebildete Pflichtvereinigungen der Unternehmer gleichartiger Gewerbezweige[810], „eine öffentlich-rechtliche Solidargemeinschaft der Unternehmer“[811]. Der Grundsatz heißt: Jedes Unternehmen, auch wenn es sich aus „verschiedenartigen Bestandteilen“ zusammensetzt oder mehrere Nebenunternehmen mit umfasst, kann nur einer Berufsgenossenschaft angehören.[812]

Das Unternehmen hat in der gesetzlichen Unfallversicherung eine eigenständige Bedeutung und unterscheidet sich von gleichartigen Begriffen im Gewerberecht und in der Betriebswirtschaft.[813] Der Begriff ist weit zu fassen und umfasst alle Betriebe, Verwaltungen, Einrichtungen und Tätigkeiten.[814] Ein Unternehmen

---

800 WANNAGAT, Lehrbuch des Sozialversicherungsrechts, S. 184.
801 KATER / LEUBE § 114 Rn. 9; WATERMANN / GÖTTSCH in: Lauterbach SGB VII § 121 Rn. 14.
802 KATER / LEUBE § 114 Rn. 13; WATERMANN / GÖTTSCH in: Lauterbach SGB VII § 121 Rn. 15.
803 BSGE 26, 129 (130); BSGE 36, 111.
804 KATER / LEUBE § 114 Rn. 14; WATERMANN / GÖTTSCH in: Lauterbach SGB VII § 121 Rn. 22.
805 §§ 87 ff. SGB IV.
806 KATER / LEUBE § 114 Rn. 15; WATERMANN / GÖTTSCH in: Lauterbach SGB VII § 121 Rn. 25.
807 § 114 II SGB VII.
808 § 147 II SGB VII.
809 WATERMANN in: Lauterbach SGB VII § 114, Rn. 29.
810 WATERMANN in: Lauterbach SGB VII § 114 Rn. 6.
811 WANNAGAT, Lehrbuch des Sozialversicherungsrechts, S. 67.
812 WATERMANN in: Lauterbach SGB VII § 131, Rn. 3 und 4; PLATZ / GEIBERGER, BB 1990, S. 1621 ff.; BSGE 77, 162 (163).
813 BAUMBACH / HOPT, HGB Einl. vor § 1 Rn. 31.
814 § 121 I SGB VII.

setzt eine planmäßige, für gewisse Dauer bestimmte Vielzahl von Tätigkeiten voraus, die auf ein einheitliches Ziel gerichtet sind und mit einer gewissen Regelmäßigkeit ausgeübt werden.[815] Es ist gekennzeichnet durch eine organisatorische, d. h. rechtliche, wirtschaftliche und soziale Einheit.[816] Erfasst werden Tätigkeiten jeglicher Art, es muss sich nicht um gewerbliche handeln und es ist auch kein Geschäftsbetrieb erforderlich.[817]

Unternehmer ist gemäß § 136 IV Nr. 1 SGB VII derjenige, dem das Ergebnis des Unternehmens unmittelbar zum Vor- oder Nachteil gereicht.[818] Der Unternehmer der gesetzlichen Unfallversicherung ist gleichzeitig Arbeitgeber. Die Begriffe sind zwar nicht identisch, der Unterschied wirkt sich aber nicht aus. Auch wenn der Begriff des Unternehmers die Beschäftigung von Arbeitnehmern nicht voraussetzt,[819] für die abhängig Beschäftigten, die in der gesetzlichen Unfallversicherung versichert sind, sind die Unternehmer immer gleichzeitig Arbeitgeber.

### 3. Die Finanzierung der gesetzlichen Unfallversicherung

Die gesetzliche Unfallversicherung wird durch Beiträge der Unternehmer finanziert.[820] Zahlungspflichtig sind nur die Unternehmer, die (freiwillig) versichert sind oder Versicherte beschäftigen, also nicht die Arbeitnehmer.[821] Es handelt sich um ein System der Fremdvorsorge. Die Beiträge werden durch die Berufsgenossenschaften eingezogen.[822] Sie dienen dazu, die Aufgaben der jeweils einzelnen Unfallversicherung zu finanzieren. Staatliche Zuschüsse werden nicht gezahlt.[823]

Das Finanzierungssystem der gesetzlichen Unfallversicherung beruht auf dem Umlageverfahren.[824] Es gilt das Prinzip der nachträglichen Bedarfsdeckung: Die Beiträge, die von den Unternehmern aufzubringen sind, müssen den Finanzbedarf des abgelaufenen Geschäftsjahres decken.[825] Der tatsächliche finanzielle Gesamtbetrag des abgelaufenen Geschäftsjahres wird durch die Berufsgenossenschaft festgestellt und dieser Betrag auf die Unternehmer umgelegt.[826] Berechnungsgrundlagen sind der Finanzbedarf, die Arbeitsentgelte der Versicherten und die Gefahrklassen.[827]

---

815 Std. Rspr. BSGE 36, 111 (115); BSGE 71, 251 (254).
816 BSGE 41, 214.
817 KATER / LEUBE § 136 Rn. 5, 6.
818 KATER / LEUBE § 136 Rn. 9.
819 WANNAGAT, Lehrbuch des Sozialversicherungsrechts, S. 251.
820 §§ 150 ff. SGB VII.
821 PLATZ in: Lauterbach SGB VII Vor § 150 Rn. 3; KATER / LEUBE § 150 Rn. 5; GITTER, Sozialrecht, S. 230.
822 SCHULIN, Sozialrecht, Rn. 315
823 PLATZ, BB 1991, S. 2437.
824 §§ 152 SGB VII.
825 PLATZ in: Lauterbach SGB VII Vor § 150 Rn. 4; KATER / LEUBE § 152 Rn. 4 f.
826 PLATZ, BB 1991, S. 2437 ff.; PLATZ in: Lauterbach SGB VII § 152 Rn. 4.
827 BSG Urt. v. 12. Dezember 1985 - 2 RU 49/84 -, SGb 1986, 345 mit Anmerkung SCHULZ, S. 349.

Der Finanzbedarf oder das Umlagesoll[828] ist die Summe der Ausgaben für Entschädigungsleistungen, Aufwendungen für Prävention, Aufwendungen für die Selbstverwaltung, Verwaltungskosten, Verfahrenskosten und Investitionen sowie die Zuführung zu den Betriebsmitteln und die Ansammlung der Rücklage,[829] abzüglich der Einnahmen. Einnahmen sind Zinsen, Regressleistungen, Säumniszuschläge, Bußgelder, Erstattungen sowie Entnahmen aus den Betriebsmitteln und aus der Rücklage.[830] Berechnungsgrundlage ist ferner das Arbeitsentgelt der Versicherten (Lohnsumme).[831] Es können die Beiträge auch nach der Zahl der Versicherten, sogenannter Kopfbeitrag, oder nach geleisteten Arbeitsstunden erhoben werden.[832] Beide Methoden sollen der Verwaltungsvereinfachung dienen.[833] Weitere Berechnungsgrundlage ist der Grad der Unfallgefahr, wie er sich in den Gefahrklassen ausdrückt.[834]

Um einen Anreiz zu wirksamen Maßnahmen gegen Unfallgefahren zu geben, haben die Berufsgenossenschaften einerseits Unternehmen mit besonders wenigen und leichten Arbeitsunfällen Nachlässe zu bewilligen und andererseits Unternehmen mit besonders häufigen, schweren und kostenaufwendigen Arbeitsunfällen Zuschläge zu den normalen Beiträgen aufzuerlegen, § 162 I SGB VII.[835] Die näheren Einzelheiten regeln die Berufsgenossenschaften in ihren Satzungen.[836]

## IV. Versicherungsschutz

Der Kreis der kraft Gesetzes Versicherten ist gesetzlich enumerativ festgelegt in § 2 I SGB VII mit einer beschränkten Öffnungsklausel in § 2 II SGB VII.[837] Versicherungsschutz genießen die „Beschäftigten" und die, die wie Beschäftigte tätig werden.[838]

Entscheidend für das Zustandekommen des Versicherungsverhältnisses der Beschäftigten ist allein, ob sie in einem Beschäftigungsverhältnis im Sinne des § 7 I SGB IV stehen.[839] Bei dem Beschäftigungsverhältnis muss es sich nicht um ein entgeltliches handeln.[840] Das Sozialversicherungsverhältnis entsteht auch ohne bzw. bei Unwirksamkeit des Arbeitsvertrages. Es kommt mit der Aufnahme einer entsprechenden Tätigkeit zustande, ohne dass es einer Rechtshandlung der

---

828 § 152 I 2, 3 SGB VII.
829 §§ 171, 172 SGB VII.
830 KATER / LEUBE § 153 Rn. 3.
831 KATER / LEUBE § 153 Rn. 5 – 9; PLATZ, BB 1991, S. 2437 (2438).
832 BSGE 74, 54.
833 KATER / LEUBE § 155 Rn. 2.
834 PLATZ in: Lauterbach SGB VII Vor § 150 Rn. 5.
835 SCHULZ, BG 1991, S. 331 ff.; V. HOYNINGEN-HUENE / COMPENSIS, SGb 1992, S. 145 ff.
836 § 162 I 3 SGB VII.
837 Daneben kann eine Versicherung kraft Satzung gem. § 3 SGB VII bestehen. Einige Personengruppen, für die bereits eine anderweitige ausreichende Sicherung besteht, sind von der Versicherung befreit, §§ 4, 6 SGB VII.
838 EICHENHOFER, Sozialrecht, Rn. 389; SCHULIN, Sozialrecht, Rn. 288; Zum Ausschluss wegen Verfolgung vornehmlich eigenen Interesses, UDSCHING, SGb 1988, S. 21 (23).
839 EICHENHOFER, Sozialrecht, Rn. 394.
840 RÜFNER, Einführung in das Sozialrecht, S. 186.

Beteiligten bedarf. Die Anmeldung des Beschäftigten beim zuständigen Unfallversicherungsträger, wie sie in § 192 I SGB VII vorgesehen ist, ist keine notwendige rechtliche Voraussetzung für die Gewährung des Versicherungsschutzes.[841] Beschäftigte sind ohne Rücksicht auf die Höhe ihres Jahresarbeitsverdienstes pflichtversichert. Auch geringfügige Beschäftigungen und Tätigkeiten, § 8 SGB IV, sind in den Schutz der Unfallversicherung mit einbezogen. Die spezifischen Zielsetzungen der Unfallversicherung, insbesondere auch ihre Funktion als eine Art Haftpflichtversicherung der Unternehmer, verbieten es, beim Versicherungsschutz für Arbeitsunfälle nach dem Umfang der Beschäftigung oder Tätigkeiten zu differenzieren.[842] Allerdings muss das Beschäftigungsverhältnis sorgfältig von selbständiger Tätigkeit abgegrenzt werden.[843]

Zusätzlich kann Versicherungsschutz bestehen, wenn der Geschädigte wie ein Beschäftigter tätig geworden ist.[844] § 2 II SGB VII ist ein subsidiärer Auffangtatbestand.[845] Bedeutung erlangt der Auffangtatbestand insbesondere dann, wenn eine Tätigkeit vorliegt, die normalerweise von Personen verrichtet wird, die in einem Beschäftigungsverhältnis gemäß § 2 I Nr. 1 SGB VII stehen, im konkreten Einzelfall eine persönliche oder wirtschaftliche Abhängigkeit jedoch nicht gegeben ist. Für den Versicherungsschutz nach § 2 II SGB VII ist ein Abhängigkeitsverhältnis nicht erforderlich.[846] Auf die Beweggründe für das Tätigwerden kommt es nicht an.[847] Es braucht sich vielmehr nur um eine ernstliche, dem betreffenden Unternehmen dienende Tätigkeit zu handeln, die dem wirklichen oder mutmaßlichen Willen des Unternehmens entspricht[848] und die ihrer Art nach normalerweise von Personen verrichtet wird, die in einem dem allgemeinen Arbeitsmarkt zuzurechnenden Beschäftigungsverhältnis stehen.[849] Typische Anwendungsfälle sind einmalige und kurz dauernde Tätigkeiten.[850] Die Vorschrift wird aus sozialen Gründen meist recht extensiv ausgelegt. Seit einiger Zeit zeichnet sich jedoch ein gewisses Bemühen ab, einer uferlosen Anwendung entgegenzuwirken, vor allem, wenn es um Tätigkeiten mit wesentlich eigenwirtschaftlichen Handlungszielen geht.

Ein Versicherter kann hinsichtlich einer versicherten Tätigkeit nur zu einer Berufsgenossenschaft in einem Versicherungsverhältnis stehen.[851] Zuständig ist die Berufsgenossenschaft, der der Unternehmer angehört, für den der Beschäftigte tätig ist.[852]

---

[841] RÜFNER, Einführung in das Sozialrecht, S. 186.
[842] SCHULIN, Sozialrecht, Rn. 289.
[843] WANNAGAT, Lehrbuch des Sozialversicherungsrechts, S. 205.
[844] SCHULIN, Sozialrecht, Rn. 292.
[845] BSG USK 78107.
[846] BSGE 5, 168; BSGE 17, 211; BSGE 19, 117 (118).
[847] LSG Baden-Württemberg VersR 61, S. 795.
[848] BSGE 5, 168; BSGE 25, 102 (104).
[849] BSGE 15, 292 (294); BSGE 16, 73 (76).
[850] SCHULIN, Sozialrecht, Rn. 292.
[851] BRACKMANN, Handbuch, S. 470d; BSG SozR 2200 § 548 Nr. 6; WATERMANN in: Lauterbach SGB VII § 133 Rn. 5; BSGE 5, 168 (175).
[852] § 133 I SGB VII.

Allerdings können für einen Versicherten mehrere Versicherungsverhältnisse in Betracht kommen. Der Versicherungsschutz knüpft nicht an die Person des Versicherten als solche an, sondern an die jeweilige versicherte Tätigkeit. Das erklärt sich daraus, dass die gesetzliche Unfallversicherung ein besonderes, nämlich tätigkeits- und damit auch betriebsbezogenes Lebensrisiko abdeckt. Ist eine Person bei mehreren Unternehmen tätig, für die verschiedene Berufsgenossenschaften zuständig sind, so bestehen für diese Person auch mehrere Versicherungsverhältnisse. Für die Entschädigung eines Arbeitsunfalles ist die Berufsgenossenschaft desjenigen Unternehmens zuständig, dem die unfallverursachende Tätigkeit wirtschaftlich zuzurechnen ist. Dient eine solche Tätigkeit mehreren Unternehmen, so ist in der Regel der Versicherungsträger desjenigen Unternehmens entschädigungspflichtig, in dem der Verletzte ständig tätig ist (Stammunternehmen).

## V. Versicherungsfälle

Versicherungsfälle sind Arbeitsunfälle und Berufskrankheiten, § 7 I SGB VII. Den Arbeitsunfällen gleichgestellt werden Wegeunfälle und Arbeitsgeräteunfälle, § 8 II SGB VII.

### 1. Versicherungsfall Arbeitsunfall

Ein Versicherungsfall der Unfallversicherung ist der Eintritt eines Körperschadens aufgrund eines Arbeitsunfalles.[853] Nach verbreiteter Meinung besteht dieser Versicherungsfall in der gesetzlichen Unfallversicherung aus einer dreigliedrigen kausalen Ereigniskette[854]: Durch eine versicherte Tätigkeit muss ein Unfallgeschehen (Arbeitsunfall) verursacht worden sein und dieses muss einen Körperschaden zur Folge haben.[855]

#### a. Versicherte Tätigkeit

Das Verhalten, bei dem sich der Unfall eines Arbeitnehmers ereignet hat, muss in einem inneren (sachlichen) Zusammenhang mit der Betriebstätigkeit stehen, der es rechtfertigt, das betreffende Verhalten der versicherten Tätigkeit zuzurechnen. Maßgebend ist die Handlungstendenz des Versicherten, die durch die objektiven Umstände des Einzelfalls bestätigt werden muss.[856]

Nach der Legaldefinition in § 8 I 1 SGB VII ist eine versicherte Tätigkeit eine solche, die den Versicherungsschutz nach dem SGB VII begründet. Damit ist aber nur gesagt, dass die Tätigkeit einen Zusammenhang zur Beschäftigung aufweisen muss, aber noch nicht welcher Zusammenhang gefragt ist. Die Rechtsprechung hat folgende Kriterien aufgestellt: Für die Zuordnung einer bestimmten Handlung zum unfallversicherungsrechtlich geschützten Bereich ist es nicht ausreichend, dass ein zeitlicher und räumlicher Bezug zu einer grundsätzlich

---

[853] BSGE 23, 139 (141); SCHULIN, Sozialrecht, Rn. 319 f.
[854] GITTER, Sozialrecht, S. 120 f.; BSGE 48, 224 (226); BLEY / KREIKEBOHM, Sozialrecht, Rn. 474 und 549 ff.
[855] SCHULIN, Sozialrecht, Rn. 322, 323.
[856] BENZ, SGb 1998, S. (129) 132.

versicherten Tätigkeit besteht. Der Versicherte kann auch während der Arbeitszeit im Betrieb privaten Tätigkeiten nachgehen bzw. durch „höhere Gewalt“ zufällig im Betrieb zu Schaden kommen[857] oder andererseits schon vor Arbeitsbeginn[858] und noch nach Arbeitsschluss[859] betrieblich tätig werden. Erforderlich ist vielmehr, dass die Handlung mit der versicherten Tätigkeit in einem inneren Zusammenhang steht und dieser wesentlich dient.[860] Es genügt, wenn der Handelnde von seinem Standpunkt aus der Auffassung sein konnte, die Tätigkeit sei geeignet, den betrieblichen Interessen zu dienen (Finalität).[861] Er muss nur eine Arbeitsweise eingehalten haben, von der er annehmen durfte, dass sie im Interesse des Arbeitgebers liegt, auch wenn er damit - objektiv - dem Unternehmen keinen Dienst erwies, sondern sogar nur schadete.[862]

Zumeist wird sich die Betriebsbezogenheit einer Verrichtung aus den arbeitsvertraglichen Vereinbarungen oder der betrieblichen Anordnung ergeben. Das bloße Interesse des Betriebes z. B. an der Gestaltung von Freizeitveranstaltungen soll dagegen nicht ausreichen.[863] Handelt der Versicherte einer Anordnung oder einem Verbot zuwider, § 7 II SGB VII, entfällt der Zusammenhang erst, wenn das Handeln dem Unternehmenszweck offensichtlich widerspricht oder geradezu unsinnig ist.[864] Bei der Frage danach, ob ein Verhalten „offensichtlich“ betrieblichen Zwecken zuwiderläuft, ist ein großzügiger, die Wertanschauungen der beteiligten Kreise und den Schutzzweck der gesetzlichen Unfallversicherung berücksichtigender,[865] Maßstab anzulegen.[866]

Eigenwirtschaftliche Tätigkeiten gehören dagegen grundsätzlich der privaten Sphäre an.[867] Entscheidend ist auch hier eine finale (nicht kausale) Betrachtungsweise.[868] Bei der Beurteilung einer Handlung als versicherte Tätigkeit ist somit zu fragen, von welcher Handlungstendenz sich der geschädigte Arbeitnehmer hat leiten lassen.

*(1) Nahrungsaufnahme*

Die Nahrungsaufnahme dient - auch im Betrieb oder während der Arbeitspause - in erster Linie dem persönlichen Wohl eines Menschen und damit lediglich pri-

---

[857] GITTER, Schadensausgleich im Arbeitsunfallrecht, S. 63; BRACKMANN, Handbuch, S. 480r.

[858] BSG SozR 2200 § 550 Nr. 25: Rückfahrt nach Hause vor Dienstbeginn, um die verlorene Brille zu holen, versichert.

[859] z. B. BSGE 31, 203: Besuch beim Steuerberater zur Abwicklung des Unternehmens versichert; BSG SozR 2200 § 548 Nr. 35: Aufräumen des Arbeitsgerätes nach Betriebsschluss versichert.

[860] BSGE 8, 48; BSGE 14, 295; BSGE 16, 236; BSGE 61, 127 (128); BSG Breith. 1975, 114.

[861] BSGE 5, 168 (171); BSGE 20, 215 (218); BSGE 30, 282 (283); BSG SozR 2200 § 539 Nr. 21.

[862] BRACKMANN, Handbuch, S. 480q I; GITTER, Sozialrecht, S. 195.

[863] BSG SozR 2200 § 548 Nr. 21; BSG SozR 2200 § 548 Nr. 23.

[864] BSGE 5, 168 (171); BRACKMANN, Handbuch, S. 480qI.

[865] GITTER, Schadensausgleich im Arbeitsunfallrecht, S. 122.

[866] BSG SozR 2200 § 539 Nr. 21: Spontanreaktion.

[867] GITTER, Sozialrecht, S. 195.

[868] SCHULIN, Sozialrecht, Rn. 331; BLEY / KREIKEBOHM, Sozialrecht, Rn. 552 ff.; WATERMANN: Die Ordnungsfunktion von Kausalität und Finalität im Recht unter besonderer Berücksichtigung des Rechts der gesetzlichen Unfallversicherung, insbes. 142 ff.; ders. Kausalität und Finalität im Recht der gesetzlichen Unfallversicherung, S. 129 ff.

vaten Zwecken.[869] Sie ist grundsätzlich unversichert. Etwas anderes gilt dann, wenn die Nahrungsaufnahme eine besonders enge Beziehung zu betrieblichen Umständen aufweist. So besteht Versicherungsschutz während der Teilnahme an einem betrieblichen Zwecken dienenden Arbeitsessen.[870] Auch besondere Eilbedürftigkeit, die dazu führt, dass der Arbeiter den Holzspieß einer Roulade verschluckt sowie eine verstärkte Staubentwicklung am Arbeitsplatz, die zu häufigem Trinken führt, bei dem der Arbeiter eine Wespe verschluckt und erstickt, kann zur Anerkennung des Versicherungsschutzes führen.[871] Daneben können besondere betriebliche Gefahren den betrieblichen Zweck in den Vordergrund rücken, wie z.B. die gesundheitsschädigende Flüssigkeit in einer Flasche, aus der der Versicherte Saft zu trinken glaubt.[872] In extremen Ausnahmefällen (z.B. unvorhersehbare Überstunden) könnte ein innerer Zusammenhang zur betrieblichen Tätigkeit schon dann bestehen, wenn die Mahlzeit erforderlich ist, um die Arbeitskraft zu erhalten und den die weitere Arbeit erschwerenden Hungerzustand zu überwinden.[873] Einen solchen Zusammenhang nimmt das BSG auch auf Wegen innerhalb des Betriebsgeländes zu einer Werkskantine oder einem Frühstücksraum an, so dass ein Unfall auf dem Weg dorthin unter Versicherungsschutz steht, nicht dagegen in der Regel die Nahrungsaufnahme selber.[874]

*(2) Dienstreisen*

Auch bei Dienstreisen sind solche Verrichtungen, die der privaten Sphäre angehören, nicht versichert.[875] Der Schutz der gesetzlichen Unfallversicherung ist nicht schon deshalb ohne weiteres gegeben, weil sich der Beschäftigte in einer fremden Stadt aufhalten muss.[876] Ist somit auch auf Dienstreisen zu unterscheiden zwischen versicherten Betätigungen, die mit dem Beschäftigungsverhältnis in einem rechtlich wesentlichen Zusammenhang stehen, und solchen, die der privaten Sphäre angehören, müssen Kriterien für die Abgrenzung gefunden werden. Bei dem Aufenthalt in einer fremden Stadt, gibt es keine zuverlässigen räumlichen Abgrenzungen, wie zwischen dem Wohnhaus des Arbeiters und seiner Arbeitsstätte. Das BSG geht davon aus, dass der dienstlich bedingte Aufenthalt in einer fremden Stadt nicht in demselben Maße von rein eigenwirtschaftlichen Belangen beeinflusst ist wie derjenige am Wohnort und dass deshalb Unfällen während eines solchen durch den Betrieb bedingten Aufenthalts ein innerer Zusammenhang mit dem Beschäftigungsverhältnis auch außerhalb der eigentlichen dienstlichen Tätigkeit im Allgemeinen eher anzuerkennen sein wird als am Wohn - und Betriebsort. Eine Unterbrechung oder Lösung des Zusammenhangs mit dem Beschäftigungsverhältnis ist also beim unterwegs befindlichen Dienstreisenden nicht nach den gleichen, sondern eher großzügigeren Maßstäben zu beurteilen als für sein Verhalten am Wohnort.[877]

---

[869] BSGE 12, 247 (249); SCHULIN, Sozialrecht, Rn. 333.
[870] LSG Baden-Württemberg SGb 1998, S. 412.
[871] BSG Breith. 1969, 755; BSG BB 1969, 408; SCHULIN in: Schulin HS-UV § 30 Rn. 100.
[872] SCHULIN in: Schulin HS-UV § 30 Rn. 102; BSG Breith. 1971, 549; anders LSG Schleswig-Holstein VersR 1979, S. 836.
[873] BSGE 12, 254; LSG Rheinland-Pfalz Breith. 1973, 24; SCHULIN, Sozialrecht, Rn. 334.
[874] SCHULIN, Sozialrecht, Rn. 335; BSG SozR 2200 § 548 Nr. 97.
[875] LSG Mecklenburg-Vorpommern SGb 1998, S. 522.
[876] BSGE, 8, 48.
[877] BSGE 8, 48 (51, 52).

Weitere ähnlich gelagerte Problemkreise sind Ruhe- und Entspannungsphasen während der Dienstzeit oder ähnliche Unterbrechungen, Fortbildungen, Streitfälle oder Neckereien im Rahmen der betrieblichen Tätigkeit, Betriebsausflüge[878], Veranstaltungen des Betriebssports[879], die Erledigung von Behörden- und Vermögensangelegenheiten.[880] So wurde Versicherungsschutz bejaht bei einer Motivationsreise, im Rahmen derer die Geschäftspartner in einer geschlossenen Gruppe nach einem gemeinsamen Frühstück mit geschäftlicher Besprechung wie geplant noch Skifahren gingen, weil der Geschädigte die Aufgabe zugewiesen bekommen hatte die Veranstaltung „aktiv zu begleiten". Abgegrenzt wurde dieser Sachverhalt von einer Incentive-Reise, bei der von vornherein Sport und Vergnügen im Vordergrund standen, und dem privaten Tennisspielen mit einer zeitlichen Zäsur im Rahmen einer geschäftlichen Veranstaltung.[881]

Aus den beschriebenen Kriterien wird ersichtlich, dass der den Unfallversicherungsschutz konstituierende betriebliche Risikobereich kein statischer sein kann.[882] Er strahlt vielmehr in vielfältiger Weise auf den an sich privaten Bereich aus.[883] Häufig lässt sich der eigenwirtschaftliche nicht vom unternehmensbezogenen Teil einer Tätigkeit abgrenzen. Dann liegt eine sogenannte gemischte Tätigkeit vor. Auch hier kommt es auf die subjektive Vorstellung des Handelnden an.[884] Versicherungsschutz ist dann gegeben, wenn der Arbeitnehmer wesentlich auch im Unternehmensinteresse tätig geworden ist.[885] Man verlangt für solche Fälle nicht einmal, dass die Tätigkeit dem überwiegenden Betriebsinteresse dient. Nicht genügend ist allerdings, wenn das Handeln im Unternehmensinteresse lediglich einen untergeordneten Nebenzweck darstellt.[886]

Bei eigenwirtschaftlichen Tätigkeiten wird vom Geschädigten oft vorgetragen, dass die Tätigkeit zugleich auch der Wiederherstellung oder Erhaltung seiner Arbeitskraft gedient habe, so z. B. das Kaufen von Kopfschmerztabletten[887] oder das Waschen und Erfrischen in einem See wegen großer Hitze.[888] Wenn eigenwirtschaftliche Verrichtungen eines Arbeitnehmers, die zu einer Unterbrechung des direkten Weges führen, ausnahmsweise der versicherten Tätigkeit im Sinne eines Versicherungsfalles der gesetzlichen Unfallversicherung zugerechnet werden sollen, reicht es nicht aus, dass nur ein „wesentliches" Interesse des Betriebes besteht. Es muss vielmehr ein gesteigertes betriebliches Interesse, also ein „überwiegendes" betriebliches Interesse, zu bejahen sein. Ob der Arbeitgeber ein überwiegendes Interesse an einer bestimmten eigenwirtschaftlichen Verhaltensweise eines Arbeitnehmers hat, ist einmal unter arbeitsrechtlichen Aspekten,

---

[878] BSG SozR 2200 § 548 Nr. 30.
[879] BSGE 16, 1; GITTER / SINGLER, Jahrbuch des Sozialrechts der Gegenwart 1997, S. 113 (122): Fußballturnier; GITTER / KÖHLER-FLEISCHMANN, Jahrbuch des Sozialrechts der Gegenwart 1998, S. 73 (81): Benefiz-Fußballspiel.
[880] PLAGEMANN / PLAGEMANN, Gesetzliche Unfallversicherung, Rn. 96 bis 102.
[881] BSG NZS 1998, S. 90; GITTER / KÖHLER-FLEISCHMANN, Jahrbuch des Sozialrechts der Gegenwart 1998, S. 73 (78).
[882] GITTER, Schadensausgleich im Arbeitsunfallrecht, S. 110 f.
[883] BSG SozR 2200 § 548 Nr. 33.
[884] BSGE 20, 215 (217).
[885] BENZ, SGb 1998, S. 132.
[886] BSGE 3, 240.
[887] BSG SGb 1998, S. 129.
[888] BSGE 16, 236.

aber auch unter grundsätzlichen systematischen Überlegungen zur Risikoverteilung in der gesetzlichen Unfallversicherung zu entscheiden.[889]

Lassen sich Umstände, unter denen sich der Unfall ereignete, im Nachhinein nicht mehr aufklären, und kommt eine betriebliche Verrichtung ebenso in Betracht wie eine eigenwirtschaftliche, geht dieses „non liquet" zu Lasten des Verletzten.[890] Ist nämlich der Kausalzusammenhang nicht feststellbar, kann von einem „Arbeitsunfall" nicht gesprochen werden. Hierbei ist aber zu beachten, dass diese Beweisregel nur gilt, wenn beide Möglichkeiten gleichgewichtig sind: Zumeist sprechen schon äußere Merkmale dafür, dass sich der Unfall mit höherer Wahrscheinlichkeit bei einer betrieblichen als einer privaten Verrichtung ereignete.[891]

In neuerer Zeit betont das BSG immer wieder, dass die Frage nach der versicherten Tätigkeit losgelöst von Fragen nach dem Kausalzusammenhang zu beurteilen ist.[892] Der Schutz der gesetzlichen Unfallversicherung soll ja nur für ganz bestimmte Tätigkeiten gelten. Die Frage, ob die unfallbringende Tätigkeit innerhalb dieser Grenze liegt, muss nach wertenden Gesichtspunkten entschieden werden.[893] Das BSG fragt meist nach dem rechtlich wesentlichen inneren Zusammenhang, der wesentlichen sachlichen Verbindung oder der Zurechnung des unfallbringenden Verhaltens zur versicherten Tätigkeit.[894] Aus diesen Formulierungen wird ersichtlich, dass es Sachverhalte gibt, in denen die entscheidende Wertungsfrage nach der normativen Reichweite des Versicherungsschutzes kaum aus der Kausalprüfung, ob zwischen der versicherten Tätigkeit bzw. dem unfallbringenden Verhalten und dem Unfallgeschehen der Ursachenzusammenhang besteht, herausgehalten werden kann. So hat auch das BSG hervorgehoben, dass „bei der Wertbestimmung der einzelnen für den Unfall ursächlichen Bedingungen [...] auch der Schutzzweck der jeweiligen Norm miteinzubeziehen" sei, „um zu ermitteln, bis zu welcher Grenze der Versicherungsschutz reicht"[895].

b. Arbeitsunfall

Das Gesetz definiert den Arbeitsunfall in § 8 I 1 SGB VII als einen Unfall von Versicherten infolge einer versicherten Tätigkeit.[896] Unfälle sind zeitlich begrenzte, von außen auf den Körper einwirkende Ereignisse, die zu einem Gesundheitsschaden oder zum Tod führen, § 8 I 2 SGB VII.[897] Erfasst wird jedes

---

[889] BENZ, SGb 1998, S. 132 (133).
[890] BSGE 19, 52 (53); BSG SozR 2200 § 1509a Nr. 1.
[891] PLAGEMANN / PLAGEMANN, Gesetzliche Unfallversicherung, Rn. 92 f.
[892] BSGE 48, 224 (226 f.).
[893] BSGE 61, 127 (128); ebenso etwa BSG SozR 2200 § 548 Nr. 96, S. 269; wenig klar dagegen BSG (8. Senat) SozR 3 - 2200 § 548 Nr.4, S. 7, mit zutreffender Kritik von BRANDENBURG, SGb 1991, 188 (189).
[894] BSGE 8, 48; BSGE 14, 295; BSGE 16, 236; BSGE 61, 127 (128); BSG SozR 2200 § 548 Nr. 96, S. 269 und Nr. 97, S. 247.
[895] BSGE 38, 127 (129); SCHULIN, Sozialrecht, Rn. 329.
[896] GITTER, Sozialrecht, S. 120.
[897] BSGE 23, 139 (141); SozR 2200 § 550 Nr. 35 und § 548 Nr. 56.

Ereignis, sei es betriebsüblich oder nicht, vorhersehbar, außergewöhnlich, verschuldet oder nicht verschuldet.[898]

Die für das Vorliegen eines Unfalls erforderliche zeitliche Begrenztheit des Ereignisses ist schon dann gegeben, wenn äußerliche Einwirkungen während der Dauer einer ganzen Arbeitsschicht die Gesundheitsschädigung herbeigeführt haben.[899] Auf den genauen Zeitpunkt des Unfalls kommt es nicht an. Als Unfall ist auch die Gewalteinwirkung anzusehen, die eine wesentliche Teilursache[900] des Gesundheitsschadens darstellt. Das gilt auch dann, wenn der Schaden insgesamt durch mehrere auf einen längeren Zeitraum verteilte Einwirkungen verursacht wurde. Entstand der Schaden aber nicht „plötzlich", sondern erst durch die Dauereinwirkung über einen längeren Zeitraum, liegt ein Unfall im Rechtssinne nicht mehr vor. Der Schaden kann allenfalls als Berufskrankheit oder mittelbare Folge eines früher erlittenen Arbeitsunfalls im Rahmen von § 11 SGB VII ersatzfähig sein.[901]

Mit dem Merkmal der Einwirkung „von außen" grenzt sich der Unfall von solchen Ereignissen ab, die auf innerer Ursache beruhen und als solche allenfalls als Berufskrankheit zu entschädigen sind: Kommt der Versicherte infolge eines Anfallsleidens oder einer anderen Erkrankung zu Schaden, liegt kein Unfall, sondern eine Krankheit vor. Für die Abgrenzung unerheblich ist die Art und Weise der Einwirkung, solange sie nur von außen kommt. Dieses Merkmal erfüllen daher auch Beleidigungen und Beschimpfungen[902] (etwa mit Schockfolge), rechtmäßige Handlungen von Vollzugsbeamten (vorläufige Festnahme durch die Polizei)[903] sowie Überanstrengung und Überarbeitung[904]. Ein sehr deutliches Beispiel für die Weite des Begriffes bietet der "Fußboden, auf den der Stolpernde aufschlägt", der auch als von außen einwirkend angesehen wurde.[905]

c. Theorie der wesentlichen Bedingung

Der Wortlaut des § 8 I SGB VII betont die kausale Komponente zwischen versicherter Tätigkeit und Arbeitsunfall. Danach sind Arbeitsunfälle Unfälle von Versicherten „infolge" einer den Versicherungsschutz nach den §§ 2, 3 oder 6 SGB VII begründenden Tätigkeit.[906] Nicht die Art der Schäden, sondern die Art und Weise des schädigenden Vorgangs als einer dem betrieblichen Bereich oder einer ihr gleichgestellten Risikosphäre zuzuordnenden Kausalkomponente charakterisiert die Einstandspflicht der gesetzlichen Unfallversicherung.[907] Daraus ergibt sich das Kausalitätsprinzip als „konstituierendes und zugleich essentielles Element im Recht der gesetzlichen Unfallversicherung".[908] Hier hat sich die

---

[898] BSGE 9, 222 (224); BRACKMANN, Handbuch, S. 479 f.; PLAGEMANN / PLAGEMANN, Gesetzliche Unfallversicherung, Rn. 87.
[899] GITTER, Schadensausgleich im Arbeitsunfallrecht, S. 91.
[900] BSG BG 1966, 360; BSGE 23, 79 (80).
[901] PLAGEMANN / PLAGEMANN, Gesetzliche Unfallversicherung, Rn. 89.
[902] BVerwG NJW 1970, 1247; BSG SGb 1978, 291.
[903] BSG SGb 1978, 291.
[904] PLAGEMANN / PLAGEMANN, Gesetzliche Unfallversicherung, Rn. 88 Fn. 13.
[905] BSG SozR 2200 § 550 Nr. 35.
[906] SCHULIN, Sozialrecht, Rn. 324; WATERMANN in: Lauterbach SGB VII Vor § 2 Rn. 14.
[907] BENZ, SGb 1998, S. (353) 354.
[908] WATERMANN in: Lauterbach SGB VII Vor § 2 Rn. 4.

Theorie der wesentlichen Bedingung herausgebildet.[909] Sie engt die naturwissenschaftlich vorgegebene Kausalität in dem Sinne ein, dass sie nur die Kausalbedingungen als wesentlich anerkennt, die wegen ihrer besonderen Bedeutung den Eintritt des Erfolges nach der Auffassung des praktischen Lebens entscheidend beeinflusst haben.[910] Kriterium ist in erster Linie der Schutzzweck des Gesetzes.[911] Die Prüfung erfolgt also in zwei Schritten: Zunächst (erster Schritt) muss in jedem Einzelfall festgestellt werden, ob eine Bedingung im Sinne der Äquivalenztheorie gegeben ist.[912] Als zweiter Schritt ist zu prüfen, ob diese Bedingung dem in der gesetzlichen Unfallversicherung versicherten Bereich zuzuordnen ist. Beim rechtlich wesentlichen Zusammenhang in der gesetzlichen Unfallversicherung handelt es sich also um eine Rechtsfrage, während die Feststellung einer Bedingung eine Tatsachenfrage darstellt.[913] Nicht erforderlich ist, dass die versicherte Tätigkeit die wesentliche Ursache ist, es genügt eine wesentliche Teilursache.[914]

Ausgeschlossen werden insbesondere Unfälle, die zwar während der Arbeitszeit eintreten aber auf eine selbstgeschaffene Gefahr zurückzuführen sind, die für den Schaden allein wesentlich war.[915] Eine selbstgeschaffene Gefahr wird dann angenommen, wenn der Versicherte mit dem Unfall rechnen musste, wenn er sich trotz seiner Kenntnis in die Gefahr begeben hat oder außergewöhnliche Sorglosigkeit im Spiel gewesen ist.[916] Das Verhalten muss in so hohem Maße vernunftwidrig gewesen sein, dass der Verletzte mit großer Wahrscheinlichkeit damit rechnen musste, er werde verunglücken. Außergewöhnliche Sorglosigkeit oder Wagemut müssen den Verletzten veranlasst haben, sich einer solchen Gefahr auszusetzen.[917] Dabei müssen allerdings im Einzelfall betriebliche Zwecke oder andere „Sachzwänge" berücksichtigt werden, die den Verletzten möglicherweise veranlasst haben, in so hohem Maße vernunftwidrig zu handeln.[918] Handelte der Geschädigte auf eigene (selbst geschaffene) Gefahr, tritt die Betriebsbezogenheit zurück, der Versicherungsschutz entfällt.[919]

#### d. Schaden und haftungsausfüllende Kausalität

Die gesetzliche Unfallversicherung soll nur für solche Körperschäden Ersatz leisten, die eine Konkretisierung des versicherten Risikos darstellen und zwar in dem Umfang, in dem der Arbeitsunfall zu einem Gesundheitsschaden oder zum Tod geführt hat.[920] Das erfordert eine genaue Trennung unfallunabhängiger Lei-

---

[909] SCHULIN, Sozialrecht, Rn. 337 bis 340; KUNST, Der Kausalitätsnachweis im Arbeitsunfallversicherungsrecht, S. 1 ff.
[910] GITTER, Schadensausgleich im Arbeitsunfallrecht, S. 110 f.; WATERMANN in: Lauterbach SGB VII Vor § 2 Rn. 9.
[911] ERLENKÄMPER, SGb 1997, S. 355 (357); BSGE 61, 127 (128).
[912] RÜFNER, Einführung in das Sozialrecht, S. 62.
[913] Benz, SGb 1998, S. 355 (354).
[914] BSGE 13, 175 (177); 23, 79 (80); RÜFNER, Einführung in das Sozialrecht, S. 64.
[915] RÜFNER, Einführung in das Sozialrecht, S. 192.
[916] GITTER, BB Beilage 6 1998, S. 8.
[917] PLAGEMANN / PLAGEMANN, Gesetzliche Unfallversicherung, Rn. 91 Fn. 31 und 32.
[918] BSGE 28, 14 (17).
[919] SCHULIN, Sozialrecht, Rn. 341 bis 344; PLAGEMANN / PLAGEMANN, Gesetzliche Unfallversicherung, Rn. 43 und 31 bis 33.
[920] GITTER, Sozialrecht, S. 120.

den, die möglicherweise rein zufällig bei oder nach dem Unfallereignis manifest werden und dem privaten Lebensbereich zuzurechnen sind, von dem eigentlichen Unfallschaden. Die Ausgrenzung erfolgt über die Begriffe der Gelegenheitsursache und des anlagebedingten Leidens.[921] Beruht der Gesundheitsschaden beispielsweise allein auf einem Anfallsleiden, welches zufällig während der Arbeitszeit zutage tritt, fehlt es an der haftungsausfüllenden Kausalität.[922] Um ein derartiges anlagebedingtes Leiden nachzuweisen, bedarf es einer sorgfältigen medizinischen Analyse der Vorerkrankungen, des gegenwärtigen Gesundheitsschadens und einer genauen Aufklärung des Unfallhergangs, insbesondere hinsichtlich der Intensität und der Art und Einwirkung auf den Körper des Verletzten. Für die Beurteilung der haftungsausfüllenden Kausalität kommt es auf die Umstände des Einzelfalles an und generelle Erfahrungssätze über anlagebedingte Leiden sind immer nur eine von mehreren Arbeitshypothesen für die Begutachtung des in Frage stehenden Falles.[923]

Keine Gelegenheitsursache liegt vor, wenn sich infolge des Arbeitsunfalls ein Leiden, unter dem der Verletzte schon vorher litt, verschlimmert. Das ist der Fall, wenn es zur Verschlimmerung des schon bestehenden Leidens einer besonderen, ihrer Art nach unersetzlichen Einwirkung bedurfte, nämlich des Unfallereignisses.[924] Als Beispiel kann der Meniskusriss dienen, der trotz bestehender Degeneration ohne Unfall nicht eingetreten wäre.[925] Um also die haftungsausfüllende Kausalität ablehnen zu können, bedarf es des Nachweises, dass mit überwiegender Wahrscheinlichkeit nur die unfallunabhängige Erkrankung den Schaden verursacht hat. Hierbei ist darauf abzustellen, ob die Schadensanlage so stark ausgeprägt war, dass es zur Auslösung akuter Erscheinungen keiner besonderen, ihrer Art nach unersetzlichen äußeren Einwirkungen aus der versicherten Tätigkeit bedurft hat. Der Gesundheitsschaden müsste aller Wahrscheinlichkeit nach auch ohne diese Einwirkungen durch beliebige austauschbare Einflüsse des unversicherten Alltagslebens zu annähernd gleicher Zeit und in annähernd gleicher Schwere entstanden sein.[926] Nur dann entfällt die haftungsausfüllende Kausalität.

Als Unfallfolge sind nicht nur physische, sondern auch psychologische Reaktionen entsprechend veranlagter Menschen auf Schadensvorgänge, Erkrankungen oder andere Einflüsse anzusehen.[927] Der rechtlich erforderliche wesentliche Zusammenhang besteht allerdings nicht, wenn die psychischen Reaktionen wesentlich die Folge wunschbedingter Vorstellungen sind. Als mittelbare Unfallfolge wird auch die Selbsttötung anerkannt, sofern der Arbeitsunfall die Fähigkeit zur Willensbildung entsprechend beeinträchtigt hat.[928] Auszugehen ist hier davon, welche Folgen die Auswirkungen des Unfalls gerade bei dem betroffenen Menschen infolge der Eigenart seiner Persönlichkeit gehabt haben.[929]

---

[921] ERLENKÄMPER, SGb 1997, S. 355.
[922] BLEY / KREIKEBOHM, Sozialrecht, Rn. 568.
[923] PLAGEMANN / PLAGEMANN, Gesetzliche Unfallversicherung, Rn. 116 Fn. 201.
[924] BRACKMANN, Handbuch, S. 488l.
[925] LSG Nieders. BG 1967, 77.
[926] ERLENKÄMPER, SGb 1997, S. 355 (356).
[927] PLAGEMANN / PLAGEMANN, Gesetzliche Unfallversicherung, Rn. 120 Fn. 217.
[928] BSGE 18, 163.
[929] BRACKMANN, Handbuch, S. 489i.

Lässt sich nicht mit Wahrscheinlichkeit das Vorliegen der haftungsausfüllenden Kausalität feststellen, fallen die Folgen der Unaufklärbarkeit dem Anspruchsteller zur Last.[930] Dabei macht es keinen Unterschied, ob die Unmöglichkeit des Nachweises in den besonderen Umständen des Einzelfalles, insbesondere einer nicht zu behebenden Unklarheit hinsichtlich des Unfallherganges, oder in der generellen Eigenart des Leidens, welches mit der versicherten Tätigkeit in Verbindung gebracht wird, wurzelt. Man wird dem Verletzten Beweiserleichterungen dann zugestehen müssen, wenn es um den Ausschluss eines anlagebedingten Leidens geht, das prinzipiell zwar möglich, im Allgemeinen aber weniger wahrscheinlich als ein Trauma ist.[931]

2. Versicherungsfall Wegeunfall

Das Zurücklegen des mit der versicherten Tätigkeit zusammenhängenden unmittelbaren Weges nach und von dem Ort der Tätigkeit ist auch versicherte Tätigkeit, § 8 II Nr. 1 SGB VII. Voraussetzung für die Entschädigung eines Wegeunfalls ist folglich, dass ein Arbeitnehmer auf einem mit der versicherten Tätigkeit in Zusammenhang stehenden, in § 8 II Nr. 1 - 4 SGB VII genannten Weg, einen Unfall erleidet. Besondere Prüfungspunkte bei Wegeunfällen sind, ob ein relevanter Weg gegeben ist und ob der Zusammenhang mit der versicherten Tätigkeit vorliegt.

a. Der relevante Weg

Die Ersatzpflicht wird ausgedehnt auf den täglichen Weg zur Arbeitsstätte, § 8 II Nr. 1 SGB VII. Ist die Arbeitsstätte so weit von der ständigen Familienwohnung des Arbeitnehmers entfernt, dass er sich in der Nähe der Arbeitsstätte eine Unterkunft besorgt, ist auch der - weite - Weg von und zur ständigen Familienwohnung versichert, § 8 II Nr. 4 SGB VII. Wie der Versicherte den Weg zurücklegt, ist für den Versicherungsschutz ohne Bedeutung, er ist in der Wahl seines Verkehrsmittels frei.

In § 8 II Nr. 1 SGB VII ist nur von dem einen Ziel- bzw. Ausgangspunkt des versicherten Weges die Rede, nämlich dem Ort der Tätigkeit. Den anderen Endpunkt des Weges spricht das Gesetz nicht an. Als anderer Ausgangs- bzw. Zielort kommt daher vor allem der häusliche Bereich in Betracht.[932] Zur Frage, wo der Versicherungsschutz genau beginnt, ob erst am Garagentor, an der Haustür oder schon im Hause selbst, hat die Rechtsprechung eine umfangreiche Kasuistik entwickelt.[933] Man stellt auf den häuslichen Wirkungskreis ab, innerhalb dessen wegen seiner rein privaten Sphäre kein Versicherungsschutz besteht. Dieser häusliche Wirkungskreis wird nach h. M. durch die Außentür bzw. die Außentüren des bewohnten Gebäudes begrenzt, und zwar auch dann, wenn es sich um ein Mehrfamilienhaus mit abgeschlossenen Einzelwohnungen handelt.[934]

---

930 BSGE 30, 121 (123).
931 PLAGEMANN / PLAGEMANN, Gesetzliche Unfallversicherung, Rn. 120 f.
932 PLAGEMANN / PLAGEMANN, Gesetzliche Unfallversicherung, Rn. 126 bis 129.
933 BRACKMANN, Handbuch, S. 485o ff.
934 BSGE 2, 239 (243), BSGE 22, 10 (11), 240 (242); 37, 36 (37); 45, 254 (257); BSG Breith. 1989, 144; BRACKMANN, Handbuch, S. 485k; SCHULIN, Fälle zum Sozialrecht, S. 73 f.

Unter Versicherungsschutz steht grundsätzlich nur der unmittelbare, direkte Weg zwischen dem häuslichen Bereich und dem Tätigkeitsort. Dieser Weg muss allerdings nicht mit dem kürzesten identisch sein, sondern als unmittelbarer Weg gilt auch ein etwas längerer, der verkehrsgünstiger und damit risikoärmer ist als der kürzeste Weg.[935] Nicht versichert sind dagegen Umwege, d. h. Wege, die ihren Ausgangs- und Endpunkt zwar mit dem unmittelbaren Weg gemeinsam haben, die aber erheblich länger sind. Ob eine Längendifferenz erheblich ist, bestimmt sich in erster Linie nach der Relation zwischen Umweg und unmittelbarem Weg, es sind aber auch alle anderen nach der Verkehrsanschauung maßgeblichen Umstände in Betracht zu ziehen.[936] Ein Umweg ist dann unschädlich, wenn er bei vernünftiger Verkehrsführung angemessen ist.[937] Das Gesetz sieht selbst Ausnahmen vor. Umwege, um Kinder wegen der Berufstätigkeit in fremde Obhut zu geben oder Umwege, die wegen einer Fahrgemeinschaft gemacht werden, stehen auch unter Versicherungsschutz.[938]

Für einen Wegeunfall ist jedoch nicht zwingend erforderlich, dass der Weg zur versicherten Tätigkeit von der Wohnung aus angetreten wird oder der Rückweg dort endet.[939] Versicherungsschutz kann vielmehr z. B. auch dann bestehen, wenn der Versicherte den Weg zur Arbeit im Anschluss an einen längeren Besuchsaufenthalt bei Verwandten von dort aus antritt.[940] Erforderlich ist in derartigen Fällen lediglich, dass der tatsächlich zurückgelegte Weg in einem angemessenen Verhältnis zu dem üblichen Arbeitsweg steht.[941] Auf diese Weise kann das versicherte Risiko in Grenzen gehalten werden, ohne dass die Bewegungsfreiheit des Versicherten im privaten Bereich über Gebühr eingeschränkt wird. Diese Problematik wird unter dem Begriff des „Drittortes“ diskutiert.

### b. Der Zusammenhang mit der versicherten Tätigkeit

Bei Wegeunfällen ist der innere Zusammenhang gegeben, wenn das Zurücklegen des Weges dazu bestimmt war, der Aufnahme der versicherten Tätigkeit wesentlich zu dienen. Fehlt es an einem inneren Zusammenhang in diesem Sinn, scheidet ein Versicherungsschutz selbst dann aus, wenn sich der Unfall auf derselben Strecke ereignet, die der Versicherte auf dem Weg nach und von dem Ort der Tätigkeit gewöhnlich benutzt.[942]

Der Versicherungsschutz entfällt, wenn der Weg mit der versicherten Tätigkeit nicht in einem rechtlich wesentlichen, inneren Zusammenhang steht, sondern in erster Linie privaten Zwecken dient.[943] Dann liegt ein Eigenschaden vor. Für die Abgrenzung stellt die Rechtsprechung allein auf die Motive des Versicherten ab. Es kommt darauf an, ob der betriebliche oder der eigenwirtschaftliche Zweck

---

[935] BLEY / KREIKEBOHM, Sozialrecht, Rn. 578; PLAGEMANN / PLAGEMANN, Gesetzliche Unfallversicherung, Rn. 135 Fn. 295.
[936] BSGE 4, 219 (222).
[937] LAUTERBACH, Unfallversicherung § 550 Anm. 15; BRACKMANN, Handbuch, S. 486m I ff.
[938] § 8 II Nr. 2 und 3 SGB VII; BSGE 63, 26; BSGE 54, 46 ff.
[939] PLAGEMANN / PLAGEMANN, Gesetzliche Unfallversicherung, Rn. 130 und 131.
[940] BSG SozR 2200 zu § 550 RVO Nr. 34.
[941] BSGE 22, 60; SGb 1978, 231 Nr. 6.
[942] BENZ, SGb 1998, S. 129 (132).
[943] BENZ, SGb 1998, S. 129 (132).

der Tätigkeit im Vordergrund steht.[944] Solche Fragestellungen sind sehr häufig, da es allgemein üblich ist auf dem Weg von oder zur Arbeit Einkäufe zu tätigen, seine Kleider aus der Reinigung zu holen, etwas zu essen oder ähnliche Besorgungen zu erledigen. Führt ein eigenwirtschaftliches Verhalten zum Unfallereignis, kann trotzdem Versicherungsschutz bestehen, wenn ein überwiegendes betriebliches Interesse an der konkreten Tätigkeit bestanden hat. Der Umstand, dass ein Ereignis (z. B. Panne, leerer Tank) unerwartet auftritt, sollte nach Meinung von BENZ, entgegen der Ansicht des BSG, nicht genügen, um ein derartiges überwiegendes betriebliches Interesse zu begründen.[945]

Versichert ist der Weg von und zu der Arbeitsstätte grundsätzlich nur, soweit er nicht unterbrochen worden ist.[946] Eine private Besorgung oder Verrichtung auf dem Weg wird von der Rechtsprechung des BSG jedoch dann noch nicht als Unterbrechung gewertet, wenn sie „bei natürlicher Betrachtungsweise angesichts des Gesamtweges als geringfügig anzusehen ist".[947] Wird eine geringfügige Unterbrechung verneint, muss der Frage nachgegangen werden, ob die Unterbrechung des direkten Weges eigenwirtschaftlich ist oder nicht. Nur wenn die Unterbrechung des direkten Weges einer Verrichtung dient, die der versicherten Tätigkeit zuzurechnen ist, besteht Versicherungsschutz auch während der Unterbrechung.[948] Die Frage, ob eine Unterbrechung des Arbeitsweges aus privaten Gründen zu einer endgültigen Lösung vom Betrieb führt, beurteilt die Rechtsprechung vorwiegend nach der Dauer der Unterbrechung. Eine zeitliche Grenze wird insoweit bei zwei Stunden angenommen. Der Zeitdauer der Unterbrechung wird vom BSG als einem der Rechtssicherheit dienenden Kriterium besondere Bedeutung beigemessen.[949]

Ein weiterer Aspekt, der bei Wegeunfällen eine besondere Rolle spielt, ist Alkoholgenuss.[950] Der Versicherungsschutz auf einem versicherten Weg ist ausgeschlossen, wenn ein alkoholbedingter Leistungsabfall die rechtliche allein wesentliche Ursache des Unfallereignisses war.[951] Für die Annahme eines solchen Leistungsabfalles sind beweiskräftige Umstände für ein alkoholtypisches Fehlverhalten auch dann ausreichend, wenn eine Bestimmung der Blutalkoholkonzentration des Verletzten nicht vorgenommen wurde.[952]

### 3. Versicherungsfall Arbeitsgeräteunfall

Als versicherte Tätigkeit werden auch Arbeitsgeräteunfälle angesehen, die mit einer versicherten Tätigkeit zusammenhängen, § 8 II Nr. 5 SGB VII. Arbeitsgeräte sind grundsätzlich solche Gegenstände, die ihrer Zweckbestimmung nach

---

944 BSGE 63, 212; BSGE 62, 113; BSGE 56, 244 (246 f.).
945 BENZ, SGb 1998, S. 129 (133).
946 PLAGEMANN / PLAGEMANN, Gesetzliche Unfallversicherung, Rn. 133 f.
947 BSGE 20, 219; BSG SozR 3-2200 § 550 Nr. 1 S. 4; SCHULIN, Sozialrecht, Rn. 377.
948 BENZ, SGb 1998, S. 129 (132).
949 BSG SozR 2200 § 550 RVO Nr. 12 und Nr. 27; USK 7967; BSGE 49, 16 (18); BSG SozR 2200 § 548 Nr. 67, S. 189 f.
950 BSGE 48, 224; BSGE 38, 127; SCHULIN, Sozialrecht, Rn. 345 bis 351; PLAGEMANN / PLAGEMANN, Gesetzliche Unfallversicherung, Rn. 104 bis 107.
951 LSG Mecklenburg-Vorpommern, SGb 1998, S. 265.
952 LSG Baden-Württemberg SGb 1998, S. 412.

hauptsächlich für die Tätigkeit im Unternehmen gebraucht werden.[953] Versichert sind die Verwahrung, Beförderung, Instandhaltung und Erneuerung des Arbeitsgerätes, auch wenn es vom Versicherten gestellt wird. Die Erstbeschaffung von Arbeitsgerät steht unter Versicherungsschutz, soweit sie auf Veranlassung des Unternehmers erfolgt.

4. Versicherungsfall Berufskrankheit

Musste eine Entschädigung wegen eines Arbeitsunfalls abgelehnt werden, weil der Schaden nicht plötzlich oder nicht durch eine äußere Einwirkung verursacht wurde, kann ein Ausgleich wegen einer Berufskrankheit in Betracht kommen. Für Berufskrankheiten ist im Gesetz eine formale versicherungsrechtliche Definition enthalten, § 9 I SGB VII. Danach ist Berufskrankheit eine Krankheit, die in Anlage 1 zur Berufskrankheitenverordnung aufgeführt ist und im zu entscheidenden Einzelfall durch eine versicherte Tätigkeit verursacht worden ist.[954] Es sollen solche Krankheiten entschädigt werden, die durch besondere Einwirkungen verursacht worden sind, denen bestimmte Personengruppen durch ihre Arbeit in erheblich höherem Grad ausgesetzt sind als die übrige Bevölkerung.[955] Von einem Arbeitsunfall weicht eine Berufskrankheit insofern ab, als sie sich als Folge einer länger dauernden schädigenden Einwirkung darstellt und nicht als zeitlich begrenztes Ereignis.[956] Zudem beruhen Krankheiten auf autogenen, inneren Vorgängen, ein Unfall hingegen auf einer äußeren Einwirkung.

Ob eine Krankheit im Sinne der jeweiligen Listennummer der Berufskrankheitenverordnung vorliegt, lässt sich in vielen Fällen ohne Schwierigkeiten feststellen. Probleme ergeben sich bei der Beantwortung der Frage, ob eine bestimmte schädigende Einwirkung am Arbeitsplatz im Sinne der jeweiligen Berufskrankheit vorgelegen hat und ob diese Exposition rechtlich wesentlich zu der Krankheit im Sinne der Berufskrankheitenverordnung geführt hat.[957] Eine Krankheit, die zwar als Berufskrankheit anerkannt ist, die der Versicherte aber nicht infolge seiner Beschäftigung erlitten hat, löst keinen Versicherungsfall aus. Die Kausalität zwischen der schädigenden beruflichen Einwirkung und der Krankheit, zu der auch die berufsbedingte Verschlimmerung eines Leidens zählt, muss gemäß der Theorie der wesentlichen Bedingung gegeben sein. Der Ursachenzusammenhang muss hinreichend wahrscheinlich sein, die bloße, vielleicht sogar nur entfernte Möglichkeit einer Kausalität reicht nicht aus.[958] Dabei geht häufig die Prüfung der haftungsbegründenden Kausalität in die der haftungsausfüllenden über: Um zu ermitteln, ob die Gefährdung des Versicherten durch schädigende Einwirkungen auf die Versichertentätigkeit zurückzuführen ist (haftungsbegründende Kausalität), bedarf es bereits detaillierter Kenntnisse über die als Schadensursache überhaupt nur in Betracht kommende Art von (chemischen oder physikalischen) Reizen.[959]

---

[953] GITTER, Sozialrecht, S. 204.
[954] MEHRTENS / BRANDENBURG, SGb 1993, S. 588.
[955] BSGE 44, 90 (93).
[956] GITTER, Sozialrecht, S. 210; RÜFNER, Einführung in das Sozialrecht, S. 194.
[957] BENZ, SGb 1998, S. 353.
[958] GITTER, Sozialrecht, S. 210.
[959] PLAGEMANN / PLAGEMANN, Gesetzliche Unfallversicherung, S. 72.

Ein spezielles Problem stellen die Fälle von Multikausalität[960] oder konkurrierender Kausalität dar. Für das Berufskrankheitengeschehen ist es typisch, dass verschiedene Faktoren, sowohl Bedingungen aus dem privaten Bereich (z. B. genetische Disposition, Freizeitverhalten) als auch gleichzeitig schädigende Einwirkungen durch die versicherte Tätigkeit, zu einer Krankheit im Sinne der jeweiligen Listennummer der Anlage zur Berufskrankheitenverordnung führen können. Hier stellt sich die Frage, unter welchen Voraussetzungen die Krankheit rechtlich wesentlich auf die Exposition zurückzuführen ist. Sind zwei oder mehrere Ereignisse in gleichem Maße wesentlich für den Erfolg, so sind alle Ereignisse wesentliche Bedingungen und damit Ursachen im Rechtssinn. Alle außerberuflichen Faktoren müssen als eine „Einheit" angesehen werden.[961] Die schädigende Einwirkung muss gegenüber dieser Einheit mindestens gleichwertig sein. Konkret bedeutet das, dass eine unter 50% liegende Verursachung durch die Exposition keine wesentliche Ursache im Sinne der gesetzlichen Unfallversicherung darstellt.[962] Gegen den Ursachenzusammenhang zwischen beruflichen Einwirkungen und z. B. einer Erkrankung der Lendenwirbelsäule,[963] können ein altersentsprechendes Krankheitsbild und das gleichzeitige Vorliegen gleichartig ausgeprägter Änderungen an den übrigen Teilen der Wirbelsäule sprechen.[964]

§ 9 II SGB VII eröffnet die Möglichkeit, in den Zeiträumen zwischen den einzelnen Anpassungen der Berufskrankheitenverordnung eine Krankheit „wie eine Berufskrankheit" zu entschädigen, bei der nach neuen medizinisch-wissenschaftlichen Erkenntnissen die Voraussetzungen für die Anerkennung als Berufskrankheit erfüllt sind.[965] Neu sind medizinisch-wissenschaftliche Erkenntnisse dann, wenn sie erst nach Erlass der letzten Berufskrankheitenverordnung bekanntgeworden sind[966] oder sich erst nach diesem Zeitpunkt zur Berufskrankheitenreife verdichtet haben.[967]

Für geschädigte Arbeitnehmer wurde wegen der Schwierigkeiten aufgrund der langen Expositionszeiten und vor allem auch der sehr unterschiedlichen Latenzzeiten bis zum Auftreten einer manifesten Erkrankung[968] eine Beweiserleichterung geschaffen. War der Versicherte, der sich eine Listenkrankheit im Sinne des Unfallversicherungsrechts zugezogen hat, nach den besonderen Bedingungen seiner versicherten Tätigkeit in erhöhtem Maß der Gefahr der Listenkrankheit ausgesetzt und bestehen keine konkreten Anhaltspunkte für eine Verursachung außerhalb der versicherten Tätigkeit, so wird vermutet, dass die Krankheit infolge der versicherten Tätigkeit verursacht worden ist, § 9 III SGB VII.[969] Entgegen der Ansicht von BENZ, nach dem es sich bei § 9 III SGB VII um eine unwiderlegbare Rechtsvermutung[970] handeln soll, liegt darin die Kodifizierung ei-

---

960 FUCHS, SGb 1995, S. 421 (425).
961 BENZ, SGb 1998, S. 353 (354 f.).
962 BENZ, SGb 1998, S. 353 (360).
963 Berufskrankheit 2108 der Anlage 1 zur Berufskrankheitenverordnung.
964 LSG Rheinland-Pfalz, SGb 1998, S. 76.
965 PLAGEMANN / PLAGEMANN, Gesetzliche Unfallversicherung, S. 79; BSGE 44, 90 (94).
966 BSGE 21, 296 (298).
967 BSGE 44, 90 (93).
968 MEHRTENS / BRANDENBURG, SGb 1993, S. 588 (589).
969 MARSCHNER, SozVers 1996, S. 317 (319).
970 BENZ, SGb 1998, S. 353 (360).

nes Anscheinsbeweises[971], eine widerlegbare Vermutung im Sinne eines prima-facie Beweises.[972] Allerdings ist die Vorschrift nur anwendbar, wenn die Berufskrankheit in der Berufskrankheitenverordnung so genau definiert ist, dass nach medizinischen Erkenntnissen bei Vorliegen aller Tatbestandsmerkmale im Regelfall ein wahrscheinlicher Ursachenzusammenhang gegeben ist.[973]

In Deutschland steht die Berufskrankheitenregelung im Zentrum der Kritik.[974] Gefordert wird, dass dem Verordnungsgeber lediglich die Kompetenz eingeräumt werden dürfe, einen erläuternden (deklarativen) Katalog arbeitsspezifischer Erkrankungen aufzustellen, ohne dass diesem Katalog ein enumerativer Charakter zukommen dürfe.[975] Nach BENZ begegnet auch die Neigung des Verordnungsgebers, ohne hinreichend gesicherte wissenschaftliche Erkenntnisse über generelle Kausalzusammenhänge zwischen Exposition und Erkrankung, lediglich aufgrund von Konventionen, den Katalog der Berufskrankheiten in der Berufskrankheitenverordnung zu erweitern, erheblichen Bedenken.[976] Die enge Umschreibung des Versicherungsfalls durch das Enumerationsprinzip der Berufskrankheitenverordnung hat den Vorzug, dass sie den Versicherungsträgern und Gerichten die gerade hier sehr schwierige Prüfung des Zusammenhangs der Krankheit mit der betrieblichen Tätigkeit erleichtert. FUCHS kritisiert, dass trotzdem Recht und Praxis der Berufskrankheitenentschädigung dazu führen, dass die überwiegende Zahl der Antragsteller mangels Kausalitätsnachweises ohne Entschädigung bleibt.[977] Nur ein geringer Prozentsatz der angezeigten Verdachtsfälle führe zu einer Anerkennung und Entschädigung. Auch die Rolle der medizinischen Gutachter und oft weit auseinander liegende medizinische Auffassungen und medizinischer Schulenstreit werden in diesem Zusammenhang als sehr unbefriedigend empfunden.[978]

Es wird eine Benachteiligung und Ungleichbehandlung Einzelner bemängelt. Eine Berufskrankheit ist erst zu entschädigen, wenn sie in die Berufskrankheitenliste aufgenommen worden ist. Ein Nachhinken der gesetzlichen Regelung gegenüber neueren medizinischen Erkenntnissen ist unvermeidlich.[979] Zudem braucht die Gewinnung gesicherter medizinischer Erkenntnisse ihre Zeit. Entschließt der Verordnungsgeber sich, eine neue Berufskrankheit in die Liste aufzunehmen, die zuvor nur vereinzelt nach § 9 II SGB VII entschädigt wurde, ist eine Erstreckung auf solche Fälle ausgeschlossen, in denen die Erkrankung vor Inkrafttreten der neuen Fassung der Berufskrankheitenverordnung manifest wurde.[980] Diese Ungleichbehandlung, die dem Einzelnen, der zufällig vor Inkrafttreten der Neufassung der Berufskrankheitenverordnung erkrankte, aufbür-

---

[971] GITTER, BB Beilage 6 1998, S. 7; MARSCHNER, SozVers 1996, S. 317 (319); genauso LSG Rheinland-Pfalz, SGb 1998, S. 76; PÖHL, BG 1998, S. 714.
[972] GOEKE / GRAEFF, BArBl 10 / 1996, S. 9 (10).
[973] LSG Rheinland-Pfalz, SGb 1998, S. 76.
[974] KRASNEY, BG 1996, S. 120 ff.
[975] MEHRTENS / BRANDENBURG, SGb 1993, S. 588 (589).
[976] BENZ, SGb 1998, S. 353 (360).
[977] FUCHS, SGb 1995, S. 421 (425).
[978] FUCHS, SGb 1997, S. 601 (603).
[979] GITTER, Schadensausgleich im Arbeitsunfallrecht, S. 80.
[980] BSGE 22, 63 (65).

det, lasse sich auch nicht unter Hinweis auf die in diesen Fällen nur theoretische Möglichkeit der Entschädigung nach § 9 II SGB VII rechtfertigen.[981]

Nach Auffassung des BVerfG wird Härtefällen durch die Sollvorschrift des § 9 II SGB VII genügend Rechnung getragen.[982] Eine andere Ansicht bemängelt den zurückhaltenden Gebrauch, der von der Regelung in § 9 II SGB VII seit deren Bestehen gemacht wurde. „In den ersten 20 Jahren nach Einfügung dieser Öffnungsklausel gab es gewissermaßen magere 100 Anerkennungen auf diesem Wege. Und zum Großteil mussten diese wenigen Anerkennungen erst im Rechtsweg erstritten werden.“[983] PLAGEMANN ist der Ansicht, dass das BSG § 9 II SGB VII zu restriktiv handhabt. Das BSG definiere den Begriff der neuen Erkenntnisse sehr eng ohne den Zweck der Vorschrift ausreichend zu berücksichtigen. Das BSG verkenne den Prozess der Erkenntnisgewinnung. Der wissenschaftlichen Überzeugung darüber, dass besondere beruflich bedingte Einflüsse allgemein als gesundheitsgefährdend zu gelten haben, gehe notwendig die ebenfalls wissenschaftliche Überzeugung darüber voraus, dass im gründlich analysierten Einzelfall es nur beruflich bedingte Einflüsse sein können, welche die jeweilige Krankheit verursacht haben. Aus der Tatsache, dass der zuständige Sachverständigenrat das vorliegende medizinische und wissenschaftliche Material für die Aufnahme einer Krankheit in die Berufskrankheitenliste nicht für ausreichend hält, folge nicht, dass die Erkenntnisse, die im Einzelfall die Annahme einer berufsbedingten Erkrankung begründen, nicht neu sein könnten.[984] Zu einer derartigen Aussage bestehe erst dann Anlass, wenn der Sachverständigenrat gerade die Überlegungen, die im Einzelfall zur Annahme einer berufsbedingten Verursachung geführt haben, verworfen habe.[985] In den letzten Jahren stieg die Zahl der nach § 9 II SGB VII anerkannten Berufskrankheiten sprunghaft an: In den Jahren 1993 bis 1996 gab es 1.400 Anerkennungsfälle,[986] 1997 alleine wurden 1.263 Berufskrankheiten nach § 9 II SGB VII anerkannt.[987] Das könnte ein Anzeichen dafür sein, dass sich die Kritik erübrigt hat.[988]

### VI. Leistungen

„Aufgabe der Unfallversicherung ist es, [...] nach Eintritt von Arbeitsunfällen oder Berufskrankheiten die Gesundheit und die Leistungsfähigkeit der Versicherten mit allen geeigneten Mitteln wiederherzustellen und sie oder ihre Hinterbliebenen durch Geldleistungen zu entschädigen.“ Damit umschreibt das Gesetz ganz zu Anfang in § 1 Nr. 2 SGB VII den umfassenden Leistungsauftrag der gesetzlichen Unfallversicherung. Die Anspruchsnorm für alle nach dem Arbeitsunfall zu gewährenden Leistungen der gesetzlichen Unfallversicherung ist § 26 I SGB VII.[989] Als Leistungen werden Heilbehandlung, medizinische, berufli-

---

[981] PLAGEMANN / PLAGEMANN, Gesetzliche Unfallversicherung, S. 76.
[982] MEHRTENS / BRANDENBURG, SGb 1993, S. 588.
[983] BATTENSTEIN, SGb 1993, S. 618 (619).
[984] BSGE 44, 90 (93f.); BSGE 21, 296 (298).
[985] PLAGEMANN / PLAGEMANN, Gesetzlich Unfallversicherung, S 79.
[986] BLOME, BG 1998, S. 566 (570).
[987] HVBG 97, S. 33.
[988] HVBG 97, S. 33.
[989] RegE S. 82 zu § 26.

che und soziale Rehabilitation sowie ergänzende Leistungen, Pflegebedürftigkeit und Geldleistungen aufgezählt. Je nachdem, worauf man das Augenmerk richten will, kann man die Leistungsarten einteilen in restitutive und entschädigende Leistungen oder in Naturalleistungen und Geldleistungen. Auf eine exakte Einteilung soll es hier nicht ankommen.

### 1. Heilbehandlung, Rehabilitation und Pflege

Den Unfallversicherungsträgern ist die Verpflichtung auferlegt den Folgen des Versicherungsfalles mit allen geeigneten Mitteln entgegenzuwirken, § 26 II SGB VII.[990] Um diesem Auftrag gerecht zu werden, sind die Unfallversicherungsträger ermächtigt, sich der Mitwirkung besonders qualifizierter Ärzte und Einrichtungen zu versichern und zu diesem Zweck entsprechende Verträge zu schließen, § 34 SGB VII.[991] So ist ein System öffentlich-rechtlicher Verträge zwischen Unfallversicherungsträgern und ihren Verbänden auf der einen und Ärzten, den kassenärztlichen Vereinigungen sowie den Stellen, welche die Heilbehandlung und Rehabilitation durchführen auf der anderen Seite entstanden. Für Heilbehandlung und Rehabilitation gilt das Sachleistungsprinzip, § 26 IV 2 SGB VII. Die Unfallversicherungsträger gewähren den Zugang zur Heilbehandlung und zu den Rehabilitationseinrichtungen.[992] Der Anspruch auf ärztliche Behandlung ist zunächst ein Anspruch auf Dienstleistung und erfährt mit deren Beginn eine inhaltliche Änderung.[993] Er verwandelt sich dann regelmäßig in den Anspruch des Versicherten gegen den Unfallversicherungsträger auf Übernahme der Behandlungskosten. Eine Selbstbeteiligung des Verletzten an den Kosten einer Sachleistung ist ohne ausdrückliche gesetzliche Regelung nicht zulässig.[994]

§ 26 II SGB VII ist Ausfluss der umfassenden Schutzfunktion der gesetzlichen Unfallversicherung. Damit korrespondieren § 26 IV 1 SGB VII, der ausdrücklich Qualität und Wirksamkeit aller Leistungen verlangt und der gesetzliche Grundsatz „Rehabilitation vor Rente", § 26 III SGB VII. Insgesamt bedeutet dies, dass die Unfallversicherungsträger eine umfassende und hochwertige Heilbehandlung und Rehabilitation für Geschädigte garantieren müssen.[995] Ihrer Verpflichtung auf Gewährleistung der Heilbehandlung und Rehabilitation werden die Unfallversicherungsträger durch das berufsgenossenschaftliche Heilverfahren gerecht.[996] Damit wird die Versorgung Geschädigter sichergestellt.[997]

#### a. Heilbehandlung

Zur unfallversicherungsrechtlichen Heilbehandlung gehören die Erstversorgung sowie die ärztliche und zahnärztliche Behandlung, für die ein Arztvorbehalt besteht. Es wird eine inhaltliche Bestimmung getroffen durch Hinweis auf die Regeln der ärztlichen Kunst und eine Umfangsbestimmung durch das Erfordernis

---

[990] GITTER, Schadensausgleich im Arbeitsunfallrecht, S. 151 ff.
[991] PLAGEMANN, NJW 1996, S. 3173; KRASNEY, NZS 1996, S. 259.
[992] BSGE 73, 271 (274); KATER / LEUBE § 26 Rn. 9 – 12.
[993] BSGE 53, 62 (64).
[994] BSGE 48, 172.
[995] KLEINHERNE, 110 Jahre gesetzliche Unfallversicherung, S. 12 ff.
[996] RÜFNER, Einführung in das Sozialrecht, S. 196.
[997] GITTER, SGb 1993, S. 300.

der Erforderlichkeit und Zweckmäßigkeit.[998] Arznei-, Verband-, Heil- und Hilfsmitteln[999] ist gemeinsam, dass sie ärztlich verordnet und der Heilbehandlung dienlich sein müssen. Bei Arzneimitteln handelt es sich um Substanzen und bei Verbandmitteln um Stoffe, die an der Oberfläche angewendet werden. Heilmittel sind Dienstleistungen, wie Krankengymnastik, Sprach- und Beschäftigungstherapie[1000] und Hilfsmittel sind Sachen, wie insbesondere Körperersatzstücke. § 27 II SGB VII bezieht sich auf § 8 III SGB VII und bestimmt damit, dass ausnahmsweise ein bei einem Arbeitsunfall beschädigtes Hilfsmittel auch dann zu ersetzen ist, wenn ein Gesundheitsschaden nicht eingetreten ist.[1001] Der Ersatz dieses Sachschadens wird durch Festbeträge begrenzt, §§ 29 I, 31 I SGB VII.[1002] Zudem ist er subsidiär zum Ersatz des Hilfsmittels gemäß § 31 I 2 SGB VII als Teil der Heilbehandlung bei unfallbedingtem Gesundheitsschaden. Als begleitende Maßnahme der ärztlichen Behandlung kommt die häusliche Krankenpflege in Betracht, wenn Krankenhausbehandlung entweder geboten, aber nicht ausführbar ist, oder aber die Krankenhausbehandlung dadurch vermieden oder verkürzt werden kann.[1003] Das Behandlungsziel muss allerdings mindestens ebenso zu erreichen sein mit ambulanter Behandlung und häuslicher Pflege wie mit der Krankenhausbehandlung.[1004] Gewährleistet werden muss auch die Behandlung in Krankenhäusern und medizinischen Rehabilitationseinrichtungen.[1005]

### b. Rehabilitation

Die Unfallversicherungsträger tragen die Verantwortung für die medizinische, berufliche und soziale Rehabilitation.[1006] Die Unfallversicherungsträger müssen mit allen geeigneten Mitteln möglichst frühzeitig die Versicherten nach ihrer Leistungsfähigkeit und unter Berücksichtigung ihrer Eignung, Neigung und bisherigen Tätigkeit möglichst auf Dauer beruflich wieder eingliedern (berufliche Rehabilitation).[1007] Soziale Rehabilitationsleistungen umfassen Beratungs- und Betreuungsleistungen, Kraftfahrzeughilfe, Wohnungshilfe, Haushaltshilfe, Reisekosten und Rehabilitationssport.[1008]

### c. Pflege

Bei Pflegebedürftigkeit kann Pflegegeld gezahlt, eine Pflegekraft gestellt oder Heimpflege gewährt werden, § 44 I SGB VII. Voraussetzung ist, dass der Versicherte infolge des Versicherungsfalls so hilflos ist, dass er für die gewöhnlichen und regelmäßig wiederkehrenden Verrichtungen im Ablauf des täglichen Lebens

---

998 §§ 27, 28 I SGB VII.
999 §§ 27 I Nr. 4, 29, 30, 31 SGB VII.
1000 PLAGEMANN / PLAGEMANN, Gesetzliche Unfallversicherung, Rn. 177.
1001 KATER / LEUBE § 22 Rn. 4, 5.
1002 MARSCHNER, SozVers 1996, S. 317 (319).
1003 §§ 27 Abs. 1 Nr. 5, 32 SGB VII.
1004 KATER / LEUBE § 32 Rn. 4, 5.
1005 §§ 27 I Nr. 6 und 7, 33 SGB VII.
1006 EMMERICH, Rehabilitation „mit allen geeigneten Mitteln“: Ist der Erfolg meßbar?, S. 17 ff.
1007 §§ 35 bis 38 SGB VII; GITTER, Schadensausgleich im Arbeitsunfallrecht, S. 152; ZACHER, Einführung in das Sozialrecht der Bundesrepublik Deutschland, S. 43.
1008 §§ 39 ff. SGB VII.

in erheblichem Umfang der Hilfe bedarf.[1009] Die durch die Pflege entstandenen Aufwendungen werden durch das Pflegegeld als wirtschaftliche Folge des Versicherungsfalls pauschal abgegolten. Es ist selbständige Versicherungsleistung in Form einer Geldleistung.[1010] Die Höhe des Pflegegeldes bestimmt sich nach der Art und Schwere des Gesundheitsschadens sowie des Umfangs der erforderlichen Hilfe, § 44 II SGB VII.[1011] Dem Versicherten steht es frei, statt dessen Haus- oder Heimpflege zu beantragen.[1012]

## 2. Geldleistungen

Der Geschädigte kann einen Anspruch auf Verletztengeld, Übergangsgeld und Verletztenrente haben. Verletzten- und Übergangsgeld kommt Entgeltersatzfunktion zu.[1013] Für die Zeit der Arbeitsunfähigkeit wird Verletztengeld gewährt.[1014] Während einer über die Zeit der Arbeitsunfähigkeit hinaus andauernden beruflichen Rehabilitation wird Übergangsgeld gezahlt. Die Verletztenrente dient dazu den nach Heilbehandlung und medizinischer Rehabilitation verbleibenden, für das Erwerbsleben relevanten Schaden auszugleichen.[1015]

### a. Verletztengeld

Das Verletztengeld ist dazu bestimmt, die durch den Versicherungsfall bedingte Beeinträchtigung im Erwerb eines Verletzten auszugleichen. Der Versicherte muss folglich vor Eintritt der Anspruchsvoraussetzungen einen Anspruch auf Entgelt (oder bestimmte gesetzliche Entgeltersatzleistungen) gehabt haben, § 45 SGB VII.[1016]

Voraussetzung für einen Anspruch ist des Weiteren, dass der Versicherte infolge des Versicherungsfalls arbeitsunfähig ist, oder wegen einer Maßnahme der Heilbehandlung eine ganztägige Erwerbstätigkeit nicht ausüben kann.[1017] Arbeitsunfähigkeit besteht, wenn der Versicherte seine zuletzt ausgeübte Erwerbstätigkeit oder eine ähnlich geartete Tätigkeit nicht mehr oder nur auf die Gefahr hin, seinen Zustand zu verschlimmern, verrichten kann.[1018] Für eine ähnliche Tätigkeit müssen auf dem Arbeitsmarkt Stellen in nennenswerter Zahl vorhanden sein, die der Betroffene täglich erreichen kann, weil nur eine reelle Erwerbsmöglichkeit die Arbeitsunfähigkeit ausschließen kann. Auf die Arbeitsmarktlage kommt es hingegen nicht an, eine offene Stelle braucht nicht nachgewiesen werden.[1019] Streng zu trennen ist dabei der Begriff der Arbeitsunfähigkeit, welcher trotz Fehlens vorher bezogenen Arbeitsentgelts gegeben sein kann,[1020] und der Ver-

---

[1009] SCHMITT SGB VII § 44 Rn. 3.
[1010] Im Sinne des § 26 I SGB VII.
[1011] KATER / LEUBE § 44 Rn. 16 – 18.
[1012] § 44 V SGB VII.
[1013] BSGE 29, 161 (164).
[1014] RÜFNER, Einführung in das Sozialrecht, S. 196.
[1015] GITTER, Schadensausgleich im Arbeitsunfallrecht, S. 157.
[1016] SCHMITT SGB VII § 45 Rn. 3.
[1017] § 45 I Nr. 1 SGB VII.
[1018] Std. Rspr. BSGE 26, 288; BSGE 41, 201; BSGE 46, 190; BSGE 53, 22; BSGE 57, 257; BSGE 61, 66.
[1019] BSGE 61, 66 (74).
[1020] BSGE 39, 63.

letztengeldanspruch, der nur entsteht, wenn Arbeitsunfähigkeit und ein hierdurch bedingter Verlust von Einkünften vorliegen.[1021] Die Feststellung der Arbeitsunfähigkeit wird vom Unfallversicherungsträger vorgenommen. Die ärztliche Meinung dazu, wie sich die Folgen des Versicherungsfalles auf die Arbeitsunfähigkeit auswirken, ist zwar eine wichtige und praktisch unentbehrliche Grundlage für die Feststellung der Arbeitsunfähigkeit, die Beurteilung der Arbeitsunfähigkeit ist aber trotzdem nicht ärztliche Aufgabe und sie hat keine bindende Wirkung für den Unfallversicherungsträger.[1022] Die Feststellung einer Heilbehandlung, die den Versicherten an ganztägiger Erwerbstätigkeit hindert, dürfte aufgrund der Struktur der Unfallversicherung und des Sachleistungsprinzips keine Probleme bereiten. Aus der Formulierung „infolge" des Versicherungsfalls[1023] wird ersichtlich, dass es eines ursächlichen Zusammenhangs bedarf. Maßgebend für die Beurteilung ist die Theorie der wesentlichen Bedingung. Zu beachten ist noch, dass § 45 SGB VII nur für Ersterkrankungen gilt, für Wiedererkrankungen hingegen § 48 SGB VII.[1024]

Neben diesem Grundtatbestand gibt es Verletztengeld in einer Reihe von weiteren Fällen: Verletztengeld wird auch erbracht in einer Wartezeit zwischen Heilbehandlung und berufsfördernder Rehabilitation, § 45 II SGB VII. Die Voraussetzungen dafür sind, dass die Heilbehandlung stattgefunden hat und abgeschlossen ist, der Arbeitnehmer aber seine bisherige oder eine andere zumutbare berufliche Tätigkeit nicht ausüben kann und sich die Rehabilitation aus vom Arbeitnehmer nicht zu vertretenden Gründen verzögert.[1025] Daneben gibt es noch einen Anspruch auf das Verletztengeld, statt des Übergangsgeldes, bei Rehabilitation in bestimmten Einrichtungen.[1026] Gemeinsam ist den Ansprüchen, dass sie, entsprechend ihrer Funktion als Entgeltersatzleistungen, gemäß § 45 I Nr. 2 SGB VII einen vorherigen Entgeltbezug voraussetzen. Neu eingeführt wurde das Kinderpflegeverletztengeld,[1027] das bei der Betreuung eines durch einen Versicherungsfall verletzten Kindes an die Betreuungsperson geleistet wird.[1028]

Das Verletztengeld wird von dem Tag an gewährt, an dem die Arbeitsunfähigkeit ärztlich festgestellt wird, § 46 SGB VII.[1029] Dem Versicherten obliegt es, die ärztliche Feststellung herbeizuführen.[1030] Das Verletztengeld endet unter eine Reihe von Umständen: So endet es, wenn der Geschädigten eine Erwerbstätigkeit aufnehmen kann. Die Erwerbstätigkeit muss dem Arbeitnehmer zumutbar sein und es muss gerade für den Verletzten ein Arbeitsplatz konkret zur Verfügung stehen. Zur Beendigung der Zahlung von Verletztengeld kommt es auch, wenn der Arbeitnehmer andere Entgeltersatzleistungen erhält.[1031] Das Verletztengeld endet mit dem Ablauf von 78 Wochen, wenn mit dem Eintritt der Ar-

---

[1021] KATER / LEUBE § 45 Rn. 18.
[1022] MAY, SGb 1988, 477 (478).
[1023] § 45 I Nr. 1 SGB VII.
[1024] SCHMITT SGB VII § 45 Rn. 1.
[1025] KATER / LEUBE § 45 Rn. 21 – 24.
[1026] § 45 III SGB VII; KATER / LEUBE § 45 Rn. 27.
[1027] § 45 IV SGB VII.
[1028] MARSCHNER, SozVers 1996, 317 (319).
[1029] KATER / LEUBE § 46 Rn. 4.
[1030] BSGE 26, 111 (112).
[1031] RICKE, BG 1996, S. 108.

beitsfähigkeit nicht mehr zu rechnen ist und berufsfördernde Maßnahmen nicht zu erbringen sind.[1032] Davon besteht eine Ausnahme, wenn die stationäre Behandlung noch nicht abgeschlossen ist.[1033]

Die Bezieher von Arbeitsentgelt[1034] erhalten Verletztengeld entsprechend der die Höhe und Berechnung des Krankengeldes betreffenden Vorschriften des § 47 I und II SGB V.[1035] Das Verletztengeld beträgt 80% des Regelentgelts. Für die Berechnung wird auf das vor Eintritt der Arbeitsunfähigkeit (bzw. der ganztägigen Hinderung an Erwerbstätigkeit) erzielte Entgelt abgestellt (sogenannte Bezugs- oder Referenzmethode).[1036] Für die Berechnung des Regelentgelts wird von allem regelmäßigen, nicht einmalig gezahlten Arbeitsentgelt ausgegangen.[1037] Dieses wird für einen Bemessungszeitraum von grundsätzlich mindestens vier Wochen ermittelt, § 47 II 1 SGB V.[1038] Dabei muss es sich um den letzten abgerechneten Zeitraum vor Eintritt der Arbeitsunfähigkeit bzw. der Hinderung an ganztägiger Erwerbstätigkeit handeln.[1039] Der Versicherte hat Arbeitsentgelt erzielt im Sinne von § 47 I 1 SGB V, wenn es ihm im Bemessungszeitraum tatsächlich zugeflossen ist.[1040] Das Regelentgelt wird nur bis zu einem Betrag in Höhe des 360. Teils des Höchstjahresarbeitsverdienstes[1041] berücksichtigt, § 47 I Nr. 1 SGB VII.[1042] Geringfügige Abweichungen in der Berechnung ergeben sich, wenn das Arbeitsverhältnis anders gestaltet ist, das heißt Stundenlohn gezahlt wird oder nach anderen Maßstäben abgerechnet wird und zum Beispiel Stücklohn oder Akkordlohn gezahlt wird.

Das Verletztengeld darf das bei Anwendung des § 47 II SGB V berechnete Nettoarbeitsentgelt nicht übersteigen.[1043] Auf das Verletztengeld müssen gleichzeitig erzieltes Arbeitsentgelt oder Arbeitseinkommen sowie bestimmte Sozialleistungen angerechnet werden.[1044] Arbeitsentgelt sind alle laufenden und einmaligen Einnahmen aus einer Beschäftigung.[1045] Anzurechnen ist nur das Arbeitsentgelt, das dem Versicherten für denselben Zeitraum gezahlt wird, für den ihm dem Grunde nach Verletztengeld zusteht. Berücksichtigt werden die Nettoeinkünfte, was bedeutet, dass das Arbeitsentgelt vor der Anrechnung um die gesetzlichen Abzüge zu mindern ist.[1046]

---

[1032] § 46 SGB VII.
[1033] BT-Drucks. 13/2204, S. 87.
[1034] DUDEN, BB 1998, S. 2207 ff.
[1035] § 47 I 1 SGB VII.
[1036] SCHMITT SGB VII § 47 Rn. 5.
[1037] vgl. §§ 14 I SGB IV, 47 I 1 und II 1 SGB V, 23a SGB IV; BSGE 58, 243 (245); BSGE 66, 34 (42).
[1038] KATER / LEUBE § 47 Rn. 13.
[1039] BSGE 36, 59.
[1040] BSGE 46, 203; BSGE 52, 102.
[1041] § 85 II SGB VII.
[1042] KATER / LEUBE § 47 Rn. 30.
[1043] KATER / LEUBE § 47 Rn. 28.
[1044] § 52 Nr. 1 und Nr. 2 SGB VII.
[1045] § 14 I SGB IV; Arbeitseinkommen ist der nach den allgemeinen Gewinnermittlungsvorschriften ermittelte Gewinn aus einer selbständigen Tätigkeit, § 15 I SGB IV.
[1046] Arbeitseinkommen ist pauschal um 20% zu mindern.

b. Übergangsgeld

Das Übergangsgeld dient dazu, den Geschädigten während der Durchführung von Maßnahmen zur beruflichen Rehabilitation wirtschaftlich abzusichern.[1047] Erhält der Geschädigte berufsfördernde Leistungen und hindern diese ihn an ganztägiger Erwerbstätigkeit, erhält der Geschädigte Übergangsgeld.[1048] Übergangsgeld wird auch bei einer nicht zu vertretenden Unterbrechung der Rehabilitation aus gesundheitlichen Gründen oder wichtiger persönlicher Angelegenheiten des Versicherten, wie einem Todesfall in der Familie, gezahlt.[1049] Zudem gibt es ein Anschlussübergangsgeld nach erfolgreichem Abschluss[1050] der berufsfördernden Maßnahme, wenn der Versicherte sich beim Arbeitsamt arbeitslos gemeldet hat.[1051]

Das Übergangsgeld wird bis zu maximal sechs Wochen weiter gezahlt und ist subsidiär zu Verletztengeld und Krankengeld, § 50 II SGB VII. Der Höhe des Übergangsgeldes liegen die gleichen Berechnungsgrundlagen zugrunde wie dem Verletztengeld.[1052]

c. Verletztenrente

Der Schaden, der dem Geschädigten nach dem Gesetz ausgeglichen werden soll, „besteht in der Einschränkung der Benutzung der dem Verletzten nach seinen gesamten Kenntnissen und körperlichen wie geistigen Fähigkeiten auf dem gesamten wirtschaftlichen Gebiet sich bietenden Arbeitsgelegenheiten".[1053] Es ist also nicht nur der tatsächlich entstandene Erwerbsschaden zu ersetzen, der sich konkret berechnen ließe, sondern die Minderung der Erwerbsfähigkeit (MdE). Damit wird der materielle wie der immaterielle Schaden und der Erwerbsschaden wie der Körperschaden abgegolten.[1054] Die Verletztenrente ist eine pauschalierte Ersatzleistung für den unfallbedingt entgangenen Lohn sowie für immaterielle Schäden (z. B. Schmerzensgeld) und unfallbedingten Mehraufwand.[1055] Man spricht daher von abstrakter Schadensberechnung in der gesetzlichen Unfallversicherung.[1056]

Ein Anspruch auf Zahlung einer Verletztenrente entsteht, sofern ein Arbeitsunfall zu einer MdE von mindestens 20% führt und diese über die 26. Woche nach dem Arbeitsunfall hinaus andauert.[1057] Eine Ausnahme bilden die Stützrenten,[1058] die bei einer MdE ab 10% gewährt werden können, wenn ein vorhergegangener Versicherungsfall auch zu einer MdE von 10% geführt hatte. Auch hier muss die MdE jeweils über die 26. Woche angedauert haben.[1059] Die Höhe der Verletzten-

---

1047 SCHMITT SGB VII § 49 Rn. 2.
1048 §§ 35 I, 49 SGB VII; RÜFNER, Einführung in das Sozialrecht, S. 197.
1049 § 50 II Nr. 1 SGB VII.
1050 SCHMITT SGB VII § 50 Rn. 11.
1051 § 50 II Nr. 2 SGB VII; KATER / LEUBE § 50 Rn. 8 ff.
1052 KATER / LEUBE § 51.
1053 GITTER, SGb 1993, S. 297 (300).
1054 BVerfGE 34, 118; GITTER, SGb 1993, S. 297 (300).
1055 GOEKE / GRAEFF, BArBl 10 / 1996, S. 11.
1056 RUPPELT in: Schulin HS-UV § 48 Rn. 7.
1057 MARSCHNER, SozVers 1996, 317 (319).
1058 BENZ, NZS 1998, S. 455.
1059 BENZ in: Wannagat SGB VII § 56 Rn. 28.

rente ist im Wesentlichen abhängig vom Grad der MdE und dem Jahresarbeitsverdienst des Verletzten vor dem Eintritt des Arbeitsunfalls.[1060]

### *(1) Minderung der Erwerbsfähigkeit*

Die MdE im Sinne der gesetzlichen Unfallversicherung beurteilt sich nach der Fähigkeit des Versicherten, sich unter Ausnutzung der Arbeitsgelegenheiten, die sich ihm nach seinen Kenntnissen und Fähigkeiten im wirtschaftlichen Leben bieten, einen Erwerb zu verschaffen.[1061] Die abstrakte Schadensberechnung wird wie folgt durchgeführt: Zunächst ist die individuelle Erwerbsfähigkeit des Verletzten vor dem Unfall zu ermitteln und rechnerisch mit 100% zu bewerten, und zwar auch dann, wenn der Verletzte bereits vorgeschädigt und infolgedessen nicht mehr voll erwerbsfähig war.[1062] Ein Vorschaden wird nur dann berücksichtigt, wenn er zu einer völligen Erwerbsunfähigkeit geführt hatte.[1063] Einer vor dem Arbeitsunfall bestehenden und mit 100% bewerteten individuellen Erwerbsfähigkeit des Verletzten wird das nach dem Unfall verbliebene Ausmaß der Erwerbsfähigkeit als Vergleich gegenübergestellt.[1064] Die Differenz beider Werte ergibt die MdE. Die Verletztenrente beträgt bei völliger Erwerbsunfähigkeit[1065] zwei Drittel des Jahresarbeitsverdienstes des Verletzten.[1066] Ist der Verletzte nicht völlig erwerbsunfähig, sondern ist seine Erwerbsfähigkeit nur gemindert, so erhält er jenen Teil der Vollrente, der dem Grad der MdE entspricht.[1067] Entschädigt wird also nach dem Unterschied der auf dem gesamten Gebiet des Erwerbslebens bestehenden Erwerbsmöglichkeiten vor und nach dem Arbeitsunfall. Ob der Arbeitsunfall tatsächlich zu einem Einkommensausfall führt, ist dagegen bedeutungslos.[1068]

Die Beurteilung des Grades der MdE ist eine Rechtsfrage. Der Unfallversicherungsträger trifft seine Feststellung anhand medizinischer Gutachten; er ist hieran aber nicht gebunden.[1069] Da der Grad der MdE im Einzelfall naturgemäß nur schwer geschätzt werden kann[1070], ist der Grundsatz entwickelt worden, dass eine Schätzung des Unfallversicherungsträgers so lange als rechtmäßig anzusehen ist, als eine spätere Schätzung um nicht mehr als 5% von ihr abweicht.[1071] Darüber hinaus besteht die Möglichkeit, für die ersten drei Jahre[1072] nach dem Arbeitsunfall zunächst eine vorläufige Rente zu gewähren bis der Grad der MdE endgültig festgestellt werden kann, § 62 SGB VII. Spätestens mit Ablauf von

---

[1060] § 56 SGB VII.
[1061] SCHMITT SGB VII § 56 Rn. 14.
[1062] BENZ in: Wannagat SGB VII § 59 Rn. 3.
[1063] SCHMITT SGB VII § 56 Rn. 17.
[1064] GITTER, Schadensausgleich im Arbeitsunfallrecht, S. 160.
[1065] BSGE 17, 160 (161).
[1066] ZACHER, Einführung in das Sozialrecht der Bundesrepublik Deutschland, S. 44.
[1067] GITTER, Sozialrecht, S. 216.
[1068] GITTER, Sozialrecht, S. 214, 215.
[1069] BSGE 4, 147.
[1070] PFITZNER, NZS 1998, S. 61.
[1071] BSGE 32, 245; BSGE 37, 177.
[1072] MARSCHNER, SozVers 1996, S. 317 (319).

drei Jahren ist dann die endgültige Verletztenrente festzustellen.[1073] Bei einer vorläufigen Rente kann die MdE jederzeit neu festgestellt werden.[1074]

*(2) Der Jahresarbeitsverdienst*

Als Jahresarbeitsverdienst[1075] gilt grundsätzlich der Gesamtbetrag aller Arbeitsentgelte und Arbeitseinkünfte im Jahr vor dem Arbeitsunfall, § 82 SGB VII.[1076] Entscheidend ist der Zeitabschnitt gerechnet vom Tag vor dem Arbeitsunfall, nicht das Kalenderjahr.[1077] Die Grundregel des § 83 SGB VII dürfte nicht für alle Fälle eine befriedigende Lösung ergeben. Aus diesem Grund enthält das Gesetz eine Reihe von Sonderregelungen zur Errechnung des Jahresarbeitsverdienstes.[1078] Für alle gilt übereinstimmend, dass sie nur zur Anwendung gelangen, wenn sie für den Verletzten günstiger sind.[1079]

*(3) Beginn der Rentenzahlung*

Die Rente wird grundsätzlich im Anschluss an das Verletztengeld gewährt.[1080] Wird kein Verletztengeld gezahlt, ist der Zeitpunkt für den Beginn der Rentenzahlung der Tag, an dem der Versicherungsfall eintritt.[1081] Die Verletztenrente wird bereits während der Rehabilitationsmaßnahmen neben dem Übergangsgeld gezahlt. Durch diese Regelung wird eine Benachteiligung der schwerer Verletzten mit langen Rehabilitationszeiten vermieden, § 72 I Nr. 1 SGB VII.[1082]

*(4) Sonderfälle der Verletztenrente*

Vom Unfallversicherungsträger ist eine Erhöhung der Rente bei Schwerverletzten von Amts wegen zu beachten.[1083] Für Schwerverletzte, d. h. Personen, deren MdE mindestens 50% beträgt, § 57 SGB VII, erhöht sich die so berechnete Rente um 10%, wenn sie infolge des Arbeitsunfalls auf Dauer keiner Erwerbstätigkeit mehr nachgehen können und sie keine Rente aus der gesetzlichen Rentenversicherung erhalten.[1084]

Eine weitere Sonderregelung gilt für Verletzte, deren MdE zwar weniger als 100% beträgt, die aber infolge des Arbeitsunfalls ohne Arbeitsentgelt[1085] und Arbeitseinkommen[1086] sind, § 58 SGB VII. Die gesetzlichen Unfallversicherungsträger sollen für einen unfallbedingt arbeitslos gewordenen Arbeitnehmer noch eine Zeit lang verantwortlich bleiben.[1087] Sofern in diesem Fall die Ver-

---

1073 GITTER, Sozialrecht, S. 215.
1074 BENZ in: Wannagat SGB VII § 56 Rn. 8.
1075 KATER / LEUBE § 82.
1076 BSGE 73, 1.
1077 GITTER, Sozialrecht, S. 215.
1078 §§ 83 ff. SGB VII.
1079 GITTER, Sozialrecht, S. 216.
1080 § 72 I Nr. 1 SB VII.
1081 § 72 I Nr. 2 SGB VII.
1082 GOEKE / GRAEFF, BABl 10 / 1996, S. (9) 11.
1083 KATER / LEUBE § 57.
1084 GITTER, Sozialrecht, S. 217; RÜFNER, Einführung in das Sozialrecht, S. 199.
1085 § 14 SGB IV.
1086 § 15 SGB IV.
1087 KATER / LEUBE § 58 Rn. 2, 3.

letztenrente und das Arbeitslosengeld[1088] oder die Unterstützung aus der Arbeitslosenhilfe[1089] zusammen nicht den Betrag des Übergangsgeldes erreichen, hat der Träger der Unfallversicherung die Rente um den Unterschiedsbetrag zu erhöhen. Die zeitliche Grenze für die Erhöhung beträgt zwei Jahre ab Beginn der Rentengewährung.[1090] Im Gegensatz zur „normalen Verletztenrente" setzt die Erhöhung einen konkreten Vermögensschaden in Form des vollständigen Fehlens von Arbeitseinkommen voraus.[1091]

*(5) Die Kumulierung von Renten*

Bezieht ein Versicherter mehrere Renten, so setzt § 59 SGB VII fest, dass die Summe der Renten nach § 56 SGB VII zwei Drittel des höchsten der den Renten zugrunde gelegten Jahresarbeitsverdienstes nicht überschreiten darf (Höchstbetrag). Die Renten sollen im Fall einer Kumulation nicht das höchste jemals erzielte Nettoentgelt übersteigen.[1092] Eine Kürzung der Verletztenrente um höchstens die Hälfte ihres Betrages kommt in Betracht, wenn der Versicherte sich für mehr als einen Kalendermonat in Heimpflege befindet. Dabei handelt es sich um die Verpflegung in einer geeigneten Einrichtung,[1093] die infolge eines Versicherungsfalles als Leistung der Unfallversicherung gewährt wird. Grund für die Kürzung ist, dass dem Versicherten infolge der Heimpflege geringere Aufwendungen für das Bestreiten seines Lebensunterhalts erwachsen.[1094] Die Kürzung muss nach den persönlichen Bedürfnissen und Verhältnissen des Versicherten angemessen sein.[1095] Kann der Umfang der MdE noch nicht abschließend festgestellt werden, so wird für einen Zeitraum von drei Jahren die Rente als vorläufige Entschädigung gezahlt, § 62 SGB VII.[1096]

*(6) Die Aktualisierung der Rente*

Die Aktualisierung der Verletztenrente wegen veränderter Umstände kann sich in zweifacher Hinsicht ergeben. Zum einen können sich die individuellen Verhältnisse des Rentenberechtigten verändern. Man spricht dann von Rentenneufeststellung. Eine Rentenneufeststellung kommt in Betracht, wenn sich der Grad der MdE um mindestens 5% verändert hat.[1097] Zum anderen muss eine Anpassung an die allgemeine Lohn- und Gehaltsentwicklung erfolgen. Dies geschieht durch jährliche Rentenerhöhungen entsprechend der Entwicklung der durchschnittlichen Bruttolohn- und -gehaltssummen, vgl. §§ 89, 95 SGB VII.[1098]

---

[1088] §§ 100 ff. AFG.
[1089] §§ 134 ff. AFG.
[1090] KATER / LEUBE § 58 Rn. 13 – 15.
[1091] BSGE 30, 64 (68).
[1092] KATER / LEUBE § 59 Rn. 2.
[1093] § 44 I und V SGB VII.
[1094] BENZ in: Wannagat SGB VII § 60 Rn. 3.
[1095] KATER / LEUBE § 60 Rn. 5 mit Beispielen.
[1096] PLAGEMANN, NJW 1996, S. 3173 ff.
[1097] MARSCHNER, SozVers 1996, 317 (319).
[1098] GITTER, Sozialrecht, S. 217; KATER / LEUBE § 95 Rn. 2.

d. Abfindung

Die Abfindung ist eine besondere Form der Zahlung der festgesetzten Entschädigung. Statt der Rente, einer wiederkehrenden Leistung, wird eine einmalige Zahlung geleistet, die den Anspruch pauschal abgilt. Sie soll einerseits verhindern, dass sich der Berechtigte auf eine Dauerzahlung einzustellen beginnt, andererseits dient sie der Verwaltungsvereinfachung.[1099] Im Gesetz wird unterschieden zwischen der Abfindung von Verletztenrenten, zwischen der Abfindung vorläufiger Renten, der Abfindung kleiner Verletztenrenten und der Abfindung sonstiger Verletztenrenten.[1100]

§ 75 SGB VII normiert die Abfindung der Rente, die in Form einer vorläufigen Entschädigung[1101] zu zahlen ist.[1102] Die Abfindung steht im Ermessen des Unfallversicherungsträgers und beruht auf der Prognose, dass es, über die vorläufige Entschädigung hinaus, nicht zu einer Feststellung der Verletztenrente kommen wird. Sie kann bei Vorliegen ihrer Voraussetzungen ergehen und bedarf keines Antrags.[1103] Maßgebender Zeitpunkt der Entscheidung ist der Schluss der Heilbehandlung, weil sich erst zu diesem Zeitpunkt der Zustand des Versicherten hinreichend manifestiert hat.[1104] Die Gesamtvergütung erfolgt in Höhe des voraussichtlichen Rentenaufwands.[1105] Bereits vor Ablauf des Zeitraumes, für den die Gesamtvergütung gewährt wurde, kann der Versicherte formlos die Weitergewährung der Rente beantragen. Dem Unfallversicherungsträger obliegt es, zu prüfen, ob die Voraussetzungen einer vorläufigen Rente vorliegen.[1106]

Renten wegen einer MdE von weniger als 40% können auf Antrag des Verletzten durch eine Kapitalisierung der Rente abgefunden werden, wenn nicht zu erwarten ist, dass die MdE in Zukunft wesentlich sinken wird, § 76 SGB VII. Dieser Regelung liegt die Überlegung zugrunde, dass die kleinen Renten in der Regel zum Arbeitsentgelt des Verletzten hinzutreten, so dass durch ihren Wegfall infolge der Abfindung die Existenz des Versicherten und seiner Familie nicht gefährdet wird.[1107] Welche Erwägungen der Unfallversicherungsträger im Rahmen dieser Prognoseentscheidung anzustellen hat, ist unklar.[1108] Trotz der Abfindung behält der Verletzte seinen Anspruch auf Verletztenrente insoweit, als sich die Folgen des Arbeitsunfalls nachträglich wesentlich verschlimmern, d. h., wenn es zu einer weiteren MdE von mindestens 5% kommen sollte.[1109] Die Rente berechnet sich in diesem Fall allerdings nur nach der MdE infolge der Verschlimmerung. Der Anspruch auf Verletztenrente lebt dagegen auf Antrag in vollem Umfang wieder auf, wenn der Verletzte durch eine Verschlimmerung der

---

1099 KATER / LEUBE § 75 Rn. 2.
1100 GITTER, Sozialrecht, S. 220.
1101 § 62 SGB VII.
1102 KATER / LEUBE § 75 Rn. 2.
1103 BENZ in: Wannagat SGB VII § 75 Rn. 9.
1104 BENZ in: Wannagat SGB VII § 75 Rn. 7.
1105 KATER / LEUBE § 75 Rn. 5.
1106 BENZ in: Wannagat SGB VII § 75 Rn. 10.
1107 BT-Drucks. 13/2204, S. 94; PLAGEMANN, NJW 1996, S. 3173 (3176).
1108 PLAGEMANN, NJW 1996, S. 3173 ff.; DAHM, SozVers 1998, S. 93 (95).
1109 §§ 76 III, 73 III SGB VII.

Unfallfolgen oder einen weiteren Arbeitsunfall zum Schwerverletzten wird. Die bereits gezahlte Abfindung wird dann auf die zu zahlende Rente angerechnet.[1110]

Verletztenrenten wegen einer MdE von mindestens 40% können auf Antrag für einen Zeitraum von 10 Jahren abgefunden werden. Der Versicherte erhält einen Geldbetrag, der dem neunfachen Jahresbetrag der Rente entspricht. Diese großen Dauerrenten können nur abgefunden werden, wenn der Versicherte das 18. Lebensjahr vollendet hat und nicht zu erwarten ist, dass innerhalb des Abfindungszeitraums die MdE weiter sinkt, § 78 SGB VII.[1111]

e. Leistungen im Todesfall

Die Hinterbliebenen eines durch einen Arbeitsunfall oder eine Berufskrankheit zu Tode gekommenen, erhalten ein Sterbegeld, Überführungskosten[1112] und eine Überbrückungshilfe[1113]. Daneben werden den Hinterbliebenen Renten gewährt, die den entgangenen Unterhalt ausgleichen sollen. Für diese Rentenansprüche gelten die gleichen Berechnungsgrundlagen wie für die Verletztenrente.[1114]

3. Ausschluss

Zum Leistungsausschluss kommt es nur unter den sehr engen Voraussetzungen des § 101 I SGB VII. Er trifft nur den Täter einer vorsätzlichen, rechtswidrigen und schuldhaften Tötungshandlung.[1115] Meist kommt in diesen Fällen § 101 I SGB VII aber nicht zur Anwendung, weil derartige Tötungshandlungen kaum je in einem inneren Zusammenhang zur betrieblichen Tätigkeit stehen, so dass schon kein Arbeitsunfall vorliegt.[1116]

Ansonsten können die Leistungen allenfalls gekürzt werden, § 101 II SGB VII.[1117] Eine Leistungskürzung kommt in Betracht, wenn die den Versicherungsfall auslösende Handlung nach strafgerichtlichem Urteil eine vorsätzlich begangene Straftat darstellt.[1118] Die Versagung der Leistung steht im Ermessen des Unfallversicherungsträgers, der seine Entscheidung zu begründen hat.[1119] Um zu verhindern, dass unterhaltsberechtigte Personen in Not geraten und andere Sozialleistungen in Anspruch nehmen, sieht § 101 II 3 SGB VII vor, dass die Leistung, soweit sie versagt wird, an unterhaltsberechtigte Kinder und Ehegatten geleistet werden kann.[1120] Die Gewährung von Leistungen an Unterhaltsberechtigte sollte allerdings nur erfolgen, wenn nicht zu befürchten ist, dass die Leistungen letztlich doch dem Täter zugute kommen.[1121]

---

1110 § 77 SGB VII.
1111 GITTER, Sozialrecht, S. 220.
1112 § 64 SGB VII.
1113 § 65 II Nr. 1 SGB VII.
1114 GITTER, Sozialrecht, S. 217 ff.
1115 BENZ in: Wannagat SGB VII § 101 Rn. 4.
1116 SCHMITT SGB VII § 101 Rn. 3, 5.
1117 KATER / LEUBE § 101 Rn. 8.
1118 KATER / LEUBE § 101 Rn. 9, 10.
1119 § 35 I 3 SGB X; KATER / LEUBE § 101 Rn. 11.
1120 BENZ in: Wannagat SGB VII § 101 Rn. 8.
1121 SCHMITT, § 101 Rn. 10.

### 4. Haftung und Rückgriff

Die beschriebenen Versicherungsfälle können gleichzeitig auch eine zivilrechtliche Haftung auslösen. Um eine Verdoppelung der Ansprüche des geschädigten Arbeitnehmers und eine doppelte Inanspruchnahme des Arbeitgebers zu vermeiden, enthalten die §§ 104 ff. SGB VII den für die Unfallversicherung maßgeblichen Grundsatz der Haftungsablösung. Die Regelungen führen zu einer Begrenzung der zivilrechtlichen Haftung für Unternehmer und Arbeitskollegen, einer beschränkten Schadensersatzhaftung.[1122] Gegen diese privilegierten Personen können die Versicherungsträger im Einzelfall Regressansprüche haben, § 110 SGB VII. Der geschädigte Arbeitnehmer kann aber auch zivilrechtliche Ansprüche gegen einen Drittschädiger haben. Drittschädiger ist, wer nicht Unternehmer oder Arbeitskollege und somit nicht nach §§ 104 ff. SGB VII privilegiert ist. Dann erfolgt ein gesetzlicher Forderungsübergang auf den Versicherungsträger, § 116 X SGB X.

#### a. Haftungsbeschränkungen

Allgemein wird davon gesprochen, dass die gesetzliche Unfallversicherung die Haftung der Unternehmer und Arbeitskollegen ablöst.[1123] Dieser Grundsatz der Haftungsablösung erfährt jedoch Einschränkungen für die Unternehmer wie für die Arbeitskollegen, so dass im Ergebnis die Haftung für die Versicherungsfälle nicht vollständig abgelöst, sondern beschränkt wird.

##### *(1) Unternehmer*

Durch die gesetzliche Unfallversicherung werden alle Ansprüche nach „anderen gesetzlichen Vorschriften zum Ersatz des Personenschadens" abgelöst.[1124] Andere gesetzliche Vorschriften sind dabei insbesondere die Regelungen des BGB über die Vertrags- und Deliktshaftung sowie Gefährdungshaftungen außerhalb des BGB, insbesondere das Straßenverkehrsgesetz.[1125] Allerdings ist der Ausschluss auf den Personenschaden beschränkt, so dass der Unternehmer wegen eines Sachschadens weiter haftet.[1126] Das ist auch sachgerecht, da die Unfallversicherung zur Abdeckung des Sachschadens keine Leistungen erbringt. Der Personenschaden gilt dagegen als durch die Sach- und Geldleistungen der gesetzlichen Unfallversicherung ausgeglichen. Die Haftungsablösung erfolgt gegenüber allen im Unternehmen des Arbeitgebers tätigen Versicherten und allen, die zu dem Unternehmen in einer die Versicherung begründenden Beziehung stehen, § 104 I SGB VII. Aus Sicht der Geschädigten sind Haftungsablösung und Schutz der gesetzlichen Unfallversicherung somit kongruent.

Der Unternehmer ist allerdings dann zum Schadensersatz verpflichtet, wenn er den Arbeitsunfall vorsätzlich herbeigeführt hat oder wenn der Schaden auf einem nach § 8 II Nr. 1 bis 4 SGB VII versicherten Weg eingetreten ist. „Vorsatz bedeutet Wissen und Wollen des rechtswidrigen Erfolgs."[1127] Der Vorsatz des

---

[1122] SCHULIN, Sozialrecht, Rn. 316.
[1123] §§ 104 ff. SGB VII.
[1124] § 104 I 1 SGB VII.
[1125] LAUTERBACH, Unfallversicherung § 636 Anm. 9.
[1126] ZÖLLNER, § 19 I 2, S. 166 f.; LAUTERBACH, Unfallversicherung § 636 Anm. 10.
[1127] LAUTERBACH, Unfallversicherung § 636 Anm. 32.

Arbeitgebers muss sich sowohl auf die Schädigungshandlung als auch auf den Personenschaden erstrecken.[1128] Die Leistungen der Unfallversicherung sind auf den Schadensersatzanspruch anzurechnen, § 104 III SGB VII.[1129] Der Unternehmer kann also in diesen Fällen nur in Höhe des die Versicherungsleistungen übersteigenden Betrags, der „Schadensspitzen", in Anspruch genommen werden.

Entgegen der zivilrechtlichen Haftungsordnung werden dem geschädigten Arbeitnehmer seine Ansprüche nach allgemeinem Haftungs- und Schadensrecht genommen und der Schädiger von seiner Haftung teilweise freigestellt. Sowohl die Haftungsablösung als auch die Durchbrechung des Grundsatzes bedarf einer Rechtfertigung. Die Haftungsbeschränkung des Unternehmers wird damit begründet, dass der Unternehmer allein die Beiträge zur gesetzlichen Unfallversicherung zahlt (Finanzierungsargument).[1130] Für den Arbeitnehmer ist insbesondere wichtig, dass nicht aus Anlass eines Arbeitsunfalls zwischen dem Arbeitnehmer und dem Arbeitgeber ein den Betriebsfrieden belastender Prozess geführt werden muss (Friedensargument).[1131] Der Arbeitnehmer erhält zudem den Vorteil eines Anspruchs gegen eine leistungsfähige Gemeinschaft. In der Haftungsablösung liegt ja auch die Funktion der gesetzlichen Unfallversicherung.[1132] Die Durchbrechung der Haftungsablösung bei vorsätzlicher Schädigung soll möglich sein, weil dann das Vertrauensverhältnis zwischen Arbeitgeber und Arbeitnehmer so grundlegend zerstört ist, dass das Friedensargument seine Bedeutung verliert. Jede gesetzliche Haftungsbefreiung muss ihre Grenze mindestens in der eigenen bewussten Verursachung des Schadens finden.[1133] Kritik an der Regelung rührt daher, dass das Finanzierungsargument auch hier seine Berechtigung hat. Der Unternehmer hat sich die Haftungsfreistellung im Rahmen eines Systems erkauft, bei welchem von „Eliminierung der Relevanz des Verschuldens" gesprochen wird. Eine vorsätzliche Schädigung des Arbeitnehmers durch den Arbeitgeber, das „Wissen und Wollen" des Personenschadens, dürfte aber ausgesprochen selten sein. Wesentlich größere Bedeutung hat die Durchbrechung des Prinzips der Haftungsablösung bei Wegeunfällen. Die Regelung bezweckt, die Gleichartigkeit der Haftung und der Sorgfaltsanforderungen für alle Verkehrsteilnehmer zu wahren.[1134]

*(2) Arbeitskollegen*

Für Arbeitskollegen gilt im Großen und Ganzen das gleiche wie für Unternehmer. Für Personenschäden, die unter den Schutz der gesetzlichen Unfallversicherung fallen, ist ihre Haftung abgelöst, während sie für vorsätzliche Schädi-

---

[1128] BAG, DB 1975, S. 2448; Für die abweichende Meinung von ROLFS, NJW 1996, S. 3177 (3178), dass sich mit Einführung des SGB VII die Rechtslage dahingehen geändert habe, dass der Vorsatz sich nur noch auf die Schädigungshandlung beziehen muss, gibt es keine Anhaltspunkte. Eine ausführliche Begründung findet sich bei MASCHMANN, SGb 1998, S. 54 (56).

[1129] BT-Drucks. 13/2204, S. 100.

[1130] GITTER, SGb 1993, S. 297 (299); EICHENHOFER, Sozialrecht, Rn. 412.

[1131] GITTER, Sozialrecht, S. 222; PLAGEMANN / PLAGEMANN, Gesetzliche Unfallversicherung, S. 166.

[1132] EICHENHOFER, Sozialrecht, Rn. 413.

[1133] MARSCHALL VON BIEBERSTEIN, VersR 1968, 509 (513).

[1134] KATER / LEUBE § 104 Rn. 38.

gungen und die nach § 8 II Nr. 1 bis 4 SGB VII versicherten Wege weiter haften. Eine Abweichung gegenüber der Haftungsfreistellung von Unternehmern ergibt sich aber: Die Haftungsbefreiung unter Arbeitskollegen tritt nur ein, wenn der Schaden bei einer betrieblichen Tätigkeit eintritt. Der Schädiger muss nicht im gleichen Betrieb beschäftigt sein wie der Geschädigte.[1135] „Die Haftung betrifft vielmehr auch Nicht-Betriebsangehörige, die durch eine betriebliche Tätigkeit - z. B. eine Tätigkeit nach § 2 II [SGB VII] - einen Versicherungsfall von Versicherten desselben Betriebs verursachen."[1136] Daraus kann gefolgert werden, dass der Schädiger eine ernstliche, dem Unfallbetrieb dienende Tätigkeit verrichtet haben muss, die dem wirklichen oder mutmaßlichen Willen des Inhabers entspricht und die den Tätigkeiten ähnelt, die von den im Unfallbetrieb Beschäftigten selbst verrichtet werden.[1137]

Die Ablösung der Haftung von Arbeitskollegen kann nicht mit dem Finanzierungsargument begründet werden. Das Friedensargument hat hingegen auch hier Gültigkeit, auch zwischen Arbeitskollegen sollen Konfliktsituationen vermieden werden. GITTER führt an, dass die Arbeitskollegen in einer Funktions- und Gefahrgemeinschaft stehen, welche die Ablösung der Haftung rechtfertigt.[1138] Schon die kleinste Unachtsamkeit kann zu erheblichen Schädigungen führen. Entscheidend dürfte die Parallele zur Arbeitnehmerhaftung sein, wie sie von der Rechtsprechung zur gefahrgeneigten Arbeit entwickelt wurde.[1139] Der Arbeitnehmer, der den Unfall nicht vorsätzlich oder grob fahrlässig herbeigeführt hat,[1140] hat gegen seinen Arbeitgeber einen Haftungsfreistellungsanspruch. Letztlich würde also für den durch den Arbeitnehmer verursachten Schaden der Arbeitgeber aufkommen. Den würde auf diesem Umweg doch wieder die Haftung treffen, welche die Unfallversicherung ablösen soll.[1141] Dieser Effekt eines Regresskarussells soll vermieden werden.[1142]

b. Der Regress nach § 110 SGB VII

Die gesetzliche Unfallversicherung sieht für die Unfallversicherungsträger einen originären Regressanspruch gegen die im Rahmen der gesetzlichen Unfallversicherung haftungsprivilegierten Personen vor, § 110 SGB VII. Der Anspruch setzt voraus, dass der haftungsprivilegierte Schädiger[1143] vorsätzlich oder grob fahrlässig gehandelt hat.[1144] Vorsatz oder grobe Fahrlässigkeit brauchen sich allerdings nur auf das Handeln oder Unterlassen zu beziehen, das den Unfall ver-

---

1135 MARSCHNER, SozVers 1996, 317 (320); ROLFS, NJW 1996, S. 3177 (3178); MASCHMANN, SGb 1998, S. 54 (58).
1136 BT-Drucksache 13/2204, S. 100.
1137 MASCHMANN, SGb 1998, S. 54 (61).
1138 GITTER, Schadensausgleich im Arbeitsunfallrecht, S. 225.
1139 EICHENHOFER, Sozialrecht, Rn. 414.
1140 Haftungsbeschränkung der Arbeitnehmer im Arbeitsrecht auf Vorsatz und grobe Fahrlässigkeit, vgl. BAGE 5, 1; BAG AP § 611 BGB Haftung des Arbeitnehmers Nr. 84, 86, 93, 101, 102, 103 = Entlastung des Arbeitnehmers von privatrechtlicher Haftung - Damit geht die Beschränkung der Einstandspflicht für die vom Arbeitnehmer im Betrieb gegenüber Arbeitskollegen ausgelösten Personenschäden einher.
1141 GITTER, Schadensausgleich im Arbeitsunfallrecht, S. 213.
1142 vgl. MASCHMANN, SGb 1998, S. 54 (59).
1143 §§ 104 ff. SGB VII.
1144 PLAGEMANN / PLAGEMANN, Gesetzliche Unfallversicherung, Rn. 439 ff.

ursacht hat, § 110 I 3 SGB VII. Bei der Beurteilung, ob grobe Fahrlässigkeit vorliegt, sind zivilrechtliche Grundsätze anzuwenden. Der Schädiger handelt sonach grob fahrlässig, wenn er die erforderliche Sorgfalt in ungewöhnlich hohem Maße verletzt, d.h. schon einfachste, ganz naheliegende Überlegungen nicht anstellt und nicht einmal das beachtet, was im gegebenen Fall jedem hätte einleuchten müssen.[1145] Der Unternehmer hat dann gegen seine Pflicht zur Verhütung von Arbeitsunfällen verstoßen und den Unfallversicherungsträger dadurch geschädigt.[1146] Dieser dem Anspruch zugrunde liegende Gedanke ist allerdings keine Beweisregel. Es gibt keinen Anscheinsbeweis der Art, dass aus der Nichtbeachtung der Unfallverhütungsvorschriften die grobe Fahrlässigkeit folgt. Liegen diese Voraussetzungen vor, dann haftet der Unternehmer oder Arbeitskollege dem Versicherungsträger gegenüber „für die infolge des Versicherungsfalls entstandenen Aufwendungen". Der Anspruch ist begrenzt auf die Höhe des zivilrechtlichen Schadensersatzanspruchs.[1147] Der Schädiger soll durch das Eintreten der gesetzlichen Unfallversicherung nicht schlechter gestellt werden, als wenn er den Schaden dem Verletzten unmittelbar ersetzen müsste.[1148] So kann der Unternehmer dem Regressanspruch der Berufsgenossenschaft das Mitverschulden des Geschädigten bei der Schadensentstehung entgegenhalten.[1149]

Dieser originäre Regressanspruch wird als problematisch angesehen.[1150] Der Regressanspruch wird zunächst damit begründet, dass er erforderlich sei, weil der Schädiger ein strafwürdiges Verhalten gezeigt habe. Bei einem strafwürdigen Verhalten sollte aber mit einem Bußgeld gegen den Schädiger vorgegangen werden. Weiter wird geltend gemacht, dass es im Hinblick auf die Verhütung von Arbeitsunfällen nicht angehe, dass die haftungsprivilegierten Personen selbst bei Verschulden keinen Ersatzanspruch zu befürchten haben. Der Ersatzanspruch soll also gewissermaßen ein „Druckmittel" sein, um das Verantwortungsbewusstsein des Unternehmers und der Arbeitskollegen zur Unfallverhütung wachzuhalten. Jede gesetzliche Haftungsbefreiung müsse ihre Grenze mindestens in der eigenen bewussten Verursachung des Schadens finden.[1151] Daraus würde aber nur folgen, dass bei vorsätzlicher Schadensherbeiführung Regress genommen werden sollte. § 110 SGB VII geht jedoch darüber hinaus. Der Versicherungsträger kann auch bei grober Fahrlässigkeit seine Aufwendungen wieder hereinholen. Damit sei letztlich für § 110 SGB VII das Motiv mitbestimmend, die Versicherungsträger für ihre Aufwendungen schadlos zu halten.[1152]

Allerdings können gemäß § 110 II SGB VII die Versicherungsträger nach billigem Ermessen auf den Ersatzanspruch verzichten. Bei der Ermessensausübung sind in erster Linie die wirtschaftlichen Verhältnisse des Regressschuldners zu berücksichtigen, was insbesondere bei Arbeitnehmern zum Verzicht auf den gesamten Anspruch oder einem ebenfalls möglichen Teilverzicht führen kann. Im Rahmen der Prüfung der wirtschaftlichen Verhältnisse sind auch etwaige Frei-

---

[1145] LAUTERBACH, Unfallversicherung § 640 Anm. 10 ff.
[1146] EICHENHOFER, Sozialrecht, Rn. 415.
[1147] § 110 I 1 SGB VII.
[1148] GOEKE / GRAEFF, BArBl 10 / 1996, S. 12.
[1149] ROLFS, NJW 1996, 3177 (3181).
[1150] GITTER, Schadensausgleich im Arbeitsunfallrecht, S. 226.
[1151] MARSCHALL VON BIEBERSTEIN, VersR 1968, 509 (513).
[1152] GITTER, Schadensausgleich im Arbeitsunfallrecht, S. 221.

stellungsansprüche des Schädigers gegen seine Haftpflichtversicherung oder gegen den Unternehmer in die Rechnung miteinzubeziehen, weil derartige Ansprüche einen erheblichen Vermögenswert haben.[1153] Fraglich ist, ob der Versicherungsträger nach § 110 II SGB VII verzichten sollte, wenn der Regress sich gegen einen mit dem Geschädigten in häuslicher Gemeinschaft lebenden Familienangehörigen richtet. Eine Verpflichtung zum Verzicht wird man in diesen Fällen nicht annehmen können. Bei der Ermessensentscheidung muss aber wohl Berücksichtigung finden, dass durch den Regress die Familie wirtschaftlich betroffen werden kann.[1154]

### c. Der gesetzliche Forderungsübergang nach § 116 SGB X

Während sich der Regress auf die haftungsprivilegierten Personen bezieht,[1155] kommt der gesetzliche Forderungsübergang gemäß § 116 SGB X bei Drittschädigern in Betracht.[1156] Voraussetzung für den Anspruchsübergang ist zunächst, dass aufgrund von anderen gesetzlichen Vorschriften ein Anspruch auf Schadensersatz gegen einen Drittschädiger besteht.[1157] Der Anspruchsübergang erfolgt im Augenblick des schadensstiftenden Ereignisses. Wenn und soweit ein Anspruchsübergang stattfindet, so geschieht dies kraft Gesetzes; es handelt sich also um einen Forderungsübergang im Sinne des § 412 BGB. Weil die Höhe erst nach Leistungsgewährung durch den Sozialversicherungsträger feststeht, findet regelmäßig zunächst nur ein Übergang „dem Grunde nach“ statt. Vom Augenblick des Anspruchsübergangs an, können die Ansprüche des Geschädigten nicht mehr von diesem, sondern nur noch vom Versicherungsträger geltend gemacht werden. Macht der Geschädigte entgegen der gesetzlichen Regelung den auf den Versicherungsträger übergegangenen Anspruch geltend und erhält er vom Schädiger Ersatz, so kann der Versicherungsträger entweder gemäß § 51 SGB I aufrechnen oder gegen den Leistungsempfänger gemäß § 816 I 1 BGB vorgehen.

Der gesetzliche Forderungsübergang erfüllt zwei Funktionen: Zum einen wird verhindert, dass der Geschädigte doppelte Leistungen erhält, nämlich vom Versicherungsträger und vom Schädiger.[1158] Zum anderen kann sich der Schädiger gegenüber den Geschädigten nicht darauf berufen, dass der Schaden durch die Versicherungsleistungen bereits ausgeglichen sei.[1159]

## VII. Der Rechtsschutz

Der Rechtsschutz wird durch die Sozialgerichte gewährt, § 51 I SGG. Es gibt allerdings in der gesetzlichen Unfallversicherung auch Ansprüche, die in anderen Rechtswegen eingeklagt werden. So muss der Regressanspruch in § 110

---

1153 BGH NJW 1972, 907; LAUTERBACH, Unfallversicherung § 640 Anm. 46.
1154 LAUTERBACH, Unfallversicherung § 640 Anm. 3 und 46.
1155 §§ 104 ff. SGB VII.
1156 RÜFNER, Einführung in das Sozialrecht, S. 68 ff.
1157 MASCHMANN, SozVers 1998, S. 54 (62).
1158 GITTER, Schadensausgleich im Arbeitsunfallrecht, S. 221.
1159 GITTER, Sozialrecht S. 228.

SGB VII vor den ordentlichen Gerichten geltend gemacht werden. Es soll sich um einen zivilrechtlichen Schadensersatzanspruch handeln.

1. Die Sozialgerichtsbarkeit

Der Aufbau der Sozialgerichtsbarkeit ist wie in fast allen anderen Gerichtszweigen dreistufig, vgl. § 2 SGG. Erste Instanz sind die Sozialgerichte, zweite Instanz die Landessozialgerichte und dritte Instanz ist das BSG. Gegen Urteile der Sozialgerichte ist in der Regel das Rechtsmittel der Berufung an das Landessozialgericht gegeben, § 143 SGG. Von diesem Grundsatz bestehen zahlreiche Ausnahmen, §§ 144 ff. SGG, die den Zweck haben, die Landessozialgerichte von „Bagatellfällen" zu entlasten.[1160] Auch in derartigen Fällen ist die Berufung allerdings ausnahmsweise zulässig, wenn das Sozialgericht sie in seinem Urteil zugelassen hat, ein wesentlicher Mangel des Verfahrens gerügt wird, oder der ursächliche Zusammenhang einer Gesundheitsstörung oder des Todes mit einem Arbeitsunfall, einer Berufskrankheit oder einer Schädigung im Sinne des Bundesversorgungsgesetzes streitig ist, § 150 SGG.

Das Rechtsmittel der Revision, das zu einer ausschließlich rechtlichen Überprüfung der angefochtenen Entscheidung führt, besteht gegen Urteile der Landessozialgerichte, sowie - in Form der Sprungrevision[1161] - gegen Urteile der Sozialgerichte. Jede Revision bedarf der Zulassung. Diese kann entweder durch das Landessozialgericht oder durch das BSG erfolgen, sofern eine Nichtzulassungsbeschwerde eingelegt worden ist. Im Fall der Sprungrevision ist neben der Zulassung durch das Sozialgericht außerdem die Zustimmung des Prozessgegners erforderlich. Die Zulassung darf nur erfolgen, wenn die Rechtssache grundsätzliche Bedeutung hat oder das Urteil von einer Entscheidung des BSG abweicht. Darüber hinaus kann die Revision bei schwerwiegenden Verfahrensmängeln eines Verfahrens vor dem Landessozialgericht, nicht jedoch bei Mängeln des erstinstanzlichen Verfahrens zugelassen werden, §§ 160 ff. SGG. Die Revisionsinstanz dient damit in erster Linie der Wahrung der Rechtseinheit und der Fortbildung des Rechts.[1162]

2. Besondere Verfahrensgrundsätze

Der sozialrechtliche Rechtsschutz ist dem verwaltungsrechtlichen sehr ähnlich. Die Besonderheiten der Materie brachten einige spezielle Verfahrensgrundsätze hervor:

Die Sozialgerichtsbarkeit ist mit Berufsrichtern und ehrenamtlichen Richtern besetzt, § 3 SGG. Die ehrenamtlichen Richter werden aus den Kreisen der Versicherten, der Arbeitgeber, der Ärzte, der Krankenkassen und der Versorgungsberechtigten berufen. Durch ihre Mitwirkung soll sichergestellt werden, dass für die Rechtsprechung Erfahrungen und Einsichten nutzbar gemacht werden, über die Personen verfügen, die mit den der Sozialgerichtsbarkeit zugewiesenen Sachgebieten vertraut sind.[1163] Die ehrenamtlichen Richter sind daher weniger

---

[1160] Bley / Kreikebohm, Sozialrecht, Rn. 1210.
[1161] Dahm, SozVers 1998, S. 261.
[1162] Amtl. Begründung zum Änderungsgesetz vom 30. Juli 1974, BT-Drucks. 7/861, S. 10.
[1163] BSGE 23, 105 (109 f).

Laienrichter im Sinne von Schöffen als vielmehr sachkundige Beisitzer.[1164] Ihre Sachkunde wird durch ein besonderes Auswahlverfahren gewährleistet.[1165]

Besonders wichtig ist der „Grundsatz der Klägerfreundlichkeit".[1166] Für das sozialgerichtliche Verfahren gilt der Amtsermittlungsgrundsatz, d. h. das Gericht hat den Sachverhalt von Amts wegen zu erforschen, ohne an das Vorbringen und die Beweisanträge der Beteiligten gebunden zu sein, § 103 SGG. Eine Ausnahme bildet insoweit der Antrag eines Versicherten, einen bestimmten Arzt gutachtlich anzuhören, § 109 SGG. An den Klageantrag ist das Gericht inhaltlich gebunden, nicht jedoch an dessen Fassung, §§ 53, 123 SGG. Diese und andere Regelungen, die unter anderem einen weitgehenden Verzicht auf Formalien, umfangreiche Hinweispflichten des Gerichts und Gerichtskostenfreiheit vorsehen,[1167] dienen dazu, dem in der Regel rechtsunkundigen Bürger die Geltendmachung sozialrechtlicher Ansprüche möglichst zu erleichtern. So sind die Bestimmungen über die Form der Klageerhebung nur als Sollvorschriften gestaltet, § 92 SGG.

3. Der Vorrang der Verfahrenszuständigkeit

Bescheide der Unfallversicherungsträger (und Entscheidungen der Sozialgerichtsbarkeit) binden die Zivil- und Arbeitsgerichte, § 108 SGB VII. Der ordentlichen Gerichtsbarkeit bzw. Arbeitsgerichtsbarkeit ist es verwehrt, Entscheidungen der Berufsgenossenschaften in Frage zu stellen und aus eigener originärer Kompetenz in eine Sachprüfung einzutreten, möglicherweise mit dem Ergebnis, dass entgegen einer sozialgerichtlich getroffenen Feststellung dem Geschädigten ein Schmerzensgeld zugesprochen wird.[1168]

Die Bindungswirkung erstreckt sich sowohl auf die positive Feststellung eines Arbeitsunfalls als auch auf seine Ablehnung. Sie erstreckt sich darauf, in welchem Umfang Leistungen zu gewähren sind sowie auf die Zuständigkeit des Unfallversicherungsträgers.[1169] Wurde das Vorliegen eines Arbeitsunfalls verneint, kann der beklagte Arbeitgeber oder Arbeitnehmer im Zivilprozess nicht mehr einwenden, in Wahrheit läge doch ein Arbeitsunfall vor und es müsste das Haftungsprivileg der §§ 104 SGB VII für ihn gelten. Er muss die rechtskräftig gewordene Entscheidung der Berufsgenossenschaft gegen sich gelten lassen. Auch eine Inzidenterprüfung ihrer Richtigkeit findet vor den ordentlichen Gerichten nicht statt.[1170]

Als Korrelat dazu haben die ordentlichen Gerichte ein anhängiges Hauptverfahren auszusetzen,[1171] um die Entscheidung der Unfallversicherungsträger (oder der Sozialgerichtsbarkeit) abzuwarten. Einen Ermessensspielraum haben sie nicht. Ist ein Verfahren vor den Sozialgerichten oder den Verwaltungsträgern der Sozialversicherung noch nicht eingeleitet, so setzt das Gericht den Parteien

---

1164 BSGE 11, 181 (183); 18, 18 (20).
1165 §§ 13 f., 35, 46 f. SGG.
1166 BLEY / KREIKEBOHM, Sozialrecht, Rn. 1188 ff.
1167 vgl. §§ 90 f., 106 I, 183 SGG.
1168 ROLFS, NJW 1996, S. 3177 (3182).
1169 MASCHMANN, SozVers 1998, S. 54 (56).
1170 HOLTMANN, Arbeitsunfall und Haftungsrisiken, Rn. 99 ff.
1171 § 108 II 1 SGB VII.

hierfür eine Frist.[1172] Erst nach fruchtlosem Verstreichen dieser Frist sind die ordentlichen Gerichte befugt, das ausgesetzte Verfahren wieder aufzunehmen.[1173] Sofern das Gericht nicht von sich aus das Verfahren aussetzt, besteht die Möglichkeit einen entsprechenden Antrag zu stellen. Gemäß § 108 II SGB VII muss das Gericht dem Antrag statt geben.[1174]

Durch diese Vorschriften wird der Vorrang der Entscheidungen der Unfallversicherungsträger so weit wie möglich garantiert.

---

1172 § 108 II 2 SGB VII.
1173 ROLFS, NJW 1996, S. 3177 (3182).
1174 HOLTMANN, Arbeitsunfall und Haftungsrisiken, Rn. 106.

## 3. Kapitel: Vergleich

Die Bedingungen, die im 19. Jahrhundert zur Entstehung der besonderen Entschädigungssysteme für arbeitsbedingte Schäden geführt haben, waren in beiden Ländern insoweit gleich.[1175] Die Industrialisierung brachte unüberschaubare Gefahren für die Arbeiterschaft und es fehlte ein wirksamer Gesundheits- und Arbeitsschutz.[1176] Der Schutz, den die bestehenden Rechtsordnungen durch die Verschuldenshaftung und sehr formal ausgestaltete Verfahren boten, wurde nicht mehr als ausreichend angesehen.

In England behielt das Gedankengut des „laissez-faire“, das die Zeit der industriellen Revolution mitbestimmt hatte, auch weiterhin seinen Einfluss.[1177] Man argumentierte gegen den Machtzuwachs der Bürokratie, die ein staatliches Sicherungssystem mit sich bringen würde.[1178] Auch der Zwang, der mit einer Versicherungspflicht einhergehen würde, wurde weitgehend abgelehnt. Eine derartig weitgehende Intervention des Staates in Wirtschaft und Gesellschaft unter Ausschluss privater Versicherungsgesellschaften wurde kontrovers diskutiert.[1179] Im englischen Rechtskreis entschied man sich damals für eine Gefährdungshaftung mit der Möglichkeit für die Arbeitgeber, sich freiwillig bei privaten Versicherungsgesellschaften zu versichern. In Deutschland wandte sich BISMARCK gegen das „laisser faire, laisser aller, das reine Manchestertum in der Politik“. Der Staat könne seiner Meinung nach auch für seine Unterlassungen verantwortlich gemacht werden.[1180] Zwangsversicherung, die Durchführung durch öffentlich-rechtliche Körperschaften und die Haftungsablösung wurden in Deutschland bestimmende Prinzipien der gesetzlichen Unfallversicherung.[1181] Die grundsätzlichen Bedenken gegen Zwang und Bürokratie, die Ende des letzten Jahrhunderts zu einer Ablehnung des deutschen Konzepts im englischen Parlament führten, und die Überlegungen, dass nur ein freies Spiel der Marktkräfte den gesellschaftlichen und politischen Gegebenheiten gerecht würde, spiegeln sich auch heute in den Grundstrukturen und den Diskussionen um das Workers' Compensation-System von New South Wales wider.

Obwohl sich die Grundstrukturen der Ausgleichssysteme von New South Wales und Deutschland im Laufe der Zeit immer mehr annäherten, nahmen die beiden Systeme doch eine unterschiedliche Entwicklung. Das Workers' Compensation-System in New South Wales durchlief extreme Höhen und Tiefen, von 1994, als das System als gut funktionierend und strukturiert gelobt wurde, bis zur Insolvenz 1997. Die gesetzliche Unfallversicherung in Deutschland hingegen gilt, gerade auch wegen ihrer Konstanz, als „heile Welt“ der Sozialversicherung.[1182]

---

1175 HENDERSON, Die Industrielle Revolution 1780 - 1914, S. 122 ff.
1176 WANNAGAT, Lehrbuch des Sozialversicherungsrechts, S. 72; GITTER, Schadensausgleich im Arbeitsunfallrecht, S. 5.
1177 BROOKS, Guidebook to Occupational Health and Safety, S. 14 ff.
1178 RITTER, Bismarck und die Grundlagen des deutschen Sozialstaates, S. 789 (807); HENNOCK, British Social Reforms and German Precedents, S. 74.
1179 RITTER, Bismarck und die Grundlagen des deutschen Sozialstaates, S. 789 (804 f.); HENNOCK, British Social Reforms and German Precedents, S. 44, 75.
1180 TENNSTEDT, ZSR 1981, S. 663 (675).
1181 HENNOCK, British Social Reforms and German Precedents, S. 70 f.
1182 PAPIER / MÖLLER, NZS 1998, S. 353.

Bei einem ähnlichen Prämiensatz in beiden Ländern von durchschnittlich zwischen 2,5% und 3% in den letzten Jahren, empfinden die Arbeitgeber in New South Wales die Prämiensätze als unerträglich hoch[1183] während in Deutschland allgemeine Zufriedenheit herrscht. Diese konträren Einstellungen zur Höhe der Prämiensätze ergeben sich aus den Unterschieden in der finanziellen Gesamtbelastung der Arbeitgeber. In New South Wales lagen die wichtigen Lohnnebenkosten (major labour costs[1184]) 1989/90 bei 9,8%. Der Workers' Compensation Prämiensatz mit 2,2% machte davon mehr als ein Fünftel aus.[1185] In Deutschland ist der Anteil der Beiträge zur gesetzlichen Unfallversicherung schon im Verhältnis zum Sozialbudget wesentlich geringer. Die finanzielle Belastung der Unternehmen, die 30,4% des Sozialbudgets aufbringen,[1186] lag im Jahr 1994 bei 336,3 Mrd. DM. Auf die gesetzliche Unfallversicherung entfielen davon mit 19,4 Mrd. DM 5,67%.[1187] Für diesen Betrag bekommen die Unternehmer auch eine Gegenleistung: Ihre zivilrechtliche Haftung wird abgelöst. Insgesamt besteht auch ein „gesellschaftlicher Konsens" darüber, dass die gesetzliche Unfallversicherung mit ihrer derzeitigen Struktur ihre Aufgaben gut bewältigt.[1188] Im Gegensatz dazu ist der Reformbedarf in der Renten- und Krankenversicherung wegen deren absoluter Belastung und deutlich steigender Beiträge erheblich.[1189] Die Belastung lag, bezogen auf das Sozialbudget 1994, für die Rentenversicherung bei 335,5 Mrd. DM und für die Krankenversicherung bei 228,2 Mrd. DM.[1190]

Eine nähere Betrachtung der Gemeinsamkeiten und Unterschiede der Systeme wird auch Aufschluss darüber geben, wo die Ursachen für den unterschiedlichen Erfolg der Systeme zu suchen sind.

## *A. Gemeinsamkeiten der Entschädigungssysteme*

Heute bestehen in der Grundstruktur der Systeme große Gemeinsamkeiten, insbesondere auch was die grundsätzlichen Voraussetzungen der Versicherungsfälle angeht.

### I. Sozialversicherung

Sowohl das Workers' Compensation Scheme als auch die gesetzliche Unfallversicherung sind Sozialversicherungssysteme.[1191] WANNAGAT definiert Sozialversicherung als „eine staatlich organisierte, nach den Grundsätzen der Selbstver-

---

[1183] No need for federal Compensation law, Australian Lawyer, March 1994, S. 26.
[1184] Payroll Tax, Superannuation, Workers' Compensation, Fringe Benefits Tax.
[1185] FORD Report, S. 43.
[1186] BArBl. 1995, Heft 11, Tab. 329, S. 105.
[1187] BArBl. 1995, Heft 11, Tab. 328, S. 101; vgl. auch GITTER, Sozialrecht, S. 50.
[1188] PAPIER / MÖLLER, NZS 1998, S. 353.
[1189] KRASNEY, SGb 1995, S. 375; FUCHS, SGb 1995, S. 425.
[1190] BArBl. 1995, Heft 11, Tab. 328, S. 101; vgl. auch GITTER, Sozialrecht, S. 50.
[1191] WOODHOUSE Report, S. 113.

waltung aufgebaute öffentlich-rechtliche, vorwiegend auf Zwang beruhende Versicherung großer Teile der arbeitenden Bevölkerung für den Fall der Beeinträchtigung der Erwerbsfähigkeit (und des Todes)".[1192] Zwei Strukturelemente sind aus dem Typus der Sozialversicherung abzuleiten: das Solidarprinzip und das Versicherungsprinzip. Sie verhalten sich wie zwei Waagschalen: je mehr das eine verwirklicht ist, desto mehr muss das andere zurücktreten.[1193]

Versicherung ist der Zusammenschluss gleichartig Gefährdeter zu Gefahrgemeinschaften, um auftretende Risiken besser auf eine größere Zahl von Gefährdeten verteilen zu können.[1194] Typische Merkmale der Sozialversicherung sind sozialer Ausgleich, Versicherungszwang, staatliche Zuschüsse und der Grundsatz der Selbstverwaltung.[1195] Ein privates Versicherungssystem wird durch die Freiheit des Vertragsschlusses sowie die freiheitliche Gestaltung des Vertragsinhalts charakterisiert. Der in der Privatversicherung gewährte Versicherungsschutz ist grundsätzlich das Äquivalent für die Beitragsleistung des Versicherten.[1196] Aus diesen Unterschieden ziehen manche den Schluss, dass die Sozialversicherung keine Versicherung sei: Es fehle das Synallagma zwischen Leistung und Gegenleistung. Das Wagnis des Einzelfalls bleibe fast ganz unberücksichtigt. Die Leistungen würden selbst dann gewährt, wenn für den Leistungsempfänger keine Beiträge entrichtet wurden und es fehle das Merkmal der Ungewissheit. Leistungen würden auch für Versicherungsfälle geschuldet, die bei Eintritt in die Sozialversicherung schon vorhanden waren und über die keine Ungewissheit bestand.[1197] Diese Unterschiede zwischen privater Versicherung und Sozialversicherung sind Folge des Solidaritätsprinzips. So weist die Sozialversicherung gegenüber der Privatversicherung „viele Eigentümlichkeiten auf, obwohl sie mit ihr die gemeinsame Wurzel einer echten Versicherung hat."[1198]

Dass es sich bei dem Workers' Compensation-System von New South Wales um ein Versicherungssystem handelt, ist dort nicht streitig. Grund dafür dürfte vor allem sein, dass für die Aufgabe der Versicherung im Workers' Compensation-System stets private Versicherungsgesellschaften zuständig gewesen sind. Dabei sind die Strukturelemente der Sozialversicherung in New South Wales wie in Deutschland vorhanden.

### 1. Versicherungszwang

In beiden Ländern ist es obligatorisch für die Arbeitgeber durch Zahlung der Beiträge ihre abhängig Beschäftigten zu versichern. Damit findet eine Umverteilung[1199] statt oder ein Solidarausgleich[1200], der für die soziale Komponente der Systeme bestimmend ist. Nur mit einer hinreichend großen Zahl von Käufern können das durchschnittliche Risiko ermittelt und bedarfsdeckende Prämien er-

---

[1192] WANNAGAT, Lehrbuch des Sozialversicherungsrechts, S. 25.
[1193] PAPIER / MÖLLER, NZS 1998, S. 353 (354).
[1194] STOLLEIS, Industrielle Revolustion und Sozialversicherung, S. 1081; GITTER, Sozialrecht, S. 54.
[1195] WANNAGAT, Lehrbuch des Sozialversicherungsrechts, S. 17.
[1196] PAPIER / MÖLLER, NZS 1998, S. 353 (354).
[1197] WANNAGAT, Lehrbuch des Sozialversicherungsrechts, S. 11.
[1198] WANNAGAT, Lehrbuch des Sozialversicherungsrechts, S. 1.
[1199] STIGLITZ, Economics of the Public Sector, Chapter 13.
[1200] PAPIER / MÖLLER, NZS 1998, S. 353 (354).

hoben werden.[1201] Die Risiken lassen sich aber nicht so einfach abschätzen. Die Wahrscheinlichkeit, mit der Versicherte den Versicherungsfall erleben werden, wird sich oft auch der Kenntnis der Versicherten selbst entziehen. Sind sich die potentiellen Versicherten darüber im Klaren, ob sie einer höher oder niedriger einzustufenden Risikogruppe angehören, so stellt sich das Problem, dass nur die sogenannten schlechten Risiken, die mit einer hohen Realisierungswahrscheinlichkeit, bereit sein werden eine Versicherung abzuschließen. Wenn aber die guten Risiken keine Versicherung abschließen, steigen die Prämien und die Versicherung wird teurer.[1202] Zudem hat es der Einzelne in der Hand, sich in einer Weise zu verhalten, die die Wahrscheinlichkeit des Eintritts des Versicherungsfalls beeinflusst. Durch die Verpflichtung oder den Zwang dem Versicherungssystem anzugehören, wird somit eine Umverteilung erreicht und ist der erste Schritt zum sozialen Ausgleich getan.

Ein Unterschied im theoretischen Ansatz, der sich in der Praxis aber nicht als Unterschied erweist, ist die Ausgestaltung des Obligatoriums einer Versicherung für arbeitsbedingte Schäden. In New South Wales sind die Arbeitgeber kraft Gesetzes verpflichtet Versicherungspolicen abzuschließen.[1203] In Deutschland besteht die Versicherung kraft Gesetzes. Das Versicherungsverhältnis entsteht unabhängig von Erklärungen der Beteiligten bei Vorliegen der gesetzlichen Voraussetzungen. Das deutsche System will dadurch den Betroffenen einen lükkenlosen Versicherungsschutz garantieren. Die Durchsetzung der Versicherungspflicht hat sich aber in New South Wales nicht als Problem erwiesen.[1204] 1994 wurde festgestellt, dass sich 96% der Unternehmen versichert hatten. Da es meist kleine und neue Unternehmen waren, die es versäumt hatten Versicherungsverträge abzuschließen, konnten die Prämien zu nahezu 100% erhoben werden.[1205] Den unversicherten Arbeitgebern und ihren Arbeitern wurde durch das „Uninsured Indemnity and Liability Scheme" Rechnung getragen.[1206] In diesen Fonds wird ein Anteil vom Prämienaufkommen eingezahlt. Die vorhandenen Mittel werden für arbeitsbedingt geschädigte Arbeitnehmer verwendet, deren Arbeitgeber keinen Versicherungsvertrag abgeschlossen haben. In New South Wales ist der Schutz der Betroffenen damit auch weitgehend garantiert.

### 2. Sozialer Ausgleich

Der soziale Ausgleich erfolgt neben dem Versicherungszwang über die Finanzierung. „Sozial" ist dabei schon, dass es sich um Systeme der Fremdvorsorge handelt. Sowohl in New South Wales als auch in Deutschland sind die Arbeitgeber allein beitragsverpflichtet. Sie finanzieren mit ihren Beiträgen auch Schadensfälle, die zwar in ihren Risikobereich fallen, für die sie aber keinerlei persönliche Verantwortung tragen. Dem wirtschaftlich Stärkeren werden damit Kosten auferlegt, die die wirtschaftlich schwächeren Arbeitnehmer kaum tragen könnten. Entgegen der zivilrechtlichen Haftungsordnung geschieht dies auch

---

[1201] INDUSTRY COMMISSION, Report No. 36, S. G1.
[1202] ATKINSON, Income Maintenance and Social Insurance, S. 802.
[1203] sec. 155 WCA, sec. 144 WIMAWCA.
[1204] INDUSTRY COMMISSION, Report No. 36, S. 187.
[1205] Council on the Cost of Government, S. 21.
[1206] sec. 218 ff. WIMAWCA.

dort, wo der Arbeitnehmer allein für den Schaden verantwortlich ist. Diese Kostenverlagerung bedeutet einen sozialen Ausgleich.

Die Beitragsermittlung orientiert sich in beiden Systemen am Versicherungsprinzip.[1207] Das Solidarprinzip würde verlangen, dass die bei den verschiedenen Versicherten bestehenden ungleichen Risiken ausgeglichen werden, wobei der Ausgleich der gesamten Solidargemeinschaft obliegt und nach sozialen Gesichtspunkten zu erfolgen hat.[1208] So entspräche es einer reinen Verwirklichung des Solidarprinzips, die Beiträge unabhängig vom versicherten Risiko nach sozialer Bedürftigkeit zu staffeln.[1209] Das Versicherungsprinzip fordert demgegenüber, dass ein von der Bedürftigkeit des Einzelnen unabhängiger Risikoausgleich herbeigeführt wird. Der gewährte Versicherungsschutz muss grundsätzlich das Äquivalent für die Beitragsleistungen des Mitglieds sein. Es läge in letzter Konsequenz des Versicherungsprinzips, die Beiträge genau nach dem Risiko zu bemessen, weil nur dann der Beitragspflicht eine äquivalente Gegenleistung in Form des Versicherungsschutzes gegenübersteht.[1210]

In beiden Systemen werden die Beiträge nach ähnlichen Kriterien bemessen: Zunächst werden die Unternehmen in Gefahrklassen eingestuft.[1211] Die Beiträge errechnen sich nach dem Lohnaufkommen berechnet und werden durch Bezugnahme auf die individuelle Schadensstatistik des Unternehmens nach oben oder unten korrigiert.[1212] Beide Instrumente dienen dazu, jedes Unternehmen seinem spezifischen Risiko entsprechend zu belasten. Damit wird dem versicherungstechnischen Äquivalenzprinzip Rechnung getragen, wonach die Höhe der Versicherungsprämien dem versicherten Risiko entsprechen muss. [1213] Ein Grund für die risikoorientierte Beitragsgestaltung ist, dass die gesetzliche Unfallversicherung für die Unternehmer auch die Funktion einer Haftpflichtversicherung übernahm.[1214] Gleichzeitig wird das Gebot individualisierender Beitragsgerechtigkeit verwirklicht.[1215] Durch das Zusammenfassen der Unternehmer in Gefahrklassen, die ihre Zugehörigkeit zu einem Gewerbe- bzw. Industriezweig widerspiegeln, wird dem Solidarprinzip Rechnung getragen.

3. Staatszuschüsse

In keinem der beiden Länder beteiligt sich der Staat finanziell an den besonderen Entschädigungssystemen. Dieses Merkmal der Sozialversicherung fehlt in New South Wales wie in Deutschland. In New South Wales führt die Ablehnung eines Staatszuschusses jetzt dazu, dass das vorhandene, vom staatlichen System verbliebene Defizit von den Arbeitgebern im Wege einer Sonderumlage aufgebracht werden muss.[1216]

---

1207 WALTERMANN / GROHMANN, SGb 1997, S. 97 (98).
1208 PAPIER / MÖLLER, NZS 1998, S. 353 (355); BSGE 43, 289 (292 f.).
1209 ATKINSON, Income Maintenance and Social Insurance, S. 780.
1210 PAPIER / MÖLLER, NZS 1998, S. 353 (354).
1211 INDUSTRY COMMISSION, Report No. 36, S. G2; KATER / LEUBE § 157 Rn. 14.
1212 INDUSTRY COMMISSION, Report No. 36, S. G3; KATER / LEUBE § 153 Rn. 10.
1213 FUCHS, SGb 1995, S. 421 (424); WALTERMANN / GROHMANN, SGb 1997, S. 97 (98).
1214 PAPIER / MÖLLER, NZS 1998, S. 353 (356).
1215 FUCHS, SGb 1995, S. 421 (424).
1216 Parliamentary debates (Hansard), 2 July 1998, S. 6963.

### 4. Selbstverwaltung

Sowohl das Workers' Compensation-System als auch die gesetzliche Unfallversicherung beruhen auf dem Grundsatz der Selbstverwaltung. Beide Systeme werden von gesetzlich geschaffenen, vom Staat unabhängigen Körperschaften getragen.[1217] Die WorkCover Authority und die Berufsgenossenschaften sind umfassend für das jeweilige System zuständig. Auch die Privatisierung in New South Wales zum 1. Oktober 2000 beseitigt die Selbstverwaltung für das Workers' Compensation-System nicht. Das Premiums Ratings Bureau wird die Methodik für die Ermittlung der Risikoprämien festsetzen, der beratende Ausschuss ist bereits jetzt für die Überwachung der Einhaltung und Fortentwicklung der gesetzlichen Vorschriften zuständig. Die WorkCover Authority behält ihren umfassenden Aufgabenkatalog wie bisher.[1218] Die Versicherungsgesellschaften sind an die von diesen Institutionen kommenden Vorschriften und Verfahren und an die Grundsätze zur Prämienermittlung gebunden. Auch müssen sie ihre konkrete Prämienberechnung von der WorkCover Authority genehmigen lassen. Es ist daher durchaus gerechtfertigt, trotz der Privatisierung des Systems nach wie vor von Selbstverwaltung auszugehen.

## II. Schutz der abhängig Beschäftigten

Sowohl das Workers' Compensation-System als auch die gesetzliche Unfallversicherung bezwecken den Schutz der abhängig Beschäftigten. Für arbeitsbedingte Schäden werden Arbeitnehmern verschuldensunabhängige Ansprüche gegen leistungsfähige Gemeinschaften eingeräumt.

### 1. Die geschützten Personen

In New South Wales wie in Deutschland genießen die abhängig Beschäftigten Versicherungsschutz. Für beide Systeme kommt es daher wesentlich darauf an, die unselbständigen Arbeitnehmer gegen die Selbständigen abzugrenzen. Die Kriterien, die in beiden Ländern durch die Rechtsprechung entwickelt wurden, gleichen sich: Eine abhängige Beschäftigung liegt vor, wenn der Beschäftigte in einen fremden Betrieb eingegliedert ist, den Weisungen des Arbeitgebers zu folgen hat und seinem Direktionsrecht in Bezug auf Ort, Raum, Zeit und Art der Tätigkeit untersteht.[1219] Die Beschäftigungsverhältnisse müssen auch in beiden Systemen freiwillige sein. Ein Strafgefangener, der im Rahmen des Strafvollzugs einer Beschäftigung nachgeht, ist weder nach dem *Workers Compensation Act* 1987 noch im Rahmen der gesetzlichen Unfallversicherung geschützt, weil er die Arbeit nicht freiwillig verrichtet.[1220] Die jeweiligen Gesetze beschäftigen sich mit Teilen des geschützten Personenkreises im Einzelnen.

---

[1217] vgl. 2. Kapitel: A. III. 1. 2. Kapitel: B. III. 1.

[1218] sec. 22, 23 WIMAWCA.

[1219] WANNAGAT, Lehrbuch des Sozialversicherungsrechts, S. 339 ff.; Marks & McLean, ¶ 316.

[1220] CCH loose-leaf, ¶ 2-070: Die Entscheidung aus South Australia düfte auch in New South Wales Gültigkeit haben; WANNAGAT, Lehrbuch des Sozialversicherungsrechts, S. 207.

Welche Personen Versicherungsschutz genießen, ist für das Workers' Compensation-System in sec. 4 WIMAWCA und Anhang 1 des *Workplace Injury Management and Workers Compensation Act* 1998 geregelt. „Worker" ist zunächst jeder, der einen Dienstvertrag oder Lehrvertrag eingegangen ist. Liest man das in Zusammenhang mit Nr. 19 Anhang 1 WIMAWCA, der den Schutz auf anerkannte Fortbildungsprogramme in Betriebsstätten ausdehnt, entspricht das § 2 Nr. 1 und 2 SGB VII. Danach sind „Beschäftigte" und „Lernende während der beruflichen Aus- und Fortbildung in Betriebsstätten, Lehrwerkstätten, Schulungskursen und ähnlichen Einrichtungen" versichert.

Ausgenommen vom Anwendungsbereich des *Workers Compensation Act* 1987 sind zwei Personengruppen, die anderweitig versorgt sind: Polizisten, die unter den *Police Regulation (Superannuation) Act* 1906 fallen, und Sportler, die unter den *Sporting Injuries Insurance Act* 1978 fallen.[1221] Der gleiche Gedanke liegt § 4 SGB VII zugrunde, der z. B. die Personen vom Schutz des SGB VII ausnimmt, für die beamtenrechtliche Unfallfürsorgevorschriften gelten.

Neben der Hauptaufgabe des Schutzes abhängig Beschäftigter,[1222] wird in beiden Ländern der Schutz der Gesetze aus sozialpolitischen Motiven auf weitere Personengruppen ausgedehnt. In New South Wales werden in Anhang 1 des WIMAWCA einige Berufsgruppen den Arbeitern gleichgestellt. So sind in beiden Gesetzen Mitarbeiter karitativer und religiöser Einrichtungen[1223] und Hausgewerbetreibende[1224] genannt. Andererseits gibt es in den beiden Staaten auch unterschiedliche Berufsbilder und Gepflogenheiten. In New South Wales sind z. B. „Shearers' cooks and others" versichert. Das sind jene Personen, die in Zusammenhang mit Hirtenarbeit oder landwirtschaftlicher Arbeit als Koch, Küchenhilfe oder „hut-keeper" beschäftigt sind und deren Bezahlung ganz oder teilweise von den Arbeitern bestritten werden.[1225]

Die gesetzliche Unfallversicherung gilt auch für ganz geringfügige Tätigkeiten.[1226] In New South Wales hingegen werden geringfügige Beschäftigungen in zwei Fällen ausgenommen. Zum einen Arbeiten, die nur einmal für eine Zeitspanne von nicht mehr als fünf Tagen verrichtet werden und nicht mit dem Gewerbe des Arbeitgebers in Zusammenhang stehen. Zum anderen werden Freiwillige religiöser oder anderer Organisationen ausgenommen, die für ihre Arbeiten nicht mehr als $ 700 im Jahr verdienen.[1227]

## 2. Verschuldensunabhängige Sicherung

Die vorliegende Arbeit geht davon aus, dass den Arbeitnehmern durch die besonderen Entschädigungssysteme verschuldensunabhängige Ansprüche auf Entschädigung eingeräumt werden. Diese Annahme kann für beide Systeme bezweifelt werden, für das Workers' Compensation-System noch mehr als für die gesetzliche Unfallversicherung. Die gesetzliche Unfallversicherung wird als öf-

---

1221 sec. 4 „worker" (a) und (d) WIMAWCA.
1222 WANNAGAT, Lehrbuch des Sozialversicherungsrechts, S. 339.
1223 Nr. 16, 17, 17A Anhang 1 WIMAWCA, § 2 I Nr. 9, 10 SGB VII.
1224 Nr. 2 Anhang 1 WIMAWCA, § 2 I Nr. 6 SGB VII.
1225 Nr. 12 Anhang 1 WIMAWCA.
1226 vgl. RÜFNER, Einführung in das Sozialrecht, S. 142.
1227 sec. 4 „worker" (b) und (c) WIMAWCA.

fentlich-rechtliches Entschädigungssystem verstanden. Es ist allerdings ein besonderes öffentlich-rechtliches Entschädigungssystem, weil es das allgemeine Schaden- und Haftungsrecht ablöst und damit die Ersatzleistungen wegen ihrer Ausgleichsfunktion den Schadensersatzleistungen grundsätzlich entsprechen müssen.[1228]

Das Workers' Compensation-System setzt für einen Anspruch voraus, dass der richtige Arbeitgeber und die richtige Versicherungsgesellschaft im Hinblick auf die Schädigung und den Zeitpunkt des Schadenseintritts identifiziert werden können. Bei mehreren nach dem Gesetz verpflichteten Schädigern, spricht der *Workers Compensation Act* 1987 in weiten Teilen von „apportionment of liability".[1229] Im Rechtswörterbuch wird „liability" definiert als „subjection to a legal obligation or the obligation itself".[1230] Das entspricht dem deutschen Verständnis von „Haftung" als „Verpflichtetsein", „dem Schulden von Ersatzleistungen".[1231] Ganz ähnlich spricht BENZ davon, dass in der gesetzlichen Unfallversicherung nicht der Arbeitgeber sondern die Berufsgenossenschaft haftet.[1232] Passender scheint die Formulierung des BVerfG, dass die Haftpflicht des einzelnen Unternehmers durch die Leistungspflicht der Gemeinschaft der Unternehmer abgelöst wird.[1233] Das ist aber auch für das Workers' Compensation-System richtig. Die Arbeitgeber zahlen in Fonds, aus welchen die Versicherungsgesellschaften die Leistungen erbringen. Selbst der Wortlaut des *Workers Compensation Act* 1987 ist nicht einheitlich. So spricht das Gesetz von Journey Claims und Recess Claims.[1234] Ein „claim" ist ein Rechtsanspruch, eine Forderung: „the assertion of a right".[1235]

Richtig ist, dass die besonderen Entschädigungssysteme die Funktion einer Haftpflichtversicherung übernehmen.[1236] Man kann sie aber deswegen nicht mit einer Haftpflichtversicherung gleichsetzen. Das Workers' Compensation-System wurde geschaffen, um eine Änderung gegenüber der früheren Haftungsordnung mit einer Haftpflichtversicherung zu bringen: „workers' compensation brought change in loss shifting".[1237] Die Ausgleichssysteme werden auch oft als Systeme der Gefährdungshaftung angesehen.[1238] Die Arbeitgeber unterliegen einem vom Verschulden losgelösten Haftungsgrundsatz für die von ihnen beherrschbaren Risiken ihrer Arbeitsstätten und Arbeitsabläufe. Auch die alleinige Beitragspflicht der Arbeitgeber wird damit begründet, dass solche Risiken versichert sind, die sie beherrschen. Die Einbeziehung von Entschädigungstatbeständen, für die dieses Argument keine Gültigkeit hat (wie auch die Wegeunfälle bzw. Journey Claims) lässt den Aspekt der Gefährdungshaftung zurücktreten. Außerdem unterscheidet sich die gesetzliche Unfallversicherung von anderen Gefähr-

---

[1228] GITTER, SGb 1993, S. 297 (300).
[1229] sec. 22, 22A WCA.
[1230] Osborn's Concise Law Dictionary, S. 200.
[1231] PALANDT, BGB Einl. vor § 241 Rn. 14.
[1232] BENZ, BB 1974, S. 188 (191).
[1233] BVerfGE 34, 118 (119).
[1234] sec. 10, 11 WCA.
[1235] Osborn's Concise Law Dictionary, S. 70.
[1236] GITTER, Schadensausgleich im Arbeitsunfallrecht, S. 57 ff.
[1237] PALMER, Compensation for Incapacity, S. 51.
[1238] GITTER, Schadensausgleich im Arbeitsunfallrecht, S. 61 ff.

dungshaftungsgesetzen durch ihre Beschränkung auf Personenschäden.[1239] Und ein über die gesetzlich geregelten Fälle der Gefährdungshaftung hinausgehender Grundsatz der Gefährdungshaftung lässt sich weder im Wege der Einzel- noch der Gesamtanalogie begründen.[1240]

WANNAGAT will die gesetzliche Unfallversicherung in zwei Komponenten teilen, die begrifflich zu trennen sein sollen, auch wenn sie eng verflochten sind: Die allein von den Unternehmern getragene Entschädigung der Arbeitnehmer für die Folgen der Arbeitsunfälle und Berufskrankheiten einerseits und die solidarische Gesamthaftung der Unternehmer für die Gefahren ihres Betriebes andererseits.[1241] Im ersten Bereich liege „zweifellos die Hauptaufgabe der Versicherung".[1242] Damit bestünden die besonderen Entschädigungssysteme aus einer Hälfte verschuldensunabhängiger Haftung und aus einer Hälfte verschuldensunabhängiger Ansprüche.[1243] Dieses Verständnis von der Struktur der gesetzlichen Unfallversicherung kann man durchaus auf das Workers' Compensation-System übertragen. Ein ähnlicher Gedanke wurde auch für das Workers' Compensation-System ausgesprochen:

> „The notion of right and liability are correlatives."[1244]

Entscheidend für die Annahme verschuldensunabhängiger Ansprüche der Arbeitnehmer beider Länder ist, dass sie den Schutz der Systeme genießen und Ansprüche auf Entschädigungsleistungen haben, unabhängig davon, ob die Arbeitgeber den gesetzlichen Vorschriften Folge geleistet haben. In Deutschland tritt der Versicherungsschutz kraft Gesetzes ein, in New South Wales gibt es für Arbeiter unversicherter Arbeitgeber das Uninsured Liability and Indemnity Scheme.[1245]

### 3. Der Ersatz arbeitsbedingter Schäden

Es werden, ohne dass ein Verschulden der Beteiligten in Betracht gezogen wird, die durch das Beschäftigungsverhältnis bedingten Schäden ausgeglichen. In beiden Systemen werden Personenschäden ausgeglichen. Dass der *Workers Compensation Act* 1987 daneben einen Ersatz von Sachschäden vorsieht, die gesetzliche Unfallversicherung hingegen ausschließlich Personenschäden entschädigt, ist nur ein formaler Unterschied.[1246] Der Ersatz von Sachschäden in New South Wales erstreckt sich auf Krücken, künstliche Gliedmaßen, Augen oder Zähne, andere künstliche Hilfsmittel und Brillen, sec. 74 (1) (b) WCA. In Deutschland gilt der Verlust eines Hilfsmittels als Gesundheitsschaden, § 8 III SGB VII. Das bedeutet, dass Hilfsmittel ausnahmsweise auch dann ersetzt werden, wenn kein Personenschaden vorliegt. WANNAGAT bezeichnet dies als „beschränkten Ersatz von Sachschäden".[1247] Hilfsmittel sind Mittel, welche an die Stelle eines nicht

---

1239 KÖBLER, NJW 1969, S. 1413 (1415).
1240 PALANDT, BGB § 276 Rn. 136.
1241 WANNAGAT, Lehrbuch des Sozialversicherungsrechts, S. 13.
1242 WANNAGAT, Lehrbuch des Sozialversicherungsrechts, S. 15.
1243 WANNAGAT, Lehrbuch des Sozialversicherungsrechts, S. 202.
1244 *Ogden Industries Pty. Ltd. v Lucas* (1967) 116 CLR 537; MILLS, loose-leaf, S. 1383.
1245 sec. 218 ff. WIMAWCA.
1246 sec. 74 ff. WCA.
1247 WANNAGAT, Lehrbuch des Sozialversicherungsrechts, S. 89.

oder nicht mehr voll funktionsfähigen Körperorgans treten und möglichst weitgehend dessen Funktion übernehmen, wie Körperersatzstücke, Hörgeräte und Brillen.[1248] Im Ergebnis entspricht das dem Ersatz der Sachschäden nach sec. 74 WCA. Allerdings kann in New South Wales auch beschädigte Kleidung ersetzt werden,[1249] was in der gesetzlichen Unfallversicherung nicht möglich ist. Eine Entschädigung für Kleider- und Wäscheverschleiß wird nur in Zusammenhang mit bestimmten Gesundheitsschäden ersetzt.[1250]

Besonders wichtig ist der Zusammenhang des Schadens mit dem Arbeitsverhältnis. Durch Einfügung der sec. 9A WCA in das Gesetz von New South Wales wurde eine Regelung geschafften, die der in Deutschland geltenden Theorie der wesentlichen Bedingung entspricht. Die Theorie der wesentlichen Bedingung entwickelte sich aus einer Entscheidung aus dem Jahr 1892, wo verlangt wurde, dass die betriebliche Tätigkeit „wesentlich mitwirkende Ursache" des Arbeitsunfalls gewesen sein muss. Dieser Ausdruck ist im Prinzip eine wörtliche Übersetzung des „substantial contributing factor" in sec. 9A WCA.

Das hervorstechende Charakteristikum der beiden besonderen Entschädigungssysteme ist die Eliminierung der Relevanz des Verschuldens für die Geltendmachung und Durchsetzung der Ansprüche der Arbeitnehmer gegen ihre Arbeitgeber und Arbeitskollegen wegen arbeitsbedingter Schäden. Der Arbeitnehmer muss kein Verschulden nachweisen und der Arbeitgeber oder Arbeitskollege kann sich gegen den Anspruch nicht mit der Geltendmachung eines (mitwirkenden) Eigenverschuldens des Arbeitnehmers wehren.

### 4. Arbeitsunfähigkeit

Ein nur scheinbarer Unterschied ergibt sich für den Begriff der Arbeitsunfähigkeit. In Deutschland ist die rechtliche Position, dass es keine Teilarbeitsunfähigkeit oder prozentual bemessene Arbeitsunfähigkeit gibt.[1251] Bei stufenweiser Wiederaufnahme der Arbeit, durch die dem Versicherten die dauerhafte Wiedereingliederung in das Erwerbsleben durch die schrittweise Heranführung an die volle Arbeitsleistung ermöglicht werden soll, besteht Arbeitsunfähigkeit fort.[1252] Der Geschädigte ist arbeitsunfähig, wenn er seine zuletzt ausgeübte Erwerbstätigkeit oder eine ähnlich geartete Tätigkeit nicht mehr oder nur auf die Gefahr hin, seinen Zustand zu verschlimmern, verrichten kann. In New South Wales wird Arbeitsunfähigkeit definiert als körperliches Unvermögen nach dem Schadensfall die zuletzt ausgeübte Arbeit weiterhin zu verrichten oder eine ähnliche Tätigkeit auf dem Arbeitsmarkt aufzunehmen, *Arnotts Snack Products Pty. Ltd. v Yacob.*[1253] Die Definitionen sind inhaltsgleich. In New South Wales wird allerdings zwischen teilweiser und vollkommener Arbeitsunfähigkeit unterschieden. Diese Unterscheidung hat aber ausschließlich Bedeutung für die Höhe der Leistungen. Sie hat daher die gleiche Funktion wie der prozentual bemessene Grad der Minderung der Erwerbsfähigkeit in Deutschland. Dass der Begriff an ande-

---

[1248] RÜFNER, Einführung in das Sozialrecht, S. 163 Fn. 16.
[1249] sec. 75 WCA; CCH, loose-leaf, S. 19,004.
[1250] Benz, BG 1999, S. 42 (43).
[1251] BSGE 47, 47 (50); BSGE 57, 163 (166).
[1252] KATER / LEUBE § 45 Rn. 12.
[1253] (1985) 155 CLR 171.

rer Stelle und in anderem Zusammenhang gebraucht wird, ist auf das andere Leistungssystem zurückzuführen. In New South Wales gibt es keine abstrakt berechnete Rente, die wiederkehrenden Leistungen haben Entgeltersatzfunktion.

## III. Existenzberechtigung der besonderen Entschädigungssysteme

Gemeinsam ist beiden Ländern auch die Diskussion um die Existenzberechtigung eines besonderen Entschädigungssystems für arbeitsbedingte Schäden. In Deutschland wird dies oft als Frage nach der Berechtigung des kausalen Prinzips in der Unfallversicherung formuliert, in New South Wales wird nach der Gerechtigkeit eines solchen besonderen Entschädigungssystems gefragt.[1254] Die bevorzugte Behandlung der am Arbeitsplatz Geschädigten sei ein Verstoß gegen den Gleichbehandlungsgrundsatz. Ein gerechtes Entschädigungssystem müsse für jeden Schaden, der den gleichen Bedarf hervorruft auch gleiche Leistungen vorsehen.[1255] Die Gerechtigkeit verlange eine gleiche Versorgung all derer, denen es gleich schlecht geht.[1256] Unter diesem Gesichtspunkt gab es in den 1970er und 1980er Jahren in Australien und Neuseeland Anregungen für umfassende nationale Entschädigungsgesetze.[1257] In New South Wales wurde ein „Transport Accidents Scheme" erörtert, es gab Diskussionen um ein allgemeines „Accident Compensation Scheme" und ein anderer Ansatz wollte sogar sämtliche denkbaren Entschädigungstatbestände unter einem Regime zusammenfassen.[1258]

Gegen die geforderte „absolute" Gleichbehandlung lassen sich eine Reihe von Argumenten anführen. Die besondere Behandlung arbeitsbedingter Schäden im Rahmen des Workers' Compensation-Systems und der gesetzlichen Unfallversicherung ist Folge der Geltung des Versicherungsprinzips. Leistungen werden nicht einfach gewährt oder zugeteilt, sondern durch Versicherungsbeiträge erkauft. Niemand würde bei den Begünstigten einer privaten Unfallversicherung einen Verstoß gegen den Gleichheitssatz rügen.[1259] Ein Ausgleich aller Schäden, egal ob sie durch Unfälle oder Geburtsfehler entstanden sind, wäre mit dem Versicherungsprinzip kaum vereinbar und nur schwerlich finanzierbar.[1260] Die Entschädigungsleistungen könnten sich nicht am allgemeinen Haftungsrecht orientieren, sie müssten wesentlich geringer ausfallen. Außerdem ist es fraglich, ob ein System als gerecht empfunden werden könnte, in dem jemand, dem mit einem Knüppel vorsätzlich der Arm gebrochen wird, genau die gleiche Behandlung erfährt wie jemand, der in der Badewanne ausrutscht und sich den Arm bricht. Durch Eigenverschulden verursachte Schäden müssten durch geringere Ausgleichszahlungen an eventuelle Opfer finanziert werden.[1261]

---

1254 GITTER; BB Beilage 6 1998, S. 17.
1255 FUCHS, SGb 1995, S. 421 (426); ZWEIGERT / KÖTZ, Einführung in die Rechtsvergleichung, S. 688.
1256 ATKINSON, Income Maintenance and Social Insurance, S. 824.
1257 ZWEIGERT / KÖTZ, Einführung in die Rechtsvergleichung, S. 687; WOODHOUSE Report.
1258 New South Wales Law Reform Commission, Accident Compensation (Issues Paper).
1259 FUCHS, SGb 1995, S. 421 (426).
1260 WOODHOUSE Report, S. 39; TENNSTEDT, ZSR 1981, S. 663 (675).
1261 ZWEIGERT / KÖTZ, Einführung in die Rechtsvergleichung, S. 688.

Auch die Analyse des in Deutschland im GG verankerten Grundsatzes der Gleichbehandlung, Art. 3 I GG, kann die Annahme eines Verstoßes gegen den Gleichheitssatz nicht begründen. Art. 3 I GG besagt, dass wesentlich Gleiches gleich und Ungleiches seiner Eigenart entsprechend verschieden behandelt werden muss.[1262] Das Risiko einer Schädigung am Arbeitsplatz ist ein sehr spezielles Thema und nicht mit anderen Entschädigungstatbeständen vergleichbar.[1263] Das (versicherte) Risiko einer Schädigung am Arbeitsplatz kann nicht mit anderen Risiken zusammengefasst werden. Als Beispiel kommen insbesondere die Gefahren des Straßenverkehrs in Betracht, weil man in New South Wales auch versucht hatte, beide Risiken in einem Entschädigungssystem zu vereinen. Der Arbeitnehmer ist an seinem Arbeitsplatz unbeherrschbaren Risiken ausgesetzt und er soll diese auch eingehen. Für den englischen Sozialpolitiker Lord BEVERIDGE ist dies eines von drei Argumenten, welche er als eine überzeugende Begründung für die Notwendigkeit eines eigenständigen Ausgleichssystems für arbeitsbedingte Schäden ansieht.[1264] Rechtliche Bestätigung dieses Gedankens ist die Begrenzung der Haftung des Arbeitnehmers durch die Einführung des Begriffs der gefahrgeneigten Arbeit durch die Rechtsprechung in Deutschland.[1265] Das zweite Argument von Lord BEVERIDGE ist die Weisungsgebundenheit des Arbeitnehmers. Im Gegensatz dazu bewältigt der Einzelne den Straßenverkehr in eigener Verantwortung. Die deutsche Rechtsordnung geht auch davon aus, dass es sich bei den Risiken im Straßenverkehr um beherrschbare Risiken handelt und stellt sehr hohe Anforderungen an die Sorgfalt der Verkehrsteilnehmer.[1266] Geht man also von besonderen, mit anderen Risiken nicht vergleichbaren Gefahren am Arbeitsplatz aus, so muss es auch nach versicherungsrechtlichen Grundsätzen ein eigenes System für arbeitsbedingte Schäden geben.

Außerdem wird die Forderung nach Gleichbehandlung von zwei gegensätzlichen Positionen für sich in Anspruch genommen. LUNTZ eröffnete einen Vortrag über Unfallentschädigung mit einer Anekdote, die dies veranschaulicht: Er berichtete, dass er Anfang der 1980er Jahre kurz hintereinander zwei Konferenzen besuchte, die sich beide mit dem Thema Unfallentschädigung beschäftigten. Bei beiden erhob sich jeweils eine Teilnehmerin, um auf die „Ungerechtigkeit" eines besonderen Systems für arbeitsbedingte Schäden aufmerksam zu machen. Eine der Teilnehmerinnen sprach sich dahingehend aus, dass die Gewährung von gesetzlichen Leistungen nach dem Workers' Compensation-System, die geringer ausfallen als Common Law Schadensersatz, ungerecht sei. Auf der anderen Konferenz sah die Teilnehmerin die Ungerechtigkeit darin, dass arbeitsbedingt geschädigte Personen gegenüber den Personen, die mit ihren Personenschäden unter das Social Security-System fallen, mehr als das Dreifache der Leistungen erhalten.[1267] Die Forderung nach Gleichbehandlung büßt dadurch etwas von ihrer Überzeugungskraft ein. Zu dem letztgenannten Argument passen Überlegungen, die in Deutschland für eine ersatzlose Auflösung der gesetzlichen Unfallversicherung angeführt werden. Ein eigenes Entschädigungssystem sei überflüssig

---

1262 SCHMIDT-BLEIBTREU / KLEIN, GG Art. 3 Rn. 13.
1263 WOODHOUSE Report, S. 41.
1264 FUCHS, SGb 1995, S. 421 (426).
1265 vgl. PALANDT, BGB § 276 Rn. 63, § 611 Rn. 156.
1266 TRÖNDLE / FISCHER, StGB § 222 Rn. 11.
1267 LUNTZ, Accident Compensation: The Prospects for Reform, S. 2.

und unnötig kostenverursachend. Die Aufgabe der Kompensation von arbeitsbedingten Personenschäden könne ebenso gut durch die gesetzliche Krankenversicherung miterledigt werden.[1268]

Alle diese Überlegungen beziehen sich alleine auf den Leistungsbereich. Sie übersehen den Zusammenhang mit dem allgemeinen Haftungs- und Schadensrecht. Der Versicherungsanspruch aus der Arbeitsunfallversicherung ist der Ersatz für die ansonsten gegebene Arbeitgeberverpflichtung. Für Lord BEVERIDGE ist dies das dritte Argument, welches ein eigenständiges Entschädigungssystem rechtfertigt: Nur so wäre die Möglichkeit geschaffen, die Arbeitgeberhaftung nach allgemeinem Recht zu begrenzen.[1269] Würden die besonderen Ausgleichssysteme abgeschafft und die Leistungen auf die für Krankheit zuständigen Zweige der Systeme sozialer Sicherheit übertragen, so müsste das allgemeine Haftungs- und Schadensrecht daneben bestehen bleiben. Nicht zuletzt aufgrund der geringeren Leistungen würden die betroffenen Arbeitnehmer auf das allgemeine Haftungs- und Schadensrecht ausweichen.[1270] Für die Unternehmer enstünde dadurch ein nicht unerhebliches Haftungsrisiko. Beleg dafür ist die Gesetzeslage in New South Wales: Die Möglichkeit des Zugangs zum Common Law wurde auf schwerer Geschädigte beschränkt und der Common Law Schadensersatz an die Leistungen des *Workers Compensation Act* 1987 angenähert. Beides um die Kosten gering zu halten und die Finanzierbarkeit des Systems zu gewährleisten. Das bedeutet aber gleichzeitig, dass ohne die Beschränkungen das Haftungsrisiko für die Arbeitgeber zu hoch wäre. Arbeitsunfälle können zu erheblichen Kosten führen, insbesondere im Hinblick auf medizinische Rehabilitation und dauernden Verdienstausfall.[1271] Des Weiteren wird der enge Zusammenhang der Geldleistungen mit der Prävention und Rehabilitation übersehen. Sowohl in New South Wales als auch in Deutschland werden Geldleistungen nur oder erst gewährt, wenn der Arbeitnehmer sich den vorgeschriebenen Rehabilitationsmaßnahmen unterzieht.[1272]

Es spricht auch die Beitragsgestaltung für die besonderen Entschädigungssysteme. Die Risikobezogenheit der Beitragsgestaltung, von der entscheidende Impulse zur Durchführung von Arbeitsverhütungsmaßnahmen ausgehen, ginge mit den besonderen Entschädigungssystemen verloren.[1273] Bei einer Durchführung durch die gesetzliche Krankenversicherung in Deutschland würde durch die hälftige Beitragszahlung, die der Krankenversicherung zugrunde liegt, der betriebliche Risikobereich praktisch der privaten Risikosphäre gleichgestellt. Der Vorteil der Beitragsentlastung für die Arbeitgeber, der in beiden Ländern die Folge wäre, würde mit den Kosten für die Prozesse nach dem allgemeinen Haftungs- und Schadensrecht zumindest teilweise wieder aufgehoben.[1274] Für das deutsche System kommt hinzu, dass die Qualität und Effektivität, die die gesetzliche Unfallversicherung auf den Gebieten der Prävention und Rehabilitation erreicht hat, im Rahmen der gesetzlichen Krankenversicherung nicht erreicht

---

1268 vgl. GITTER; BB Beilage 6 1998, S. 16.
1269 FUCHS, SGb 1995, S. 421 (426).
1270 FUCHS, SGb 1995, S. 421 (426).
1271 LEICHSENRING / PETERMANN, SozVers 1998, S. 14 (19).
1272 vgl. 2. Kapitel: A. IV. 6. a. (4) ; FUCHS, SGb 1995, S. 421 (426).
1273 vgl. 2. Kapitel: A. III. 3. 2. Kapitel: B. III. 3.
1274 GITTER; BB Beilage 6 1998, S. 17.

würde. Nicht von ungefähr kommt es, dass Vorschläge unterbreitet wurden, wegen des spezifischen Know-how der Unfallversicherung schwere Unfälle auftragsweise von der Krankenversicherung in die Betreuung der Unfallversicherung zu geben.[1275]

Es wird auch immer wieder das Argument vorgetragen, dass es nicht möglich sei, überzeugende Kriterien für die Abgrenzung zwischen versicherten und nichtversicherten Unfällen zu finden. Gäbe es tatsächlich keine Möglichkeit rationaler Differenzierung zwischen versicherten und nichtversicherten Unfällen, wäre die Legitimation eines eigenständigen Entschädigungssystems in Frage gestellt. Dieses „Lotterieargument" findet aber durch die Erfahrungen in der Praxis keine Bestätigung. In der ganz überwiegenden Zahl der Fälle stellt sich vielmehr der Schadenseintritt ohne Schwierigkeiten als Verwirklichung des versicherten Risikos dar. Die verbleibenden Grenzfälle können Schwierigkeiten bereiten und die Beteiligten unzufrieden zurücklassen. Diese Problematik ist aber nicht auf den Bereich arbeitsbedingter Schädigung beschränkt. Sie taucht vielmehr im Versicherungsrecht immer bei der Abgrenzung versicherter und nichtversicherter Risiken auf. Das Problem ist daher nicht geeignet, die Existenzberechtigung eines bestimmten Versicherungszweiges in Frage zu stellen.[1276]

## IV. Vorrang der besonderen Entschädigungssysteme

In beiden Systemen sozialer Sicherheit soll das besondere Entschädigungssystem für arbeitsbedingte Schäden vorrangig zur Leistung verpflichtet sein vor allen anderen Ausgleichssystemen.[1277] In New South Wales sollen die Rückzahlungsverpflichtungen und Ausschlussfristen des *Social Security Act* 1991 den Vorrang sichern.[1278] Das Prinzip wird in Deutschland gewahrt durch Ruhensvorschriften bei der Krankenversicherung und durch Anrechnungs- und Kürzungsregelungen bei der Rentenversicherung. Es finden sich aber auch an anderen Stellen Vorschriften, die dieses Prinzip absichern sollen: So sieht § 101 II 3 SGB VII vor, dass in den Fällen der Leistungskürzung bei strafbarem Verhalten die dem Täter versagte Leistung an die unterhaltsberechtigten Kinder und Ehegatten zu gewähren ist. Dadurch soll verhindert werden, dass unterhaltsberechtigte Personen in Not geraten und andere Sozialleistungen in Anspruch nehmen.[1279] In Deutschland bleibt aufgrund des Vorrangs die gesetzliche Unfallversicherung für den Geschädigten für den Rest seines Lebens verantwortlich. In New South Wales hingegen übernimmt das Social Security-System jedenfalls ab dem Zeitpunkt, zu dem das Erwerbsleben endet und die Altersrenten einsetzen. Das korrespondiert mit den wiederkehrenden Leistungen, die in New South Wales stets Ersatz für entgangenes Entgelt bedeuten. Die Leistungen sind stärker als in Deutschland an das Erwerbsleben gebunden.

---

[1275] GITTER; BB Beilage 6 1998, S. 17.
[1276] FUCHS, SGb 1995, S. 421 (425).
[1277] HWCA, Promoting Excellence, S. 101.
[1278] vgl. 2. Kapitel: A. I.
[1279] KATER / LEUBE § 101 Rn. 12.

Das Prinzip des Vorrangs der besonderen Entschädigungssysteme ist aber nicht unumstritten. In New South Wales wird oft geltend gemacht, dass es nicht angehe, dem Arbeitgeber alle Kosten aufzuerlegen.[1280] Dahinter steht die Problematik einer angemessenen Kostenverteilung zwischen Staat und Bund. Die INDUSTRY COMMISSION hatte die Ansicht geäußert, dass eine angemessene Kostenverteilung zwischen Bund und Staat durch längere Zeiten wöchentlicher Zahlungen erreicht werden könnte und dadurch, dass der Schwerpunkt der Leistungen weg von Abfindungen auf die wöchentlichen Zahlungen verlegt werde.[1281] Die Workers' Compensation-Leistungen bei teilweiser Arbeitsunfähigkeit könnten dazu nach fünf Jahren auf das Niveau der Social Security-Leistungen abgesenkt werden, es würde aber bei Leistungen nach dem *Workers Compensation Act* 1987 bleiben. Diese Lösung stieß auf Widerstand. Es würde die wirtschaftliche Belastung nur vom Bund auf die Arbeitgeber verlagert werden, was das System nicht besser mache und die Arbeitgeber unzumutbar belaste.[1282]

Ein ähnlicher Gedanke taucht auch in der in Deutschland geführten Diskussion um die Berechtigung des Vorrangs auf. Der Hauptansatzpunkt der Kritik ist aber zunächst ein anderer. In Deutschland kumulieren regelmäßig die Ansprüche gegen drei verschiedene Sozialversicherungssysteme: Die gesetzliche Unfallversicherung, die gesetzliche Krankenversicherung und die gesetzliche Rentenversicherung.[1283] Der Ausschluss einer der Leistungen zugunsten einer anderen widerspricht dem Versicherungsgedanken. Für den Versicherten wurden in alle Systeme Beiträge eingezahlt. Treten durch den Schadenfall mehrere Versicherungsfälle ein, müsste er von jeder seiner Versicherungen Leistungen erhalten.[1284] In der privaten Versicherung erhält der Versicherte unter vergleichbaren Umständen mehrfach Leistungen.[1285]

Zur Rechtfertigung der Kürzung der Renten aus der gesetzlichen Rentenversicherung wird geltend gemacht, dass der gegenüber dem Versicherungsfall der Rentenversicherung spezielleren Ursache des Arbeitsunfalls für die Leistungspflicht mehr Gewicht beizumessen sei. Die Unfallrente wird allein aus Beiträgen und nicht auch mit Staatszuschüssen finanziert und sollte aufgrund dieser stärkeren versicherungsmäßigen Deckung keine Einbußen erleiden.[1286] GITTER hält dieses Argument nicht für überzeugend, da keine sachlichen Argumente dafür sprächen, gerade den Versicherungsträger zu schonen, dessen Leistungen zum Teil auch auf Staatszuschüssen beruhen. Offenbar ginge es dabei nur darum, die staatlichen sozialen Aufgaben zu minimieren.[1287] Damit kommt die Diskussion um die gesetzliche Unfallversicherung genau bei der Problematik des Workers' Compensation-Systems an.

GITTER ist der Ansicht, dass man beim Zusammentreffen von Leistungen der gesetzlichen Unfallversicherung und der gesetzlichen Rentenversicherung differenzieren müsse: Die der gesetzlichen Regelung zugrunde liegende Auffassung

---

1280 Workers Compensation battle continues, Law Society Journal, November 1993, S. 69.
1281 INDUSTRY COMMISSION, Report No. 36, S. 172.
1282 No need for federal Compensation law, Australian Lawyer, March 1994, S. 23.
1283 vgl. 2. Kapitel: B. I.
1284 GITTER, Schadensausgleich im Arbeitsunfallrecht, S. 183.
1285 WALTERMANN / GROHMANN, SGb 1997, S. 97 (98).
1286 GITTER, Schadensausgleich im Arbeitsunfallrecht, S. 183.
1287 GITTER, BB Beilage 6 1998, S. 13.

ließe sich nur für das Zusammentreffen der Verletztenrente aus der Unfallversicherung mit der Berufs- und Erwerbsunfähigkeitsrente vertreten, weil diese den Arbeitsunfall als den Versicherungsfall auslösendes Ereignis gemeinsam haben. Beim Zusammentreffen der Unfallrente mit der Altersrente der Rentenversicherung läge eine andere Situation vor. Hier löst ein unfallunabhängiges Ereignis den Versicherungsfall der Rentenversicherung aus. Mit dem Eintritt der für den Versicherungsfall des Alters vorgesehenen Altersgrenze wäre die Rentenversicherung auch ohne den Arbeitsunfall leistungspflichtig geworden und es ist nicht einzusehen, weshalb ihre Leistungspflicht allein wegen des Arbeitsunfalls eingeschränkt werden sollte.[1288]

## V. Der Weg zu und von der Arbeitsstätte

Die Vorschriften über Wegeunfälle und Journey Claims erweitern die Ersatzpflicht auf Schäden, die der Arbeitnehmer während des Zurücklegens bestimmter Wegstrecken erleidet. Sowohl in New South Wales als auch in Deutschland soll mit der gesetzlichen Erweiterung der Ersatzpflicht auf Wegstrecken grundsätzlich der unmittelbare Weg des Arbeiters zur Arbeit und der entsprechende Rückweg ersetzt werden, sec. 10 (3) (a) WCA, § 8 II Nr. 1 SGB VII. Der Weg zu und von der Arbeitsstätte wurde in beiden Ländern im gleichen Zeitraum, nämlich in New South Wales im Jahr 1926 und in Deutschland im Jahr 1925 in den Versicherungsschutz einbezogen. Während die Regelung in Deutschland im Laufe ihres Bestehens kaum geändert wurde,[1289] erlebten die Journey Claims eine wechselvolle Geschichte.[1290]

### 1. Fragestellung

Die Regelungen über Journey Claims und Wegeunfälle werden in Deutschland wie in New South Wales in Frage gestellt, weil die Arbeitgeber keinerlei Kontrolle über die Gefahren im Zusammenhang mit dem Zurücklegen der Wegstrecke haben.[1291] Sie haben keinen Einfluss darauf, wie der Arbeiter sich zur Arbeitsstätte begibt und wie weit er von der Arbeitsstätte entfernt wohnt. Der Versicherungsschutz erstreckt sich auf jede Art der Fortbewegung. Der Arbeiter kann zu Fuß gehen, mit dem Auto fahren (auch als Mitfahrer), öffentliche Verkehrsmittel benutzen oder mit dem Fahrrad unterwegs sein. Versichert sind allgemeine Weggefahren ebenso wie Schäden, die von dem Geschädigten selbst oder von einem Dritten schuldhaft verursacht worden sind. Die Risiken können folglich von einem versicherten Arbeitnehmer zum anderen sehr unterschiedlich hoch sein. Das ist nicht unbedenklich, wird aber in Deutschland mit dem Hinweis auf die allgemeine Handlungsfreiheit der Arbeitnehmer gerechtfertigt.

Die Journey Claims und Wegeunfälle setzen lediglich einen räumlichen und zeitlichen Zusammenhang mit der betrieblichen Tätigkeit voraus.[1292] Die Ursachen der Schäden liegen oft nicht in betrieblichen Risiken, sondern in Gefahren

---

[1288] GITTER, BB Beilage 6 1998, S. 13.
[1289] GITTER, Schadensausgleich im Arbeitsunfallrecht, S. 81.
[1290] vgl. 2. Kapitel: A. IV. 5. a. (1)
[1291] vgl. 2. Kapitel: A. IV. 5. a. (1) GITTER, Schadensausgleich im Arbeitsunfallrecht, S. 86.
[1292] vgl. 2. Kapitel: A. IV. 5. a. (3) und 2. Kapitel: B. V. 2. b.

des Straßenverkehrs.[1293] Die Einbeziehung des Wegerisikos lässt sich nicht mit der Ablösung der unternehmerischen Haftpflicht, wie sie in Deutschland gegeben ist, begründen.[1294] Den Weg von und zur Arbeitsstätte in den Versicherungsschutz einzubeziehen, ist eine politische Entscheidung, die Ausdruck der sozialen Fürsorge für Risiken im Umfeld der Arbeit ist. Wie diese Frage entschieden wird, ist für den Bestand eines besonderen Entschädigungssystems für arbeitsbedingte Schäden ohne Bedeutung. Mit der Zuordnung der Journey Claims zum Workers' Compensation-System und der Wegeunfälle zur gesetzlichen Unfallversicherung stehen und fallen beide besonderen Entschädigungssysteme nicht.[1295]

2. Wegstrecken

Nach der grundsätzlichen Intention der Gesetze soll der tägliche Weg des Arbeiters von seiner Wohnung zur Arbeitsstätte und der entsprechende Rückweg versichert sein. Es ist die Verbindung zwischen eindeutig privater Sphäre und eindeutig betrieblicher Sphäre, die im Falle ihrer betrieblichen Veranlassung Versicherungsschutz genießen soll.[1296]

Trotz der langen Liste der versicherten Wegstrecken in New South Wales und nur zwei aufgelisteten Wegstrecken in Deutschland, sind die Unterschiede in der Praxis gering. In New South Wales sind in sec. 10 (3) (b) WCA explizit die Fahrten zu vom Arbeitgeber veranlassten Fort- und Weiterbildungsveranstaltungen versichert. In Deutschland ist dieser Weg schon „Weg zum Ort der Tätigkeit“ gemäß § 8 II Nr. 1 SGB VII.[1297] Auch der Weg zu den Sammelstellen, den places of pick-up[1298], ist in Deutschland „Weg zum Ort der Tätigkeit“. Die Wege, die in Zusammenhang stehen mit Heilbehandlung und Kompensationsansprüchen, sec. 10 (3) (c) und (d) WCA, fallen in Deutschland unter die mittelbaren Folgen eines Versicherungsfalls gemäß § 11 SGB VII. Das „Lohnabheben“ ist in New South Wales nach sec. 10 (3) (g) WCA versichert, in Deutschland hingegen nicht mehr. Eine entsprechende Regelung hatte sich in Deutschland aus der Parallele zum Abholen der „Lohntüte“ entwickelt. Moderne Zahlungsformen hatten aber zu mehr oder weniger zufälligen Ergebnissen im Versicherungsschutz geführt, was die Aufhebung der Vorschrift zur Folge hatte.[1299]

Beide Systeme dehnen den Versicherungsschutz aus auf die längeren Wegstrekken, die ein Arbeitnehmer zurücklegt, weil er wegen der Entfernung in der Nähe seiner Arbeitsstätte eine zusätzliche Unterkunft bezieht, aber auch regelmäßig nach Hause fährt.[1300] Die beiden Regelungen erfassen allerdings geringfügig unterschiedliche Lebenssachverhalte. In New South Wales ist vorgesehen, dass der Weg von einem „camp or place“ zum „place of abode“ versichert sein kann. Die temporäre Unterkunft muss der Arbeiter genommen haben, weil er einen zeitlich begrenzten Arbeitsauftrag an anderer Stelle hat, die so weit von seiner

---

1293 LEICHSENRING / PETERMANN, SozVers 1998, S. 14 (18).
1294 BENZ, SGb 1998, S. 132 (133).
1295 LEICHSENRING / PETERMANN, SozVers 1998, S. 14 (18).
1296 vgl. 2. Kapitel: A. IV. 5. a. und 2. Kapitel: B. V. 2.
1297 PLAGEMANN / PLAGEMANN, Gesetzliche Unfallversicherung, Rn. 125.
1298 sec. 10 (3) (f) WCA.
1299 GOEKE / GRAEFF, BArBl 10 / 1996, 9 (10).
1300 sec. 10 (3) (e) WCA und § 8 II Nr. 4 SGB VII.

Arbeitsstätte entfernt ist, dass es geboten ist, dort vorübergehend Quartier zu nehmen. Teilweise wird sogar verlangt, dass die Unterkunft selber eine temporäre Einrichtung sein muss.[1301] Die gesetzliche Unfallversicherung verlangt für die zusätzliche Unterkunft keine vorübergehende Natur. Dafür muss der andere Punkt der Fahrt die ständige Familienwohnung sein. Ständige Familienwohnung ist eine Wohnung, die für nicht unerhebliche Zeit den Mittelpunkt der Lebensverhältnisse des Versicherten bildet.[1302] Mit „place of abode“ ist dahingegen vielmehr die ständige Unterkunft am festen Arbeitsplatz gemeint und nicht notwendigerweise das Zuhause: „Of course, a home is not necessarily one's place of abode“, so O'MEALLY J in *Brooks v Roche Bros. Pty. Ltd.*[1303] Die Regelungen haben unterschiedliche Schwerpunkte: In New South Wales sollen dem Arbeiter Fahrten zu seinem „place of abode“ gestattet sein, wenn er so kurze Zeit an anderer Stelle arbeitet, dass es sich für ihn nicht lohnt, sich dort eine dauerhafte Unterkunft zu suchen. In Deutschland ist die Trennung des Arbeitnehmers von seiner Familie wegen seiner Arbeit Hintergrund der Regelung. Der Unterschied, der sich hier ergibt, begründet sich auf einen grundsätzlichen Unterschied in der Bezeichnung der Anfangs- und Endpunkte der Wegstrecken.

### 3. Anfangs- und Endpunkte der Wegstrecken

Was den genauen Beginn bzw. das genaue Ende der Wegstrecke betrifft, ist zunächst festzuhalten, dass der *Workers Compensation (Amendment) Act* 1989 eine Änderung brachte, die eine Gemeinsamkeit der Systeme beseitigte. Der Beginn der Fahrt ist jetzt in New South Wales nicht mehr am Eingang des Gebäudes, sondern an der Grenze des Grundstücks.[1304] In Deutschland beginnt der Versicherungsschutz beim Durchschreiten der Außentür des Wohnhauses. Es spielt dabei keine Rolle, ob der Versicherte das Haus durch den Haupt- oder durch einen Nebeneingang betritt oder verlässt. Zum häuslichen Bereich gehört auch eine angebaute Garage, innerhalb derer kein Versicherungsschutz besteht.[1305] So steht der Weg durch einen Vorgarten in Deutschland unter Versicherungsschutz, in New South Wales hingegen nicht. Gleiches gilt für den Fall, in dem der Versicherte versuchte, durch ein Fenster in die Wohnung zu gelangen, weil er seinen Schlüssel vergessen hatte. In Deutschland wurde entschieden, dass in diesem Fall das Fenster an die Stelle der Haustür trete, der Versicherte also Versicherungsschutz genieße.[1306] In New South Wales würde dieser Fall sicher anders entschieden.

In New South Wales ist der Weg zwischen dem Ort der Tätigkeit (place of employment) und dem „place of abode“ des Arbeiters versichert. Das SGB VII spricht nur vom Ort der Tätigkeit, nennt den anderen Punkt der Wegstrecke aber nicht. „Place of abode“ wird im *Workers Compensation Act* 1987 definiert als der Ort, an dem der Arbeiter die Nacht zu verbringen beabsichtigt oder verbracht hat. Das kann auch die Wohnung von Freunden sein, die der Arbeiter aufgesucht hat, um bei ihnen das Wochenende zu verbringen. In Deutschland

---

[1301] *Brooks v Roche Bros. Pty. Ltd.* (1997) 15 NSWCCR 64.
[1302] PLAGEMANN / PLAGEMANN, Gesetzliche Unfallversicherung, Rn. 128.
[1303] (1997) 15 NSWCCR 64.
[1304] MILLS, loose-leaf, S. 1393.
[1305] BSGE 63, 212.
[1306] BSGE 11, 156; LSG Baden-Württemberg, BG 1988, S. 636.

wird davon ausgegangen, dass grundsätzlich die Wohnung des Versicherten, der häusliche Bereich des Arbeitnehmers als anderer Punkt der Wegstrecke gemeint ist. In diesem Zusammenhang wird aber auch die Rechtsprechung zum „Drittort" relevant. So kann grundsätzlich auch ein Weg versichert sein, der nicht den häuslichen Bereich als Ausgangs- oder Endpunkt hat, sondern einen anderen Ort, wie die Wohnung der Schwiegereltern oder eine Arztpraxis. Eine solche Wegstrecke vom oder zum Drittort ist aber nur versichert, wenn sie nicht erheblich länger und risikoreicher ist als die normale Strecke vom oder zum Arbeitsplatz. Es geht nicht an, dass auch Wege zum oder vom dritten Ort, die ein Mehrfaches der Wegstrecke des direkten Weges betragen, versichert sind.[1307] Es ist darum ein Vergleich zwischen dem Wegerisiko häuslicher Bereich - Arbeitsort und dritter Ort - Arbeitsort anzustellen. Die Risiken müssen in einem angemessenen Verhältnis zueinander stehen, feste Relationen als Maßstab gibt es nicht.[1308] In New South Wales gibt es den Drittort als Ausgangs- oder Endpunkt des versicherten Weges nicht. Andere Orte werden nur bei der Frage nach Umwegen und Unterbrechungen relevant. Das kann allerdings in Deutschland auch der Fall sein. Nicht jeder Ort, den der Arbeitnehmer auf seinem Weg zur Arbeitsstätte streift, erlangt die Bedeutung eines Drittortes. Die Dauer des Aufenthaltes an dem Ort muss so erheblich sein, dass die Wegstrecke vor und nach Erreichen des Drittortes eine eigenständige Bedeutung erlangt.[1309] Ist das nicht der Fall, muss auch in Deutschland die Frage nach einer den Versicherungsschutz ausschließenden Unterbrechung oder einem Umweg gestellt werden.

4. Umweg oder Unterbrechung

Die Frage nach dem Versicherungsschutz bei Umwegen oder Unterbrechungen der versicherten Wegstrecken veranlasste das Gericht in New South Wales den Begriff der „journey" zu klären. Von mehreren möglichen Wörterbuchdefinitionen wählte das Gericht „a spell of going or travelling, viewed as a distinct whole".[1310] Wichtig ist dabei die ganzheitliche Betrachtungsweise der Fahrt. Im Gegensatz zu den deutschen Entscheidungen zum Drittort, gibt es in New South Wales nur <u>die</u> ersatzfähige Fahrt, die durch die gesetzlich festgelegten Anfangs- und Endpunkte bestimmt wird. Ist der Arbeiter einen Umweg gefahren oder hat er die Fahrt unterbrochen, werden drei Fallkonstellationen unterschieden: Der Umweg oder die Unterbrechung sind so unwesentlich, dass sie den Charakter der Fahrt als direkte „Heimfahrt" nicht berühren und eine Fahrt nach sec. 10 (1) WCA gegeben ist. Liegen ein wesentlicher Umweg oder eine wesentliche Unterbrechung der Fahrt vor, kommt sec. 10 (2) WCA zur Anwendung: Die Fahrt ist danach nur ersatzfähig, wenn sie mit dem Arbeitsverhältnis in Zusammenhang steht oder das Risiko des Schadenseintritts durch den Umweg oder die Unterbrechung nicht wesentlich erhöht wurde. Es können aber auch zwei Fahrten vorliegen, von denen keine unter sec. 10 WCA fällt, weil die mit der Fahrt verfolgten Zwecke und der daraus resultierende Umweg oder die Unterbrechung

---

[1307] BENZ, SGb 1998, S. 132 (133).
[1308] BRACKMANN, Handbuch, S. 485r ff.; BSG SozR 2200 § 550 Nr. 62; BSGE 62, 100.
[1309] BSG Breith. 1989, 288; BSG Breith. 1992, 299.
[1310] *Minchinton v Homfray & anor* (1994) 10 NSWCCR 778.

den Charakter der Fahrt als „Heimfahrt" zerstören.[1311] Werden zwei Fahrten angenommen, können die Voraussetzungen der sec. 10 (3) (a) WCA nicht erfüllt sein, weil keine der Wegstrecken vom „place of abode" zur Arbeitsstätte führt oder von der Arbeitsstätte zum „place of abode".[1312] Als Beispiel mag der Arbeiter dienen, der nach getaner Arbeit zum Haus seiner Tochter fährt, um dort seine Frau zu treffen und zu Abend zu essen. Er wollte zwei oder drei Stunden bei seiner Tochter verbringen und anschließend von dort mit seiner Frau nach Hause fahren. Auf dem Weg zum Haus seiner Tochter hatte er einen Unfall. Das Gericht lehnte den Versicherungsschutz ab:

> „In the latter case the consequence would be that the journey upon which the workers was engaged when he met with his injury was not a journey whose terminus was his abode but one whose terminus was his daughter's house and one outside the reach of the [*Workers Compensation*] *Act* [1987]."[1313]

Dieser Fall könnte in Deutschland anders entschieden werden. Wie in New South Wales käme es für eine versicherte Fahrt zunächst darauf an, ob es in der Absicht des Arbeitnehmers lag, sich zum Arbeitsort zu begeben bzw. den Heimweg anzutreten. Entscheidend ist die Handlungstendenz des Arbeitnehmers.[1314] Genau wie in New South Wales unterscheidet man auch in Deutschland nach der Intensität der Unterbrechung. Der Versicherungsschutz entfällt nicht schon wegen geringfügiger Unterbrechungen.[1315] Eine geringfügige Unterbrechung liegt aber nur vor, wenn der Versicherte den öffentlichen Verkehrsraum kaum verlässt, wie z.B. wenn er sich Zigaretten aus einem Automaten zieht. Schon das Auftanken des Autos des Versicherten ist keine geringfügige Unterbrechung mehr. Das Tanken ist grundsätzlich ein eigenwirtschaftlicher Vorgang und das Verlassen des öffentlichen Verkehrsraums stellt eine deutliche Zäsur dar, so dass während des Aufenthalts an der Tankstelle kein Versicherungsschutz besteht.[1316] Wird eine Unterbrechung in Deutschland aber als erheblich angesehen, so kommen zwei Möglichkeiten in Betracht: Es kann sich um einen versicherten Weg handeln, während dessen der Versicherungsschutz für die Zeit der Unterbrechung aussetzt. Ein kurzer Besuch bei einem Bekannten, ein nicht zu lang andauernder Einkauf oder auch ein zeitlich begrenzter Gasthausaufenthalt beenden den Versicherungsschutz noch nicht endgültig. Der Versicherungs-

---

[1311] *Babcock Australia Ltd. v Proudfoot* (1993) 9 NSWCCR 525; *The Leo McCarthy Memorial Smithfield RSL Sub Branch Club Ltd. v Bayliss* (1996) http://www.austlii.edu.au/au/cases/nsw/supreme_ct/95040543.html.

[1312] *Minchinton v Homfray & anor* (1994) 10 NSWCCR 778.

[1313] SAMUELS JA, zitiert in: *The Leo McCarthy Memorial Smithfield RSL Sub Branch Club Ltd. v Bayliss* (1996) http://www.austlii.edu.au/95040543.html.

[1314] *The Leo McCarthy Memorial Smithfield RSL Sub Branch Club Ltd. v Bayliss* (1996) http://www.austlii.edu.au/au/cases/nsw/supreme_ct/95040543.html; *Babcock Australia Ltd. v Proudfoot* (1993) 9 NSWCCR 525; GITTER / SINGLER, Jahrbuch des Sozialrechts der Gegenwart 1997, S. 133 (126); GITTER / KÖHLER-FLEISCHMANN, Jahrbuch des Sozialrechts der Gegenwart 1998, S. 73 (97).

[1315] GITTER / SINGLER, Jahrbuch des Sozialrechts der Gegenwart 1997, S. 133 (126); PLAGEMANN / PLAGEMANN, Gesetzliche Unfallversicherung,Rn. 133; *Babcock Australia Ltd. v Proudfoot* (1993) 9 NSWCCR 525.

[1316] BSG NJW 1999, S. 84 (85).

schutz lebt nach Beendigung der Unterbrechung wieder auf,[1317] d. h. dann, „wenn der Versicherte wieder den Ausgangspunkt oder eine sonstige dem Versicherungsschutz unterliegende Wegstrecke erreicht hat".[1318] Überschreitet die Unterbrechung oder der Umweg die von der Rechtsprechung entwickelte zeitliche Grenze von zwei Stunden, kann es zur Annahme eines Weges zu einem Drittort kommen.[1319] Dann ist nur der Weg vom oder zum Drittort versichert, während die andere Hälfte des Weges als privater Weg anzusehen ist. In New South Wales gibt es ein solches Kriterium nicht. Ob eine Unterbrechung wesentlich ist und der Versicherungsschutz zu versagen ist, entscheiden dort die Gerichte.[1320] Der Versicherungsschutz der gesetzlichen Unfallversicherung wird versagt, wenn der privat-eigenwirtschaftliche Zweck, z.B. bei einem drei Stunden andauernden privaten Einkaufsbummel, so sehr im Vordergrund steht, dass man eine Lösung von der betrieblichen Tätigkeit annimmt.[1321] Der oben geschilderte Beispielsfall aus New South Wales würde im Rahmen der gesetzlichen Unfallversicherung vermutlich eine andere Bewertung erfahren. Der Weg zum Haus der Tochter würde, solange er nicht weiter und wesentlich risikoreicher ist als der Heimweg, noch unter Versicherungsschutz stehen.

5. Verhältnis der gesetzlichen Erweiterung zum grundsätzlichen Anspruch

In New South Wales schließen sich der grundsätzliche Anspruch nach sec. 9, 4 WCA und Journey Claims nicht gegenseitig aus.[1322] Der Schwerpunkt bei der Anspruchstellung wegen Fahrten liegt auf den Journey Claims.[1323] Während in New South Wales in der Praxis fast alle Fahrten nach sec. 10 WCA entschädigt werden, unterscheidet man in Deutschland deutlich zwischen Betriebswegen, die nach § 8 I SGB VII zu entschädigen sind und den gesetzlichen Erweiterungen in § 8 II SGB VII.[1324] Während § 8 II SGB VII die - wenn auch betriebsbedingte - Verbindung zwischen Privatsphäre und Arbeitsstätte betrifft, versteht man unter „Betriebswegen" Wege, die sich als „innerbetrieblicher Vorgang" darstellen. Betriebswege sind insbesondere solche Wege, die der Arbeitgeber angeordnet hat.[1325] Dazu gehören Wege innerhalb des Werksgeländes von einer Abteilung zur anderen, ferner Einkäufe für den Betrieb [1326] oder die Fahrt des Notarztes zum Krankenhaus wegen der Sofortversorgung eines Patienten.[1327] Derartige Betriebswege sind ebenso wie „Geschäftsreisen" gemäß § 8 I SGB VII versichert, sofern sie überwiegend aus betrieblichen Gründen erfolgen.[1328] Die Unter-

---

1317 BSGE 20, 219 (221); EICHENHOFER, Sozialrecht, Rn. 405; BSG Breith. 1980, S. 104.
1318 BSG SozR 3 - 2200 § 548 Nr. 8 S. 20.
1319 BSG SozR 2200 § 550 Nr. 42; GITTER / KÖHLER-FLEISCHMANN, Jahrbuch des Sozialrechts der Gegenwart 1998, S. 73 (98).
1320 *The Leo McCarthy Memorial Smithfield RSL Sub Branch Club Ltd. v Bayliss* (1996) http://www.austlii.edu.au/au/cases/nsw/supreme_ct/95040543.html.
1321 BSG Breith. 1972, S. 914.
1322 MILLS, loose-leaf, S. 1283.
1323 MILLS, loose-leaf, S. 1286.
1324 SCHULIN, Sozialrecht, Rn. 371; PLAGEMANN / PLAGEMANN, Gesetzliche Unfallversicherung, Rn. 123.
1325 BGHZ 116, S. 30 (35 f.).
1326 BSG SGb 1978, 63 Nr. 11; BENZ, BB 1979, 943 (947).
1327 BSGE 32, 38 (41).
1328 BSG SozR 2200 § 548 Nr. 15.

scheidung ist nicht nur rechtssystematisch von Bedeutung. Sie ist ganz entscheidend für den in der gesetzlichen Unfallversicherung maßgeblichen Grundsatz der Haftungsablösung, weil für Wegeunfälle dieser Grundsatz durchbrochen wird, für Arbeitsunfälle hingegen nicht.

In New South Wales wird keine klare Grenze gezogen zwischen „journeys", die zum „course of employment" gehören und solchen, die unter die gesetzliche Erweiterung in sec. 10 WCA fallen.[1329] Dass Fahrten regelmäßig nach sec. 10 WCA geltend gemacht werden, ist aber nicht unumstritten.

> „It is important to distinguish the case of a journey which is in the course of the employment from the case where the journey can be brought within the Act only by relying on the journey provisions in sec. 10 WCA."[1330]

Demnach sollte man in New South Wales genau wie in Deutschland zwischen Betriebswegen und anderen Fahrten unterscheiden. Die Kriterien für die Abgrenzung von Betriebswegen und anderen Fahrten sind in beiden Systemen gleich: Eine Fahrt fällt in den Rahmen des Arbeitsverhältnisses, wenn der Arbeiter damit eine Verpflichtung gegenüber seinem Arbeitgeber erfüllt oder wenn der Arbeitgeber zum betreffenden Zeitpunkt eine gewisse Kontrolle ausübt. Oder wenn der Arbeiter auf Anfrage / Verlangen des Arbeitgebers für den Arbeitgeber Besorgungen erledigt.[1331] Die Unterscheidung dürfte in Zukunft auch in New South Wales Bedeutung gewinnen, weil sich durch die Einfügung der sec. 9A WCA Unterschiede im Versicherungsschutz ergeben können. Sec. 9A WCA ist nur auf den allgemeinen Anspruch nach sec. 9, 4 WCA, nicht jedoch auf den Anspruch nach sec. 10 WCA anwendbar.[1332] Ein Taxifahrer, der berufsmäßig Fahrten zurücklegt, kann durch die Wahl der Anspruchsgrundlage einen Vorteil gegenüber allen erlangen, die anders gearteten Tätigkeiten nachgehen. Er würde seinen Körperschaden schon ersetzt erhalten, wenn der Schaden während der Fahrt eingetreten ist. Alle anderen müssen beweisen, dass das Arbeitsverhältnis wesentlich zur Schadensentstehung beigetragen hat. Dass die Gerichte dieser Ungleichbehandlung stattgeben, wenn sie durch einen Fall offensichtlich wird, muss bezweifelt werden.

Eine besonders interessante Gemeinsamkeit besteht darin, dass sowohl in New South Wales als auch in Deutschland für Wegeunfälle Anspruchskonkurrenz besteht. Allerdings bekommt der geschädigte Arbeitnehmer in New South Wales auch in diesen Fällen nur den nach dem *Workers Compensation Act* 1987 modifizierten Schadensersatz. In Deutschland hingegen erhält er den vollen Schadensersatz nach allgemeinem Haftungs- und Schadensrecht.

## VI. Ausschluss der Leistungen

Der unterschiedlich geregelte Leistungsausschluss führt in der Anwendung der Vorschriften zu gleichen Ergebnissen. Gleich ist dem Workers' Compensation-System und der gesetzlichen Unfallversicherung, dass der Versicherungsschutz

---

[1329] MILLS, loose-leaf, S. 1394.
[1330] MILLS, loose-leaf, S. 1286.
[1331] MILLS, loose-leaf, S. 1284.
[1332] sec. 9A (4) WCA.

nicht dadurch ausgeschlossen wird, dass die Tätigkeit, bei der sich der Unfall ereignet hat, unter Verstoß gegen Unfallverhütungsvorschriften ausgeübt worden ist.[1333] Im übrigen sieht der *Workers Compensation Act* 1987 allerdings vor, dass ein absichtliches Fehlverhalten die Ansprüche ausschließt, sec. 14 (2) WCA, während in der gesetzlichen Unfallversicherung grundsätzlich kein Ausschluss des Anspruchs erfolgt, selbst bei strafbewehrtem oder verbotswidrigem Verhalten nicht, § 7 II SGB VII. Es kommt in Deutschland nur unter den engen Voraussetzungen des § 101 SGB VII zum Leistungsausschluss oder zur Leistungskürzung.

Die Vorschrift im *Workers Compensation Act* 1987 entspricht der Regelung in Deutschland vor Erlass des SGB VII, als absichtliches Handeln des Arbeitnehmers seine Ansprüche ausschloss, § 553 RVO.[1334] Die Regelung wurde in das SGB VII nicht übernommen, weil in den Fällen absichtlicher Schadensherbeiführung schon kein Versicherungsfall im Sinne des § 7 SGB VII vorliegt.[1335] Im Ergebnis ist genau das die Situation in New South Wales. Weil der Arbeitgeber beweisen muss, dass der Schaden ausschließlich auf das absichtliche Fehlverhalten des Arbeiters zurückzuführen ist, findet der Ausschluss letztlich keine Anwendung.

## VII. Anspruchskonkurrenz und gestörte Gesamtschuld

Trotz des grundlegenden Unterschieds, dass es sich bei dem System von New South Wales um eines handelt, das auf Anspruchskonkurrenz aufgebaut ist, wohingegen die gesetzliche Unfallversicherung auf dem Prinzip der Haftungsablösung beruht, finden sich einige Gemeinsamkeiten was die Fragen der Haftung angeht.

Die Durchbrechung der Haftungsablösung bei vorsätzlichem Handeln des Arbeitgebers und bei Wegeunfällen führt zu einer ähnlichen Situation wie in New South Wales. Der Geschädigte kann neben den Ansprüchen aus dem besonderen Entschädigungssystem seine Ansprüche nach allgemeinem Haftungs- und Schadensrecht geltend machen.[1336] Erhält er Schadensersatz vom Schädiger, muss er die gesetzlichen Leistungen daraus zurückerstatten.[1337] In beiden Systemen gilt das Verbot der Doppelentschädigung, das im Ergebnis dazu führt, dass der Arbeitnehmer in den Fällen der Anspruchskonkurrenz nur hinsichtlich der Schadensspitzen besser gestellt wird.[1338]

In beiden Systemen werden gleiche Wertungen für die Sachverhalte der gestörten Gesamtschuld getroffen.[1339] Hat ein Arbeitnehmer Ansprüche gegen einen gesetzlich privilegierten Schädiger und einen Drittschädiger, so erhält er vom privilegierten Schädiger die gesetzlichen Leistungen, vom Drittschädiger den allgemeinen Schadensersatz und zwar jeweils die Quote, die auf Schädiger und

---

1333 sec. 14 (1) (a) WCA, § 7 II SGB VII; BSGE 25, 102.
1334 BRACKMANN, Handbuch, S. 479d; SCHULIN, Sozialrecht, Rn. 336.
1335 BT-Drucks. 13/2204, S. 99.
1336 sec. 149 ff. WCA; § 104 I SGB VII.
1337 sec. 151Z (1) (b) WCA; § 104 III SGB VII.
1338 vgl. 2. Kapitel: A. VI. 2. a. ; GITTER, Schadensausgleich im Arbeitsunfallrecht, S. 221.
1339 BGHZ 61, 51 ff.; BGH NJW 1987, S. 2669.

Drittschädiger im Innenverhältnis entfällt. Der privilegierte Arbeitgeber behält sein Haftungsprivileg. Seine begrenzte Einstandspflicht geht zu Lasten des Arbeitnehmers.[1340]

### VIII. Besonderes Verfahrensrecht

Besonders geregelte, vereinfachte und schnellere Verfahren sollen dem Arbeitnehmer den Zugang zu den Leistungen erleichtern. In Deutschland ist die gesetzliche Unfallversicherung Teil des Sozialrechts und damit des öffentlichen Rechts. Das Verfahren wird vom Amtsermittlungsgrundsatz beherrscht. Auch in New South Wales wurde das Verfahren weniger formell und flexibler gestaltet.[1341]

Die spezielle Gerichtsbarkeit des Compensation Court und Dust Diseases Tribunal ist Garant für die Sachkunde der Richter und ihre Erfahrungen mit dem Workers' Compensation-System.[1342] Auch die Sozialgerichtsbarkeit will durch ehrenamtliche Richter, die aus Kreisen derer berufen sind, die mit der gesetzlichen Unfallversicherung in Kontakt stehen, eine besondere Sachkenntnis der zur Entscheidung berufenen Stellen gewährleisten.[1343]

Allerdings ist die Einrichtung der Fachgerichte im Hinblick auf den Grundsatz der Gewaltenteilung problematisch. Der Compensation Court ist ein Gericht auf der Ebene des District Court mit einer speziellen Jurisdiktion. Finanziert wird diese Gerichtsbarkeit mit den Prämien der Arbeitgeber, indem die WorkCover Authority aus dem WorkCover Authority Fund (auch) die Kosten des Compensation Court bestreitet.[1344]

## *B. Unterschiede*

Neben diesen Gemeinsamkeiten gibt es in vielen Bereichen entscheidende Unterschiede zwischen den beiden Ausgleichssystemen. Einige grundlegende Unterschiede resultieren aus den zwei sehr unterschiedlichen Rechtsordnungen, auf welchen die besonderen Entschädigungssysteme beruhen.

### I. Öffentliches Recht und Common Law Rechtsordnung

Die Sozialversicherung in Deutschland, zu der die gesetzliche Unfallversicherung gehört, ist Teil des Sozialrechts, welches wiederum Teil des öffentlichen Rechts ist. Die deutsche Rechtsordnung beruht traditionell auf der Zweiteilung der Rechtsordnung in privates und öffentliches Recht.[1345] Die Unterscheidung

---

[1340] vgl. 2. Kapitel: A. VI. 2. b. und c.; PALANDT, BGB § 426 Rn. 15 ff. (20).
[1341] vgl. 2. Kapitel: B. VII. 2. ; WOODHOUSE Report, S. 97.
[1342] vgl. 2. Kapitel: A. III. 4. b.
[1343] vgl. 2. Kapitel: B. VII. 2.
[1344] sec. 35 (2) (f) WIMAWCA.
[1345] EYERMANN, VwGO § 40 Rn. 41.

beider Rechtsgebiete geht für das private Recht von der Gleichordnung der Parteien aus und für das öffentliche Recht von einem Über- / Unterordnungsverhältnis zwischen den Parteien.[1346]

Die australische Rechtsordnung kennt eine Zweiteilung in öffentliches und privates Recht nicht. Allerdings wird auch dort eine rege Diskussion um die „private-public law dichotomy" geführt. Unter dem „private law" wird dann das Common Law verstanden und unter dem „public law" die Gesetze. Die australische Rechtsordnung geht von privatrechtlichen Rechtsgrundsätzen aus, welche in Einzelfällen, wie hier für berufsbedingte Schäden, von Gesetzen abgelöst werden.

1. Strukturunterschiede

Die gesetzliche Unfallversicherung verlagert den Schadensausgleich aus dem individuellen in den kollektiven Bereich. Die für den Schadensausgleich des BGB typische Schädiger - Geschädigte Beziehung ist irrelevant.[1347] Das System von New South Wales hat gegenüber der gesetzlichen Unfallversicherung eine stärker individuelle Ausrichtung. Der Schadenszeitpunkt, nach dem sich der Arbeitgeber und die zahlungspflichtige Versicherungsgesellschaft bestimmen, spielen eine entscheidende Rolle.[1348] Allerdings ist der Schadensausgleich in New South Wales nicht rein individuell. Da die Ansprüche der Arbeitnehmer aus den Fonds der Versicherungsgesellschaften bedient werden, ist auch in New South Wales ein Unternehmerkollektiv für den Ausgleich verantwortlich.[1349] Es ist die Zuständigkeit der privaten Versicherungsgesellschaften für die Aufgabe der Versicherung, welche die Ermittlung eines Anspruchsgegners erforderlich macht. Dabei handelt es sich aber nicht um die Schädiger-Geschädigte Beziehung des allgemeinen Haftungs- und Schadensrechts. Der Arbeitgeber, der stets Anspruchsgegner ist, muss keineswegs der Schädiger sein. Das können vielmehr auch der Arbeitnehmer selbst oder ein Arbeitskollege sein.

Die grundlegenden Strukturunterschiede der beiden Entschädigungssysteme sind die Fortsetzung der Einstellungen und Gedanken, die 1897 im englischen Parlament zur Ablehnung der deutschen Lösung für das Problem arbeitsbedingter Schäden führte: Lord ASQUITH fasste das in seiner Rede vor dem Parlament zusammen:

> „The German system may be very well suited to the economic and social conditions of that country, but its adoption here - resting as it does on the double foundation of compulsory grouping and centralised control - would require us to fly in the face of the traditions and the living tendencies of British industry. [...] The Government were perfectly right in discarding that feature of the German system, although it must be admitted that in doing so they have been obliged to deprive

---

[1346] EYERMANN, VwGO § 40 Rn. 42.
[1347] PALANDT, BGB Vorbem. vor § 249 Rn. 3; GITTER, Schadensausgleich im Arbeitsunfallrecht, S. 51; BVerfGE 34, 18 (119).
[1348] MILLS, loose-leaf, S. 1399.25.
[1349] vgl. GITTER, Schadensausgleich im Arbeitsunfallrecht, S. 51.

> the workman of a security which, under the German system he does undoubtedly enjoy."[1350]

Schon damals wurde darauf aufmerksam gemacht, dass die stärker individuelle Lösung, die die Verantwortung für die Versicherung dem einzelnen Arbeitgeber überlässt, die Vorteile der deutschen gesetzlichen Unfallversicherung nicht mit sich bringen würde. Auf drei Punkte, die ihre Gültigkeit bis heute bewahrt haben, wurde besonders hingewiesen: Zum einen greift das Argument des Betriebsfriedens nur bedingt. Ein Streit über bestehende Ansprüche wird immer noch zwischen dem Arbeitgeber und dem Arbeitnehmer ausgetragen, auch wenn die Versicherungsgesellschaft im Verfahren für den Arbeitgeber auftritt. Als zweites wurde auf den Aspekt der Arbeitssicherheit und Prävention hingewiesen. Die Berufsgenossenschaften können Verordnungen erlassen, Arbeitsplätze inspizieren, die Beiträge der Unternehmer staffeln und sogar Ordnungsstrafen verhängen. Dieser Aspekt der Arbeitssicherheit fehlte im englischen Konzept. In New South Wales hat man begonnen, auch in diesem Bereich Funktionen der WorkCover Authority anzuerkennen.[1351] Das dritte Problem war das der insolventen Versicherungsgesellschaften.[1352]

Ein wesentlicher Unterschied zwischen dem deutschen und englischen System war von Anfang an, dass sich ersteres sowohl auf Unfallverhütung und Rehabilitation als auch auf die Entschädigung bezog, wohingegen die durch England beeinflussten Systeme ausschließlich auf Geldleistungen wegen arbeitsbedingter Schäden gerichtet waren.[1353] Die Anerkennung einer Aufgabe im Bereich Workers' Compensation für Arbeitssicherheit und Rehabilitation ist neu in New South Wales.[1354]

2. Verfahrensordnungen

Aufgrund der unterschiedlichen Rechtsordnungen sind auch die Verfahrensordnungen verschieden. In New South Wales geht die Rechtsordnung grundsätzlich von zwei gleichgeordneten Parteien aus, die ihre Ansprüche gegeneinander vor Gericht in einem streitigen Verfahren geltend machen. Die Parteien haben den Verfahrensablauf in der Hand. Jede Partei beschafft die ihr zur Verfügung stehenden Beweise, die dem Gericht nach formellen Beweisregeln präsentiert werden.[1355] Will der Gesetzgeber Verfahrensregelungen für eine schnellere und einfachere Durchsetzung von Ansprüchen von einer von ihm als schutzbedürftig erachteten Partei schaffen, so muss er diese Verfahrensregelungen als Sondervorschriften erlassen. Für den geschädigten Arbeiter als schutzbedürftige Partei wurde im Rahmen des Workers' Compensation-Systems der Schlichtungsaus-

---

[1350] 4 Hansard 49, 18 May 1897, S. 749, zitiert nach: HENNOCK, British Social Reforms and German Precedents, S. 102.

[1351] Die WorkCover Authority hatte schon immer Beratungsfunktionen, die Zusammenarbeit mit dem Gremium für Gesundheits- und Arbeitsschutz, dem Occupational Health and Safety Council, soll weiter verstärkt werden, vgl. 30 WIMAWCA.

[1352] HENNOCK, British Social Reforms and German Precedents, S. 74; TENNSTEDT, ZSR 1981, S. 679.

[1353] HWCA, Promoting Excellence, S. 26.

[1354] HWCA, Promoting Excellence, S. 33, 44.

[1355] *Evidence Act* 1898.

schuss der WorkCover Authority[1356], der Compensation Court[1357] und das Dust Diseases Tribunal[1358] mit jeweils eigenem Verfahrensrecht geschaffen. Der Schlichtungsausschuss soll die Mängel beseitigen helfen, die durch die Beibehaltung der streitigen Natur der Verfahren auch vor dem Compensation Court und dem Dust Diseases Tribunal entstehen.[1359] Streitige Verfahren sind langwierig und kostenintensiv. Jede Kommunikation, auch darüber, ob die Parteien bereit sind in das Gerichtsverfahren einzutreten, findet vor Gericht statt.[1360]

In der deutschen Rechtsordnung hat das Sozialrecht als öffentlich-rechtliche Teilrechtsordnung mit den Verfahrensgrundsätzen der Amtsermittlung und Klägerfreundlichkeit auch die Funktion, einer schwächeren Partei die Durchsetzung ihrer Ansprüche zu ermöglichen.[1361] Für das Über- / Unterordnungsverhältnis zwischen Staat und Bürger, von dem das öffentliche Recht grundsätzlich ausgeht, soll ein Ausgleich geschaffen werden.[1362] Im Gegensatz zur gesetzlichen Unfallversicherung, in welcher die Berufsgenossenschaften als öffentlich-rechtliche Körperschaften auch für die Versicherung zuständig sind, ist in New South Wales die Aufgabe der Versicherung privaten Versicherungsgesellschaften übertragen. Der Staat kann sich zur Erfüllung seiner Aufgaben aber auch in Deutschland privatisierter Leistungsträger bedienen.[1363] Diese handeln im Außenverhältnis aber grundsätzlich privatrechtlich, so dass der Rechtsweg zu den ordentlichen Gerichte eröffnet ist.[1364] Eine Ausnahme bildet die Beleihung. Werden privaten Leistungsträgern singuläre Hoheitsbefugnisse übertragen, und nicht eine öffentliche Aufgabe zur selbständigen Wahrnehmung, handeln sie hoheitlich. Nur dann unterliegt ihr Handeln der Beurteilung durch die Verwaltungs- bzw. Sozialgerichte.[1365] Überträgt man diese Grundsätze auf New South Wales, könnte es sich bei dem bestehenden System, in welchem die privaten Versicherungsgesellschaften als Beauftragte der WorkCover Authority die Versicherung handhaben, um öffentlich-rechtliche Tätigkeiten der Versicherer handeln.[1366] Im neuen privatisierten System hingegen werden die Versicherungsgesellschaften im Außenverhältnis privatrechtlich handeln.[1367] Dass ihr Handeln öffentlich-rechtlichen bzw. gesetzlichen Beschränkungen unterliegt, steht dem nicht entgegen.[1368]

Ein entscheidender Unterschied beruht also nicht auf der konkreten Ausgestaltung der Systeme als privat, öffentlich oder halb-öffentlich, sondern auf den zugrunde liegenden Rechtsordnungen.

---

[1356] vgl. 2. Kapitel: A. III. 4. a.
[1357] vgl. 2. Kapitel: A. III. 4. b.
[1358] NEWBRUN, The Dust Diseases Tribunal, S. 27 ff.
[1359] vgl. 2. Kapitel: A. III. 4. a.
[1360] RASINK, Demands on the Compensation Court, S. 12.
[1361] vgl. 2. Kapitel: B. VII. 2.
[1362] EYERMANN, VwGO § 40 Rn. 42.
[1363] EYERMANN, VwGO § 40 Rn. 54.
[1364] EYERMANN, VwGO § 40 Rn. 88.
[1365] EYERMANN, VwGO § 40 Rn. 87.
[1366] vgl. 2. Kapitel: A. III. 2.
[1367] EYERMANN, VwGO § 40 Rn. 56.
[1368] EYERMANN, VwGO § 40 Rn. 88.

## II. Privatrechtlich oder öffentlich-rechtlich?

Auf den ersten Blick erscheint es eindeutig (nicht zuletzt im Hinblick auf die Unterschiede in den Rechtsordnungen), dass es sich bei dem System von New South Wales um ein privates, bei dem deutschen System um ein öffentliches, oder öffentlich-rechtliches handelt. Die Frage, ob ein Entschädigungssystem dem öffentlichen oder privaten Recht zuzuordnen ist, ist aber keineswegs so zweidimensional, wie es scheint. Jede einzelne Komponente der Systeme kann privat oder öffentlich sein: Die Trägerschaft, die Durchführung, das Verfahren und der Rechtsschutz.

Nach dem derzeitigen System in New South Wales ist die Trägerschaft öffentlich. Die WorkCover Authority ist den Berufsgenossenschaften vergleichbar, eine durch Gesetz geschaffene, vom Staat unabhängige Körperschaft, die das besondere Entschädigungssystem für arbeitsbedingte Schäden umfassend verwaltet[1369]. Sie ist wie die Berufsgenossenschaften umfassend für die Entschädigung zuständig und nimmt Aufgaben in den Bereichen Prävention und Rehabilitation wahr. Anders als die Berufsgenossenschaften im Rahmen des berufsgenossenschaftlichen Heilverfahrens, trägt die WorkCover Authority aber nicht die Verantwortung für die Rehabilitation der Geschädigten und für die frühzeitige Rückführung an den Arbeitsplatz.[1370] Für die Durchführung der Versicherung sind die privaten Versicherungsgesellschaften als Beauftragte zuständig.

Zum 1. Oktober 2000 soll das System „privatisiert" werden. Die privaten Versicherungsgesellschaften sollen in Zukunft die Verluste und Gewinne des Systems tragen und eine aktivere Rolle im Schadensmanagement spielen. So wie früher brauchen die Versicherungsgesellschaften eine Lizenz, um auf dem Workers' Compensation Sektor tätig zu werden. Die Grundsätze zur Prämienermittlung und -berechnung sind durch gesetzliche Vorschriften festgelegt.[1371] Weder die Verwaltung des Systems durch die WorkCover Authority noch das Verfahren wurden verändert. Die Arbeitnehmer stellen Anträge bei den Versicherungsgesellschaften, die entsprechend der gesetzlichen Vorschriften darüber entscheiden. Gegen die Entscheidung kann sich der Arbeiter an den Schlichtungsausschuss der WorkCover Authority wenden. Danach kommt ein Verfahren vor dem Compensation Court in Betracht, das zwar ein streitiges ist, aber vereinfachten Verfahrensgrundsätzen folgt. Auch das Verfahren kann somit als halböffentlich bezeichnet werden. Im Ergebnis wurde das Workers' Compensation-System von einem halb-öffentlichen mit stärkerer Betonung des öffentlichen, zu einem halb-öffentlichen mit stärkerer Betonung des privaten.

## III. Versicherte Tätigkeit und Rahmen des Arbeitsverhältnisses

Die Kriterien für die Anerkennung einer Tätigkeit als „in the course of his employment" sind in New South Wales weiter als die Voraussetzungen für die Anerkennung einer versicherten Tätigkeit in Deutschland. Der Sinn und Zweck der Voraussetzungen ist der gleiche: Es soll die betriebliche von der privaten Sphäre

---

[1369] sec. 14 WIMAWCA; §§ 114 ff. SGB VII.
[1370] vgl. 2. Kapitel: A. III. 1.
[1371] vgl. 2. Kapitel: A. III. 3.

abgegrenzt werden. ZWEIGERT / KÖTZ übersetzen „in the course of the employment“ mit „in Ausübung der ihm übertragenen Verrichtung“,[1372] welche Formulierung der „versicherten Tätigkeit“ nahe kommt. Gleich ist die grundsätzliche Bejahung des Versicherungsschutzes, wenn der Arbeitnehmer einer betriebsbezogenen Tätigkeit nachgeht, die der Arbeitgeber verlangt, erwartet oder autorisiert hat.

Der Unterschied zwischen beiden Systemen liegt zunächst darin, dass in New South Wales die Prüfung eines Zusammenhangs zwischen der schadenbringenden Tätigkeit und dem Arbeitsverhältnis abgelehnt wird.[1373] In der gesetzlichen Unfallversicherung hingegen wird zwar zwischen der versicherten Tätigkeit und dem Kausalzusammenhang unterschieden, das BSG fragt aber trotzdem nach der wesentlichen sachlichen Verbindung des unfallbringenden Verhaltens zur versicherten Tätigkeit.[1374]

Der Unterschied in der Reichweite des Versicherungsschutzes wird besonders deutlich bei Arbeitspausen und Arbeitsunterbrechungen. In New South Wales sind Arbeitspausen und Arbeitsunterbrechungen grundsätzlich in den Versicherungsschutz einbezogen. Die gesetzliche Unfallversicherung geht davon aus, dass während der Arbeitsunterbrechungen eigenwirtschaftlichen Tätigkeiten nachgegangen wird und bejaht nur ausnahmsweise den Versicherungsschutz. Der Unterschied der Ansätze wird besonders deutlich durch sec. 11 WCA, der die Arbeitspausen unter Versicherungsschutz stellt, die der Arbeitnehmer nicht auf dem Betriebsgelände verbringt und die deshalb nicht bereits in den Schutz nach sec. 4, 9 WCA einbezogen sind.[1375] In Zusammenhang damit steht die Nahrungsaufnahme, die oft gerade während dieser Arbeitspausen erfolgt. Beide Systeme gehen davon aus, dass es sich dabei um ein wiederkehrendes persönliches Bedürfnis (recurring human want) handelt. In New South Wales fällt die Einnahme der Mahlzeiten während der Arbeitspausen grundsätzlich in den Rahmen des Arbeitsverhältnisses. So ist in New South Wales bei einem Arbeiter, der gewöhnlich mittags nach Hause zum Essen fährt, der Weg dorthin nach sec. 10 WCA und der Zeitraum der Nahrungsaufnahme nach sec. 11 WCA versichert. In Deutschland hingegen werden die wiederkehrenden menschlichen Bedürfnisse, wie die Nahrungsaufnahme und der Aufenthalt am Ort der Nahrungsaufnahme, in der Regel dem privaten Bereich zugerechnet und sind deshalb nicht versichert.[1376] Der Versicherungsschutz erstreckt sich nicht auf Unfälle beim Aufenthalt an der zur Einnahme des Essens aufgesuchten Stelle, sei es die eigene Wohnung oder eine Kantine.[1377] Für die Benutzung der Kantine ergeben sich dementsprechend auch Unterschiede. In New South Wales steht sie unter Versicherungsschutz. In Deutschland werden Unfälle bei der Nahrungsaufnahme und Benutzung der Kantine nur dann nach der gesetzlichen Unfallversicherung ausgeglichen, wenn sich besondere betriebliche Gefahren ausgewirkt

---

1372 ZWEIGERT / KÖTZ, Einführung in die Rechtsvergleichung, S. 642.
1373 MARKS & MCLEAN, ¶ 831.
1374 vgl. 2. Kapitel: B. V. 1. a.
1375 vgl. 2. Kapitel: A. IV. 5. b.
1376 BSG Urt. v. 21. Januar 1997 - 2 RU 11/96 -, GITTER / KÖHLER-FLEISCHMANN, Jahrbuch des Sozialrechts der Gegenwart 1998, S. 73 (97).
1377 BSG Urt. v. 2. Juli 1996 - 2RU 34/95 -, GITTER / SINGLER, Jahrbuch des Sozialrechts der Gegenwart 1997, S. 126 (128).

haben. Beispielsfälle sind eine Drehtür der Kantine, die als gefährliche Betriebseinrichtung gewertet wurde[1378], und verdorbenes Essen, welches in der Kantine ausgegeben wurde[1379]. In New South Wales fallen auch die meisten Aktivitäten, die während dieser Arbeitsunterbrechungen ausgeübt werden, unter den Schutz des *Workers Compensation Act* 1987. So werden auch Schäden ersetzt, die der Arbeiter bei einem Kricket Match oder dem Warmlaufen seines Motorrads, einer Geländemaschine, erlitt.[1380]

Ob der Versicherungsschutz im konkreten Fall gegeben ist, bestimmen in beiden Systemen die Handlungsmotive des Versicherten. Bei privaten Handlungsmotiven wird in Deutschland eine eigenwirtschaftliche, nicht versicherte Tätigkeit angenommen, in New South Wales kann die Wertung im Einzelfall ergeben, dass, wie MARKS & MCLEAN es sehr plastisch formulieren, „the employee had taken himself out of the course of his employment".[1381]

Die Rechtsprechung von New South Wales legt auch insgesamt bei sportlichen Veranstaltungen großzügigere Maßstäbe an. Der Sachverhalt, der der Entscheidung des BSG vom 27. Mai 1997 zugrunde lag, würde in New South Wales sicher anders entschieden. Das BSG hatte einen Handgelenksbruch während eines Tennisturniers als Versicherungsfall abgelehnt. Zwar habe das Tennisturnier geschäftliche Besprechungen begleitet, die zeitliche Zäsur und die Tatsache, dass kein Teilnahmezwang bestand, führte aber zur Ablehnung eines wesentlichen Zusammenhangs mit der betrieblichen Tätigkeit. Es hätte beim Tennis der eigenwirtschaftliche Aspekt von Freizeit, Unterhaltung und Erholung im Vordergrund gestanden.[1382] In New South Wales würde in einem solchen Fall die Tatsache, dass die Veranstaltung und das Turnier vom Arbeitgeber organisiert war und die Teilnahme am Turnier während der geschäftlichen Besprechungen auch vom Arbeitgeber, wenn auch nicht verlangt, so doch jedenfalls gebilligt wurde, zu einer Bejahung eines Entschädigungsanspruchs führen. Bei Seminaren und Konferenzen und ähnlichen geschäftsbezogenen Veranstaltungen stehen grundsätzlich auch die Einnahme von Mahlzeiten oder Getränken, Erholungsphasen und die Teilnahme an angemessener Unterhaltung unter Versicherungsschutz.[1383]

Ein weiterer Unterschied ergibt sich beim Wohnen in mobilen Wohnanlagen. In New South Wales ist in einem solchen Fall im Prinzip jeder Schaden zu ersetzen, den der Arbeiter während seines Aufenthaltes im „camp" erleidet.[1384] In Deutschland wird der Versicherungsschutz bei einem Aufenthalt in Wohnbarakken zwar auch ausgedehnt, aber nur auf solche Risiken, denen der Versicherte gerade deshalb ausgesetzt ist, weil er mit anderen Arbeitern in den Wohnbarakken wohnt.[1385] Es steht danach nicht zu erwarten, dass die Fälle, in welchen ein eifersüchtiger Ex-Freund aus rein privaten Motiven auf den Arbeiter schoss, in

---

[1378] BSGE SozR 2200 § 548 Nr. 20.

[1379] BSGE 12, 247.

[1380] MARKS & MCLEAN, ¶ 818; *WorkCover Authority of NSW v Walling & anor* (1998) http://www.austlii.edu.au/au/cases/nsw/supreme_ct/1998/315.html.

[1381] MARKS & MCLEAN, ¶ 819.

[1382] GITTER / KÖHLER-FLEISCHMANN, Jahrbuch des Sozialrechts der Gegenwart 1998, S. 73 (74 ff.).

[1383] MARKS & MCLEAN, ¶ 824.

[1384] MARKS & MCLEAN, ¶ 832.

[1385] PLAGEMANN / PLAGEMANN, Gesetzliche Unfallversicherung, Rn. 97.

Deutschland - im Gegensatz zu New South Wales - eine Ersatzpflicht auslösen würden.

Es wird allerdings in New South Wales ein Unterschied gemacht zwischen den Angriffen im Camp und am Arbeitsplatz. Erfolgt ein vorsätzlicher Angriff am Arbeitsplatz, gelten die gleichen Grundsätze wie für die gesetzliche Unfallversicherung. Hat der Übergriff seine Ursache in einer betrieblichen Angelegenheit, wie einem Streit über die Qualität der ausgeführten Arbeit, besteht Versicherungsschutz. Sind rein persönliche Motive ausschlaggebend, entfällt der Versicherungsschutz.[1386]

## IV. Arbeitsunfall und Schaden

Der Ansatzpunkt der beiden Entschädigungssysteme ist grundsätzlich unterschiedlich. Das Workers' Compensation-System ist dazu geschaffen, alle Personenschäden arbeitsbedingt geschädigter Arbeiter auszugleichen, darum wird es auch als „personal injury compensation system" bezeichnet. Die gesetzliche Unfallversicherung hingegen ist ein stark kausal ausgerichtetes Entschädigungssystem, das an den Arbeitsunfall als das die Entschädigungspflicht auslösende Moment anknüpft. Allerdings wird auch in Deutschland der Schadenseintritt als Element des Versicherungsfalls gesehen.[1387] Die Begriffe des Schadens und des Arbeitsunfalls werden durch die Gesetze näher bestimmt. Komponenten der Begriffe sind der Rahmen des Arbeitsverhältnisses und die versicherte Tätigkeit, die einen gewissen Unterschied aufweisen, und der Kausalzusammenhang, der inhaltsgleich gestaltet ist.

Der entscheidende Unterschied der Ansatzpunkte liegt in der Definition des Unfalls als zeitlich begrenztes, von außen auf den Körper einwirkendes Ereignis, das zu einem Gesundheitsschaden oder zum Tod führt.[1388] Im *Workers Compensation Act* 1987 fehlt eine entsprechende Voraussetzung vollkommen. Zwar wird bei der Beurteilung des ersten Teils der Definition des Schadens als Körperschaden von der Rechtsprechung auch nach einem bestimmten Ereignis gefragt, damit ist aber nicht ein Unfall gemeint.[1389] Man grenzt durch die Identifizierung eines Ereignisses den Körperschaden begrifflich von der Krankheit ab, verwendet aber nur ein zeitliches Kriterium. Als Körperschaden gelten auch innere Vorgänge, wie das Platzen eines Blutgefäßes. Ist der Schaden keiner, der sich durch ein einziges Ereignis manifestiert, so wird der Schaden als Krankheit entschädigt, unterliegt dabei aber kaum anderen Voraussetzungen als der Körperschaden. In Deutschland ist die Voraussetzung des zeitlich begrenzten Ereignisses dann erfüllt, wenn die Schädigung im Verlauf einer Arbeitsschicht eingetreten ist. Als Beispiel kann eine Infektion mit Lungentuberkulose dienen. Führen Einwirkungen während einer Arbeitsschicht zu einer Tbc-Erkrankung, geht man von einer einmaligen Infektion aus und bejaht den Unfall. Ist ein Versi-

---

1386 MARKS & MCLEAN, ¶ 835; GITTER / SINGLER, Jahrbuch des Sozialrechts der Gegenwart 1997, S. 113 (114); LSG Mecklenburg-Vorpommern, SGb 1998, S. 522; Hessisches LSG, SGb 1998, S. 470; PLAGEMANN / PLAGEMANN, Gesetzliche Unfallversicherung, Rn. 98.

1387 SCHULIN, BG 1996, S. 140 (143).

1388 § 8 I 2 SGB VII.

1389 *Neil J. Gillespie v The Commonwealth of Australia* (1991) 105 FLR 196.

cherter über mehrere Arbeitsschichten hinweg einer schubweisen Bazillenzufuhr ausgesetzt mit der Folge einer Tbc-Erkrankung, so liegt kein Unfallereignis vor.[1390] Muss ein Arbeitsunfall verneint werden, kommt eine Entschädigung als Berufskrankheit in Betracht. Die Voraussetzungen für die Entschädigung von Berufskrankheiten sind aber enger.

## V. Berufskrankheiten und andere Krankheiten

In New South Wales sind arbeitsbedingte Krankheiten grundsätzlich ersatzfähig, in Deutschland nur, wenn sie in der von der Regierung bekanntgemachten Verordnung enthalten sind. In New South Wales sind die Regelungen über arbeitsbedingte Krankheiten an mehreren Stellen verschiedener Gesetze zu finden. Für Krankheiten, die sich ein Arbeitnehmer zuzieht, gilt sec. 4 (b) WCA mit der Beweiserleichterung in sec. 19 WCA in Verbindung mit der *Workers Compensation (General) Regulation* 1987. Haben die Krankheiten längere Latenzzeiten, so sind die sec. 15 und 18 WCA mit heranzuziehen. Die Verschlimmerung einer Krankheit wird gemäß sec. 4 (c) WCA und sec. 16 und 18 WCA entschädigt. Für Staublungenerkrankungen gelten darüber hinaus die besonderen Vorschriften des *Workers' Compensation (Dust Diseases) Act* 1942. In Deutschland findet sich die Regelung der Berufskrankheiten in § 9 SGB VII und der Berufskrankheitenverordnung.

Beide Länder sehen für Berufskrankheiten „gemischte Systeme“ vor.[1391] Es werden solche Krankheiten entschädigt, die in einer offiziell anerkannten Liste enthalten sind. Gleichzeitig werden aber auch weitere Krankheiten ersetzt (scheduled disease). In New South Wales generell, weil Krankheiten unter den Begriff des Schadens in sec. 4 WCA fallen, in Deutschland durch die beschränkte Öffnungsklausel in § 9 II SGB VII.

### 1. Die Listenkrankheiten

Vergleicht man die aufgelisteten Krankheiten beider Länder, finden sich eine Reihe von Entsprechungen. So ist die in sec. 17 WCA besonders geregelte Lärmschwerhörigkeit in Deutschland als Berufskrankheit # 2301 in der Berufskrankheitenverordnung erfasst.

Für Anhang 2 der *Workers Compensation (General) Regulation* 1987 ergibt sich folgendes:

| **Die Krankheit in Anhang 2**[1392] | **Entspricht in der BKV Anlage 1**[1393] |
|---|---|
| Bleivergiftung | # 1101 Blei |

---

[1390] BSGE 15, 112; SCHULIN, Sozialrecht, Rn. 359; PLAGEMANN / PLAGEMANN, Gesetzliche Unfallversicherung, Rn. 89 Fn. 16.

[1391] BLOME, BG 1998, S. 566 (568); FUCHS, SGb 1997, S. 601.

[1392] Die Krankheitsbilder sind in freier Übersetzung mit verkürzten Bezeichnungen genannt.

[1393] Für die Listenkrankheiten der BKV werden mit den vom HVBG verwendeten Kurzbezeichnungen genannt, HVBG 97, S. 70 f.

| | |
|---|---|
| Quecksilbervergiftung | # 1102 Quecksilber |
| Milzbrand | # 3101 Infektionskrankheiten<br># 3102 von Tieren auf Menschen übertragbare Krankheiten |
| Phosphorvergiftungen | # 1109 und 1307 Phosphor |
| Arsenvergiftungen | # 1108 Arsen |
| Benzolvergiftungen | # 1303 Benzol<br># 1304 Nitro- oder Aminoverbindungen des Benzols |
| Vergiftungen durch Halogenkohlenwasserstoffe | # 1302 Halogenkohlenwasserstoffe |
| Strahlenkrankheiten durch radioaktive Substanzen oder Röntgen | # 2402 Ionisierende Strahlen |
| Hautkrebs | # 5102 Hautkrebs |

Es finden sich im Prinzip alle Krankheiten des Anhang 2 der General Regulation in der Berufskrankheitenverordnung wieder. In Anhang 3 der General Regulation sind Brucellose, Q-Fieber und Leptospirose aufgelistet, die in der Berufskrankheitenverordnung so keine besondere Behandlung erfahren, aber als Tropenkrankheiten unter # 3104 BKV fallen können.

Auch die Staublungenkrankheiten nach dem *Workers' Compensation (Dust Diseases) Act* 1942 finden zu einem Großteil eine Entsprechung in der Berufskrankheitenverordnung:

| **Anhang 1 Dust Diseases Act** | **Entspricht in Anhang 1 BKV** |
|---|---|
| *Aluminosis* | # 4106 Aluminium |
| *Asbestosis* | # 4103 Asbestose |
| *Asbestos related pleural diseases* | # 4103 „durch Asbeststaub verursachte Erkrankung der Pleura“ |
| *Asbestos induced carcinoma* | # 4104 Asbestose mit Lungenkrebs / Kehlkopfkrebs |
| *Berylliosis* | # 1110 Beryllium |
| *Byssinosis* | # 4202 Byssinose |

| | |
|---|---|
| *Coal dust pneumoconiosis* | # 4111 Chronische obstruktive Bronchitis / Emphysem |
| *Farmers' lung* | # 4201 Farmerlunge |
| *Hard metal pneumoconiosis* | # 4107 Lungenfibrose |
| *Mesothelioma* | # 4105 Mesotheliom (Asbest) |
| *Silicosis* | # 4101 Silikose |
| *Silico-tuberculosis* | # 4102 Siliko-Tuberkulose |

Im *Workers' Compensation (Dust Diseases) Act* 1942 gibt es neben diesen Krankheiten zwei weitere: Staublungenerkrankungen durch Zuckerrohr und durch Talk, die in der gesetzlichen Unfallversicherung keine Entsprechung finden. Die Berufskrankheitenverordnung sieht neben diesen in New South Wales aufgelisteten Krankheiten eine ganze Reihe weiterer Erkrankungen vor. Insgesamt sind in Deutschland 67 Berufskrankheiten aufgelistet,[1394] in New South Wales in allen Gesetzen zusammen 27. Das erklärt sich aber aus dem Systemunterschied, dass in New South Wales Krankheiten grundsätzlich ersatzfähig sind, in Deutschland hingegen - von der beschränkten Öffnungsklausel abgesehen - nur die aufgelisteten. Interessant ist, dass es im Bereich der „Erkrankungen durch Stäube" in Deutschland nur vier Berufskrankheiten gibt (Thomasmehl # 4108, Nickel # 4109, Kokereirohgase # 4110 und Adenokarzinome # 4203), die in New South Wales kein Pendant haben. Die Übereinstimmung der „Staubkrankheiten" ist folglich sehr groß.

2. Weitere Voraussetzungen der Ersatzpflicht

Das Vorliegen einer Krankheit, auch einer Listenkrankheit, reicht regelmäßig nicht aus eine Ersatzpflicht zu begründen. Vielmehr ist weitere Entschädigungsvoraussetzung, dass die berufliche Bedingtheit der Erkrankung nachgewiesen ist (Kausalität von Tätigkeit und Krankheit).[1395] Für die Listenkrankheiten bestehen aber Beweiserleichterungen. In New South Wales und Deutschland werden widerlegbare Vermutungen für Listenkrankheiten aufgestellt. Sind die Voraussetzungen für eine Listenkrankheit erfüllt, dann gilt die Kausalität als festgestellt, es sei denn, das Gegenteil wird bewiesen.[1396] Trotz dieser Gemeinsamkeit der kausalen Verursachung, ist die Betonung des kausalen Elements in der gesetzlichen Unfallversicherung stärker. Der Vergleich macht deutlich, dass die New South Wales Regelungen die Erkrankung und die Methoden zum Nachweis der Krankheiten benennen, entsprechend dem Ansatz, dass allein der Schaden zum Ersatz berechtige. In der Berufskrankheitenverordnung hingegen werden die Ursachen dieser Erkrankungen mit aufgezählt. Nur wenn die Krankheit auf dieser

1394 Anlage 1 der Berufskrankheitenverordnung.
1395 FUCHS, SGb 1997, S. 601; vgl. 2. Kapitel: A. IV. 3. b.
1396 sec. 19 WCA, § 9 III SGB VII.

Ursache beruht, kann, entsprechend dem kausalen Ansatz der gesetzlichen Unfallversicherung, eine Entschädigung in Betracht kommen.

Bei den Gesetzesberatungen zum SGB VII wurde auch eine Beweislastumkehr diskutiert. Der Bundesrat hatte eine gesetzliche Vermutung für den Ursachenzusammenhang zwischen der schädigenden Einwirkung und der Erkrankung vorgeschlagen, die nur durch den Nachweis einer außerberuflichen Verursachung hätte widerlegt werden können. Darüber hinaus sollte das Vorliegen der besonderen (schädigenden) Bedingungen am Arbeitsplatz ebenfalls vermutet werden, wenn diese nicht nachweisbar, aber für die Tätigkeit typisch seien. Die Regelung wurde aber mit Hinweis auf die kausale Anknüpfung der gesetzlichen Unfallversicherung abgelehnt. Der Kausalitätsgedanke als tragender Grundsatz wäre gleichsam in einen bloßen Negativnachweis umgekehrt worden, wobei der Gegenbeweis einer außerberuflichen Verursachung praktisch nie erbracht werden kann. Mit einer solchen Konstruktion wäre auch die alleinige Finanzierung der Unfallversicherung durch die Unternehmer in Frage gestellt.[1397]

## VI. Gesetzliche Erweiterungen der Ersatzpflicht

Abgesehen von der Erweiterung des Versicherungsschutzes auf Wegstrecken, die die Arbeitnehmer vom oder zum Arbeitsplatz zurücklegen,[1398] unterscheiden sich die gesetzlichen Erweiterungen der Ersatzpflicht. Die gesetzliche Erweiterung in New South Wales auf Arbeitspausen, die der Arbeitnehmer nicht an seiner Arbeitsstätte verbringt, gibt es in der gesetzlichen Unfallversicherung nicht. Der Schutz des *Workers Compensation Act* 1987 ist im Hinblick auf Arbeitsunterbrechungen und Arbeitspausen erheblich weiter als der des SGB VII.[1399]

Zusätzlich genießen Arbeiter in New South Wales in ihrer Funktion als Gewerkschaftsrepräsentanten bei der Erfüllung ihrer Pflichten sowie auf damit zusammenhängenden Fahrten Versicherungsschutz[1400]. Im Rahmen der gesetzlichen Unfallversicherung wird Versicherungsschutz von Betriebsratsmitgliedern bejaht, wenn sie an Schulungsveranstaltungen und Betriebsversammlungen im Sinne des Betriebsverfassungsgesetzes teilnehmen.[1401] Da es in New South Wales keine Betriebsräte gibt, könnte man eine Parallele im Versicherungsschutz zur gesetzlichen Unfallversicherung darin sehen, dass die Gewerkschaftsmitglieder im Hinblick auf ihre Aufgaben die Rechte der Arbeiter des jeweiligen Betriebes zu wahren den deutschen Betriebsräten gleichzustellen sind. Der Versicherungsschutz der gesetzlichen Unfallversicherung wurde jedoch bei der Teilnahme eines Betriebsratsmitglieds in seiner Eigenschaft als ehrenamtliches Mitglied der Tarifkommission an Tarifverhandlungen verneint. Im Ergebnis findet die Ausdehnung der Ersatzpflicht auf Gewerkschaftsmitglieder in Deutschland folglich keine Entsprechung.

---

[1397] GOEKE / GRAEFF, BArBl 10 / 1996, S. 9 (10).
[1398] vgl. 2. Kapitel: A. IV. 5. a. und 2. Kapitel: B. V. 2.
[1399] vgl. 3. Kapitel: B. III.
[1400] sec. 12 WCA.
[1401] PLAGEMANN / PLAGEMANN, Gesetzliche Unfallversicherung, Rn. 97.

Die gesetzliche Unfallversicherung erweitert die Ersatzpflicht außer auf Wegeunfälle auf Arbeitsgeräteunfälle. § 8 II Nr. 5 SGB VII lautet: Versicherte Tätigkeiten sind auch das mit einer versicherten Tätigkeit zusammenhängende Verwahren, Befördern, Instandhalten und Erneuern eines Arbeitsgeräts oder einer Schutzausrüstung sowie deren Erstbeschaffung, wenn diese auf Veranlassung der Unternehmer erfolgt. Durch die Formulierungen „mit einer versicherten Tätigkeit zusammenhängend" und „auf Veranlassung der Unternehmer" fallen die in § 8 II Nr. 5 SGB VII umschriebenen Sachverhalte grundsätzlich in den Schutzbereich des *Workers Compensation Act* 1987.[1402]

VII. Alkoholeinfluss

Wesentliche Unterschiede ergeben sich in der Behandlung der Fälle, in denen Alkoholgenuss eine Rolle spielt. In New South Wales findet sich die Problematik hauptsächlich im Zusammenhang mit Journey Claims. Wurde ein Umweg gemacht und / oder die Fahrt unterbrochen, so muss gemäß sec. 10 (2) WCA gefragt werden, ob die Unterbrechung oder der Umweg das Risiko eines Schadenseintritts wesentlich erhöht hat.[1403] Da es in Australien durchaus den Gepflogenheiten entspricht mit Arbeitskollegen nach der Arbeit einen Pub aufzusuchen, stellt sich anschließend bei Verkehrsunfällen oft die Frage nach den Auswirkungen des Alkohols. In Deutschland wurden allgemeine Grundsätze aufgestellt, was den Konsum von Alkohol bei der Arbeit anbelangt. Der Versicherungsschutz entfällt bei Volltrunkenheit und völliger Unfähigkeit zur Arbeitsleistung. Zudem entfällt der Versicherungsschutz auch, wenn zwar keine Volltrunkenheit vorliegt, der Alkohol aber die rechtlich allein wesentliche Unfallursache ist.[1404]

Der Unterschied zwischen den Regelungen ist nicht so erheblich wie der Unterschied in der Behandlung der Sachverhalte durch die Rechtsprechung. Die deutschen Sozialgerichte ziehen die gefestigten Methoden des Strafrechts zur Ermittlung der Blutalkoholkonzentration (BAK) und die Grundsätze des BGH zur Fahruntüchtigkeit heran.[1405] Liegt eine Blutprobe vor, ermittelt sich der BAK-Wert im Wege der Rückrechnung auf den Zeitpunkt z.B. des Verkehrsunfalls.[1406] Wurde keine Blutprobe entnommen, kann der BAK-Wert anhand der Anknüpfungstatsachen Alkoholmenge, Körpergewicht, Resorptionsfaktor und stündlicher Abbau vom Richter festgestellt werden.[1407] Der BGH geht davon aus, dass bei einem Blutalkoholgehalt von 1,1 ‰ ein Fahrer absolut fahruntüchtig ist.[1408] Allerdings sind im Bereich der gesetzlichen Unfallversicherung beweiskräftige

---

[1402] vgl. 2. Kapitel: A. IV. 3. a.
[1403] vgl. 2. Kapitel: A. IV. 5. a.
[1404] PLAGEMANN / PLAGEMANN, Gesetzliche Unfallversicherung, Rn. 104 f.
[1405] GITTER / KÖHLER-FLEISCHMANN, Jahrbuch des Sozialrechts der Gegenwart 1998, S. 73 (102).TRÖNDLE / FISCHER, StGB § 20 Rn. 9 ff.;
[1406] TRÖNDLE / FISCHER, StGB § 20 Rn. 9f.
[1407] TRÖNDLE / FISCHER, StGB § 20 Rn. 9e, 9g.
[1408] TRÖNDLE / FISCHER, StGB § 316 Rn. 6; GITTER / KÖHLER-FLEISCHMANN, Jahrbuch des Sozialrechts der Gegenwart 1998, S. 73 (102).

Umstände für die Annahme eines Leistungsabfalls auch dann ausreichend, wenn die BAK nicht festgestellt wurde.[1409]

In New South Wales gibt es keine vergleichbaren Grundsätze. Zunächst wird schon die Frage aufgeworfen, nach wessen Erfahrungshorizont der Richter die Erhöhung des Schadensrisikos durch den Alkohol ermitteln sollte.

> „Of course, this is no more than a question of fact, but at least one judge has expressed doubt whether this question should be determined by from the judge's own personal standard, or that of the worker.“[1410]

Dass die Richter keinen gesicherten Erkenntnissen bei der Bewertung einer festgestellten Blutalkoholkonzentration folgen, wird in *Clyde v State of NSW (TAFE Commission)*[1411] deutlich. Dort hatte das Labor eines Krankenhauses einen Blutalkoholgehalt von 1,46 ‰ beim geschädigten Arbeiter festgestellt.

> „However, I do not know how much he would have to consume to reach a level of 0.146 [% BAK]. As the case unfolded, in my view, the evidentiary onus fell on the respondent, yet it did not call any expert evidence to explain to me the significance of the reading. I am left to speculate. Amongst those speculations I must include:
> (a) The applicant has liver damage. Does this affect the blood alcohol reading? I do not know; and
> (b) The applicant probably drank a large amount of alcohol on the evening before. Could that have affected his blood alcohol reading? I do not know. In my view, the evidentiary onus on the respondent has not been discharged.“

Der Richter sah es nicht als erwiesen an, dass der Alkoholgenuss das Risiko eines Schadenseintritts erhöht hatte. Und diese Entscheidung ist kein Einzelfall. *Babcock Australia Ltd. v Proudfoot*[1412] lag eine Entscheidung 1. Instanz zugrunde, die von beiden Parteien einvernehmlich eingebrachte Gutachten zur BAK vollkommen außer Acht gelassen hatte. Der Geschädigte war nach seinem Verkehrsunfall ins Krankenhaus gebracht worden, wo ihm mit seiner Zustimmung Blut abgenommen worden war. Es war nach 18:00 Uhr abends. Die BAK belief sich auf 1,83 ‰. Eine weitere Blutprobe um 1:57 Uhr in der Nacht ergab eine BAK von 0,96 ‰. Der Commissioner begründete die Nichtbeachtung der Gutachten und BAK-Werte damit, dass es sein könne, dass die Blutproben verwechselt wurden. Er wisse nicht, welche Chemikalien dem Blut zugefügt worden waren, ob man die Proben geschüttelt oder fallen gelassen habe, oder ob sie extremer Hitze oder irgendeiner anderen Vielzahl von Dingen ausgesetzt gewesen seien. Für alle diese Überlegungen gab es keinerlei Anhaltspunkte, geschweige denn Beweise. Ergebnis der Überlegungen war, dass der Commissioner Zeugenaussagen akzeptierte, der Geschädigte habe „five standard drinks“, nämlich drei Bier (halbe Liter) und zwei Cola-Rum getrunken. Er ging davon aus, dass das Risiko einer Schädigung nicht wesentlich erhöht worden war.

---

[1409] LSG Baden-Württemberg, SGb 1998, S. 412.
[1410] MILLS, loose-leaf, S. 1832.
[1411] (1995) 12 NSWCCR 541.
[1412] (1993) 9 NSWCCR 525.

### VIII. Leistungsrecht

Mit der größte Unterschied zwischen den beiden Systemen ist im Leistungsbereich zu finden. Allerdings ist die Zielsetzung der gesetzlichen Unfallversicherung und des Workers' Compensation-Systems die gleiche: Der Schaden des Arbeitnehmers soll möglichst vollständig ausgeglichen werden. Gleichzeitig sollen die Leistungen es dem geschädigten Arbeitnehmer ermöglichen frühzeitig an einen geeigneten Arbeitsplatz zurückzukehren.

#### 1. Geldleistungen

In beiden Systemen werden nach dem Schadensfall Leistungen erbracht, die Entgeltersatzfunktion haben.[1413] In New South Wales die wöchentlichen Zahlungen (weekly payments), in Deutschland Verletztengeld und Übergangsgeld.[1414] Das Verletztengeld und Übergangsgeld werden während der Heilbehandlung und Rehabilitation gezahlt. Die wöchentlichen Zahlungen in New South Wales werden gewährt solange die Arbeitsunfähigkeit andauert, maximal bis zum Rentenalter.[1415] Es handelt sich also um eine Entgeltersatzleistung wegen Arbeitsunfähigkeit, die deswegen auf den Zeitraum des Arbeitslebens beschränkt ist.

Während es in New South Wales neben dem Entgeltersatz keine anderen wöchentlichen Zahlungen gibt, wird in Deutschland im Anschluss an das Verletztengeld die Verletztenrente gewährt. Sie soll die durch den Arbeitsunfall eingetretene (bleibende) Minderung der Erwerbsfähigkeit ausgleichen. Sie wird vollkommen unabhängig vom tatsächlichen Verdienst des Geschädigten gewährt, sogar dann, wenn er nach dem Unfall eine Anstellung finden sollte in der er mehr verdient als vorher. Die Rente wird abstrakt berechnet nach dem Jahresarbeitsverdienst und der Minderung der Erwerbsfähigkeit.[1416]

Die Ansichten, für was diese Verletztenrente tatsächlich Ersatz leistet, sind vielfältig: Die Unfallrenten sind auf den Ausgleich des materiellen Schadens, des Erwerbsschadens zugeschnitten.[1417] Bei der abstrakten Schadensberechnung[1418] wird heute im Grunde mehr ein Körperschaden als ein Erwerbsschaden ausgeglichen.[1419] Die Rente bezweckt den Ausgleich des unfallbedingten wirtschaftlichen Schadens und darüber hinaus die Entschädigung der unfallbedingten Beeinträchtigung der Erwerbsfähigkeit.[1420] Mit der abstrakten Schadensberechnung wird der immaterielle Schaden ausgeglichen.[1421]

Tatsächlich beinhaltet die Bestimmung der MdE-Komponenten, die dem Ausgleichsanspruch für Nichtvermögensschäden nach sec. 66 WCA entsprechen.[1422] In beiden Fällen wird Ersatz für die nach dem Schadensfall dauerhaft verblei-

---

[1413] *J.C. Ludowici & Son Ltd. v Cutri* (1992) 26 NSWLR 580; BSGE 29, 161 (164).
[1414] vgl. 2. Kapitel: A. IV. 6. a. und 2. Kapitel: B. VI. 2. a. und b.
[1415] FORD Report, S. 110.
[1416] vgl. 2. Kapitel: B. VI. 2. c.
[1417] GITTER, Sozialrecht, S. 163 ff.
[1418] KRASNEY, NZS 1996, S. 259 (263).
[1419] Gitter, SGb 1993, S. 297 (300 f.).
[1420] KATER / LEUBE Vor § 56 Rn. 6.
[1421] PAPPAI, SGb 1993, S. 303.
[1422] vgl. 2. Kapitel: A. IV. 6. c. (1) 2. Kapitel: B. VI. 2. c. (1) .

benden Gesundheitsstörungen geleistet. Beide Systeme stellen auf den schadensbedingten Funktionsausfall ab, „the loss of use". Dabei kommt es nicht so sehr auf den „anatomischen Substanzverlust", den rein „mechanischen" Funktionsverlust an, als vielmehr auf Einschränkungen der Bewegungsfähigkeit, den Verlust der Sensibilität, die Schmerzhaftigkeit und psychische Beeinträchtigungen.[1423] Wie das Workers' Compensation-System geht auch die Entschädigungspraxis in Deutschland bei der Berechnung der Leistungen von einer Tabelle aus, einer Rententabelle, die die üblichen MdE-Sätze enthält. Beide Systeme beurteilen die Gesundheitsstörung objektiv, vom Einzelfall gelöst. Auf die persönlichen Kenntnisse und Fähigkeiten, auf den Beruf des Geschädigten, kommt es nicht an.[1424] Im Einzelfall ergeben sich aber Unterschiede in der Bestimmung des Funktionsverlustes: Nach dem *Workers Compensation Act* 1987 sind Hilfsmittel (external removable aid or appliance), wie Körperersatzstücke oder Sehhilfen außer Acht zu lassen, in Deutschland wird die durch das Hilfsmittel gemilderte Funktionseinbuße entschädigt. Außerdem sind in New South Wales unterschiedliche Sätze für rechte und linke Hände vorgesehen, in Deutschland will man nicht zwischen der Gebrauchshand und Hilfshand unterscheiden. Beim Gebrauch bei der Arbeit mache sich ein Ausfall des Tastgefühls und der Beweglichkeit gleich stark bemerkbar, die Hände seien ein „paariges Organ". Der Unterschied liegt aber vor allem darin, wie Ersatz für die bleibenden Nachteile geleistet wird. Nach sec. 66 WCA wird für den „Verlust eines Dinges", also die Beeinträchtigung der Physis ein Pauschalbetrag gezahlt. In Deutschland erhält der Geschädigte wegen seiner verminderten Möglichkeiten seine Arbeitskraft auf dem gesamten Gebiet des Erwerbslebens zu verwerten, eine Rente.

Neben dem Ersatz des Nichtvermögensschadens wegen bleibender Beeinträchtigung nach sec. 66 WCA, gibt es in New South Wales einen Anspruch auf Schmerzensgeld.[1425] Der Anspruch nach sec. 67 WCA wurde erst durch den *Workers Compensation Act* 1987 eingeführt. Im *Workers' Compensation Act* (NSW) 1926 gab es keinen Schmerzensgeldanspruch.[1426] Während vor Erlass des *Workers Compensation Act* 1987 ein Arbeiter seinen Schmerzensgeldanspruch in vollem Umfang nach dem Common Law einklagen konnte, erfolgte durch den *Workers Compensation Act* 1987 erstmals eine Haftungsablösung. Darum sah sich der Gesetzgeber veranlasst, in gewissem Umfang einen Ausgleich für erlittene Schmerzen und Leid nach dem *Workers Compensation Act* 1987 zu schaffen. Und obwohl die Ansprüche nach dem Common Law bereits 1989 rückwirkend wieder eingeführt wurden, wurde die Regelung der sec. 67 WCA beibehalten. MARKS & MCLEAN mutmaßen, dass der Grund dafür die nur beschränkte Zulassung der Schadensersatzansprüche ist.[1427]

---

[1423] *Lovett Building Co. Pty. Ltd. v Burns* (1992) 29 NSWLR 475; PLAGEMANN / PLAGEMANN, Gesetzliche Unfallversicherung, Rn. 232.

[1424] *Lovett Building Co. Pty. Ltd. v Burns* (1992) 29 NSWLR 475; PLAGEMANN / PLAGEMANN, Gesetzliche Unfallversicherung, Rn. 231.

[1425] sec. 67 WCA.

[1426] NOMCHONG / WARDHAUGH, Workers' Compensation Handbook, S. 45.

[1427] MARKS & MCLEAN ¶ 1707.

Der Anspruch nach sec. 67 WCA ist dem des deutschen Schmerzensgeldanspruchs in § 847 BGB sehr ähnlich.[1428] Beide zielen darauf ab, nachteilige Folgen für die körperliche und seelische Verfassung des Geschädigten auszugleichen, wozu Schmerzen, Kummer und Sorgen, Unbehagen, Bedrückung infolge von Entstellungen und Wesensänderungen gehören.[1429] In der gesetzlichen Unfallversicherung ist aber kein Ersatz von Nichtvermögensschäden vorgesehen und der Schmerzensgeldanspruch nach § 847 BGB wird durch § 104 SGB VII ausgeschlossen.

Vom Wortlaut des § 104 SGB VII erscheint dies geboten, da es sich beim Schmerzensgeld um einen „Ersatz des Personenschadens" handelt. Dennoch ist um die Frage, ob auch der immaterielle Schaden vom Haftungsausschluss erfaßt wird, ein erbitterter Streit bis zum BVerfG geführt worden.[1430] Das BVerfG hat schließlich entschieden,[1431] dass der Haftungsausschluss des immateriellen Schadens keinen Verstoß gegen Art. 3 GG im Hinblick auf nach allgemeinem Haftungs- und Schadensrecht Ersatzberechtigte enthält, da das Ausgleichssystem der Reichsversicherungsordnung (heute SGB VII) mit anderen Schadensersatzregelungen nicht vergleichbar ist. Das ist zutreffend, da die Relevanz des Verschuldens auf Seiten des Geschädigten auf die äußersten Randzonen zurückgedrängt ist.[1432] Das Mitverschulden des Geschädigten spielt für den Leistungsbezug in der Unfallversicherung keine Rolle. Dann sollte auch nicht ein etwaiges Verschulden des Unternehmers zu einem gegen ihn gerichteten Schmerzensgeldanspruch führen. Außerdem sollte die Haftungsordnung im Interesse des Betriebsfriedens nicht wieder eröffnet werden. Zur Rechtfertigung des Ausschlusses wird vor allem angeführt, dass es im Betrieb als fremdbestimmter Gefahrgemeinschaft unzumutbar wäre unter der ständigen Drohung gegenseitiger Schmerzensgeldansprüche zu arbeiten.[1433] Ein Verletzter erhält neben der Rente nicht auch noch Ersatz nach § 847 BGB, weil er sonst besser gestellt wäre als ein nur nach §§ 823 ff. BGB Ersatzberechtigter.[1434]

2. Rehabilitation

In beiden Systemen versucht man die Geldleistungen an die Voraussetzung zu knüpfen, dass der Arbeitnehmer sich den notwendigen Rehabilitationsmaßnahmen unterzieht. In Deutschland gehört der Grundsatz Rehabilitation vor Rente zu den Anspruchsvoraussetzungen, in New South Wales versucht man dies über die neuen Vorschriften der Verwirkung zu erreichen.[1435]

In Deutschland gilt im Bereich der Rehabilitation, egal ob medizinischer oder beruflicher, das Sachleistungsprinzip. Es dient dem Schutz der Versicherten und enthebt sie der Notwendigkeit, sich die medizinische Behandlung auf dem Markt medizinischer Güter selbst zu beschaffen und vorzufinanzieren.[1436] Not-

---

[1428] PALANDT, BGB, § 847 Rn. 4.
[1429] PALANDT, BGB, § 847 Rn. 8; vgl. 2. Kapitel: A. IV. 6. c. (2) .
[1430] LAUTERBACH, Unfallversicherung, § 636 Anm. 27.
[1431] BVerfGE 34, 118.
[1432] vgl. § 101 SGB VII.
[1433] KATER / LEUBE, SGB VII, § 104 Rn. 36.
[1434] BVerfGE 34, 118 (134).
[1435] vgl. 2. Kapitel: A. IV. 6. a. (4) ; § 26 III SGB VII.
[1436] GIESEN, Sozialversicherungsmonopol und EG-Vertrag, S. 200.

wendige Folge ist ein grundsätzlicher Ausschluß der Erstattung der Kosten selbstbeschaffter Heilbehandlung.[1437] In New South Wales wurde jetzt die Möglichkeit für Arbeiter eingeführt, ihre Kosten medizinischer Behandlung ersetzt zu bekommen, bevor sie einen förmlichen Antrag auf Workers' Compensation-Leistungen stellen. Die Geschädigten müssen sich aber grundsätzlich selbst um ihre medizinische Versorgung kümmern und in die Vorleistung gehen. Ersetzt werden die Kosten, wenn sie durch den Schaden vernünftigerweise notwendig (reasonably necessary) wurden, in einer Höhe, die der Behandlung vernünftigerweise entspricht (reasonably appropriate).[1438]

### 3. Vorschäden

Bei der Berücksichtigung von Vorschäden und Schadensanlagen ist zu differenzieren: Für die Bestimmung der „incapacity" bei wöchentlichen Zahlungen nach dem *Workers Compensation Act* 1987 und der MdE als Grundlage der Verletztenrente der gesetzlichen Unfallversicherung, wird die individuelle Erwerbsfähigkeit des Arbeitnehmers vor dem Schadensfall mit 100% bewertet. [1439] Beide Systeme folgen insoweit dem Grundsatz, dass der Arbeitgeber den Arbeitnehmer so nehmen muss wie er ihn findet. Ein Vorschaden bleibt unberücksichtigt. Bei der Berechnung des Verlustes nach sec. 66 WCA sind Vorschäden allerdings seit 1996 zu berücksichtigen.[1440]

Ein weiterer Unterschied ergibt sich, wenn vor Eintritt des Schadensfalls bereits völlige Arbeits- bzw. Erwerbsunfähigkeit bestand. In der gesetzlichen Unfallversicherung wird in diesen Fällen eine Ausnahme vom Grundsatz gemacht, weil eine Minderung der Erwerbsfähigkeit bei völliger Erwerbsunfähigkeit nicht eintreten kann.[1441] Im Gegensatz zur deutschen Regelung, findet der Vorschaden in New South Wales auch im Fall völliger Arbeitsunfähigkeit bei der Berechnung der wöchentlichen Zahlungen keine Berücksichtigung.[1442]

### 4. Steuerrechtliche Behandlung

Unterschiedlich ist auch die steuerrechtliche Behandlung der Leistungen. Wöchentliche Workers' Compensation-Zahlungen in New South Wales sind als Einkommen zu versteuern.[1443] In Deutschland unterliegen das Verletztengeld und die Verletztenrente weder der Steuer- noch der Beitragspflicht zur Sozialversicherung.[1444] Sie beträgt eben aus diesem Grund auch bei völliger Erwerbs-

---

[1437] KATER / LEUBE § 26 Rn. 12 f.; zu den Ausnahmen Rn. 14, 15.

[1438] ARMITAGE / HARRISON, Workers' Compensation Scheme, S. 5; Man war darauf aufmerksam geworden, dass es der ärztlichen Praxis entsprach, bei arbeitsbedingter Schädigung höhere Gebühren zu verlangen, weil die geschädigten Arbeiter die Kosten der Heilbehandlung ersetzt erhielten.

[1439] MARKS & BALLA, ¶ 802; MARKS & MCLEAN, ¶ 1202; vgl. ERLENKÄMPER, SGb 1997, S. 355 (357).

[1440] Zur alten Rechtslage: MARKS & MCLEAN, ¶ 1702; jetzt gilt sec. 68A WCA.

[1441] SCHMITT SGB VII § 56 Rn. 17.

[1442] sec. 48 WCA, MARKS & MCLEAN, ¶ 1215 f.

[1443] New South Wales Law Reform Commission, Accident Compensation (Issues Paper), S. 90.

[1444] GITTER, Schadensausgleich im Arbeitsunfallrecht, S. 156.

unfähigkeit[1445] nur 2/3 des Jahresarbeitsverdienstes des Verletzten.[1446] Damit stehen sich die zwei Möglichkeiten gegenüber, die Auszahlung der Renten steuerlich zu gestalten.

Die Besteuerung der Workers' Compensation-Leistungen in New South Wales dient damit nur dem Zweck dem Bund Einkommen zuzuführen. Das kann der Ausgleich dafür sein, dass die Workers' Compensation Prämien für den Arbeitgeber steuerlich abzugsfähig sind, dem Bund dadurch also Steuereinnahmen entgehen. Dass der Bund mit dieser Regelung den staatlichen Workers' Compensation Sektor subventioniert,[1447] ist nur ein Aspekt. Es findet vielmehr eine Umverteilung statt: Die Arbeiter zahlen Steuern, die den Arbeitgebern zugute kommen. Eine solche Umverteilung kann nicht wirtschaftlich sein. Auch hier führt die Kollision von Staatsrecht und Bundesrecht zu einer komplexeren Lösung als in Deutschland.

## *C. Relative Vorteile und Nachteile*

Die erheblichen Übereinstimmungen zwischen gesetzlicher Unfallversicherung und Workers' Compensation Scheme, die sich bei näherer Betrachtung ergeben, mögen überraschen. Da die Unterschiede der Systeme aber grundlegende Bereiche betreffen, lassen sich wichtige Vor- und Nachteile der Konzepte erörtern. Auch lassen sich die in der gesetzlichen Unfallversicherung umstrittenen Regelungen der Berufskrankheiten, Wegeunfälle und Nichtvermögensschäden überprüfen.

### I. Haftungsablösung und Anspruchskonkurrenz

Der Grundsatz der Haftungsablösung ist von jeher Dreh- und Angelpunkt der gesetzlichen Unfallversicherung in Deutschland. Das deutsche System geht davon aus, dass der Anspruch auf Versicherungsleistungen dem Verletzten erhalten bleiben muss und auch nicht durch seine eigene Wahl ausgeschlossen werden kann.[1448] Die einzig wirklich ernsthafte Diskussion um die Haftungsablösung entstand um die Frage nach der Zulässigkeit des Ausschlusses des Schmerzensgeldes.[1449] Dass die Frage nach dem Vorteil einer Anspruchskonkurrenz gegenüber dem Haftungsausschluss aber noch nicht ausdiskutiert ist und schon gar nicht endgültig beantwortet, zeigt sich in Australien, wo auf Staatsebene eine Reihe denkbarer Varianten von Haftungsablösung bis zu freier Anspruchskonkurrenz in Kraft sind. Während in New South Wales genauso wie in Victoria und Western Australia ein Arbeiter einen eingeschränkten Anspruch auf Schadensersatzansprüche neben den Ansprüchen auf Workers' Compensation-Leistungen hat, haben South Australia und das Northern Territory die Common

---

[1445] BSGE 17, 160 (161); Breith. 1973, 281; BG 1074, 43.
[1446] BLEY / KREIKEBOHM, Sozialrecht, Rn. 796.
[1447] STEWART, Workers' Compensation and Social Security: An Overview, S. 113.
[1448] GITTER, Schadensausgleich im Arbeitsunfallrecht, S. 210 f.
[1449] § 847 BGB; BVerfGE 34, 118; GITTER, SGb 1993, S. 297 (301).

Law-Ansprüche abgelöst. Arbeiter in Queensland und Tasmania hingegen haben uneingeschränkten Zugang zum Common Law.[1450] Es wird eine Diskussion über zwei verschiedene Ansätze zur Lösung ein und desselben Problems geführt: Weil sich das allgemeine Haftungs- und Schadensrecht in den Fällen arbeitsbedingter Schädigung als unbillig und unzureichend erwies, wurden besondere Entschädigungssysteme geschaffen. Die Frage nach Anspruchskonkurrenz oder Haftungsablösung beschäftigt sich mit dem Verhältnis der Entschädigungssysteme zueinander. Beide Systeme gehen dabei heute von zwei Grundsätzen aus: Der Schaden des Arbeitnehmers soll möglichst vollständig ausgeglichen werden (Ausgleichsfunktion).[1451] Maßstab dafür, wieviel der Arbeitnehmer erhalten sollte, ist das allgemeine Haftungs- und Schadensrecht. Der Arbeitnehmer soll aber auch nicht mehr als den Ausgleich seines Schadens erhalten (Verbot der Doppelentschädigung).[1452] Während in Deutschland die Haftungsablösung als Lösung für die gesetzliche Unfallversicherung gewählt wurde, ist das Workers' Compensation Scheme New South Wales von der Anspruchskonkurrenz geprägt.

Eine Gesamtschau der Vor- und Nachteile des Grundsatzes der Haftungsablösung und des Prinzips der Anspruchskonkurrenz greift zwangsläufig auch auf die Diskussion um die Berechtigung der Common Law-Ansprüche für arbeitsbedingte Schädigung, wie sie in New South Wales geführt wird, zurück.[1453]

### 1. Der Grundsatz der Haftungsablösung

Der Grundsatz der Haftungsablösung bestimmt maßgeblich die verschiedenen Aspekte der gesetzlichen Unfallversicherung. Da die gesetzliche Unfallversicherung in ihren Grundstrukturen seit ihrer Einführung nicht wesentlich verändert wurde, finden sich viele Überlegungen, die Ende des letzten Jahrhunderts angestellt wurden, auch heute wieder.[1454] Dabei sind die Vorteile der Haftungsablösung erheblich.

#### a. Die Vorteile der Haftungsablösung

##### *(1) Ein Verschulden wird irrelevant.*

Die Haftungsordnungen beider Länder basieren grundsätzlich auf dem Verschuldensprinzip.[1455] Danach bekommt der Schädiger die Verpflichtung auferlegt, einen von ihm vorwerfbar verursachten Schaden umfassend auszugleichen. Es handelt sich um die Wiedergutmachung eines Unrechts. Über diesen Gedanken des Ausgleichs eines vom Schädiger gegenüber dem Geschädigten begangenen Unrechts, wird auch das Verschuldensprinzip als richtige Grundlage der

---

1450 INDUSTRY COMMISSION, Report No. 36, S. 36.

1451 RUPPELT in: Schulin HS-UV § 48 Rn. 12; GITTER, Schadensausgleich im Arbeitsunfallrecht, S. 202 f.

1452 WALTERMANN, NJW 1996, S. 1644 ff.; GITTER, Schadensausgleich im Arbeitsunfallrecht, S. 203, 205; MARKS & MCLEAN, ¶ 2016.

1453 vgl. 2. Kapitel: A. V. 3.

1454 vgl. Sokoll, SGb 1998, S. 442: Es lohnt sich, sich mit Bismarck zu befassen.

1455 PALANDT, BGB, § 276 Rn. 1; PALMER, Compensation for Incapacity, S. 37; New South Wales Law Reform Commission, Accident Compensation (Issues Paper), S. 18.

zivilen Haftungsordnungen begründet. Es gibt aber auch Kritikpunkte.[1456] Der zu zahlende Ausgleich hängt nicht von der Schwere der Sorgfaltspflichtverletzung ab. Die kleinste Unaufmerksamkeit kann zu immensen Schadensersatzansprüchen führen. Dieses Argument erlangt heute verstärkt Bedeutung, weil die industriellen und technologischen Prozesse immer komplexer werden und das Arbeitsmaterial immer empfindlicher gegenüber Störungen wird, was die Schadensrisiken erheblich erhöht. Gerade für Arbeitskollegen als Schädiger kann das zu Unbilligkeiten führen. Das Verschuldensprinzip nimmt zudem keine Rücksicht auf die finanzielle Lage des Schädigers. Die Schadensersatzansprüche können somit für Arbeitgeber und insbesondere Arbeitskollegen auch ruinös sein.[1457] Bei arbeitsbedingten Schäden handelt es sich außerdem oft um Unglücks- und nicht um Unrechtsschäden. Das bedeutet, dass es nicht ein vorwerfbares Verhalten ist, das den Schaden verursacht, sondern höhere Gewalt, Maschinendefekte, oder die eigene Unachtsamkeit des Arbeitnehmers.[1458] Bei Unglücksschäden stellt sich nicht die Frage nach dem vollen Ausgleich eines Schadens, sondern der Verteilung von Risiken.[1459] Das Verschuldensprinzip lässt den geschädigten Arbeitnehmer in diesen Fällen ohne Ausgleich.

Die Unzulänglichkeiten einer vom Verschuldensprinzip geprägten Haftung, zeigt die Entwicklung in der deutschen Arbeitsrechtsprechung. Weil die Lösung der Haftungsordnung des BGB oft unbillig erschien, entwickelte die Rechtsprechung die Grundsätze zur „gefahrgeneigten Arbeit".[1460] Danach wird zum einen die Haftung des Arbeitgebers auf Grund des § 242 BGB und der Fürsorgepflicht über den Fahrlässigkeitstatbestand des § 276 BGB hinaus ausgedehnt, zum anderen besteht für Arbeitnehmer eine richterrechtlich entwickelte Haftungsmilderung für betrieblich veranlasste Tätigkeiten.[1461] In New South Wales gab es eine ähnliche Entwicklung. Es wurden für Arbeitgeber im Common Law besondere Sorgfaltspflichten entwickelt, um sie für den Risikobereich ihres Betriebes haftbar machen zu können.

Da das Verschuldensprinzip für arbeitsbedingte Schädigungen keine zufriedenstellenden Lösungen bietet, ist die Beseitigung der Relevanz des Verschuldens von Vorteil.

*(2) Es wird den Arbeitnehmern erspart, einen Verschuldensnachweis zu erbringen.*

Die Abkehr von der Verschuldenshaftung wird auch im Verfahren bedeutsam. Selbst wenn es heute nicht mehr so schwierig ist, einen Verschuldensnachweis zu erbringen, ist es für einen Arbeitnehmer nach wie vor problematisch, seinem Arbeitgeber oder Arbeitskollegen ein Verschulden vor Gericht nachzuweisen. Die einzigen Zeugen sind meist Arbeitskollegen, die nicht in einen Streit einbezogen werden wollen. Zudem werden dem Arbeitnehmer oft die Kenntnisse

---

1456 vgl. 2. Kapitel: A. V. 3.

1457 New South Wales Law Reform Commission, Accident Compensation (Issues Paper), S. 22; PALANDT, BGB, Vorbem. vor § 249 Rn. 6.

1458 GITTER, Schadensausgleich im Arbeitsunfallrecht, S. 6, 149.

1459 GITTER, Schadensausgleich im Arbeitsunfallrecht, S. 146 f.

1460 GITTER, Schadensausgleich im Arbeitsunfallrecht, S. 40.

1461 PALANDT, BGB, § 276 Rn. 63; BAG NJW 1995, S. 210.

vom Produktions- oder Arbeitsprozess oder den technischen Hilfsmitteln fehlen, um den Nachweis eines Verschuldens erbringen zu können. Der Arbeitgeber ist in dieser Hinsicht in fast allen Fällen im Vorteil.

Dem Arbeitnehmer dürfte es in vielen Fällen auch heute nahezu unmöglich sein, dem Arbeitgeber oder auch einem Arbeitskollegen ein Verschulden nachzuweisen.

*(3) Der Betriebsfrieden wird gewahrt.*

Mit der Ablösung der zivilrechtlichen Haftung wird auch das streitige zivilrechtliche Verfahren abgelöst. Der Arbeitnehmer macht seine Ansprüche in Deutschland gegenüber der Berufsgenossenschaft geltend. Konflikte und Streitigkeiten zwischen Arbeitnehmern und Arbeitgebern werden vermieden.[1462] Dadurch wird der Betriebsfrieden gewahrt und die Arbeitssituation für Arbeitgeber und Arbeitskollegen verbessert.[1463]

Der Abbau der sozialen Spannungen wäre auch durch eine umfassende Unternehmerhaftung mit einer Deckung der Haftpflichtansprüche durch Versicherungen möglich. Ursache der Spannungen ist die Verschuldensfrage. Vor Einführung der gesetzlichen Unfallversicherung gab es eine Haftpflichtgesetzgebung. Die unerwartet nachteilige Wirkung dieser Haftpflichtgesetzgebung war gewesen, dass die aus der Haftpflicht entstehenden Prozesse einen ganz ungewissen und oft unverhältnismäßigen Ausgang gehabt hatte. Das Verhältnis zwischen Arbeitgeber und Arbeitnehmer wurde aber durch die Haftpflicht nicht verbessert, es wurde vielmehr „die Erbitterung zwischen Arbeitgeber und Arbeitnehmer im Gegensatze zu der wohlmeinenden Absicht, welche das Gesetz gehabt hat, nur gesteigert“.[1464]

*(4) Anwälte werden an dem System kaum beteiligt.*[1465]

Ein ausdrückliches Ziel BISMARCKS war es, der Anwaltschaft keinen Raum für Betätigung in dem Entschädigungssystem zu lassen. Auch in New South Wales wurde der Wunsch geäußert, die Anwälte vom Workers' Compensation-System auszuschließen.[1466] Die Motivation ist in beiden Fällen, die Befriedung zu unterstützen und einen entscheidenden Kostenfaktor zu beseitigen.

In Deutschland ist das wirtschaftliche Betätigungsfeld für Anwälte im Bereich der Sozialversicherung durch die Festschreibung relativ niedriger Gebührensätze gering.[1467] In New South Wales hingegen gibt es ganze Kanzleien, die sich auf Workers' Compensation Fälle spezialisiert haben. Die in diesem Bereich tätigen Anwälte verteidigen die Ansicht, dass das Common Law der beste Weg ist Entschädigungsansprüche abzugelten. Der FORD Report stellte fest, dass alle anderen am System Beteiligten das Common Law für den größten Kostenfaktor und

---

1462 GITTER, SGb 1993, S. 297 (301).
1463 GITTER, Schadensausgleich im Arbeitsunfallrecht, S. 240.
1464 BISMARCK in: TENNSTEDT, ZSR 1981, S. 663 (680).
1465 TENNSTEDT, ZSR 1981, S. 663 (680).
1466 No need for federal Compensation law, Australian Lawyer, March 1994, S. 26; vgl. auch BARTRIP / BURMAN, The wounded soldiers of industry, S. 154.
1467 § 116 BRAGO.

ein ernsthaftes Problem des Workers' Compensation Scheme halten.[1468] Bis jetzt hat es aber keine Regierung geschafft, sich gegen den „Industriezweig" der Workers' Compensation Anwälte durchzusetzen und ein administratives Ausgleichssystem und den Grundsatz der Haftungsablösung dauerhaft einzuführen. Aufgrund ihrer Haltung und der starken Einflussnahme wird der Anwaltschaft mehr Kritik entgegengebracht als irgendeiner anderen am Entschädigungsprozess beteiligten Interessengruppe.[1469] Es seien die Juristen, die vom bestehenden Workers' Compensation-System am meisten profitieren.[1470]

*(5) Die Verfahren sind kürzer und kostengünstiger.*

In der wirtschaftlichen Analyse der Unfallversicherung wird der hohe ökonomische Nutzen hervorgehoben, der in der Vermeidung von Kosten der Auseinandersetzung zwischen Arbeitgebern und Arbeitnehmern besteht.[1471] Das Verwaltungsverfahren vor den Berufsgenossenschaften und die sozialgerichtlichen Verfahren dauern weniger lange und sind kostengünstiger als ein zivilgerichtliches Verfahren. Das BSG ist das schnellste oberste Gericht. 54,6% aller Fälle werden innerhalb eines Jahres entschieden.[1472]

Im Gegensatz dazu wurde in New South Wales auch das Verfahren vor dem Compensation Court als streitiges Verfahren ausgestaltet. Die Analyse des FORD Report ergab, dass die Beteiligten die streitige Natur des Verfahrens und die damit zusammenhängenden Kosten für das größte Problem im Entschädigungsrecht halten.[1473] Zügige und verbindliche Entscheidungen von Streitigkeiten werden aber auch in New South Wales für das System als wesentlich erachtet.[1474]

*(6) Die Versicherten bekommen Ansprüche gegen eine leistungsfähige Solidargemeinschaft eingeräumt.*

Der geschädigte Arbeitnehmer braucht sich keine Sorgen zu machen, dass sein Anspruchsgegner insolvent sein könnte. Die besonderen Entschädigungssysteme garantieren den Ausgleich. In Deutschland sind die Berufsgenossenschaften durch das Umlageverfahren dazu in der Lage. In New South Wales wird gleiches durch die Fonds der Versicherungsgesellschaften und das Uninsured Indemnity and Liability Scheme erreicht.

*(7) Die Arbeitgeber erkaufen sich durch die Beitragszahlung die Freistellung von ihrer Haftung.*

Die Arbeitgeber decken mit den von ihnen allein aufgebrachten Beiträgen das Risiko des Arbeitsunfalls umfassend ab. Daher ist es möglich ihre Haftung nach allgemeinem Haftungs- und Schadensrecht abzulösen.[1475]

---

1468 FORD Report, S. 206.
1469 FORD Report, S. 108.
1470 Parliamentary debates (Hansard), 26 May 1987, S. 12473; 28 May 1987, S. 12825, 12654.
1471 FUCHS, SGb 1995, S. 421 (424).
1472 SGb 1997, S. 238.
1473 FORD Report, S. 108, 206.
1474 INDUSTRY COMMISSION, Report No. 36, S. 204.
1475 GITTER, SGb 1993, S. 297 (301).

*(8) Für die Arbeitgeber werden die Schadensfälle in seinem Unternehmen von einem finanziellen Risiko zu einer kalkulierbaren Ausgabe.*

Dadurch, dass die Haftung des Arbeitgebers durch die Leistungen der gesetzlichen Unfallversicherung abgelöst wird und der Arbeitgeber sich dies durch seine Beiträge erkauft, wird das Risiko einer ungewissen Inanspruchnahme nach dem allgemeinen Haftungs- und Schadensrecht zu einer feststehenden regelmäßigen Ausgabe.[1476]

b. Nachteile der Haftungsablösung

*(1) Dem Arbeiter werden seine Rechte genommen.*

In New South Wales wird ein System der Haftungsablösung abgelehnt, weil es dem Arbeiter sein Recht auf ein Gerichtsverfahren nimmt, in welchem er in einem öffentlichen Forum den vollen Ersatz seines materiellen und immateriellen Schadens erstreiten kann, so wie das Verfahren von den Gerichten durch die Jahrhunderte entwickelt und zur Grundlage der Rechtsordnung geworden ist.

> „The ability to sue a negligent employer is the basic right of all workers, a right which should not simply be legislated away by governments."[1477]

Dieser gedankliche Ansatz, der die materiellen Anspruchsnormen nicht von den Verfahren trennt, in denen sie durchgesetzt werden, lässt sich historisch erklären. Das zivilrechtliche Common Law-Verfahren wurde geprägt durch die „writs", vorformulierte Klagebegehren, die sich auf bestimmte Sachverhalte bezogen und bestimmte Rechtsfolgen vorsahen und die vom Kläger zur Geltendmachung seiner Ansprüche vor Gericht verwendet werden mussten. Gab es für das Begehren des Kläger keinen writ, gab es auch kein Rechtsmittel und der Kläger hatte keinen gerichtlich durchsetzbaren Anspruch.[1478]

Als 1989 das Common Law für arbeitsbedingte Schädigungen zwar wieder eingeführt wurde, die Schadensersatzansprüche aber stark modifiziert und beschränkt wurden, fand auch das wenig Beifall:

> „... the Attorney General lost out in Cabinet to people who regard a legal right as being secondary to the operation of a so-called efficient scheme that denies workers' rights..."[1479]

Gerade dem Common Law Negligence-Anspruch wird ein hoher Stellenwert eingeräumt. Es wird ihm eine moralische und ethische Grundlage zugesprochen, die ihn für einen gerechten Schadensausgleich unabkömmlich mache. Der Common Law Negligence-Anspruch entspricht dem deutschen Fahrlässigkeitstatbestand des BGB. „Negligence is the breach by the defendant of a legal duty to take care, which results in damage to the plaintiff."[1480] Nach der Legaldefinition im BGB ist Fahrlässigkeit die Außerachtlassung der im Verkehr erfor-

---

[1476] BVerfGE 34, 118 (132).
[1477] CCH, loose-leaf, S. 47,843.
[1478] PADFIELD, Law Made Simple, S. 13.
[1479] Parliamentary debates (Hansard), 2 August 1989, S. 9026.
[1480] Osborn's Concise Law Dictionary, S. 227.

derlichen Sorgfalt.[1481] Die Verletzung der Sorgfaltspflichten, die Nachlässigkeit durch die eine andere Person zu Schaden kommt, wird von der Gesellschaft als verwerflich angesehen.[1482] Der Fahrlässigkeitstatbestand fällt aber gerade kein moralisches Werturteil, weil der Sorgfaltsmaßstab ein objektiver ist. Das Verschulden des Schädigers wird an den allgemeinen Verkehrsbedürfnissen gemessen, „the person is held to a community average standard".[1483] Damit finden im Ergebnis Garantieelemente Eingang in die Verschuldensprüfung und man kann Fahrlässigkeit nicht mit moralischem Fehlverhalten gleichsetzen.[1484] Der Gedanke der Sanktion für schuldhaft begangene Normverstöße tritt damit in den Hintergrund.

*(2) Der Arbeitnehmer erhält keinen vollen Ausgleich seines Schadens.*

In New South Wales wird davon ausgegangen, dass die standardisierten gesetzlichen Zahlungen in vielen Fällen hinter den Schadensersatzleistungen nach dem Common Law zurückbleiben. In Deutschland wurde stets kritisiert, dass auch der Schmerzensgeldanspruch von der Haftungsablösung erfasst wird und die gesetzliche Unfallversicherung insoweit hinter einem Schadensersatzanspruch zurückbleibt.[1485] Es ist aber nicht richtig, dass die gesetzliche Unfallversicherung grundsätzlich geringere Leistungen gewährt als das allgemeine Haftungs- und Schadensrecht. Es handelt sich vielmehr um ein grundsätzlich anderes Schadensausgleichverfahren, dessen Zahlungen in gewisser Weise auch einen immateriellen Ausgleich enthalten.[1486] Die Leistungen der gesetzlichen Unfallversicherung bieten einen umfassenden Ausgleich des erlittenen Schadens.

*(3) Die erzieherische Wirkung des allgemeinen Haftungs- und Schadensrechts geht verloren.*

Das allgemeine Haftungs- und Schadensrecht verfolgt auch einen Präventionszweck.[1487] Es soll einen Anreiz zur Unfallverhütung dadurch setzen, dass es denjenigen mit einer Haftung bedroht, der die von einem vernünftigen Menschen zu verlangende Sorgfalt verletzt.[1488] Der Gedanke, den Arbeitgeber mit wirtschaftlichen Mitteln zur Gewährleistung von Arbeitssicherheit und Gesundheitsschutz anzuhalten, spielt in den Überlegungen in New South Wales eine große Rolle. Schon Mitte des 19. Jahrhunderts kam dieser Gedanke auf, der unter dem Begriff „deterrence" bekannt wurde: „Sicherheit durch wirtschaftliche Abschreckung".[1489] Ihm wurde eine überragende Bedeutung beigemessen.[1490] Auch in Deutschland werden die Präventionswirkungen des allgemeinen Haf-

---

[1481] § 276 I 2 BGB.
[1482] ROBINSON, Accident Compensation in Australia - No-Fault Schemes, S. 1, 5 ff.
[1483] WOODHOUSE Report, S. 38; PALANDT, BGB § 276 Rn. 15.
[1484] PALANDT, BGB § 276 Rn. 3; New South Wales Law Reform Commission, Accident Compensation(Issues Paper), S. 22.
[1485] vgl. 3. Kapitel: C. VII. 3.
[1486] GITTER, SGb 1993, S. 297 (301).
[1487] PALANDT, BGB Vorbem. vor § 249 Rn. 4; ROBINSON, S. 1, 8 ff.; vgl. 2. Kapitel: A. V. 3. g.
[1488] ZWEIGERT / KÖTZ, Einführung in die Rechtsvergleichung, S. 688; WOODHOUSE Report, S. 47.
[1489] BARTRIP, Workmen's Compensation in Twentieth Century Britain, S. 5, 16.
[1490] BARTRIP / BURMAN, The wounded soldiers of industry, S. 102 ff.

tungs- und Schadensrechts von einigen für so wichtig gehalten, dass sie nicht entbehrlich seien.[1491] Es sei eine allgemein bekannte Erfahrungstatsache, dass die Anzahl der Unfälle nur dann auf ein ökonomisch optimales Niveau reduziert werden könne, wenn die Unternehmen die Kosten für die Unfälle, die bei ihnen entstehen, auch zu tragen hätten.[1492]

So plausibel der Gedanke der erzieherischen Wirkung des allgemeinen Haftungs- und Schadensrechts auch scheint, ist er doch wenig greifbar. Die Theorie basiert zunächst auf der Annahme, dass es der Einzelne in der Hand hätte, den Schadenseintritt und die Schadensentwicklung zu verhindern. Gerade im Bereich arbeitsbedingter Schädigung kommt es aber hauptsächlich zu Unglücksschäden, die oft nicht vermeidbar sind. Zudem wird es keinem Menschen gelingen sich stets so sorgfältig zu verhalten, dass er eine Schädigung anderer ausschließen kann. Jedem können aus Versehen Fehler unterlaufen.[1493] Ob das Inaussichtstellen einer finanziellen Inanspruchnahme zur Verhinderung von Schadensfällen führen kann, hängt außerdem von der Risikofreudigkeit des Individuums ab.[1494] Zudem verhindern Haftpflichtversicherungen, dass die finanziellen Auswirkungen eines Schadensausgleichs den Arbeitgeber unmittelbar treffen. Er bekommt die Folgen seiner mangelnden Sorgfalt nur mittelbar zu spüren, falls die Versicherung Einfluss nimmt.[1495] So muss er mit einer Erhöhung des Selbstbehalts, einer Rückstufung und Erhöhung der Prämien rechnen oder sogar mit der Kündigung des Versicherungsvertrages rechnen.[1496] Es wird auch ein historisches Argument angeführt, nämlich dass sich die Arbeitsbedingungen mit der Einführung des Common Law Negligence Tatbestandes in das englische Recht verbessert hätten. Statistiken weisen allerdings darauf hin, dass die Verbesserung der Arbeitsbedingungen im 19. Jahrhundert wenig mit der Änderung des Haftungsrechts zu tun hatten.[1497] Es scheint vielmehr, dass Strafsanktionen und Ordnungsstrafen bei Verletzung des Arbeitssicherheitsrechts erheblich zur Schadensverhütung beitragen.[1498] Zudem verursachen Arbeitsunfälle oft erhebliche Kosten durch Störungen der Arbeitsabläufe. Das sollte für Unternehmer einen effektiven Anreiz zur Schadenverhütung bieten.[1499]

Das Workers' Compensation-System und die gesetzliche Unfallversicherung versuchen, eine entsprechende erzieherische Wirkung über die Beitragsgestaltung zu erreichen. In beiden Systemen werden die Prämien auch nach den individuellen Schadensstatistiken der Arbeitgeber bemessen.[1500] Damit ist die Beitragsgestaltung auch Mittel der Prävention: Je genauer die finanzielle Belastung eines Unternehmens dem Unfallrisiko entspricht, das in seinem Betrieb herrscht, desto größer ist für das Unternehmen der ökonomische Anreiz zu einer effekti-

---

1491 ZWEIGERT / KÖTZ, Einführung in die Rechtsvergleichung, S. 689, 690.
1492 FUCHS, SGb 1995, S. 421 (424).
1493 WOODHOUSE Report, S. 47.
1494 BORCH, Economics of Insurance, S. 324.
1495 WOODHOUSE Report, S. 24; PALMER, Compensation for Incapacity, S. 362.
1496 ZWEIGERT / KÖTZ, Einführung in die Rechtsvergleichung, S. 688.
1497 BARTRIP, Workmen's Compensation in Twentieth Century Britain, S. 9.
1498 PALMER, Compensation for Incapacity, S. 24; ZWEIGERT / KÖTZ, Einführung in die Rechtsvergleichung, S. 290.
1499 WOODHOUSE Report, S. 47.
1500 FUCHS, SGb 1995, S. 421 (424); INDUSTRY COMMISSION, Report No. 47, S. 179; CCH, loose-leaf, ¶ 33-120.

ven Unfallverhütung.[1501] Es besteht Konsens darüber, dass sich ökonomische Anreize positiv auf die Schadensverhütung auswirken. Eine Prämienanpassung kann dieses Ziel allerdings nur unvollkommen erreichen, weil die sich die individuelle Schadensstatistik in den Prämien nur zum Teil widerspiegelt.[1502] Der Sinn der besonderen Entschädigungssysteme liegt ja gerade in einer solidarischen Gesamthaftung der Unternehmer, dem Poolen von Risiken. In der gesetzlichen Unfallversicherung wird außerdem dem Regress der Unfallversicherungsträger eine erzieherische Wirkung beigemessen.[1503] Der Regress trifft den Arbeitgeber ähnlich wie das allgemeine Haftungs- und Schadensrecht. Und er kann sich gegen den Regress genauso versichern.

Die erzieherische Wirkung des allgemeinen Haftungs- und Schadensrechts ist also kaum messbar. In Deutschland wird zudem durch die Prämiengestaltung und den Regress eine erzieherische Wirkung ausgeübt. Außerdem beinhalten die besonderen Entschädigungssysteme mehr als nur ökonomische Anreize zur Unfallverhütung. SACKVILLE[1504] brachte diesen Gedanken in einem Diskussionsbeitrag zum Ausdruck:

> „Compensation law, however, seeks to achieve other meaningful objectives that are not as elusive as deterrence. Among these objectives are administrative efficiency and loss distribution. No-fault achieves administrative efficiency because it reduces payments to lawyers, adjusters, and other third parties in the system, and it achieves loss distribution because it leaves fewer accident victims and their families without resources. Compared to the goal of deterrence, those two objectives are more readily attainable. It makes sense to risk a remotely possible loss of deterrence to achieve no-fault's sure improvements in loss distribution and administrative efficiency."[1505]

2. Anspruchskonkurrenz

Die Argumente, die in New South Wales für ein System der Anspruchskonkurrenz angeführt werden, erweisen sich in der Entschädigungspraxis nicht immer als Vorteile.

a. Vorteile der Anspruchskonkurrenz

*(1) Der Geschädigte hat zwei Anspruchsgrundlagen zur Wahl.*

Der Geschädigte hat einen vereinfacht durchsetzbaren Anspruch gegen eine leistungsfähige Gemeinschaft und kann, wenn dies für ihn vorteilhaft ist, Schadensersatz nach allgemeinem Haftungs- und Schadensrecht beanspruchen. Diese Regelung hat den Vorzug, dass der Geschädigte frei entscheiden kann, welche Leistungsart er beanspruchen will.[1506]

---

[1501] PAPIER / MÖLLER, NZS 1998, S. 353 (356).
[1502] GITTER, BB Beilage 6 1998, S. 14.
[1503] GITTER, Schadensausgleich im Arbeitsunfallrecht, S. 220.
[1504] Zu dem Zeitpunkt Vorsitzender der New South Wales Law Reform Commission.
[1505] O' CONNELL / PARTLETT, No-Fault Insurance for Australians? A Package of Possibilities, S. 8 (31).
[1506] GITTER, Schadensausgleich im Arbeitsunfallrecht, S. 208.

*(2) Bei der Berechnung des Schadensersatzes können die individuellen Umstände der Schädigung stärker in Betracht gezogen werden.*

Es kann im Common Law zu großzügigem Ersatz kommen.[1507] Die gesetzlichen Leistungen des besonderen Entschädigungssystems werden als zu stark standardisiert angesehen. Ein Schadensersatzanspruch wird den Entschädigungsleistungen vorgezogen, weil er eine stärker am Einzelfall orientierte Betrachtung ermöglicht.[1508]

Das Argument, dass das Common Law im Gegensatz zum gesetzlichen Entschädigungsrecht einen vollen Schadensausgleich biete, kann aufgrund der Angleichung des gesetzlichen Schadensersatzes an die Workers' Compensation-Leistungen in New South Wales nicht mehr unbedingt geltend gemacht werden.

*(3) Der Schadensersatzbetrag wird als Pauschalbetrag gewährt.*

Die Entschädigungsleistungen als Dauerleistungen belasten die Versicherungsträger erheblich.[1509] Demgegenüber bieten Pauschalbeträge dem Zahlenden Verfahrenserleichterungen.[1510] Es werden gegenüber den wöchentlichen Zahlungen und Renten Kosten gespart. Die gesetzliche Unfallversicherung sieht aus Gründen der Verwaltungsvereinfachung, zur Ersparnis des Verwaltungsaufwands und der damit zusammenhängenden Kosten auch die Möglichkeit der Abfindung von Dauerleistungen vor.[1511]

*(4) Der Pauschalbetrag kann zu Investitionen genutzt werden.*

Der Gedanke, es einem Schwerverletzten durch eine größere Summe zu ermöglichen, sich eine seinen veränderten Lebensumständen entsprechende Umgebung zu schaffen, ist sehr positiv. Wöchentliche Zahlungen oder eine Rente sorgen zwar für den Unterhalt, ermöglichen aber keine größeren Investitionen. Auch in der gesetzlichen Unfallversicherung hat dieser Gedanke seinen Platz: Hinter den Abfindungen steht die Idee der freieren Verfügbarkeit.[1512]

b. Nachteile der Anspruchskonkurrenz

Dazu geschaffen, die Mängel der gesetzlichen Entschädigungsleistungen gerade auch für Schwerverletzte auszugleichen, führt die Anspruchskonkurrenz dazu, dass die Defizite beider Systeme kumulieren.[1513]

*(1) Das Gesamtsystem wird teurer.*

Durch Einbeziehung der kostenintensiveren Ansprüche des allgemeinen Haftungs- und Schadensrechts steigen die Kosten des gesamten Systems.[1514] „The

---

[1507] PALMER, Compensation for Incapacity, S. 31.
[1508] vgl. 2. Kapitel: A. V. 2.
[1509] RÜFNER, Einführung in das Sozialrecht, S. 196.
[1510] WOODHOUSE Report, S. 54.
[1511] BENZ in: Wannagat SGB VII § 75 Rn. 3.
[1512] BENZ in: Wannagat SGB VII § 78, Rn. 4.
[1513] EVANS, The Commonwealth Government's Perspective, S. 142 ff. (144ff.).
[1514] vgl. 2. Kapitel: A. V. 3. f.

legal costs involved in delivering common law benefits mean that the compensation is not being provided efficiently."[1515]

Die besonderen Probleme des Common Law-Verfahrens in den Bereichen Beweisführung und Verfahrenslänge kann man nicht auf das deutsche zivilgerichtliche Verfahren übertragen. Im Verhältnis zum sozialgerichtlichen Verfahren sind die Kritikpunkte aber ebenso berechtigt, wie in New South Wales.

*(2) Die Prämien sind weniger kalkulierbar und weniger sicher.*

In New South Wales müssen sich die Arbeitgeber gegen alle Ansprüche wegen arbeitsbedingter Schädigung versichern, einschließlich der Common Law-Ansprüche.[1516] Da die Häufigkeit der Common Law-Verfahren nicht abgeschätzt werden kann, weil die Anspruchstellung nach dem Common Law allein vom Geschädigten abhängt und der Ausgang der Common Law-Verfahren äußerst unsicher ist, können die damit zusammenhängenden Kosten kaum antizipiert werden. Damit sind auch die Prämien weniger kalkulierbar und weniger sicher.[1517] Würde die Versicherungspflicht für Common Law-Ansprüche wegen arbeitsbedingter Schädigung abgelehnt, wären zwar die Prämien wieder sicher, für den Arbeitgeber würden aber die Kosten für arbeitsbedingte Schäden wenigstens teilweise zu einem nicht kalkulierbaren finanziellen Risiko.

*(3) Durch das System der Anspruchskonkurrenz wird ein Teil der Kosten des besonderen Entschädigungssystems für arbeitsbedingte Schäden auf die Gemeinschaft oder den Geschädigten abgewälzt.*

In New South Wales kann der Geschädigte nach einer erfolglosen Schadensersatzklage oder bei einem nicht ausreichenden Schadensersatzbetrag nicht auf das Workers' Compensation-System zurückgreifen.[1518] Er hat daher in der Vergangenheit auf das Social Security-System zurückgegriffen, womit die Kosten von den Arbeitgebern auf die Gemeinschaft abgewälzt wurden. Wird ihm heute der Weg zu den Social Security-Leistungen abgeschnitten, muss er selbst die Kosten seiner Schädigung tragen.

Eine ähnliche Problematik taucht in der gesetzlichen Unfallversicherung bei der Abfindung von Rentenleistungen auf. In Deutschland geht die Regelung allerdings dahin, dass auch bei einer Abfindung die gesetzliche Unfallversicherung für eine ausreichende Versorgung verantwortlich bleibt. So enthält die Gewährung einer Gesamtvergütung anstelle einer vorläufigen Rente keine negative Entscheidung über die Rente auf unbestimmte Zeit.[1519] Außerdem soll nach überwiegender (zu § 604 RVO vertretener) Auffassung bei der Ermessensentscheidung über die Abfindung kleiner Dauerrenten[1520] auch zu prüfen sein, ob nach Wegfall der monatlich zu zahlenden Rente auf unbestimmte Zeit

---

[1515] HWCA, Promoting Excellence, S 89.

[1516] sec. 151 WCA; *Marmo Terrazzo Products Pty. Ltd. v FAI Workers Compensation (NSW) Ltd. & anor - Marmo Terrazzo Products Pty. Ltd. v TRAD & ors* (1994) 10 NSWCCR 824.

[1517] INDUSTRY COMMISSION, Report No. 36, S. 20.

[1518] CCH, loose-leaf, S. 47,845.

[1519] BENZ in: Wannagat SGB VII § 75 Rn. 9.

[1520] Nach § 604 RVO bei einer MdE von mindestens 30%, nach § 76 SGB VII bei 40%.

Hilfsbedürftigkeit im Sinne des Bundessozialhilfegesetzes zu erwarten ist.[1521] Der Rentenanspruch lebt trotz Abfindung wieder auf, wenn der Arbeitnehmer infolge des Versicherungsfalles Schwerverletzter wird.[1522]

*(4) Der Schadensersatz ist unzureichend.*

Zu einem großzügigen und an den individuellen Bedürfnissen des Einzelnen ausgerichteten Schadensersatz kommt es meist nicht. Es ist zu schwierig einen Verschuldensnachweis zu erbringen bzw. die Jury von der Berechtigung des Anspruchs zu überzeugen.

(a) Insbesondere die Kürzung des Schadensersatzanspruchs wegen Mitverschulden verhindert oft einen vollkommenen Schadensausgleich.

Wenn ein Geschädigter in einem Common Law-Verfahren erfolgreich ist, so wird in einem Fünftel aller Fälle der Schadensersatzanspruch um die Hälfte gekürzt.[1523]

(b) Die Inflation entwertet die Geldentschädigung.

Die Inflation führt bei Pauschalsummen, die zukünftige Ausgaben enthalten sollen, oft zu einem unzureichenden Ausgleich.[1524] STEPHEN J konstatierte in *Pennant Hills Restaurant Pty. Ltd. v Barrell Insurances Pty. Ltd.* „a heightened awareness of the impact of inflation and an increasing disillusionment concerning the ability of investment strategies to provide a hedge against it."[1525] Die Gerichte haben das Problem nicht im Griff.[1526]

(c) Die Investition der Entschädigungssumme schlägt in vielen Fällen fehl.

Studien zeigen, dass unabhängig von den Bemühungen und Fähigkeiten des Arbeiters eine nutzbringende Anlage des Geldbetrages oft misslingt.[1527]

*(5) Das Ziel der vollständigen Entschädigung der Schwerverletzten wird verfehlt.*

Der Zugang zum Common Law ist den Arbeitern mit schwerwiegenden Schädigungen vorbehalten. Gerade ihnen sollte die Möglichkeit eingeräumt werden den vollen Ausgleich durch einen individuell ermittelten Schadensersatzbetrag zu erlangen. Das Common Law wird aber den Bedürfnissen der schwerwiegend Geschädigten gerade nicht gerecht.[1528] Das soll für die Problematik der Geldentwertung gelten[1529] und wird für die Kürzung der Ansprüche wegen Mitverschuldens und die Länge der Verfahren durch Daten untermauert.

---

1521 Dagegen BENZ in: Wannagat SGB VII § 76 Rn. 6.
1522 BENZ in: Wannagat SGB VII § 77 Rn. 1.
1523 WOODHOUSE Report, S. 44, 45.
1524 LEICHSENRING / PETERMANN, SozVers 1998, S. 14 (19); WOODHOUSE Report, S. 117 ff.
1525 (1981) 145 CLR 625.
1526 *Todorovic v Waller - Jetson v Hankin* (1981) 150 CLR 402.
1527 vgl. 2. Kapitel: A. V. 3. c.
1528 Parliamentary debates (Hansard), 26 May 1987, S. 12473; 28 May 1987, S. 12825, 12654.
1529 SHER, Australian Law Journal, (55) July 1981, S. 458 (459).

Differenziert man beim Mitverschulden nach der Schwere der Schäden, entfallen 20,5% der Kürzungen auf Fälle mit bleibenden Schäden und 14,6% auf Fälle mit weniger schweren Schäden.[1530] Für das Verfahren gilt: Je schwerer die Schädigung, desto länger das Verfahren.

Die Tabelle zeigt, wieviel Anspruchsteller in einem bestimmten Zeitraum noch keine Leistungen erhielten.[1531]

| Jahre | Keine bleibende Beeinträchtigung | Bleibende Beeinträchtigung |
|---|---|---|
| 1 | 41 | 83 |
| 2 | 20 | 49 |
| 3 | 11 | 29 |
| 4 | 11 | 21 |
| 5 | 9 | 13 |

### *(6) Die Problematik des Wahlrechts*

Diese Unterschiede zwischen Theorie und Praxis der Vor- und Nachteile der Anspruchskonkurrenz machen auch das Wahlrecht des Arbeitnehmers zu einem Problem. Das System in New South Wales überlässt es dem Arbeiter sich die „richtigen" Ansprüche auszusuchen und zu verfolgen. Dem Arbeitnehmer wird auferlegt, die Aussichten seiner jeweiligen Ansprüche bereits vor Anspruchstellung abzuschätzen. Oder wie sich MACDONALD (MP) ausdrückte:

> „Obviously these provisions suppose a worker and his legal advisers to have a degree in crystal-ball gazing."[1532]

Die Fragen, die man sich vor Anstrengung einer Common Law Klage stellen sollte, sind, erstens, ist der Arbeiter so schwer geschädigt, dass ein Common Law-Anspruch zur Verfügung steht, und zweitens, ist es im Interesse des Klägers diesen Anspruch einzuklagen, da er ja grundsätzlich seine Workers' Compensation-Ansprüche und -Leistungen dadurch verliert.[1533] Um die Entscheidung zu treffen, ob eine Klage nach dem Common Law angebracht ist, sollte man zunächst bedenken, dass dort Ersatzansprüche geltend gemacht werden können, die es nach dem *Workers Compensation Act* 1987 nicht gibt:[1534] Der Geldersatz für die freiwillig erbrachten Pflegedienste gemäß *Griffiths v Kerkemeyer*[1535] und die von Workers' Compensation-Leistungen abgezogenen Steuern, *Fox v Wood*.[1536] Außerdem besteht die Möglichkeit, dass der Arbeiter seine wöchentli-

---

1530 WOODHOUSE Report, S. 44, 45.
1531 Stand 1972 / 73; WOODHOUSE Report, S. 45.
1532 Parliamentary debates (Hansard), 2 August 1989, S. 9030.
1533 HARRISON, Workers' Compensation - New South Wales, S. 16; vgl. 2. Kapitel: A. VI. 2.
1534 NOMCHONG / WARDHAUGH, Workers' Compensation Handbook, S. 90; BARTLEY / FERRARI, Workers' Compensation - 1994 Update, S. 49.
1535 (1981) 148 CLR 438.
1536 (1981) 150 CLR 402.

chen Zahlungen nach 104 Wochen verwirkt, weil er allein aufgrund der Arbeitsmarktlage keine Beschäftigung finden kann. Die Common Law-Ansprüche werden dadurch bei schlechter Arbeitsmarktlage attraktiver. Hinsichtlich des sich ständig ändernden Leistungsniveaus ist zu bedenken, ob z. B. die wöchentlichen Zahlungen und die Mindestvoraussetzungen für die Common Law-Ansprüche besonders niedrig sind. Eine Common Law Klage könnte dann zu einer großzügigeren Ersatzleistung führen.[1537] Zu bedenken ist auch die unterschiedliche Besteuerung der Leistungen. Die wöchentlichen Zahlungen des *Workers Compensation Act* 1987 sind als Ersatz für entgangenes Einkommen zu versteuern. Der Common Law Schadensersatz hingegen muss nicht versteuert werden, weil er als Ersatz für eine verminderte Erwerbsfähigkeit nicht unter den *Income Tax Assessment Act* fällt.[1538] Zudem kann der Schadensersatzbetrag steuermindernd angelegt werden.[1539]

Auf der anderen Seite sollten die Erfolgsaussichten einer Common Law Klage sorgfältig erwogen werden. Wie gut ist das zur Verfügung stehende Beweismaterial? Wird der Nachweis des Verschuldens gelingen? Fällt dem Arbeiter ein Mitverschulden zur Last? Gerade im Fall eines schwer geschädigten Arbeiters sollte man sich die Anspruchstellung nach dem Common Law gut überlegen.[1540] Nach dem *Workers Compensation Act* 1987 ist eine Versorgung eher gewährleistet, die Schadensersatzbeträge hingegen könnten gering ausfallen. Es ist allerdings kaum möglich die Erfolgsaussichten im Hinblick auf die Höhe der Schadensersatzleistung abzuschätzen. Die Unwägbarkeiten bei der Berechnung des Schadensersatzes sind so groß, dass der Ausgang des Verfahrens nicht vorhersehbar ist.[1541] Ähnliches gilt allerdings für Verfahren vor dem Compensation Court, wenn die Entschädigungsansprüche streitig sind. Ein Ausweg könnte darin bestehen, ein Entschädigungsverfahren anzustrengen und sich dann durch Nichtannahme der Entschädigung den Zugang zum Common Law offen zu halten.[1542] Ein solches Vorgehen wird aber nicht anzuraten sein, weil der Arbeiter die erheblichen Kosten des Verfahrens zu tragen hätte, die seine Forderung entwerten würden.

An dem Wahlrecht ist besonders problematisch, dass die Geschädigten oft zum Common Law tendieren.[1543] Sie sehen dabei nur die scheinbaren Vorteile eines größeren Geldbetrages zu freier Verfügung.[1544]

---

1537 HARRISON, Workers' Compensation - New South Wales, S. 19.

1538 PASCOE, Law Institute Journal, (56) July 1982, S. 473; HWCA, Promoting Excellence, S. 69.

1539 New South Wales Law Reform Commission, Accident Compensation (Issues Paper), S. 90.

1540 NOMCHONG / WARDHAUGH, Workers' Compensation Handbook, S. 91; vgl. 3. Kapitel: C. I. 2. b. (5)

1541 vgl. 2. Kapitel: A. V. 2.

1542 sec. 151A (3) WCA.

1543 INDUSTRY COMMISSION, Report No. 36, S. 175; der gegenteiligen Aussage, dass ein ernsthaft geschädigter Arbeiter so wenig bereit sei zu einem Risiko, dass er lieber den geringeren Ausgleich in Form wöchentlicher Zahlungen annimmt, als einem höheren, aber streitigen Anspruch nach allgemeinem Haftungs- und Schadensrecht nachzugehen, kann nicht gefolgt werden, O' CONNELL / PARTLETT, No-Fault Insurance for Australians? A Package of Possibilities, S. 8 (20).

1544 vgl. BENZ in Wannagat SGB VII § 78 Rn. 4.

> „It is the lure of the lump sum that is so attractive to the injured worker and deflects his attention and interest away from seeking an early recovery and return to work.“[1545]

Nimmt man die Wahlvorschriften mit den Minimal- und Höchstbeträgen für die (gesetzlichen) Schadensersatzansprüche zusammen, können sich für den geschädigten Arbeiter überaus nachteilige Szenarien ergeben: Einmal kann die Klage des Arbeiters auf Schadensersatz vollkommen erfolglos bleiben. Der Arbeiter hat dann keine Ansprüche nach sec. 66, 67 WCA mehr, kann allerdings noch die wöchentlichen Leistungen beanspruchen.[1546] BARTLEY / FERRARI sehen in einer anderen Fallkonstellation den denkbar schlimmsten Fall: Ein Arbeiter bekommt den niedrigsten möglichen Betrag für Nichtvermögensschäden zugesprochen, überschreitet die Schwelle für den Vermögensschaden aber nicht und erhält darum insofern keinen Ersatz. Nach BARTLEY / FERRARI verliert der Arbeiter durch den Ersatz seines Nichtvermögensschadens nicht nur seine Ansprüche gem. sec. 66, 67 WCA, sondern auch den Anspruch auf wöchentliche Zahlungen, d. h. seine gesamten Ansprüche aus dem *Workers Compensation Act* 1987, ohne dass er irgendeinen Ersatz für den erlittenen Vermögensschaden erhält.[1547] Der Gesetzeswortlaut scheint das allerdings nicht zu bestätigen. Nach sec. 151A i. V. m. 151B (2) WCA müssten dem Arbeiter in diesen Fällen die wöchentlichen Zahlungen verbleiben. Für den Arbeiter ist es immer von Nachteil, wenn er einen Schadensersatzbetrag zugesprochen bekommt, der geringer ausfällt als bereits gewährte Workers' Compensation-Leistungen. Er verliert aufgrund seiner Rückzahlungsverpflichtung den Schadensersatzbetrag und seine wöchentlichen Zahlungen.[1548] Mit dem Common Law-Urteil steht er schlechter da als ohne.

Als Schlussbemerkung dieser Gesamtbetrachtung des Zusammenspiels von verschuldensunabhängigem gesetzlichem Entschädigungsrecht und allgemeinem Haftungs- und Schadensrecht, eignet sich der Streitstand in New South Wales. Es sind vor allen anderen die praktizierenden Juristen, die am Common Law und dem streitigen Verfahren festhalten. Unter Schlagzeilen der Tagespresse wie „Lawyers battle on against Transcover“[1549] und „Lawyers set up fund to fight Carr's reforms“[1550] wird von den praktizierenden Juristen ausgeführt, dass Ausgleichssysteme, die das Betätigungsfeld der Juristen beschränken zwangsläufig Nachteile für die Geschädigten mit sich bringen. Die Geschädigten bräuchten juristischen Beistand, um ihre Rechte auch gegenüber dem Staat durchzusetzen. Auf der anderen Seite kommen die Juristen, die sich auch in der Theorie eingehend mit der Frage nach den Vorteilen einer Haftungsablösung beschäftigen einstimmig zu dem Ergebnis, dass die parallele Existenz von Common Law und einem verschuldensunabhängigen Entschädigungssystem abzulehnen ist.[1551] CHESTERMAN sagte auf einem Seminar in Sydney:

---

[1545] CONYBEARE J, zitiert nach: Parliamentary debates (Hansard), 28 May 1987, S. 12809.
[1546] BARTLEY / FERRARI, Workers' Compensation - 1994 Update, S. 48
[1547] BARTLEY / FERRARI, Workers' Compensation - 1994 Update, S. 49.
[1548] vgl. 2. Kapitel: A. VI. 2. b.
[1549] Sydney Morning Herald, 17. Februar 1988, S. 4.
[1550] Sydney Morning Herald, 28. September 1995, S. 9.
[1551] WOODHOUSE Report, S. 1; HWCA, Promoting Excellence, S. 87.

> „I have come to hold an even stronger conviction that it is impossible to eliminate by small-scale reform the unsatisfactory features of common law compensation in modern social conditions or to blend such compensation satisfactorily with any no-fault scheme."[1552]

Die Heads of Workers' Compensation Authorities, ein Gremium, das aus den Leitern der zehn australischen Workers Compensation Behörden besteht, ist grundsätzlich der Ansicht, dass Common Law Schadensersatz unvereinbar ist mit einem verschuldensunabhängigen Entschädigungssystem.[1553]

Im Ergebnis lässt sich festhalten, dass die Haftungsablösung der gesetzlichen Unfallversicherung der Anspruchskonkurrenz des Workers' Compensation-Systems vorzuziehen ist. Eine freie Anspruchskonkurrenz ließ sich in New South Wales nicht halten, weil sie nicht finanzierbar ist. Die Anspruchskonkurrenz des *Workers Compensation Act* 1987, die dem Geschädigten zur Wahl zwischen den zwei Möglichkeiten des Ausgleichs zwingt und die Common Law-Ansprüche gleichzeitig an das Niveau der gesetzlichen Zahlungen angleicht, nimmt dem Common Law seine Vorteile und belastet das Entschädigungssystem mit seinen Nachteilen. Letztlich geht die Regelung zu Lasten des geschädigten Arbeiters.

## II. Privatisierung

In New South Wales soll am 1. Oktober 2000 geschehen was auch für die gesetzliche Unfallversicherung in Deutschland gefordert wird: Das System soll privatisiert werden. Der Vorteil der Privatisierung wird insbesondere in den positiven Auswirkungen gesehen, die Wettbewerb mit sich bringt.[1554] Wettbewerb ist ein entscheidender Gesichtspunkt.[1555] Es sind, neben den Vorschriften über die Dienstleistungsfreiheit,[1556] die europarechtlichen Vorschriften über den Wettbewerb, Art. 85 ff. EGV, die die gesetzliche Unfallversicherung in ihrer derzeitigen Form in Frage stellen.[1557] Die Funktion des Wettbewerbs ist es, durch die Konkurrenz zwischen mehreren Organisationen eine ständige Verbesserung eines Systems zu erreichen. Idealerweise sichern sich im Wettbewerb stehende Anbieter ihren Marktanteil über den Preis und die Qualität ihres Produkts.[1558]

Die Privatisierung der gesetzlichen Unfallversicherung in Deutschland wirft zunächst die Frage nach ihrer verfassungsrechtlichen Zulässigkeit auf. Die Bundesrepublik Deutschland ist ein Sozialstaat, Art. 20 GG. Der Schutz der wirtschaftlich Schwachen ist in der Verfassung verankert und es wäre daher nicht zulässig von einem System sozialer Sicherheit ganz abzusehen. Wie ein solches System allerdings ausgestaltet wird bleibt dem Gesetzgeber überlassen. Weder aus der Nennung der Sozialversicherung in Art. 74 Nr. 12 GG noch aus der

---

1552 CHESTERMAN, Accident Compensation: Integrating the common law with a statutory scheme of compensation, S. 27.
1553 HWCA, Promoting Excellence, S. 11, 37.
1554 INDUSTRY COMMISSION, Report No. 36, S. 212.
1555 LEICHSENRING / PETERMANN, SozVers 1998, S. 14 (20 f.).
1556 Art. 59 EGV.
1557 GIESEN, Sozialversicherungsmonopol und EG-Vertrag, S. 1ff.
1558 INDUSTRY COMMISSION, Report No. 36, S. 210.

Kompetenznorm des Art. 87 II GG kann eine institutionelle Garantie für die Sozialversicherung abgeleitet werden.[1559] Für die gesetzliche Unfallversicherung, als einer der Zweige der Sozialversicherung, können sich daraus weitreichende Konsequenzen ergeben. Es könnte davon ausgegangen werden, dass arbeitsbedingt geschädigte Arbeitnehmer durch das deutsche System sozialer Sicherheit auch ohne die gesetzliche Unfallversicherung ausreichenden sozialen Schutz genießen. Die Umstrukturierung der Arbeitsplätze habe dazu geführt, dass die Arbeitnehmer des besonderen, zusätzlichen Schutzes des gesetzlichen Unfallversicherung nicht mehr bedürften. So stellte das BVerfG fest:

> „Der Gesetzgeber ist [...] davon ausgegangen, dass der abstrakt berechneten Minderung der Erwerbsfähigkeit typischerweise ein entsprechender Schaden in Form des Verdienstausfalls gegenübersteht. Diese Annahme des Gesetzgebers entsprach in den Jahrzehnten nach der Schaffung der gesetzlichen Unfallversicherung weitgehend den tatsächlichen Gegebenheiten. Damals war der verletzte Arbeitnehmer im Kampf um den Arbeitsplatz dem gesunden Konkurrenten unterlegen. Wenn es ihm überhaupt gelang, einen seiner Leistungsminderung entsprechenden Arbeitsplatz zu finden, musste er sich mit einem geringeren Lohn begnügen. Dagegen gibt die heutige Arbeitsmarktlage dem Verletzten vielfach die Möglichkeit, bei seinem bisherigen Arbeitgeber oder an anderer Stelle den vor dem Unfall erreichten Lohn zu beziehen. Hierbei kommt ihm oft die Bestimmung eines Tarifvertrages zugute, die eine Lohnminderung unter individuellen Gesichtspunkten weitgehend einschränkt. Auch die Arbeitsplatzgestaltung lässt es besonders wegen der fortschreitenden Automation in stärkerem Maße als früher zu, Unfallverletzte zu den gleichen Bedingungen wie zuvor zu beschäftigen."[1560]

Die Grundsatzfrage, ob ein arbeitsbedingt geschädigter Arbeitnehmer auch heute noch eines besonderen sozialen Schutzes bedarf, sollte allen Überlegungen zur Umgestaltung der gesetzlichen Unfallversicherung vorangehen. Für die Antwort kommt es entscheidend darauf an, welcher Stellenwert der Rehabilitation des Geschädigten und seiner Wiedereingliederung ins Arbeitsleben beigemessen wird. In diesem Bereich setzt die gesetzliche Unfallversicherung einen Schwerpunkt, der im übrigen System sozialer Sicherheit nicht so ausgeprägt ist. Der rein wirtschaftliche Ersatz des Schadens durch Geldleistungen bedürfte keines besonderen Ausgleichssystems. In einer stark am Geld orientierten Gesellschaft spielt der finanzielle Ausgleich sicher auch eine entscheidende Rolle. Der Fähigkeit des Einzelnen sich seinen Lebensunterhalt durch Arbeit zu verdienen, kommt trotzdem auch heute eine überragende Bedeutung zu. Die gesetzliche Unfallversicherung als besonderes Ausgleichssystem für arbeitsbedingte Schäden, deren Gesamtkonzept auf die Erhaltung und Wiederherstellung der Arbeitskraft des Einzelnen zielt, hat daher als Bestandteil des deutschen Systems sozialer Sicherheit eine nicht zu unterschätzende Funktion.

---

1559 WANNAGAT, Lehrbuch des Sozialversicherungsrechts, S. 224 f.
1560 BVerfGE 34, 118 (133).

### 1. Möglichkeiten der Privatisierung

Am Beispiel von New South Wales sieht man, dass es nicht nur entweder private oder öffentlich-rechtliche gibt, sondern auch halb-öffentliche Systeme in vielen Varianten.[1561] Wichtige Merkmale der besonderen Entschädigungssysteme lassen sich auch in Deutschland öffentlich-rechtlich wie privatrechtlich organisieren. So kann das Prinzip der Fremdvorsorge auch in der Privatversicherung verwirklicht werden. Versicherungen zugunsten Dritter, die nach den bürgerlich-rechtlichen Grundsätzen der Verträge zugunsten Dritter abgeschlossen werden,[1562] sind auch dort bekannt.[1563] Es gibt insbesondere auch die private Unfallversicherung als „Fremdversicherung“.[1564] Zudem ist das Merkmal des Zwangs nicht unbedingt kennzeichnend dafür, ob eine Sozialversicherung oder eine private Versicherung vorliegt.[1565] Die Zwangsversicherung stellt zwar eine typische Erscheinungsform der Sozialversicherung dar,[1566] aber auch ihr sind Versicherungsverhältnisse bekannt, die nicht auf Zwang beruhen, z. B. die verschiedenen Arten der freiwilligen Versicherung.[1567] Andererseits umfasst auch die Privatversicherung Versicherungen, die sich auf Zwang gründen, wie z. B. die Kraftfahrt-Haftpflichtversicherung.[1568]

Eine Privatisierung der gesetzlichen Unfallversicherung könnte auf unterschiedliche Weise durchgeführt werden. So käme eine Privatisierung der bestehenden Träger der gesetzlichen Unfallversicherung in Betracht. Dergestalt privatisierte Berufsgenossenschaften würden aber als monopolartige Privatunternehmen kaum mit Art. 85 ff. EGV zu vereinbaren sein. GITTER schlägt eine Möglichkeit der Privatisierung vor, bei der die Leistungen der gesetzlichen Unfallversicherung von anderen Versicherungszweigen und Institutionen übernommen würden.[1569] Dass dadurch eine Kostenentlastung für die Unternehmer eintritt, ist nicht so zwingend wie es scheinen mag.[1570] Auch die bestehenden Verwaltungseinrichtungen bräuchten Räume, Personal, Schulungen, Abteilungen und Material für die zusätzlichen Aufgaben. Der zu bewältigende Arbeitsaufwand wird sich nicht vollständig auf die vorhandenen Ressourcen aufteilen lassen. Der Übergang der gesetzlichen Unfallversicherung auf die private Unfallversicherung würde an den Gesetzgeber und die private Versicherungswirtschaft hohe Anforderungen stellen, weil die beiden Unfallversicherungssysteme kaum Gemeinsamkeiten aufweisen. Auf der anderen Seite könnte die gesetzliche Unfallversicherung wie in den Niederlanden ersatzlos aufgelöst werden. Die Gesundheitsschäden würden durch die gesetzliche Krankenversicherung und, im Fall eines nachweisbaren Verschuldens, durch das allgemeine Haftungs- und Schadensrecht ausgeglichen. Für die Ansprüche wegen arbeitsbedingter Schädigung könnte eine Haftpflichtversicherung, auch in der Form einer Pflichtversicherung,

---

[1561] vgl. 3. Kapitel: B. II.
[1562] § 328 BGB.
[1563] PALANDT, BGB § 330 Rn. 2; WANNAGAT, Lehrbuch des Sozialversicherungsrechts, S. 14.
[1564] PRÖLSS / MARTIN, VVG, § 179 Rn. 8 ff.
[1565] BGHZ 4, 208.
[1566] vgl. 3. Kapitel: A. I. 1.
[1567] vgl. WANNAGAT, Lehrbuch des Sozialversicherungsrechts, S. 356 ff.
[1568] WANNAGAT, Lehrbuch des Sozialversicherungsrechts, S. 17.
[1569] GITTER, Schadensausgleich im Arbeitsunfallrecht, S. 200.
[1570] GITTER, BB Beilage 6 1998, S. 17.

geschaffen werden.[1571] Die Forderung nach einem „schlankeren Staat" würde dadurch erfüllt werden.[1572] Für Deutschland hätte das aber zur Folge, dass ein funktionierendes Gesamtsystem in mehrere weniger gut funktionierende Teile zerlegt würde. Die gesetzliche Krankenversicherung, welche die Leistungen für die Gesundheitsschäden erbringen müsste, hat finanzielle und strukturelle Probleme. Der Vorschlag schwerer Verletzte in das berufsgenossenschaftliche Heilverfahren einzugliedern weist darauf hin, dass im Rahmen der gesetzlichen Krankenversicherung weniger gute Heilungs- und Rehabilitationserfolge erzielt werden.[1573] Außerdem kämen die Nachteile des allgemeinen Haftungs- und Schadensrechts zum Tragen: Der Betriebsfrieden wäre gefährdet. Der Schaden würde durch die Notwendigkeit des Nachweises von Verschulden in vielen Fällen nicht ersetzt. Die Möglichkeit der Kürzung wegen Mitverschuldens wird eine bewiesene Schadensersatzforderung oft so mindern, dass es auch in diesen Fällen nicht zu einem vollständigen Ausgleich des Schadens kommt. Die Kosten der Verfahren vor den Zivilgerichten würden den Ausgleich arbeitsbedingter Schäden teurer machen.[1574] Soweit eine Haftpflicht-Pflichtversicherung vorgesehen wäre, käme es zwar zu weniger Gerichtsverfahren zwischen Arbeitnehmern und Arbeitgebern, das System würde aber wegen der Regressansprüche der Versicherer erheblich belastet.

Es gibt folglich viele alternativen Gestaltungsmöglichkeiten für die gesetzliche Unfallversicherung. Als Beispiel für eine Privatisierung kann das Workers' Compensation-System von New South Wales dienen.

## 2. Privatisierung in New South Wales

In New South Wales zeigt sich, dass es möglich ist, ein besonderes Entschädigungssystem für arbeitsbedingte Schäden beizubehalten und dieses gleichzeitig zu privatisieren. Die Privatisierung in New South Wales soll dergestalt erfolgen, dass die Versicherungsgesellschaften ab dem 1. Oktober 2000 die Gewinn- und Verlustchancen ihrer Fonds tragen. Die genauere Analyse zeigt, dass das System sonst wenig verändert wurde.[1575] Insbesondere die Zulassungsbedingungen für Versicherungsgesellschaften zum Workers' Compensation Markt und die Prämienermittlung sind weiter stark reglementiert und weichen kaum vom bestehenden System ab. Es steht daher auch nicht zu erwarten, dass sich in Zukunft wesentlich andere Versicherungsgesellschaften am Workers' Compensation-System beteiligen werden. Eine Privatisierung ohne Markt und damit ohne Wettbewerb ist aber keine.[1576]

> „From time to time it was contended that it would be wrong for the State to interfere with private enterprise in what it could claim as a legitimate field. These arguments reveal considerable confusion of thought about the matter. It does not seem to be appreciated that the

---

[1571] LEICHSENRING, BG 1996, S. 434.
[1572] vgl. SCHOLZ, Schlankerer Staat tut not!, S. 987.
[1573] GITTER, BB Beilage 6 1998, S. 17.
[1574] vgl. die Diskussion in New South Wales im die Berechtigung des Common Law, 2. Kapitel: A. V. 3.
[1575] vgl. 3. Kapitel: B. II.
[1576] LEICHSENRING / PETERMANN, SozVers 1998, S. 14 (20); WOODHOUSE Report, S. 85.

> basic concept of private enterprise is entirely lacking in an area where the whole of the premium income is supplied quite automatically by statutory decree. The insurers have no need to go out to find any part of the business and the only area for their enterprise relates to the share that each can win from the other of the fund so provided for division between them.“[1577]

Sinn hat eine Privatisierung nur, wenn anderen privaten Versicherungsgesellschaften der Zugang zu dem (privatisierten) Markt eröffnet wird.[1578] Entscheidend ist in diesem Zusammenhang, dass eine Privatisierung der gesetzlichen Unfallversicherung in Deutschland konsequenterweise mit einer europaweiten Öffnung einhergehen müsste.

Erfahrungen in New South Wales zeigen aber, dass Wettbewerb die ihm zugeschriebenen positiven Auswirkungen nicht immer mit sich bringt. Die Privatisierung des Verkehrsunfallsektors in Australien ergab einen Preiskrieg, bei dem jede Gesellschaft um größere Marktanteile kämpfte, indem sie die Prämien senkte. Die Versicherungsgesellschaften nahmen erhebliche Verluste hin. Es bestehen berechtigte Bedenken, dass es im Workers' Compensation Bereich zu einer ähnlichen Entwicklung kommen wird. Im Rahmen der Parlamentsdebatten wurde die Hoffnung ausgedrückt, dass für das neue Workers' Compensation-System ausreichend Vorkehrungen gegen eine solche Entwicklung getroffen wurden. Ob das tatsächlich der Fall ist, wird sich erst in Zukunft zeigen.[1579] Als weiterer Nachteil zeigt sich in Australien, dass in der Vergangenheit der Wettbewerb der Versicherungsgesellschaften dazu führte, dass die Prämien nicht an die individuellen Schadenstatistiken der Unternehmer angepasst wurden, weil die Versicherungsgesellschaften ihre Kunden nicht verlieren wollten.[1580] Dem Aspekt der Anpassung der Prämien wird aber in beiden Ländern im Hinblick darauf einen ökonomischen Anreiz zur Unfallverhütung zu bieten große Bedeutung beigemessen.[1581]

Für eine Privatisierung spricht, dass private Versicherungsgesellschaften in der Marktwirtschaft das Risiko besser verteilen und so Defizite vermeiden können.[1582] Eine Verteilung des Risikos widerspricht aber wichtigen Grundsätzen der besonderen Entschädigungssysteme. Die Arbeitgeber sollen (gemeinschaftlich) für die in ihrem Risikobereich entstandenen Schadensfälle aufkommen. Die Beitragsgestaltung ist darauf ausgerichtet. Es sollen von den Unternehmern genau solche Prämien erhoben werden, die die Kosten der arbeitsbedingten Schäden decken. Im *Workplace Injury Management and Workers Compensation Act* 1998 ist daher vorgesehen, dass die WorkCover Authority die Genehmigung der Prämienberechnung versagen kann / muss, wenn ein Beitragsausgleich und damit die Risikoverteilung zu groß wird.[1583] Nach der Zielsetzung des Systems sollte in diesem Bereich gerade keine Verteilung des Risikos erfolgen.

---

[1577] WOODHOUSE Report, S. 112.
[1578] LEICHSENRING / PETERMANN, SozVers 1998, S. 14 (20).
[1579] Parliamentary debates (Hansard), 2 July 1998, S. 6978.
[1580] New South Wales Law Reform Commission, Accident Compensation (Issues Paper), S. 34.
[1581] SCHULZ, BG 1996, S. 144.
[1582] INDUSTRY COMMISSION, Report No. 36, S. 212.
[1583] vgl. 2. Kapitel: A. III. 3.

An dem Gedanken des Wettbewerbs hatte man in New South Wales auch festgehalten als man mit dem *Workers Compensation Act* 1987 das System „verstaatlichte". Man erwartete sich von dem Wettbewerb in einem öffentlichen System, in dem man sich lizensierter privater Versicherungsunternehmen bediente, dass er im Dienstleistungsbereich eintrete, was einem Preiswettbewerb vorzuziehen wäre.[1584] Allerdings ist die Kritik an den Versicherungsgesellschaften wegen ihres schlechten Schadensmanagements in den letzten zehn Jahren nicht zurückgegangen und es werden auch von den Gesellschaften selbst Mängel eingeräumt.[1585] Dass diese Art von Wettbewerb sich nicht in der gewünschten Weise auswirkt, ist nicht verwunderlich. Private Versicherungsgesellschaften müssen auf dem Markt gut abschneiden, um bestehen zu können und Dienstleistung am geschädigten Arbeitnehmer ist kein Posten, der in ihre Erfolgsbilanz einfließt.[1586]

Bei den geringen Änderungen, die die Privatisierung mit sich bringt, drängt sich die Frage auf, was der tiefere Sinn der Privatisierung ist. Die offizielle Begründung, dass die Privatisierung die Kosten senken werde, scheint nach den Erfahrungen in New South Wales nicht schlüssig. Als Anfang der 1980er Jahre die Kosten der Workers' Compensation-Systeme explodierten, bestanden in Australien fast nur private Versicherungssysteme, die einzige Ausnahme bildete Queensland. Die in die Höhe schnellenden Kosten führten zur Einführung öffentlicher Systeme in New South Wales, Victoria und South Australia. Dadurch wurde die Kostenentwicklung unter Kontrolle gebracht.[1587] Tatsächlich stellt sich die Privatisierung als der einzige Ausweg aus einem Dilemma dar. Die Bilanz des Workers' Compensation-Systems weist ein enormes Defizit auf. Die 13 gesetzlichen Fonds der Versicherungsgesellschaften werden mit der Änderung des Systems geschlossen und der fehlende Betrag wird auf die Unternehmer umgelegt.[1588] Damit kann ein insolventes System saniert und gleichzeitig aufgelöst werden. So versucht man das Defizit über die Privatisierung in der Form einer Sonderumlage von den Unternehmern einzuheben, ohne zu starken Protest hervorzurufen.[1589] Eine entsprechende Sonderumlage für das bestehende System einzuheben, wäre aller Wahrscheinlichkeit nach von den Arbeitgebern schlichtweg abgelehnt worden. Dass diese Lösung allerdings nicht so einfach durchzusetzen ist, zeigt die zeitliche Verzögerung der Privatisierung. Durch die Entwicklung in New South Wales wurde ein Mangel des Systems deutlich, der auch das Entstehen des Defizits überhaupt erst erklärt. GRELLMAN stellt fest: „The Inquiry found that no sector of the workers' compensation system is legally and financially responsible for the statutory funds."[1590] Keine der am System beteiligten Institutionen führte die Statutory Funds in ihrer Bilanz. Es erscheint doch sehr erstaunlich, dass die WorkCover Authority und die Regierung davon ausgehen, dass sie keine Verantwortung für die Finanzlage des öffentlichen Sy-

---

1584 INDUSTRY COMMISSION, Report No. 36, S. 212.
1585 INDUSTRY COMMISSION, Report No. 36, S. 210.
1586 FORD Report, S. 201.
1587 Parliamentary debates (Hansard), 2 July 1998, S. 6962.
1588 Parliamentary debates (Hansard), 2 July 1998, S. 6963.
1589 vgl. Parliamentary debates (Hansard), 2 July 1998, S. 6963.
1590 GRELLMAN Report, S. 36.

stems tragen. Ein solches Ausgleichssystem, das keinen Vorschriften über Buchführung und Rechnungslegung unterliegt, kann auf Dauer nicht funktionieren.

3. Vorteil einer Privatisierung

Der eindeutige Vorteile der Privatisierung liegt in der Verschlankung der Staates. Die Bürokratie und - bei einer Auflösung des Systems - der staatliche Zwang können beseitigt werden.

Zwang als solcher wird allgemein als negativ empfunden. Auch der Zwang, auf dem die gesetzlichen Unfallversicherung beruht, wird kritisiert: Die Unternehmer seien zwangsweise korporiert und verpflichtet, die zu hohen Beiträge aufzubringen.[1591] Der Zwang, der mit der Versicherung kraft Gesetzes verbunden ist, würde allerdings nur durch eine ersatzlose Auflösung der gesetzlichen Unfallversicherung wegfallen. WANNAGAT meint aber, dass die Sozialversicherung von dem überwiegenden Teil der Versicherten gar nicht als eine Zwangseinrichtung empfunden werde. Vielmehr bejahten sie diese Institution als die ihrige. Die gesetzliche Unfallversicherung ist nach den Grundsätzen der Selbstverwaltung aufgebaut und bietet ihren Mitgliedern erfahrungsgemäß eine wirksame Sicherheit vor den Wechselfällen des Lebens.[1592] Dass die Vorteile der gesetzlichen Unfallversicherung den negativen Aspekt einer Zwangsversicherung überwiegen, zeigen die hohe Zahl freiwillig Versicherter und die intensiven Bestrebungen weiterer Berufsgruppen, auch für sich die Einrichtungen der gesetzlichen Zwangsversicherung zu erhalten. Auch heute empfehlen die privaten Versicherungsgesellschaften Unternehmern, sich wegen der umfassenden Leistungen freiwillig in der gesetzlichen Unfallversicherung zu versichern.

Der Zwang hat, zusammen mit dem Monopol der Berufsgenossenschaften, zudem die wichtige Funktion einen Solidarausgleich herbeizuführen. Nur durch die Gewähr, dass sich alle Risiken an dem einen System beteiligen, wird eine Negativauslese der schlechten Risiken verhindert.[1593] Die Erfahrungen in New South Wales mit dem Sporting Injuries Scheme belegen das. Als besonderes Ausgleichssystem für „sporting injuries" wurde eine freiwillige Versicherung eingeführt. Das hatte zur Folge, dass einige Sportvereinigungen es für unnötig erachteten sich dem System anzuschließen, weil es bei ihnen ausgesprochen wenig Schadensfälle gab. Das beeinträchtigte das Prämienaufkommen und die finanzielle Überlebensfähigkeit des Systems erheblich. Außerdem benachteiligte es die Vereinigungen mit geringem Gefahrpotential und geringen Schadensquoten, die sich an dem System beteiligten, weil sie in hohem Maße die schlechten Risiken mitfinanzieren mussten. Verstärkt wurde dieser Effekt durch die Konkurrenz, die das System von privaten Versicherern erhielt.[1594]

Die Beratungen zum Unfallversicherungseinfügungsgesetz und zum *Workplace Injury Management and Workers Compensation Act* 1998 machen deutlich, dass man sich in beiden Ländern bemüht einer Bürokratisierung entgegenzuwirken. In den Beratungen zum Unfallversicherungseinfügungsgesetz wurde gefordert,

---

1591 WOLBER, SozVers 1998, S. 208; LEICHSENRING / PETERMANN, SozVers 1998, S. 14.
1592 WANNAGAT, Lehrbuch des Sozialversicherungsrechts, S. 175.
1593 GIESEN, Sozialversicherungsmonopol und EG-Vertrag, S. 202.
1594 New South Wales Law Reform Commission, Accident Compensation (Issues Paper), S. 40.

dass ein Mehr an Bürokratie nicht entstehen dürfe.[1595] In New South Wales wurde hervorgehoben, dass das neue System frei sei von unangebrachter bürokratischer Kontrolle, die das alte System belastet habe.[1596] Darin zeigt sich wieder, dass die Ablehnung der Bürokratie in New South Wales, die fast immer auch mit staatlicher Willkür gleichgesetzt wird, heute noch so stark ist wie schon 1897:

> „The elaboration of the system [der gesetzlichen Unfallversicherung Deutschlands], its bureaucratic tendency, and the arbitrary interference of officials are all matters which are so objectionable to English people ... that it is absolutely impossible and absolutely impracticable to attempt any system of operation of that kind."[1597]

Man hoffte, dass die englischen Arbeitgeber sich freiwillig zu einem solchen System zusammenschließen würden. Das sei mehr „in accordance with English feeling".[1598] Die Erfahrung zeigte aber, dass sich auch in England oder Australien die „guten" Risiken mit geringen Schadensquoten ohne Zwang nicht an einem besonderen Versicherungssystem beteiligen, welches dadurch unausführbar wird. Die Willkür, die in New South Wales mit Bürokratie und den Entscheidungen staatlicher Stellen gleichgesetzt und gefürchtet wird, ist in Deutschland heute kein Diskussionspunkt. Das Willkürverbot hat Verfassungsrang,[1599] Art. 3 GG, und berechtigt somit den Bürger bei einem Eingriff in seine Rechte zur Verfassungsbeschwerde.[1600]

Ein weniger an Bürokratie bringt zudem nicht nur Vorteile. Durch das weniger automatisierte, weniger bürokratische System in New South Wales werden nicht alle Arbeitsunfälle erfasst. Eine Studie aus dem Jahr 1993 bestätigt dies: Hätte jeder abhängig Beschäftigte in New South Wales seine Workers' Compensation-Ansprüche geltend gemacht, die zu mindestens fünf Tagen Abwesenheit geführt hatten, hätte es etwa 247.500 Anträge pro Jahr gegeben. Eine WorkCover Umfrage weist darauf hin, dass 53% der Arbeiter, die sich einen Körperschaden oder eine Krankheit am Arbeitsplatz zuziehen, keinen Antrag auf Workers' Compensation-Leistungen stellen.[1601]

Die Tabelle zeigt die Zahl der geschädigten Arbeiter, die keine Entschädigungsleistungen beantragt haben, nach ihren Gründen keine Entschädigung zu beantragen:[1602]

---

[1595] Beratungen im deutschen Bundestag 13/58, 28 September 1995, S. 4912.

[1596] Parliamentary debates (Hansard), 2 July 1998, S. 6968.

[1597] 4 Hansard 48, 3 May 1897, S. 1452-3, zitiert nach: HENNOCK, British Social Reforms and German Precedents, S. 74.

[1598] HENNOCK, British Social Reforms and German Precedents, S. 75.

[1599] Art. 3 GG: Der Gleichheitssatz ist verletzt, wenn wesentlich Gleiches willkürlich ungleich und wesentlich Ungleiches willkürlich gleich behandelt wird, SCHMIDT-BLEIBTREU / KLEIN, GG, Art. 3 Rn. 13.

[1600] Art. 93 I Nr. 4a GG.

[1601] INDUSTRY COMMISSION, Report No. 47, AppB, S. 29.

[1602] Stand: Oktober 1993, INDUSTRY COMMISSION, Report No. 47, AppB, S. 29.

| Gründe der Arbeiter keine Entschädigung zu beantragen | Anzahl der Arbeiter | Prozent der Arbeiter |
|---|---|---|
| Selbständig - kein Anspruch | 17.700 | 14,4% |
| Geringfügige Schädigung - nicht notwendig | 64.300 | 52,3% |
| Keine Kenntnis vom Workers' Compensation System | 3.300 | 2,6% |
| Angst vor Entlassung | 10.000 | 8,1% |
| Überzeugt, dass sie keinen Anspruch hätten | 13.700 | 11,1% |
| Besorgt, was andere denken würden | 3.600 | 2,9% |
| Andere | 10.600 | 8,6% |
| *Gesamt* | *123.000* | *100%* |

Auch wenn „Zwang" und „Bürokratie" als Schlagwörter sehr negativ besetzt sind, sollte man ihre Funktion in der gesetzlichen Unfallversicherung nicht unterbewerten.

4. Nachteile einer Privatisierung

Es werden sowohl in New South Wales als auch in Deutschland ganz grundsätzliche Bedenken gegen die Privatisierung der besonderen Entschädigungssysteme vorgebracht. CHESTERFIELD (MP) ist der Ansicht, dass sich den Versicherern nach der Privatisierung des Systems eine gute Gelegenheit biete Gewinne zu erzielen, das System den Arbeitern, Arbeitgebern oder den Menschen von New South Wales aber nicht zum Wohle gereichen werde.[1603] WOODHOUSE drückt diesen Gedanken in den 1970er Jahren ganz allgemein aus:

> „We think that what is really a general scheme of social insurance for work-connected injuries is an inappropriate field of activity for private insurers."[1604]

Im gleichen Sinn sagte BISMARCK bereits bei der Einführung der gesetzlichen Unfallversicherung:

> „Immerhin seien aber die Privatversicherungsgesellschaften zur Lösung dieser Aufgabe außer Stande, schon weil der Unfall als solcher

[1603] Parliamentary debates (Hansard), 2 July 1998, S. 6964.
[1604] WOODHOUSE Report, S. 86.

> von sittlichen Gesichtspunkten aus nicht Gegenstand der Spekulation und Ausgangspunkt der Dividendenvertheilung sein sollte."[1605]

In die gleiche Richtung zielt der Einwand gegen die Privatisierung, dass bei einer Vermarktung der gesetzlichen Unfallversicherung deren sozialer Charakter nicht unangetastet bleiben könne.[1606] GIESEN vertritt die gegenteilige Ansicht, dass die Solidarelemente einen so kleinen Teil der Versicherungsaufgabe ausmachen, dass sie einer Privatisierung nicht widersprechen. Auch wenn der Solidarausgleich in der gesetzlichen Unfallversicherung weniger stark ausgeprägt ist als in der Kranken- und Rentenversicherung, macht er doch auch im Versicherungsbereich der gesetzlichen Unfallversicherung eine entscheidende Komponente aus. Er erfolgt zum einen über den Versicherungszwang und das Monopol der Berufsgenossenschaften, die zu einem Ausgleich schlechter und guter Risiken führen.[1607] Die Zusammenfassung der Unternehmer in den Berufsgenossenschaften hat einen Ausgleich unabhängig vom speziellen Risiko des einzelnen Unternehmens zur Folge, der auch Solidaritätsgesichtspunkten folgt. Die Versicherungspflicht kraft Gesetzes, die den Arbeitnehmern Ausgleich gewährt unabhängig davon, ob der Arbeitgeber Prämien eingezahlt hat oder nicht, bedeutet auch sozialen Schutz. Dass der Risikoausgleich zwischen den Berufsgenossenschaften auf ein Minimum begrenzt wird, nimmt der Versicherung nicht den sozialen Charakter. Die Kritik in New South Wales wie in Deutschland, dass die Prämiengestaltung zu wenig risikobezogen ist, deutet zudem darauf hin, dass Solidarität ein wesentlicher Punkt der Versicherung arbeitsbedingter Schäden ist.

Entscheidend ist aber, dass sich eine Analyse der gesetzlichen Unfallversicherung und ihres sozialen Charakters nicht auf einzelne Komponenten beschränken und diese isoliert betrachten kann. Die gesetzliche Unfallversicherung ist ein komplexes Gefüge, das von der Verbindung mehrerer Funktionen lebt und seinen Erfolg maßgeblich auf diese Verbindung zurückführt. So beruht die gesetzliche Unfallversicherung auf dem sozialen Schutzprinzip dem Arbeitnehmer bzw. seiner Familie einen Ausgleich seines arbeitsbedingten Schadens zu gewähren, ohne dass es grundsätzlich auf das nach der zivilrechtlichen Haftungsordnung maßgebliche Verschulden ankäme.[1608] Sozial ist in der gesetzlichen Unfallversicherung auch der einfache Zugang zu den Leistungen und die Gerichtskostenfreiheit vor den Sozialgerichten.[1609] Bei einer Privatisierung ginge beides verloren. Auch das berufsgenossenschaftliche Heilverfahren ist ein entscheidender Teil dieses sozialen Schutzsystems. Dass die Sachleistungsgewährung von privaten Versicherungsgesellschaften genauso möglich wäre, ist eine sehr theoretische Aussage.[1610] Die Umsetzung in die Praxis dürfte sich ausgesprochen schwierig gestalten. Die privaten Versicherer haben keinerlei Erfahrungen auf dem Gebiet der Sachleistungsgewährung. Das berufsgenossenschaftliche Heilverfahren umfasst ein Netz von medizinischen und Reha-Einrichtungen sowie einer Qualitätskontrolle, die sich im öffentlichen Recht eher realisieren lässt als

---

1605 Zitiert nach: TENNSTEDT, ZSR 1981, S. 663 (668).
1606 LEICHSENRING / PETERMANN, SozVers 1998, S. 14 (20 f.).
1607 vgl. 3. Kapitel: C. II. 3.
1608 GITTER, Sozialrecht, S. 176.
1609 vgl. auch 2. Kapitel: B. VII.
1610 GIESEN, Sozialversicherungsmonopol und EG-Vertrag, S. 201.

in privatrechtlichen Beziehungen. Die Berufsgenossenschaften haben grundsätzlich mit allen geeigneten Mitteln die arbeitsbedingten Schäden zu beseitigen. „Dabei gibt es keine Grenze für den Nutzen einer Leistung nach dem sonst alles beherrschenden Grundsatz: Wenn es zu teuer wird, lass ich von dem Geschäft."[1611] Es ist auch fraglich, ob die Durchführung eines kostenintensiven Heilverfahrens und der Rehabilitation geschädigter Arbeiter überhaupt im Interesse privater Versicherungsgesellschaften liegt. Die Folge einer Privatisierung wird vielmehr sein, dass die Wiedergutmachung des Schadens, wie sie durch das berufsgenossenschaftliche Heilverfahren erreicht wird, mangels entsprechender Einrichtungen nicht mehr möglich sein wird.[1612] Genauso könnten weder die berufliche noch die soziale Rehabilitation beibehalten werden.[1613] Zudem müsste die Prävention in staatliche Regie übergehen, z. B. indem die staatliche Gewerbeaufsicht erweitert würde. Für WOLBER ist es „mehr als fraglich, ob damit der bisherige Präventionserfolg der Berufsgenossenschaften erreicht werden kann".[1614] Dem ist zuzustimmen. Die Berufsgenossenschaften haben durch die Selbstverwaltung eine Sach- und Betriebsnähe, die eine sehr gute Präventionstätigkeit ermöglicht. Der Erfolg der gesetzlichen Unfallversicherung liegt vor allem auch in den stetig sinkenden Unfallzahlen, die maßgeblich zur positiven finanziellen Bilanz des Systems beitragen.[1615]

Ein weiterer Nachteil der Privatisierung ist der stärker individuelle Ansatz, zu welchem sie zwangsläufig führt.[1616] Der Schadensausgleich wird bei einer privatisierten Versicherung weniger in den kollektiven Bereich verlagert werden, als das durch die gesetzliche Unfallversicherung geschieht. Am Workers' Compensation-System wird deutlich, dass die daraus resultierende Notwendigkeit den Antragsgegner zu bestimmen, zu komplexen Regelungen und einer Reihe von Streitigkeiten führt.[1617] Dadurch muss für die Schadensfälle mehr Zeit und mehr Geld aufgewendet werden, was die Kosten des Gesamtsystems steigen lässt.

Einem privatisierten System würden die öffentlich-rechtlichen Kontrollmechanismen fehlen. In New South Wales führten die mangelnde Überwachung und Kontrolle des Systems zu erheblichen Problemen. Ob sich die Situation unter dem neuen System verbessert, ist zweifelhaft.[1618] Die Vergangenheit hat gezeigt, dass feste Kontrollmechanismen und eine detaillierte Überwachung für das System überlebenswichtig sein können. Die gesetzliche Unfallversicherung als Teil des öffentlichen Rechts unterliegt Kontrollmechanismen, die eine gute Überwachung und das gute Funktionieren des Systems gewährleisten. Das ist ein Vorteile einer öffentlich-rechtlichen Regelung und der Selbstverwaltung. Die Rechtfertigungszwänge der Verwaltung sind stärker als die privater Versicherungsträ-

---

[1611] LEICHSENRING, BG 1996, S. 434 (435).
[1612] GITTER, Schadensausgleich im Arbeitsunfallrecht, S. 152.
[1613] LEICHSENRING / PETERMANN, SozVers 1998, S. 14 (20 f.).
[1614] WOLBER, SozVers 1998, S. 208.
[1615] Sokoll, BG 1999, S. 418.
[1616] vgl. 3. Kapitel: B. I. 1.
[1617] sec. 15 bis 18, 22, 22A WCA; *CIC Workers' Compensation (NSW) Ltd. v Alcan Australia Ltd. & ors* (1994) 10 NSWCCR 642; *MMI Workers Compensation (NSW) Ltd. v Baker & ors* (1990) 41 NSWLR 289.
[1618] vgl. 2. Kapitel: A. VII.

ger.[1619] Die Mitglieder der Selbstverwaltung können als Betroffene auch die Zumutbarkeit behördlicher Eingriffe lebensnah beurteilen.[1620] Die gesetzliche Festlegung von Handlungsschritten hat auch den großen Vorteil, dass sie eindeutig gerichtlich überprüft werden können. Und die Rechtskontrolle durch die Gerichte der Sozialgerichtsbarkeit ist für die Betroffenen kostenfrei.[1621] Lediglich die Körperschaften oder Anstalten des öffentlichen Rechts zahlen für jede Streitsache eine Gebühr.[1622]

Auch die Probleme, die sich in New South Wales im Hinblick auf Preisstabilität und Insolvenz gezeigt haben, sprechen grundsätzlich gegen eine Privatisierung.[1623] In Deutschland gehört die gesetzliche Unfallversicherung von jeher zur (mittelbaren) Staatsverwaltung. Und obwohl eine direkte Beteiligung des Staates an der gesetzlichen Unfallversicherung durch einen „Reichszuschuss" von Anfang an abgelehnt wurde, hat das den Vorteil, dass es trotz der Autonomie des Systems in Notfällen für den Staat möglich wäre in finanzieller Hinsicht einzugreifen. In New South Wales wurde angeführt, dass Workers' Compensation zu wichtig sei, als dass man es Privaten überlassen könne. Das System wäre stets durch die mögliche Insolvenz der Versicherungsunternehmen gefährdet. Die INDUSTRY COMMISSION ist der Ansicht, dass man diese Gefahr durch Aufsicht und einen Fonds für Fälle der Insolvenz abwenden kann.[1624] In New South Wales wurde der „Insurers Guarantuee Fund" eingerichtet.[1625] Die Erfahrungen in Deutschland in der privaten Versicherungswirtschaft, wo die Kontrollmechanismen des Bundesaufsichtsamts solche Ereignisse verhindert haben, bestätigen dies. In New South Wales fehlt allerdings eine entsprechende Institution und die bisherigen Kontrollmechanismen im Workers' Compensation Bereich waren unzureichend.

Als Zwischenergebnis kann im Hinblick auf eine Privatisierung festgehalten werden, dass die Möglichkeiten, die gesetzliche Unfallversicherung zu privatisieren, mannigfaltig sind. Die zum 1. Oktober 2000 in New South Wales in Kraft tretende Privatisierung des Systems lässt aber keinen für die gesetzliche Unfallversicherung überzeugenden Grund für eine Umgestaltung erkennen. Der Vorteil der Privatisierung der gesetzlichen Unfallversicherung läge in der Verschlankung des Staates. Sowohl der staatliche Zwang als auch die Bürokratie, die entfallen könnten, haben aber ihre Berechtigung in einem besonderen Entschädigungssystem in der Form einer Versicherung. Als Nachteil der Privatisierung muss gelten, dass der soziale Charakter der Unfallversicherung nicht unangetastet bleiben würde. Das System bekäme einen verstärkt individuellen Ansatz gegenüber dem geltenden kollektiven Schadensausgleich. Die mögliche Insolvenz der Versicherungsunternehmen kann in Deutschland hingegen kein gewichtiges Gegenargument sein.

---

1619 LEICHSENRING / PETERMANN, SozVers 1998, S. 14 (16).
1620 LEICHSENRING / PETERMANN, SozVers 1998, S. 14 (15).
1621 § 183 SGG.
1622 WOLBER, SozVers 1998, S. 208 (209).
1623 Parliamentary debates (Hansard), 2 July 1998, S. 6962; INDUSTRY COMMISSION, Report No. 36, S. 212; TENNSTEDT, ZSR 1981, S. 663 (679).
1624 INDUSTRY COMMISSION, Report No. 36, S. 211.
1625 *National Employers Mutual General Insurance Association Ltd. (in liq) v Government Insurance Office of New South Wales* (1991) 23 NSWLR 183.

## III. Trägerschaft

Die Privatisierung der gesetzlichen Unfallversicherung wird oft mit der Privatisierung der Träger des Systems gleichgesetzt. In Deutschland werden die Träger der gesetzlichen Unfallversicherung in vielerlei Hinsicht in Frage gestellt. Es werden Bedenken geäußert, ob öffentlich-rechtliche Träger und die bestehende branchenbezogene Struktur in der gesetzlichen Unfallversicherung mit dem EGV zu vereinbaren seien.[1626] Und es erheben sich immer wieder Stimmen gegen die Rechtsform der Berufsgenossenschaften. Die Berufsgenossenschaften seien nicht mehr zeitgemäß und zweckentsprechend.[1627] Es stellt sich daher auch die Frage, was die Berufsgenossenschaften im Vergleich zu den alternativen Trägern auszeichnet.

Eine der anderen Gestaltungsmöglichkeiten der Trägerschaft kommt allerdings nicht wirklich als Alternative in Betracht. Die gesetzliche Unfallversicherung auf den Staat übergehen zu lassen, ist aus vielen Gründen nicht angezeigt. Eine staatliche Versorgung von Arbeitsunfällen und Berufskrankheiten würde jedenfalls ein Mehr an Staatsverwaltung bringen, was im Hinblick auf das Ziel eines „schlankeren Staates" nicht gewollt sein kann. Ein solches Entschädigungssystem für arbeitsbedingte Schäden würde im Gegensatz zu anderen staatlichen Entschädigungssystemen, wie der Entschädigung von Kriegs- und Wehrdienstopfern oder Schwerbehinderten durch die bestehenden zivilrechtlichen Ansprüche gegen die Arbeitgeber verkompliziert. Der Staat müsste zunächst mit Steuermitteln vorleisten und dann bei den Arbeitgebern Regress nehmen.[1628]

Auf der anderen Seite dürfte die größere Effizienz von Selbstverwaltungskörperschaften gegenüber staatlichen Behörden unbestritten sein.[1629] Durch die Übertragung der Aufgabe auf die Berufsgenossenschaften als Körperschaften des öffentlichen Rechts sind die Aufgaben zwar nicht privatisiert, aber sie sind auch keine Staatsaufgaben im engeren Sinn.[1630]

### 1. Die Berufsgenossenschaften

Die Kritik an den Berufsgenossenschaften ist vielfältig. Es wird der Vorwurf erhoben, sie seien ineffizient und schwerfällig.[1631] Im Einzelnen wird die Bürokratie, die Arroganz und mangelnde Einsicht der Unfallversicherungsträger gerügt. Die Kritik ist aber keineswegs immer gerechtfertigt. Anlässlich der Beratungen zum Unfallversicherungseinordnungsgesetz wurde behauptet, „dass die Berufsgenossenschaften fast nur mit juristischen Mitteln zu zwingen sind, eine Berufsrente anzuerkennen".[1632] Die Behauptung wurde zunächst dahin substantiiert, dass man aus der Praxis wisse, dass fast niemand ohne gerichtliche Auseinandersetzung eine Berufsgenossenschaftsrente bekäme. Später wurde sie dahingehend relativiert, dass schätzungsweise 40% bis 50% aller, die eine Berufs-

---

1626 GIESEN, Sozialversicherungsmonopol und EG-Vertrag, S. 1 ff.
1627 WOLBER, SozVers 1998, S. 208; LEICHSENRING / PETERMANN, SozVers 1998, S. 14.
1628 LEICHSENRING / PETERMANN, SozVers 1998, S. 14 (19).
1629 LEICHSENRING / PETERMANN, SozVers 1998, S. 14 (19).
1630 LEICHSENRING / PETERMANN, SozVers 1998, S. 14 (15).
1631 WOLBER, SozVers 1998, S. 208; LEICHSENRING / PETERMANN, SozVers 1998, S. 14.
1632 Beratungen im deutschen Bundestag zum UVEG 13/58, 28 September 1995, S. 4911, 4913.

genossenschaftsrente bekommen, durch ein gerichtliches Verfahren müssten.[1633] Als die Berufsgenossenschaften ihre Statistiken aufgeschlüsselt hatten, ergab sich, dass ca. 2% der gewährten Renten vor Gericht erstritten worden waren.[1634]

Ein Teil der Kritik, der sich gegen die Berufsgenossenschaften richtet, rührt aus der öffentlich-rechtlichen Struktur der gesetzlichen Unfallversicherung her. Obwohl öffentlich-rechtliche Körperschaften aus der staatlichen Hierarchie herausgelöst sind, müssen sie nach Grundsätzen öffentlichen Rechts handeln.[1635] Vorwürfe werden immer dann erhoben, wenn verwaltungsmäßige Abwicklungen längerwierig sind oder nicht zu dem gewünschten Erfolg des Antragstellers führen. Öffentliche Verwaltungen sind an die Gesetze gebunden und insofern in ihren Handlungs- und Gestaltungsspielräumen enger als die private Versicherungswirtschaft.[1636] Die Privatwirtschaft kennt - unter Beachtung der Rechtsordnung - nur den Erfolg als Handlungsmaßstab. Es mag zutreffen, dass ein allein am Gewinn orientiertes privates Unternehmen flexibler ist und eher in der Lage, ineffektive Prozesse abzugrenzen oder ganz zu unterdrücken. Aber auch die Verwaltungsverfahrensgesetze fordern schnelles Handeln und schreiben unbürokratisches und bürgernahes Vorgehen vor. Es ist nicht zwangsläufig so, dass es nach öffentlichem Recht langsamer gehen und teurer sein muss als nach privatem Recht.

Es sprechen insbesondere zwei Gesichtspunkte dafür, dass die Bewältigung der Aufgaben durch die Berufsgenossenschaften sachgerecht und zweckdienlich ist:[1637] Die Selbstverwaltung und die Gliederung nach Industriezweigen.

a. Selbstverwaltung

Die Selbstverwaltung, die paritätische Beteiligung von Arbeitnehmern und Arbeitgebern an der gesetzlichen Unfallversicherung, muss als Vorteil gelten. Durch die paritätische Selbstverwaltung sind die Berufsgenossenschaften zu „von den Sozialpartnern getragenen Organisationen" geworden.[1638] Die Selbstverwaltung hat Bedeutung für die Theorie wie für die Praxis. Nach STOLLEIS versieht sie die gesetzliche Unfallversicherung „mit einer demokratischen Legitimation an der Basis der Versicherten". [1639] Zudem ist sie Ausdruck der Subsidiarität staatlichen Handelns.[1640] Wichtiger und wesentlich für die erfolgreiche Arbeit der Berufsgenossenschaften scheint aber, dass die Arbeitnehmer wie Arbeitgeber ihre Sachkenntnis und ihre Erfahrungen unmittelbar aus der Praxis in die Arbeit der Berufsgenossenschaften einbringen.[1641] Die „vertrauensvolle Zu-

---

[1633] Verhandlungen des deutschen Bundestages, Plenarprotokoll 13/70, S. 6153 in: RICKE, BG 1999, S. 412 (414).

[1634] Anteil der erstrittenen Renten nach einem Arbeitsunfall 1,46% (1997), 1,4% (1996), nach einer Berufskrankheit 5,03% (1997), 3,8% (1996), insgesamt, 2,03% (1997) 1,76% (1996) in:RICKE, BG 1999, S. 412 (414).

[1635] Es gilt das SGB X, das nahezu gleichlautend ist mit den VwVfGen für Bund und Länder; LEICHSENRING / PETERMANN, SozVers 1998, S. 14 (16).

[1636] WOLBER, SozVers 1998, S. 208 (209).

[1637] LEICHSENRING / PETERMANN, SozVers 1998, S. 14 (19).

[1638] GITTER, SGb 1993, S. 297 (302).

[1639] STOLLEIS, Industrielle Revolution und Sozialversicherung, S. 1081 (1096).

[1640] LEICHSENRING / PETERMANN, SozVers 1998, S. 14 (15).

[1641] GITTER, BB Beilage 6 1998, S. 16.

sammenarbeit" beider Parteien dürfte nicht zuletzt auf die gemeinsame Interessenlage, insbesondere auf den Gebieten der Unfallverhütung, der Ersten Hilfe, des Heilverfahrens und der Berufsfürsorge zurückzuführen sein.[1642] Der Vorwurf, dass die bei den Berufsgenossenschaften bestehenden Selbstverwaltungsorgane dies weder formal noch inhaltlich seien,[1643] bedürfte einer näheren Begründung, bevor daraus Schlüsse gezogen werden könnten. Die Beteiligung von Arbeitgebern und Arbeitnehmern am System ist, nachdem dies lange gefordert wurde, jetzt in New South Wales durch den *Workplace Injury Management und Workers Compensation Act* 1998 verwirklicht.[1644] In beiden Ländern wird die Einbeziehung der Betroffenen für wichtig erachtet.

Bei einer privaten gesetzlichen Unfallversicherung würde es eine Selbstverwaltung nicht geben. Das könnte sich als erheblicher Nachteil sowohl für die Unternehmer als auch für die Beschäftigten erweisen.[1645] Die Selbstverwaltung in der gesetzlichen Unfallversicherung wird aber auch nicht einheitlich beurteilt. Nach WANNAGAT fördert sie die Eigenverantwortung und das Interesse der Betroffenen an ihrer Versicherungseinrichtung.[1646] KRASNEY begrüßt den großen Spielraum, der auch von Gesetzgebung und Rechtsprechung gewährleistet wird. Dieser große Spielraum gebühre der Selbstverwaltung in der gesetzlichen Unfallversicherung, weil sie dem „besonders intensiven Engagement der Sozialpartner Rechnung trage. Eingriffe in die Selbstverwaltung sollten so weit wie möglich vermieden werden. Die Möglichkeiten eventuellen Missbräuchen entgegenzutreten seien ausreichend.[1647] PAPIER hingegen hält die Beitragsermittlung wegen eines Verstoßes gegen den Vorbehalt des Gesetzes für verfassungswidrig.[1648] Der Gesetzgeber könne Selbstverwaltungskörperschaften keinen derartig weiten Spielraum lassen. Wieviel Verantwortung für ein System vom Gesetzgeber auf Selbstverwaltungskörperschaften übertragen werden kann, wurde auch in New South Wales kontrovers diskutiert. Als im *Workplace Injury Management and Workers Compensation Act* 1998 vorgesehen wurde, dass der beratende Ausschuss die Verantwortung für das System in Form des Vorschlagsrechts für Gesetzesänderungen übertragen bekommt, kritisierte HANNAFORD (MP), Vorsitzender der Opposition, die Regelung mit den Worten:

> „Effectively the Government will do a Pontius Pilate and wash its hands of WorkCover in the future."[1649]

### b. Gliederung nach Industriezweigen

In Zusammenhang mit der Selbstverwaltung ist auch die Gliederung der gesetzlichen Unfallversicherung nach Industriezweigen zu sehen.[1650] Der große Vorteil der Sach- und Betriebsnähe ermögliche eine zielgerichtete und präventive Be-

---

1642 GITTER, SGb 1993, S. 297 (302).
1643 WOLBER, SozVers 1998, S. 208.
1644 vgl. 2. Kapitel: A. III. 1.
1645 LEICHSENRING / PETERMANN, SozVers 1998, S. 14 (20 f.).
1646 WANNAGAT, Lehrbuch des Sozialversicherungsrechts, S. 19.
1647 KRASNEY, SGb 1995, S. 374.
1648 PAPIER / MÖLLER, NZS 1998, S. 353 ff.
1649 Parliamentary debates (Hansard), 2 July 1998, S. 6956.
1650 GOEKE / GRAEFF, BArBl 10 / 1996, S. 9 (12).

kämpfung von Gesundheitsgefahren am Arbeitsplatz.[1651] Es ist unstreitig, dass die branchenspezifische Prävention bei den Berufsgenossenschaften einen hohen Stand erreicht hat. Die geringere Zahl der Unfälle in der gesetzlichen Unfallversicherung ist maßgebend darauf zurückzuführen, dass die Träger der Unfallversicherung überwiegend nach Gewerbezweigen ausgerichtet sind. Dieses hohe Niveau wäre bei einer privaten gesetzlichen Unfallversicherung nicht beizubehalten, da sich jedes Versicherungsunternehmen um alle Unternehmer bemühen würde und müsste.[1652] Dass sich die Gliederung nicht mit den zu gewährenden Geldleistungen rechtfertigen lässt,[1653] kann wegen der Verknüpfung von Rehabilitation und Geldleistungen nicht uneingeschränkt gelten.[1654] Die Zusammenfassung von Rehabilitation und Entschädigung unter einem Dach führt auch zu Erkenntnissen im Hinblick auf industriespezifische Schädigungen und den daraus resultierenden Bedarf der Geschädigten, die nicht unterschätzt werden dürfen.[1655] KRASNEY ist sogar der Ansicht, dass die Spezialisierung der Unfallversicherungsträger auf die einzelnen Industriezweige im Hinblick auf die speziell ausgerichtete und deshalb erfolgreiche Prävention und die besonderen Heilbehandlungsverfahren nicht nur weiterhin nachdrücklich zu empfehlen sei, sondern wohl unerlässlich.[1656] Bejaht man diesen Zusammenhang von Prävention und Entschädigung, ist die branchenbezogene Gliederung auch für die Leistungen der gesetzlichen Unfallversicherung von Vorteil.

Ein weiterer Aspekt ist „die Gemeinsamkeit der Interessenlage eines Wirtschaftszweiges als Voraussetzung einer solidarischen Risikotragung“. [1657] Im Hinblick auf die Prinzipien der Sozialversicherung muss bei einer solidarischen Risikotragung ein Ausgleich erfolgen zwischen einer Umverteilung und der möglichst genauen Einwertung des einzelnen zu versichernden Risikos.[1658] Die Gliederung aller Unternehmer nach Gewerbezweigen, die sich aus einem auf Erfahrungswerten beruhenden Risikofaktor ergeben und die gleichzeitige Zusammenfassung der Unternehmer in diesem Gewerbezweig, ist eine sinnvolle Methode das zu erreichen. Die Zuweisung einer Gefahrklasse wird in New South Wales nicht anders gehandhabt als in Deutschland.

Allen Kritikern der Berufsgenossenschaften, sei ihre Kritik gerechtfertigt oder nicht, kann entgegengehalten werden, dass die Berufsgenossenschaften etwas vorweisen können, „was jedes Organisationsmodell faktisch legitimiert: Den in der Unfallbilanz ausgewiesenen sichtbaren Erfolg“.[1659] Dass die Berufsgenossenschaften gute Arbeit leisten zeigen auch die stabilen Prämiensätze.[1660]

---

[1651] GITTER, BB Beilage 6 1998, S. 16.
[1652] LEICHSENRING / PETERMANN, SozVers 1998, S. 14 (20 f.)
[1653] KRASNEY, NZS 1996, S. 259 (265).
[1654] LEICHSENRING / PETERMANN, SozVers 1998, S. 14 (20 f.).
[1655] KRASNEY, SGb 1995, S. 374 und 375.
[1656] KRASNEY, NZS 1996, S. 259 (265).
[1657] GOEKE / GRAEFF, BArBl 10 / 1996, S. 9 (12).
[1658] vgl. 3. Kapitel: A. I. 2.
[1659] VON HASSEL / HOPF / HINNE / KLEINHERNE, BG 1996, S. 104 (105).
[1660] SOKOLL, BG 1998, S. 442.

## 2. Private Versicherungsgesellschaften als Träger

In New South Wales sind seit jeher private Versicherungsgesellschaften für die Versicherung des besonderen Entschädigungssystems zuständig. Sie werden aber kaum weniger kritisiert als die Berufsgenossenschaften in Deutschland. Die Sachbearbeiter der Versicherungsgesellschaften versuchten stets, die Anträge negativ zu bescheiden. Sie befänden sich in Opposition zum Antragsteller und versuchten ihrer Leistungsverpflichtung zu entgehen, anstatt sich als Partner des geschädigten Arbeitnehmers im Prozess des Schadensmanagement zu sehen. Ergebnis dieser Einstellung sei, dass an Rehabilitationsmaßnahmen und Hilfsmitteln gespart werde, indem sie bestritten und verzögert werden und man den Geschädigten so lange zu verschiedenen Ärzten schickt, bis ein ärztliches Attest die Arbeitsfähigkeit bescheinigt, womit dann alle Leistungen, inklusive der Rehabilitation und Umschulungen, beendet würden.[1661] Besonders gerügt werden die Verzögerungen im Schadensmanagement und die langen Bearbeitungszeiten. Der Injury Management Plan, der ein Zusammenarbeiten mit dem geschädigten Arbeiter erforderlich macht, soll diesen Problemen entgegenwirken und dazu führen, dass Versicherungsgesellschaft und Arbeiter gemeinsam an der wirksamsten Schadensbeseitigung arbeiten.

Im Vergleich mit New South Wales ist die Kritik an den die Versicherung durchführenden Institutionen gleich. Allein eine private Organisationsform ist nicht ausreichend, um eine optimale Leistungserbringung zu gewährleisten. Ein Mangel an Dienstleistung und Kooperation ist bei den privaten Versicherungsgesellschaften in New South Wales wie bei den Berufsgenossenschaften Diskussionspunkt. Nach Auskunft der Bau-Berufsgenossenschaft Bayern und Sachsen hat man bereits selbst einen Reformbedarf erkannt und arbeitet entsprechende Pläne und Programme aus. Das Personal müsste dahingehend geschult werden, dass es sein Verständnis den neuen Zeiten anpasse und erkenne, dass die Berufsgenossenschaften keine öffentlichen Anstalten sind, zu denen der Arbeitnehmer als Bittsteller komme. Die Berufsgenossenschaften müssten sich vielmehr als Dienstleistungsbetrieb sehen für Arbeitgeber wie für die geschädigten Arbeitnehmer. Es sei eine innere Reform der Berufsgenossenschaften nötig.[1662] In dem gleichen Sinne arbeitet die Fleischerei-Berufsgenossenschaft an inneren Reformen, bei welchen der Dienstleistungsgedanke an erster Stelle steht.[1663] Wenn man betriebswirtschaftliche Instrumente der Privatwirtschaft auf den öffentlichen Bereich anwendet, können auch öffentliche Verwaltungen effektiv handeln.[1664] Eine Forderung nach einer inneren Reform der Berufsgenossenschaften, die von diesen auch selbst gestellt wird, kann insoweit gute Ergebnisse erzielen. Auch die großen privaten Versicherungsgesellschaften haben stark strukturierte, umfangreiche Verwaltungsapparate und eine ausufernde Organisation, die zu mancher Verfahrensverzögerung führen. Es ist daher der Ansicht zuzustimmen, dass die gegen die Berufsgenossenschaften erhobenen Vorwürfe

---

[1661] FORD Report, S. 202.
[1662] Gespräch vom 16. Februar 1999.
[1663] THIERINGER, BG 1998, S. 770.
[1664] LEICHSENRING, BG 1996, S. 434 (435).

nur Randbedeutung haben können. Deswegen den Übergang zur privaten Versicherungswirtschaft zu fordern, ist unsinnig.[1665]

Die Berufsgenossenschaften als öffentlich-rechtliche Monopole sind aber trotzdem auf dem Prüfstand. Und zwar auch wenn man die Kritik an ihnen als nicht ausschlaggebend ablehnt und ihre Vereinbarkeit mit dem EGV bejaht. Der europäische Arbeitsmarkt wächst immer stärker zusammen. Es stellt sich die Frage, ob es ein System der Entschädigung arbeitsbedingter Schäden geben könnte, welches für ganz Europa in Frage käme. Dass die gesetzliche Unfallversicherung mit den Berufsgenossenschaften als öffentlich-rechtlichen Monopolen, der weitreichenden Präventionsarbeit, dem umfassenden Leistungskatalog sowie dem Sachleistungsprinzip in den Bereichen Heilbehandlung und Rehabilitation unverändert bestehen bleibt und insgesamt auf alle EU-Mitgliedstaaten übertragen wird, ist äußerst unwahrscheinlich.

Eine Alternative zur bestehenden gesetzlichen Unfallversicherung findet sich bei GIESEN. Er will ein besonderes Entschädigungssystem für arbeitsbedingte Schäden beibehalten. Private Versicherungsgesellschaften sollen die Versicherung und die Sachleistungsgewährung im Bereich Heilbehandlung und Rehabilitation übernehmen.[1666] Das Problem der Negativauslese schlechter Risiken (welches durch die Auflösung des Monopols entsteht), soll durch einen Risikostrukturausgleich zwischen den Versicherungsgesellschaften behoben werden.[1667] Außerdem hält GIESEN die Abtrennung der satzungsrechtlichen Gestaltung ohne weiteres für möglich. „Die Wirkung der Beschlüsse der berufsgenossenschaftlichen Organe müsste für die private Versicherungsgesellschaft übernommen werden, um einen gleichwertigen Versicherungsschutz wie in den Berufsgenossenschaften zu erhalten."[1668] Damit wäre ein System geschaffen, welches im Prinzip dem neuen Workers' Compensation-System entspricht. Das durch den *Workplace Injury Management and Workers Compensation Act* 1998 eingeführte System sieht die Verwaltung des Systems durch die WorkCover Authority als vom Staat unabhängiger öffentlicher Körperschaft vor. Die privaten Versicherungsgesellschaften sind für das Schadensmanagement und die Erbringung der Leistungen in eigener Verantwortung zuständig. Arbeitgeber und Arbeiter werden über den beratenden Ausschuss paritätisch am System beteiligt. Eine Umstrukturierung der gesetzlichen Unfallversicherung in dieser Form ist auch in Deutschland möglich, es spricht aber nichts dafür. Dass die privaten Versicherungsgesellschaften bei der Heilbehandlung und Rehabilitation auch nur annähernd an die Erfolge der Berufsgenossenschaften anknüpfen könnten, muss bezweifelt werden.[1669] Dass zwischen privaten Versicherungsgesellschaften, die (europaweit) in Wettbewerb stehen, ein Risikostrukturausgleich durchgeführt werden könnte, ist in sich widersprüchlich. Die Idee eines Risikostrukturausgleichs und die Idee des Wettbewerbs schließen sich aus. Die Abtrennung der satzungsrechtlichen Gestaltung, um einen gleichwertigen Versicherungsschutz wie bei den Berufsgenossenschaften zu erreichen, die eine starke Reglementierung der Versicherung nötig macht, würde die wettbewerbsrechtlichen

[1665] WOLBER, SozVers 1998, S. 208 (209).
[1666] GIESEN, Sozialversicherungsmonopol und EG-Vertrag, S. 201.
[1667] GIESEN, Sozialversicherungsmonopol und EG-Vertrag, S. 202.
[1668] GIESEN, Sozialversicherungsmonopol und EG-Vertrag, S. 252.
[1669] vgl. 3. Kapitel: C. II. 4.

Marktmechanismen außer Kraft setzen. Es würde genau die Situation eintreten, die in New South Wales bemängelt wird. Die Pflichtversicherung, Lizensierung der Versicherungsgesellschaften und starke Reglementierung würden dazu führen, dass Wettbewerb nicht wirklich entsteht. Zudem wäre eine Ausdehnung des Versicherungsmarktes auf den gesamten europäischen Raum mit zunehmender Reglementierung immer unwahrscheinlicher. In Australien wird das schlechte Abschneiden der privatisierten Systeme maßgeblich auf die zu großen Beschränkungen durch die Regierung zurückgeführt.[1670]

Es wird eine Entscheidung zu treffen sein: Entweder es wird ein „gleichwertiger Versicherungsschutz wie in den Berufsgenossenschaften“[1671] durch Reglementierung erzielt oder das System wird wirklich privatisiert und folgt den Gesetzen des Wettbewerbs. Eine Teilprivatisierung des Systems, welche die Aufgabe der Versicherung privaten Versicherungsgesellschaften überträgt, die berufsgenossenschaftlichen Aufgaben im übrigen aber bestehen lässt, ist abzulehnen. Bei einer solchen Struktur sind die Berufsgenossenschaften besser als die privaten Versicherungsgesellschaften in der Lage die gesetzliche Unfallversicherung insgesamt durchzuführen.

Wichtig erscheint in diesem Zusammenhang ein weiterer Punkt: Das System von New South Wales mag dem entsprechen, was heute in Deutschland als Privatisierung der gesetzlichen Unfallversicherung gefordert wird; das Workers' Compensation-System ist aber in einem Entwicklungsprozess begriffen, im welchem mehr und mehr Wert gelegt wird auf die Strukturen, die der gesetzlichen Unfallversicherung von jeher zugrunde liegen. So wurde 1989 die Selbstverwaltung durch die WorkCover Authority als vom Staat unabhängiger durch Gesetz geschaffener Körperschaft eingerichtet. Seit 1998 gibt es den ständigen beratenden Ausschuss, der erstmalig eine paritätische Beteiligung von Arbeitgebern und Arbeitnehmern gewährleistet. Im Bereich der Prävention werden auch für die WorkCover Authority Aufgaben anerkannt. Besonders wichtig ist aber, dass der Schwerpunkt im Leistungsbereich immer mehr verlagert wird von der Gewährung von Geldleistungen hin zur medizinischen und beruflichen Rehabilitation.[1672]

Die Privatisierung der gesetzlichen Unfallversicherung würde im Vergleich mit der Entwicklung des Workers' Compensation-Systems entgegen allem Anschein einen Rückschritt bedeuten.

### 3. Trägerpluralität

Überlegungen zur Trägerschaft beschäftigen sich auch immer mit der Frage, ob eine Institution oder eine Vielzahl von Institutionen besser geeignet seien. Geht man von mehreren gleichgestellten Institutionen aus, wie z. B. den privaten Versicherungsgesellschaften in New South Wales, so bietet sich der Vorteil von Wettbewerb. Der Nachteil ist, dass die Problematik des richtigen Anspruchsgegners bedeutsam wird und es wichtiger wird genaue Zeitpunkte der Schadensentstehung festzulegen. Das kann zu längerwierigen und kostspieligen Ermitt-

---

[1670] INDUSTRY COMMISSION, Report No. 36, S. 210; GRELLMAN Report, S. 46.
[1671] GIESEN, Sozialversicherungsmonopol und EG-Vertrag, S. 252.
[1672] FORD Report, S. 198.

lungen und Verfahren führen.[1673] Fasst man ein Entschädigungssystem unter einer einzigen zentralen Behörde zusammen, wird oft die größere Wirtschaftlichkeit als Vorteil angeführt.[1674] Das Argument überzeugt aber nicht unbedingt, da der Verwaltungskostenanteil sowohl in New South Wales als auch in Deutschland mit ungefähr 10% gerade im Hinblick auf die umfassenden Aufgaben der Träger auch bei mehreren Trägern nicht sehr hoch ist.[1675] Eine Organisation hat allerdings eine bessere Kontrolle über die verschiedenen Aspekte eines Systems inklusive Prävention und Rehabilitation.[1676] In Deutschland bestehen zwar mehrere Träger, sie haben aber alle ihrerseits ein Monopol. Die Zuständigkeitsabgrenzung kann im Rahmen der gesetzlichen Unfallversicherung zu einem Problem werden. Sie ist zunehmend Gegenstand gerichtlicher Auseinandersetzungen. Die Zuständigkeitsproblematik wird in erster Linie durch beitragsrechtliche Überlegungen der Unternehmen ausgelöst. Die Berufsgenossenschaften erheben den Gefahrklassen entsprechende Beiträge, die deutliche Unterschiede aufweisen.[1677]

## IV. Kosten

Der Wunsch nach Privatisierung geht in erster Linie von der Vorstellung aus, wesentlich niedrigere Beiträge bei der privaten Versicherungswirtschaft zu erhalten.[1678] Eine Absicherung durch private Versicherungsunternehmen sei aufgrund des Wettbewerbs kostengünstiger.[1679] Der notwendige soziale Umbau der Sozialversicherungssysteme in Deutschland könne - so meinen die Kritiker - an der Rechtsform der Träger der gesetzlichen Unfallversicherung nicht vorbeigehen.[1680] In New South Wales wird vorgebracht, dass staatliche Organisationen nicht für konkurrenzfähige Prämien sorgen.[1681] Der Wunsch nach günstigeren Beiträgen ist eine vertretbare Vorstellung, darf in einem Sozialstaat wie der Bundesrepublik Deutschland aber nicht auf Kosten der Versicherten gehen.

Es wird oft davon ausgegangen, dass öffentlich-rechtliche Institutionen grundsätzlich ineffizient und kostenintensiv seien. Der Verwaltungskostenanteil der Berufsgenossenschaften als Non-Profit-Organisationen liegt aber unter dem vergleichbarer privater Versicherungsgesellschaften.[1682] Die Beiträge zu den Berufsgenossenschaften sind gering, weil die gesetzliche Unfallversicherung ein sehr hohes Niveau an Arbeitssicherheit erreicht hat durch die branchenspezifische Prävention und Selbstverwaltung der Berufsgenossenschaften.[1683] Würde die jetzt bestehende Verbindung zwischen Prävention und Leistungen gelockert

---

[1673] vgl. 2. Kapitel: A. IV. 7.
[1674] New South Wales Law Reform Commission, Accident Compensation (Issues Paper), S. 34.
[1675] INDUSTRY COMMISSION, Report No. 36, S. 209.
[1676] INDUSTRY COMMISSION, Report No. 36, S. 209.
[1677] PLATZ / GEIBERGER, BB 1990, S. 1621.
[1678] WOLBER, SozVers 1998, S. 208 f.
[1679] Parliamentary debates (Hansard), 27 September 1984, S. 1551.
[1680] LEICHSENRING / PETERMANN, SozVers 1998, S. 14.
[1681] INDUSTRY COMMISSION, Report No. 36, S. 210.
[1682] GITTER, BB Beilage 6 1998, S. 18.
[1683] SOKOLL, BG 1999, S. 418.

- und das wäre bei jeder Privatisierung zwangsläufig der Fall - würden die Beitragskosten wieder steigen.[1684] Einige Kritiker sehen zwar auch in der Selbstverwaltung eine zusätzliche Kostenbelastung, die zu höheren Beiträgen führt, für die gesetzliche Unfallversicherung ist das aber nicht der Fall. Die Ausgaben für die Selbstverwaltung betragen unter 1% der Gesamtausgaben, was insbesondere daran liegt, dass die Mitglieder der Selbstverwaltung ehrenamtlich tätig sind.[1685]

Ein finanzieller Vorteil der öffentlichen gesetzlichen Unfallversicherung gegenüber einer privaten Unfallversicherung ist die Möglichkeit der Finanzierung im Wege des Umlageverfahrens. Auf die Mitglieder der Berufsgenossenschaften werden im Umlageverfahren nur echte Ausgaben umgelegt, nicht aber die Kosten zur Abdeckung des Marktrisikos und der notwendigen Verzinsung des eingesetzten Kapitals (Gewinn).[1686] Das Umlageverfahren ist aber nur bei einer unauflösbaren Gemeinschaft anwendbar.[1687] Die privatisierten und privaten Unfallversicherungsunternehmen müssten von dem sehr kostengünstigen Umlageprinzip auf das Kapitaldeckungsprinzip umsteigen, um Marktrisiken und Gewinne zu kalkulieren.[1688] Es werden dabei gleich im Jahr der Entstehung des Schadens die Finanzmittel eingestellt, die voraussichtlich zur Deckung des Schadens benötigt werden, abzüglich einer Kapitalverzinsung. Das Verfahren entzieht aber der Wirtschaft Geld, das sie sich zumeist für weit höhere Zinsen auf dem Kapitalmarkt besorgt muss. Das Kapitaldeckungsverfahren ist deshalb teurer.[1689] Nach GIESEN erfordert eine Umstellung vom Umlage- auf das Kapitaldeckungsverfahren die doppelte Beitragsbelastung einer Generation.[1690] LEICHSENRING / PETERMANN gehen davon aus, dass die endgültigen Beiträge sogar um ein Vielfaches steigen würden.[1691]

Als großer Vorteil der privaten Versicherungsgesellschaften wird ihre größere Wirtschaftlichkeit angeführt. Die Wirtschaftlichkeit einer Maßnahme ergibt sich aus ihrem Kosten - Nutzen Verhältnis. Der Nutzen der gesetzlichen Unfallversicherung liegt darin Arbeitsunfälle und Berufskrankheiten zu verhindern und, wenn sie eingetreten sind, ihre Folgen zu beseitigen und zu mildern.[1692] Da es dabei um die menschliche Gesundheit, weitgehend auch um Menschenleben geht, darf und muss ein jeglicher Aufwand getroffen werden, um die gesetzten Ziele zu erreichen.[1693] Wirtschaftlichkeit heißt daher bei der Unfallversicherung in erster Linie einen hohen Nutzen zu erzielen, die Kosten sind das Sekundäre.[1694] Die soziale und volkswirtschaftliche Bedeutung der Unfallversicherung ist daher weniger an ihrem Entschädigungsvolumen als vielmehr an den Belastungen zu ermessen, die sie verhindert.[1695] Das bedeutet aber nicht, dass Wirtschaftlichkeit und Sparsamkeit irrelevant wären. In den Berufsgenossenschaften wa-

---

1684 LEICHSENRING / PETERMANN, SozVers 1998, S. 14 (19).
1685 LEICHSENRING / PETERMANN, SozVers 1998, S. 14 (16).
1686 LEICHSENRING / PETERMANN, SozVers 1998, S. 14 (19).
1687 GIESEN, Sozialversicherungsmonopol und EG-Vertrag, S. 185.
1688 LEICHSENRING / PETERMANN, SozVers 1998, S. 14 (20 f.).
1689 LEICHSENRING / PETERMANN, SozVers 1998, S. 14 (18).
1690 GIESEN, Sozialversicherungsmonopol und EG-Vertrag, S. 191.
1691 LEICHSENRING / PETERMANN, SozVers 1998, S. 14 (20 f.).
1692 THIEME, Berufsgenossenschaften auf internationalen Kongressen, S. 629 (631).
1693 § 26 II SGB VII: „mit allen geeigneten Mitteln".
1694 THIEME, Berufsgenossenschaften auf internationalen Kongressen, S. 629 (630).
1695 LAUTERBACH in: Lauterbach SGB VII Einleitung Rn. 20.

chen die Mitglieder der Selbstverwaltung im eigenen Interesse über Wirtschaftlichkeit und Sparsamkeit. Es ist schwer vorstellbar, dass eine Privatversicherung einen entsprechend hohen Leistungsstandard bei günstigeren Beiträgen für die Unternehmer aufrechterhalten könnte.[1696] Zusätzlich sind private Versicherungsgesellschaften gezwungen auch betriebswirtschaftliche Tendenzen zu verfolgen und sind darauf angewiesen Gewinne zu erzielen.[1697] Die Berufsgenossenschaften hingegen können gewinnneutral operieren. Außerdem entstünden in der Privatversicherung zusätzliche Kosten, wie z. B. für die Akquisition.[1698]

Interessant erscheint auch ein Vergleich der Entschädigungsleistungen mit dem Beitragsaufkommen. Dabei ergibt sich, dass in der gesetzlichen Unfallversicherung rund drei Viertel der Beiträge in Entschädigungsleistungen fließen, das restliche Viertel wird primär für die Prävention eingesetzt. Demgegenüber wird in der privaten Unfallversicherung, die keinerlei Präventionsleistungen erbringt, nur die Hälfte der Beiträge als Entschädigungsleistung ausgezahlt. Dabei muss zusätzlich berücksichtigt werden, dass die private Unfallversicherung stets mit summenmäßig begrenzten Risiken arbeitet und aus ihren hohen Rücklagen weitere Gewinne erzielt. Trotz dieser insoweit günstigeren Position, schneidet die private Unfallversicherung in der Relation Entschädigungsleistungen zum Beitragsaufkommen deswegen schlechter ab, weil sie erhebliche Teile des Beitragsaufkommens für Marketing und Akquisition und die Gewinnerwartung der Anteilseigner ansetzen muss.[1699] In New South Wales ergaben Studien der 1970er und 1980er Jahre, dass im Workers' Compensation-System weit weniger als zwei Drittel der Beiträge als Ersatzleistungen ausbezahlt werden.[1700] Die gesetzliche Unfallversicherung schneidet insoweit wesentlich besser ab als das Workers' Compensation Scheme.

## V. Stabilität und Kontinuität

Ganz im Gegensatz zu der stark schwankenden Entwicklung des Workers' Compensation-Systems in New South Wales, ist die gesetzliche Unfallversicherung ein gutes Beispiel für die größere Stabilität und Kontinuität öffentlicher Systeme.

Das Argument, dass Stabilität und Kontinuität auf die öffentliche Struktur eines Systems zurückzuführen ist,[1701] wird in New South Wales mit dem Hinweis auf die Erfahrungen mit dem eigenen System während der letzten zehn Jahre bestritten. Die Analyse GRELLMANS zeigt,[1702] dass nur bedingt die öffentlich-rechtliche Struktur des Systems für die schlechte Entwicklung verantwortlich

---

1696 WOLBER, SozVers 1998, S. 208 f.
1697 Parliamentary debates (Hansard), 2 July 1998, S. 6975; GITTER, Schadensausgleich im Arbeitsunfallrecht, S. 55; WANNAGAT, Lehrbuch des Sozialversicherungsrechts, S. 27.
1698 LEICHSENRING / PETERMANN, SozVers 1998, S. 14 (21).
1699 GITTER, BB Beilage 6 1998, S. 18.
1700 Der WOODHOUSE Report kam zu dem Ergebnis, dass es 47 cents kostet einen Dollar Leistungen in New South Wales zu erbringen, S. 29, die New South Wales Law Reform Commission hielt 37,7 cents für den richtigen Wert, Accident Compensation (Issues Paper), S. 62.
1701 INDUSTRY COMMISSION, Report No. 36, S. 211.
1702 GRELLMAN Report, S. 17 ff.

gemacht werden kann. Im Vergleich mit der gesetzlichen Unfallversicherung ist eher das Fehlen öffentlicher Strukturen für das Scheitern des öffentlichen Systems verantwortlich zu machen. Gründe für die schlechte Entwicklung des Systems von New South Wales waren mangelnde Kontrolle und mangelnde Voraussicht sowie die gleichzeitige Verfolgung mehrerer Ziele. Zum einen wurden die Prämiensätze nach den ersten zwei Jahren wegen guter Performance von 3,2% auf 2,6%, dann auf 2,0% und schließlich auf 1,8% gesenkt, um die Arbeitgeber, die vorher mit einem sehr hohen Prämiensatz von 3,8% belastet waren, zufriedenzustellen. Der Prämiensatz von 1,8% für das Jahr 1991/92 lag, was der WorkCover Authority bekannt war, unter dem kostendeckenden Prämiensatz. Das war aber beabsichtigt. Im Februar 1990 hatte man einen Überschuss von $ 1,1 Mrd. festgestellt und wollte den Überschuss dazu verwenden die Prämien mitzufinanzieren. Auch am 30. Juni 1994 wurde in New South Wales wieder ein entsprechender Überschuss festgestellt und der Prämiensatz wurde bei 1,8% belassen. Übersehen wurde dabei, dass diese finanziellen Daten nicht die tatsächliche Lage des Systems widerspiegelten. Auf die Warnungen vor einer kostenintensiveren Entwicklung, die bereits 1991/92 ausgesprochen worden waren, wollte man noch nicht reagieren. Trotz einer Erhöhung des Prämiensatzes auf 2,5% für 1995/96, musste am 30. Juni 1996 ein Defizit von 454 Mio. festgestellt werden. Das Umlageverfahren und die detaillierte ökonomische Analyse, wie sie von den Berufsgenossenschaften durchgeführt werden, machen einen solchen Verlauf für die gesetzliche Unfallversicherung unwahrscheinlich.[1703]

Für diese Entwicklung in New South Wales sind eine Reihe von Faktoren verantwortlich. Nach anfänglichen Schwierigkeiten mit dem neuen, unbekannten Gesetzeswerk, die in wenigen Anträgen und geringen Kosten resultierten, begannen insbesondere die Juristen die Möglichkeiten der neuen gesetzlichen Bestimmungen auszuschöpfen. Besonders die Zahl der Anträge nach sec. 66, 67 WCA stieg sprunghaft an, genau wie die Kosten der Rechtsverfolgung. Dazu kam, dass die Regierung 1989 die Common Law-Verfahren rückwirkend wieder einführte und 1992 die gesetzlichen Leistungen um 20% bis 25% erhöhte. Aufgrund der unterschiedlichen Verfahrenslängen scheinen sich diese Maßnahmen alle gleichzeitig ausgewirkt zu haben.

Bezeichnend für das Geschehen in New South Wales ist die Tendenz des Gesetzgebers kurzfristig auf Trends zu reagieren. Daraus resultiert eine Vielzahl von Gesetzesänderungen.[1704] Zwischen der Einführung des *Workers Compensation Act* 1987 und dem *Workplace Injury Management and Workers Compensation Act* 1998 gab es 17 Gesetzesänderungen, die das System spürbar veränderten.[1705] Fünf dieser Gesetzesänderungen brachten erhebliche Änderungen im Leistungsniveau. Damit ist auch ein Mangel an Rechtssicherheit gegeben, die für soziale Schutzsysteme, wie es die besonderen Entschädigungssysteme sind, besonders wichtig wäre.

---

1703 vgl. HVBG 97, S. 57 ff.
1704 HWCA, Promoting Excellence, S. 28
1705 GRELLMAN Report, Appendix G, S. 149 ff.

## VI. Zuständigkeit des Bundes oder der Staaten

In New South Wales wird immer wieder angeführt, dass staatliche Systeme gegenüber bundeseinheitlichen Systemen den Vorteil hätten regionalen Eigenheiten besser gerecht zu werden.[1706] Es wird aber an keiner Stelle deutlich, welche regionalen Eigenheiten damit gemeint sind. Und es drängen sich - bei einem Überblick über die verschiedenen Workers' Compensation-Systeme Australiens - auch keine regionalen Aspekte auf, welche die Konstruktion der Systeme beeinflusst haben könnten.

Ein Nachteil der staatlichen Systeme in Australien ist das schwierige Zusammenspiel von staatlichem Entschädigungsrecht und nationalem Social Security Recht.[1707] Den Versuchen der Staaten Kosten ihrer Systeme auf die Allgemeinheit abzuwälzen muss der Bundesgesetzgeber entgegenwirken. Seine einzige Möglichkeit ist die Begrenzung der Ansprüche der Arbeitnehmer. Die Konkurrenz von Staats- und Bundesrecht geht daher im Ergebnis zu Lasten der Geschädigten.[1708]

Ein problematischer Aspekt staatlicher Systeme ist ihre Konkurrenz untereinander. Man erhofft sich davon in Australien einen Wettbewerb, der zu einem Erfahrungsaustausch und Erkenntnissen führt, die zu einer Verbesserung der Entschädigungssysteme führen.[1709] In der Realität wirkt sich der Wettbewerb zwischen den Staaten aber eher dahingehend aus, dass bei jedem Kostenanstieg mit der Abwanderung von Unternehmen in andere Staaten und dem Verlust von Arbeitsplätzen gerechnet werden muss.[1710] So wurde 1987 behauptet, dass die Gummi- und Bekleidungsindustrie wegen der hohen Prämien den Staat verlassen habe.[1711]

Die staatlichen Entschädigungssysteme führen auch zu unterschiedlichem Leistungsniveau. Der Zeitungsartikel „Canberra named as best ‚suing' city"[1712] weist darauf hin, dass jeder Geschädigte, der die Möglichkeit hat im Australian Capital Territory auf Entschädigung zu klagen, mit höheren Entschädigungsleistungen rechnen könne. Eine Konkurrenz von Sozialleistungen, die sich so ähnlich sind und die so eng miteinander verflochten sind wie die der australischen Staaten, ist von Nachteil. In Europa ist man, trotz erheblicher struktureller Unterschiede der Staaten und ihrer Rechtsordnungen, bereits jetzt aufgrund des zusammenwachsenden Arbeitsmarktes auf der Suche nach einem einheitlichen System sozialer Sicherheit.

Die INDUSTRY COMMISSION sieht noch ein kostenverursachendes Problem: Die vielen verschiedenen Workers' Compensation-Systeme in Australien zusammen mit den Bundesgesetzen und den sehr unterschiedlichen versicherungsrechtlichen Konzeptionen. Das Zusammenspiel ist sehr komplex und führt oft unbeab-

---

[1706] No need for federal Compensation law, Australian Lawyer, March 1994, S. 26.
[1707] HWCA, Promoting Excellence, S. 38.
[1708] vgl. 2. Kapitel: A. I.
[1709] No need for federal Compensation law, Australian Lawyer, March 1994, S. 26; HWCA, Promoting Excellence, S. 38.
[1710] Parliamentary debates (Hansard), 28 May 1987, S. 12876; 2 July 1998, S. 6956.
[1711] Parliamentary debates (Hansard), 28 May 1987, S. 12823.
[1712] Sydney Morning Herald vom 8. August 1997.

sichtigt und unerkannt zu einer wenig effektiven und kostengünstigen Lösung des Problems von arbeitsbedingten Schäden.[1713]

Für ein bundeseinheitliches System spricht auch die größere Zahl der Beteiligten.[1714] Eine Versicherung in der Form eines Risikoausgleichskollektivs, wie es die besonderen Entschädigungssysteme darstellen, ist zu akzeptablen Konditionen meist nur möglich auf der Basis der großen Zahl, durch Zusammenfassung einer Masse vom Zufall bedrohter Wagnisse.[1715] Je größer die Masse, desto besser lassen sie die Gesetzmäßigkeiten feststellen, die für ein solches Versicherungssystem wichtig sind. Daneben lässt sich mit Hilfe dieser Ausgleichskollektive großer Zahl das Verhältnis des zu deckenden Schadens zur Prämie optimieren.[1716] Solche Möglichkeiten bestehen bei den staatlichen australischen Systemen einfach nicht, deren größtes, das von New South Wales, mit einer Zahl von rund 3 Mio. Begünstigten und 277.465 abgeschlossenen Versicherungspolicen[1717] arbeitet.

## VII. Leistungsfälle und Leistungen

In der gesetzlichen Unfallversicherung wird das Leistungssystem insbesondere in drei Bereichen kritisiert: Die Regelung der Berufskrankheiten sowie der Wegeunfälle und der fehlende ausdrückliche Ausgleich von Nichtvermögensschäden.

### 1. Berufskrankheiten

Die Bestimmungen der gesetzlichen Unfallversicherung zur Entschädigung von Berufskrankheiten werden oft als zu schwerfällig kritisiert.[1718] Nur durch wissenschaftliche Untersuchungen anhand einer Fülle gleichgelagerter Gesundheitsbeeinträchtigungen und durch langfristige Beobachtungen von Erkrankungsverläufen unter Berücksichtigung bestimmter Expositionen ist es erst möglich, die generelle Eignung bestimmter im Arbeitsleben vorkommender Einwirkungen zur Krankheitsverursachung hinreichend nachzuweisen und eine Berufskrankheit anzuerkennen.[1719] Bis zur Aufnahme einer Berufskrankheit in die Berufskrankheitenliste kann viel Zeit vergehen. Die Handhabung der beschränkten Öffnungsklausel, die diesen Nachteilen entgegenwirken soll, wurde als zu restriktiv kritisiert.[1720]

Für die betroffenen Versicherten liegt der Vorzug eine Berufskrankheitenliste mit rechtlicher Verbindlichkeit darin, dass alle mit der Anwendung dieser Berufskrankheitenliste befassten Unfallversicherungsträger und Gerichte davon auszugehen haben, dass die generelle Eignung von den in der Berufskrankheitenliste genannten Einwirkungen zur Verursachung bestimmter Erkrankungen

---

1713 INDUSTRY COMMISSION, Report No. 36, S. 15.
1714 WANNAGAT, Lehrbuch des Sozialversicherungsrechts, S. 2.
1715 PRÖLSS / MARTIN, VVG, Vorbem. II, Rn. 1.
1716 PRÖLSS / MARTIN, VVG, Vorbem. II, Rn. 2.
1717 Zahlen für 1994: Council on the Cost of Government, S. 19.
1718 vgl. 2. Kapitel: B. V. 4.
1719 MEHRTENS / BRANDENBURG, SGb 1993, S. 588 (589).
1720 BATTENSTEIN, SGb 1993, S. 618 (619).

feststeht, so dass darauf die zusätzlich erforderliche Prüfung des individuellen Kausalzusammenhangs aufbauen kann. So empfehlen auch die Kommission der Europäischen Gemeinschaften und die internationale Arbeitskonferenz die Aufstellung einer Berufskrankheitenliste durch die Gesetzgebung.[1721]

Ein weiterer wesentlicher Gesichtspunkt für die Beibehaltung einer rechtsverbindlichen Berufskrankheitenliste ist auch die notwendige Abgrenzung der Zuständigkeiten in einem gegliederten System der Sozialversicherung. Dies betrifft die Zuständigkeitsabgrenzung gegenüber den Trägern der Kranken- und Rentenversicherung, aber auch gegenüber der Bundesanstalt für Arbeit, soweit die Zuständigkeit für Maßnahmen der beruflichen Rehabilitation betroffen ist.[1722]

Besondere Aufmerksamkeit haben zuletzt Fälle von Asbestexposition auf sich gezogen.[1723] Gerade auf diesem Gebiet werden Verzögerungen und die mangelhafte Anerkennung von Berufskrankheiten gerügt. In New South Wales scheint gerade in Hinsicht auf das System für Staublungenkrankheiten große Zufriedenheit zu bestehen, insbesondere wegen der zügigen Schadensabwicklung. In New South Wales nehmen aber generell die Schadensabwicklung und die Geltendmachung von Entschädigungsansprüchen längere Zeiträume in Anspruch als in Deutschland. Somit ist bei den schnellen Krankheitsverläufen auch ein besonderes schnelleres Verfahren notwendig. In Deutschland hingegen ist eine Versorgung aufgrund der öffentlich-rechtlichen Struktur der gesetzlichen Unfallversicherung eher gewährleistet.

Die Vorteile eines Listensystems macht sich das Workers' Compensation-System wie die gesetzliche Unfallversicherung zunutze. Daneben erhält der Arbeiter in New South Wales Entschädigung für seine Krankheiten, wenn er nachweisen kann, dass das Arbeitsverhältnis wesentlich zur Verursachung der Krankheit beigetragen hat. In Deutschland erhält der Arbeitnehmer die Krankheiten ersetzt, die er sich während einer Arbeitsschicht zugezogen hat, weil sie dann unter den Begriff des Arbeitsunfalls subsumiert werden. Außerdem können im Rahmen der Öffnungsklausel des § 9 II SGB VII „neue" Berufskrankheiten im Einzelfall entschädigt werden. Das Kausalitätsprinzip, das bei der Vorbereitung des SGB VII im Zusammenhang mit der Beweislastregelung für Berufskrankheiten so oft als unabdingbare Voraussetzung genannt wurde, ist in beiden Systemen bestimmend. Welcher Ansatz zu den gerechteren Ergebnissen für die geschädigten Arbeitnehmer führt, kann nicht abschließend beurteilt werden.

### 2. Wegeunfälle

Es gibt im Zusammenhang mit den Journey Claims und Wegeunfällen drei Punkte, die Vor- und Nachteile der gesetzlichen Konstruktionen aufzeigen: Die unterschiedlichen Auswirkungen von Rechtssicherheit in Deutschland und Flexibilität in New South Wales werden im Zusammenhang mit Umwegen und Unterbrechungen sowie bei Alkoholgenuss deutlich. Das Kriterium des Drittortes zeigt, dass eine rechtlich einwandfreie Begründung manchmal Schwierigkeiten bereitet, auch wenn die Rechtsanwendung logisch und klar ist.

---

[1721] MEHRTENS / BRANDENBURG, SGb 1993, S. 588 (589).
[1722] MEHRTENS / BRANDENBURG, SGb 1993, S. 588 (589).
[1723] BATTENSTEIN, SGb 1993, S. 618 ff.

In New South Wales gibt es für die Festlegung, wann eine Unterbrechung oder ein Umweg wesentlich ist, keine festen Kriterien. Das hat den Vorteil einer flexiblen, auf den Einzelfall ausgerichteten Handhabung. Die recht starre Handhabung des zeitlichen Kriteriums der Zwei-Stunden-Grenze bei Unterbrechungen des Weges gibt allerdings den zur Entscheidung berufenen Behörden und nicht zuletzt auch den Versicherten klare Richtlinien an die Hand. Sie dient daher vor allem der Rechtssicherheit. Gegen ein solches Kriterium ist einzuwenden, dass es im Einzelfall leicht zu unbilligen Ergebnissen führen kann. Auch der folgende Fall wurde zwar folgerichtig gelöst, kann aber, so wie er begründet wurde, nicht überzeugen: Eine Angestellte biegt von dem direkten Weg zu ihrer Arbeitsstätte ab, um einen Arzt aufzusuchen. Der Arzttermin war um 11 Uhr, Arbeitsbeginn um 12 Uhr. Nach 1 3/4 Stunden Arztbesuch erleidet sie einen Unfall, bevor sie auf die direkte Strecke zwischen ihrem Wohnort und der Arbeitsstätte zurückgekehrt war. Ein Anspruch wurde abgelehnt, weil der Weg wegen einer eigenwirtschaftlichen Tätigkeit unterbrochen worden und somit nicht versichert war.

> „Die Klägerin hat diesen Weg nicht erst von der vor Arbeitsbeginn aufgesucht Arztpraxis aus angetreten, weil ihr dortiger Aufenthalt nicht die Dauer von zwei Stunden erreichte und die Praxis daher nicht die Bedeutung eines dritten Ortes erlangte.“[1724]

Diese Begründung lässt den Schluss zu, dass die Arbeitnehmerin, hätte sie noch weitere 15 Minuten beim Arzt verbracht, in den Genuss der Leistungen der gesetzlichen Unfallversicherung gekommen wäre. Auch wenn die Ablehnung eines Anspruchs nicht zu beanstanden ist, weil der Unfall auf einem eigenwirtschaftlichen Umweg passierte, zeigt die Passage der Urteilsbegründung, dass ein festes zeitliches Kriterium im Einzelfall zu unglücklichen Ergebnissen führen kann.[1725]

Die Gerichte beider Länder handhaben die Fälle, in denen Alkoholgenuss zu einem Verkehrsunfall beitrug, sehr unterschiedlich.[1726] Dort zeigen sich die Vorteile fester Regeln und Grundsätze. Sie dienen nicht nur der Rechtssicherheit, sondern geben auch dem einzelnen Richter Beurteilungsmaßstäbe an die Hand und dem Bürger Verhaltensmaßstäbe vor, nach welchen sie im Einzelfall vorgehen können.

Eine Schwierigkeit, die in New South Wales im Gegensatz zur gesetzlichen Unfallversicherung nicht auftritt, hängt mit der Rechtsprechung zum Drittort zusammen. Durch die einheitliche Betrachtung der Wegstrecke mit den festen Anfangs- und Endpunkten,[1727] tritt das Problem der logischen Begründung des Versicherungsschutzes beim Heimweg vom Arbeitsplatz über einen Drittort nicht auf. Für die gesetzliche Unfallversicherung wurde folgender Gedankengang entwickelt: Zunächst sind die Fälle logisch lösbar, in denen der Arbeitnehmer sich auf dem Weg zu seiner Arbeitsstätte befindet und folglich von seiner Familienwohnung über den Drittort zur Arbeitsstätte fährt. Der Weg zum Drittort wird als privater Weg anzusehen sein, wohingegen die zweite Weghälfte vom

---

[1724] Bayerisches LSG, SGb 1998, S. 310.
[1725] vgl. auch KUNZE / VON RUTKOWSKI, SozVers 1998, S. 311 ff.
[1726] vgl. 3. Kapitel: B. VII.
[1727] vgl. 2. Kapitel: A. IV. 5. a.

Drittort zur Arbeitsstätte dann versicherter Weg ist. Im umgekehrten Fall, wo der Arbeitnehmer von der Arbeitsstätte zum Drittort und dann weiter nach Hause fährt, kann für den gesamten zurückgelegten Weg keinerlei betriebliche Veranlassung mehr erkannt werden. Damit ergeben sich bei Anwendung der unfallversicherungsrechtlichen Grundsätze Schwierigkeiten: Für die Beurteilung des Zurechnungszusammenhangs zwischen einem unfallbringenden Verhalten und der versicherten Tätigkeit sind finale, zweckgerichtete Aspekte entscheidend. Der Weg über einen dritten Ort, dürfte aber in der Regel privaten Zwecken dienen, so wie nach der Beendigung der Arbeitstätigkeit jeder Verhaltenszweck privater Natur ist.[1728] Das BSG hat daher zum Ausdruck gebracht, der umstrittene Versicherungsschutz (auf dem Weg von der Arbeitsstelle zu einem dritten Ort) hänge „entscheidend davon ab, ob der Weg dorthin ebenso wie der Weg in die eigene Wohnung wesentlich von dem Vorhaben des Klägers und der Notwendigkeit bestimmt war, vom Ort der Tätigkeit aus in den Privatbereich hinüberzuwechseln, in dem er seinen persönlichen Interessen nachgehen kann (innerer Zusammenhang)“.[1729] Die richtige Fragestellung lautet dann für Wege vom Ort der Tätigkeit: Wie wäre der Sachverhalt unter Berücksichtigung des Schutzzwecks der Norm zu beurteilen, wenn unter sonst vergleichbaren Umständen der Arbeitnehmer auf dem Weg zur Arbeitsstätte gewesen wäre?[1730] In New South Wales stellen sich diese Fragen nicht. Sind nicht Arbeitsstätte und „place of abode“ die beiden Endpunkte einer Fahrt, entfällt der Versicherungsschutz ganz.

Aus all diesen Punkten können aber keine Erkenntnisse für die Umgestaltung der gesetzlichen Unfallversicherung gewonnen werden. Die Regelung in New South Wales bietet keine Vorteile, die sich die gesetzliche Unfallversicherung zunutze machen könnte. Entscheidend bleibt im Zusammenhang mit den Wegeunfällen, dass durch ihre Ausgliederung aus der gesetzlichen Unfallversicherung der Leistungsumfang und damit die Kosten des Systems reduziert werden könnten.[1731] Damit könnte einer Forderung nach „Verschlankung“ wenigstens teilweise nachgekommen werden, ohne dass die Grundstrukturen der gesetzlichen Unfallversicherung geändert werden müssten.

### 3. Nichtvermögensschäden

In Deutschland wird der fehlende Ersatz von Nichtvermögensschäden oft kritisiert. Das BVerfG hat allerdings festgestellt, dass die abstrakte Berechnung der Rente dazu führt, dass ein Teil der Nichtvermögensschäden abgegolten wird.

> „Für die Beurteilung des Gesamtsystems ist im übrigen auch zu beachten, dass die Rente aus der Unfallversicherung unter den gegenwärtigen Verhältnissen bei leichten und mittelschweren Unfällen ein entgangenes Schmerzensgeld aufwiegt.“[1732]

---

[1728] SCHULIN, Sozialrecht, Rn. 374a.
[1729] BSGE 62, 113 (117).
[1730] SCHULIN, Sozialrecht, Rn. 374 b; LAUTERBACH, Unfallversicherung § 550 Anm. 10.
[1731] Die meldepflichtigen Wegeunfälle haben 1997 knapp 13% aller meldepflichtigen Unfälle ausgemacht, HVBG 97, S. 6.
[1732] BVerfGE, 34, 118 (132).

Die Heilbehandlung und Rehabilitation in der gesetzlichen Unfallversicherung und die heutige Arbeitsplatzgestaltung mit ihrer verstärkten Automation machen es möglich, den Arbeiter in den meisten Fällen leichter und mittelschwerer Schädigung wieder in das Arbeitsleben einzugliedern. Eine Lohneinbuße beginnt sich überhaupt erst in den Fällen mittelschwerer Schädigung bemerkbar zu machen.[1733] GITTER sieht das Problem, dass durch die abstrakte Schadensberechnung eine sinnwidrige umgekehrte Proportionalität entstehe: Dem Nichtschwerverletzten werde ein wirtschaftlicher Schaden ausgeglichen, den er gar nicht habe.[1734] Beim Schwerverletzten reiche die Rente möglicherweise gerade noch aus, um den Erwerbsschaden auszugleichen, selbst wenn man die Schwerverletztenzulage berücksichtigt.[1735] Geht man davon aus, dass durch die Rente auch der immaterielle Schaden ausgeglichen werden soll, erhalten leichter Verletzte jedenfalls mehr Schmerzensgeld als Schwerverletzte.[1736] Auch die Formulierung des BVerfG lässt nur den Schluss zu, dass gerade die Schwerverletzten ihren Nichtvermögensschaden nicht ersetzt erhalten. Diese Schlechterstellung der Schwerverletzten gegenüber den leichter verletzten Arbeitnehmern ist ein Nachteil.

Die Regelung im *Workers Compensation Act* 1987, die mit den sec. 66, 67 WCA ausdrücklich den Ersatz von Nichtvermögensschäden anordnet, ist aber nicht von Vorteil. Die Bewertung ist stark formalisiert und reicht durch den gesetzlich festgelegten Maximalbetrag gerade in den Fällen schwerer Schädigung nicht an die Summen heran, die im allgemeinen Haftungs- und Schadensrecht zugesprochen werden. Auch hier werden die schwerer Geschädigten benachteiligt. In Deutschland wird zudem eine Entschädigung für Nichtvermögensschäden wie in sec. 66 WCA grundsätzlich negativ bewertet. „Ein Grad der Versehrtheit, der typisierend die Beeinträchtigungen widerspiegelt, müsste noch erfunden werden. Festsätze, die ohne Rücksicht auf die individuelle Betroffenheit Bein gleich Bein und Arm gleich Arm setzen würden, dürften wohl nicht als Fortschritt bezeichnet werden können."[1737] So stoßen auch die Richtwerte zur Bewertung der MdE, die in Tabellenwerken festgehalten sind, in Deutschland auf Kritik.[1738] Dabei werden diese Werte von den Sozialgerichten und Versicherungsträgern nur als Ausgangspunkt und einer der Faktoren zur Bestimmung der verbleibenden Arbeitsmöglichkeiten auf dem allgemeinen Arbeitsmarkt herangezogen. Die gemäß sec. 66, 67 WCA ermittelten Pauschalbeträge, die immer eine Bewertung und Schätzung voraussetzen, erscheinen den Betroffenen oft willkürlich und meist zu gering. Das hat außerdem dazu geführt, dass die sec. 66, 67 WCA in New South Wales von Anfang an vermehrt für Gerichtsverfahren gesorgt haben.[1739]

Einen solchen Pauschalbetrag als Ersatz für Nichtvermögensschäden im SGB VII vorzusehen, ist daher nicht ratsam. Es bestünde allerdings die Möglichkeit,

---

1733 BVerfGE, 34, 118 (133).
1734 GITTER, Sozialrecht, S. 163 ff.
1735 RUPPELT in: Schulin HS-UV § 48 Rn. 10.
1736 GITTER, SGb 1993, S. 297 (300 f.).
1737 PAPPAI, SGb 1993, S. 303.
1738 RUPPELT in: Schulin HS-UV § 48 Rn. 27.
1739 MCGRATH / LIAVIS, Workers' Compensation & Comcare: an Update, S. 7.

den Ersatz von Nichtvermögensschäden in der Form einer Rentenerhöhung vorzusehen, wenn der Geschädigte aufgrund seiner Verletzung besonders nachteilige Folgen für seine körperliche und seelische Verfassung davonträgt. Die abstrakte Schadensberechnung führt dazu, dass der immaterielle Schaden teilweise mit abgegolten wird. Die Minderung der Erwerbsfähigkeit bezieht sich aber nur auf das Arbeitsleben. Der Arbeitsunfall kann sich jedoch gerade bei Schwerverletzten, die eher keinen Ausgleich des immateriellen Schadens durch die abstrakte Schadensberechnung erhalten, auf das gesamte Leben auswirken.

## VIII. Die Ziele der Systeme

Der GRELLMAN Report gibt, bevor der Bericht sich mit den Gestaltungsmöglichkeiten des Systems beschäftigt, einen Überblick über die grundlegenden Ziele eines modernen Entschädigungssystems für arbeitsbedingte Schäden:[1740]

| **Ziel** | **Beschreibung** |
|---|---|
| Prävention | Arbeitsunfälle und Berufskrankheiten durch bestmöglichen Arbeits- und Gesundheitsschutz zu verhindern. |
| Schadensmanagement | Nach Schadenseintritt für eine optimale medizinische und berufliche Rehabilitation zu sorgen. |
| Wiedereingliederung ins Arbeitsleben | Dem Geschädigten die Wiedereingliederung ins Arbeitsleben zu ermöglichen und ihm einen Anreiz dazu zu bieten. |
| Entschädigung | Den Arbeitnehmer mit Entgeltersatz und dem Ausgleich seines bleibenden immateriellen Schadens zu versorgen. |
| Kosten | Ein kostengünstiges System zu schaffen. |
| Beiträge | Sicherzustellen, dass die Beiträge der Arbeitgeber risikoadäquat und stabil sind und gleichzeitig durch ein bonus-malus System Anreize zur Schadensverhütung zu bieten. |
| Effizienz | Sicherzustellen, dass das System effizient und effektiv arbeitet. |

Danach erfüllt die gesetzliche Unfallversicherung alle Voraussetzungen für ein modernes Entschädigungssystem für arbeitsbedingte Schäden.[1741]

---

[1740] Table 5.1: Fundamental objectives of a workers' compensation system, GRELLMAN Report, S. 49.

[1741] vgl. zu den Zielen der gesetzlichen Unfallversicherung: GITTER, Schadensausgleich im Arbeitsunfallrecht, S. 210 f.

Als besondere Problematik der besonderen Entschädigungssysteme wird in beiden Ländern gesehen, dass zu großzügige Leistungen den Arbeiter von der Rehabilitation und der Rückkehr an den Arbeitsplatz abhalten können.[1742] Auch bei der Einführung der Bismarck'schen Arbeiterversicherung wurde die Befürchtung ausgesprochen, dass die Arbeitsmoral untergraben würde, ja eine „Erschlaffung der Nation“ eintreten könne.[1743] Diese Bedenken wären aber nur dann gerechtfertigt, wenn es ausschließlich vom Willen des verunglückten oder erkrankten Arbeitnehmers abhinge, ob er sich mit den Geldleistungen begnügt oder seine Wiedereingliederung in den Arbeitsprozess betreibt. Dies ist aber nicht der Fall. In der gesetzlichen Unfallversicherung gilt der Grundsatz Rehabilitation vor Rente.[1744] Ist der geschädigte Arbeitnehmer nicht bereit, an zumutbaren Maßnahmen der Rehabilitation mitzuwirken, droht ihm der völlige oder teilweise Entzug der Geldleistungen.[1745] Auch in New South Wales sind die Geldleistungen mit der Rehabilitation verknüpft.[1746] Bereits jetzt können die wöchentlichen Zahlungen nach 104 Wochen eingestellt werden, wenn der Arbeiter keine Beschäftigung findet.[1747] Die Vorschrift soll teilweise arbeitsunfähigen Arbeitern einen Anreiz bieten, sich möglichst bald wieder nach einer Beschäftigung umzusehen und sich nicht auf die gesetzlichen Zahlungen zu verlassen.[1748] Dass der Arbeiter die Leistungen aber auch verwirkt, wenn er allein aufgrund der Arbeitsmarktlage keine Anstellung findet, ist in diesem Zusammenhang wenig glücklich.[1749] Im Vergleich dazu endet das deutsche Verletztengeld nur, wenn dem Arbeitnehmer ein konkreter Arbeitsplatz oder andere Entgeltersatzleistungen zur Verfügung stehen.[1750] Der Beendigungsgrund des Ablaufs nach 78 Wochen spielt in diesem Zusammenhang nur bedingt eine Rolle, weil im Anschluss an das Verletztengeld die Verletztenrente gewährt wird. In New South Wales enden mit den wöchentlichen Zahlungen alle wiederkehrenden Leistungen. Die Gerichte in New South Wales werden feststellen müssen, ob sich die Unfähigkeit des Arbeiters Beschäftigung zu finden vornehmlich auf die Arbeitsmarktlage zurückführen lässt und nicht auch auf die Folgen seiner Körperschäden. Dies wird die Unterscheidung von körperlicher Arbeitsunfähigkeit,[1751] die wirtschaftliche Auswirkungen nicht voraussetzt, und wirtschaftlicher Arbeitsunfähigkeit aufwerfen.[1752] Damit besteht zum einen wieder ein Potential für viele, auch gerichtlich ausgetragene, Streitigkeiten. Zum anderen passt der Beendigungsgrund nicht zu dem erklärten Ziel der Vorschrift, den Arbeiter zur Beschäftigung zu motivieren. Die anderen Beendigungsgründe sind Strafen für Ar-

---

[1742] No need for federal Compensation law, Australian Lawyer, March 1994, S. 23.
[1743] FUCHS, SGb 1995, S. 421 (426).
[1744] § 26 III SGB VII.
[1745] FUCHS, SGb 1995, S. 421 (426).
[1746] sec. 151L WCA, versäumte Mitwirkung beim Injury Management Plan.
[1747] sec. 52A WCA.
[1748] HARRISON, Workers' Compensation - New South Wales, S. 16.
[1749] sec. 52A (1) (c) WCA; ARMITAGE, Workers Compensation Update, S. 12.
[1750] vgl. 2. Kapitel: B. VI. 2. a.
[1751] *State Rail Authority v Belgrove* (1982) 2 NSWLR 738; *Thompson v Armstrong and Roys Pty. Ltd.* (1950) 81 CLR 585; *Bohanna & Appleton t/as Anscott Partnership v Bohanna* (1996) 13 NSWCCR 724; ARMITAGE, Workers Compensation Update, S. 13.
[1752] *J.C. Ludovici & Son Limited v Cutri* (1992) 26 NSWLR 580; vgl. auch *Arnotts Sack Products Pty. Ltd. v Yacob* (1985) 155 CLR 171; ARMITAGE, Workers Compensation Update, S. 13.

beiter, die sich entweder gar nicht um Arbeit bemühen oder eine angebotene Beschäftigung ohne vernünftigen Grund ablehnen.[1753] Ab dem 1. Oktober 2000 werden die Versicherer zudem die Möglichkeit haben, die Zahlungen zu kürzen, wenn der Arbeiter seinen Verpflichtungen aus dem Pflichtenheft nicht nachkommt.[1754]

Die Ergebnisse, die das Workers' Compensation-System hinsichtlich der Wiedereingliederung der Arbeiter in das Berufsleben erzielt, werden nach wie vor als unzureichend angesehen.[1755] Die Workers' Compensation-Gesetze hatten ihren Schwerpunkt von Anfang an auf der Entschädigung der Arbeiter, nicht auf Prävention und Rehabilitation.[1756] Daraus resultiert auch heute noch, dass der Rehabilitation der Geschädigten nicht genug Aufmerksamkeit geschenkt wird.[1757] Die WorkCover Authority hat zwar eine beratende und unterstützende Funktion und sorgt dafür, dass den Geschädigten Rehabilitationseinrichtungen zur Verfügung stehen, die Durchführung der Maßnahmen erfolgt jedoch auf rein privatrechtlicher Grundlage. Der Geschädigte muss Heilung und Rehabilitation oft vorfinanzieren. Ein weiteres Problem liegt darin, dass die wöchentlichen Zahlungen stets Entgeltersatz sind. Da die Zahlungen gekürzt werden sobald der Geschädigte ein Einkommen erzielt, kann ihn das von der Arbeitsaufnahme abhalten. Die Common Law-Verfahren werden zusätzlich für mangelnde Anreize zu einer effektiven Rehabilitation verantwortlich gemacht. Grund seien die langen Verfahren und die Notwendigkeit die Schwere der Verletzung bis zum Verfahrensende beizubehalten, um möglichst hohe Schadensersatzforderungen geltend machen zu können.[1758] Pauschalbeträge seien generell ungeeignet Rehabilitation und Rückkehr an den Arbeitsplatz zu fördern. Sie würden allzu oft für andere Dinge ausgegeben.[1759] Der GRELLMAN Report ergab, dass die Eigenversicherer in den Bereichen Rehabilitation und Rückkehr an den Arbeitsplatz sehr gute Ergebnisse erzielen.[1760] Der entscheidende Vorteil der Eigenversicherer ist darin zu sehen, dass bei ihnen alle Leistungen in einer Hand liegen.

Diesen Vorteil haben auch die Berufsgenossenschaften. Die gesetzliche Unfallversicherung verfolgt das erklärte Ziel den geschädigten Arbeitnehmer möglichst frühzeitig wieder ins Arbeitsleben einzugliedern mit größter Konsequenz. Besonders vorteilhaft ist das Sachleistungsprinzip für Heilung und Rehabilitation zusammen mit den gesetzlichen Vorgaben für die Qualitätssicherung.[1761] Vor allem das Ineinandergreifen von Rehabilitation und Prävention hat entscheidend dazu beigetragen, dass Verunglückte rasch in den Arbeitsprozess zurückgeführt werden konnten.[1762]

---

[1753] sec. 52A (1) (a) und (b) WCA.
[1754] vgl. 2. Kapitel: A. IV. 4.
[1755] GRELLMAN Report, S. 37.
[1756] INDUSTRY COMMISSION, Report No. 36, S. 127; WOODHOUSE Report, S. 90.
[1757] Parliamentary debates (Hansard), 27 September 1984, S. 1555.
[1758] HWCA, Promoting Excellence, S. 104.
[1759] HWCA, Promoting Excellence, S. 104.
[1760] GRELLMAN Report, S. 39.
[1761] vgl. 2. Kapitel: B. VI. 1.
[1762] FUCHS, SGb 1995, S. 421 (426).

Im Ergebnis bereitet der Grundsatz Rehabilitation vor Rente eine wesentlich bessere und effektivere Grundlage für eine Wiedereingliederung des Geschädigten in das Arbeitsleben als die Verwirkungsvorschriften der sec. 52A WCA.

## 4. Kapitel: Zusammenfassung

Im Vergleich mit dem Workers' Compensation-System von New South Wales ergeben sich für die Frage nach alternativen Gestaltungsmöglichkeiten der gesetzlichen Unfallversicherung folgende Thesen:

1. Einer Umgestaltung der gesetzlichen Unfallversicherung muss eine genaue Analyse der sozialen Schutzbedürftigkeit arbeitsbedingt Geschädigter vorangehen. Die überragende Bedeutung, die der Erhaltung und Wiederherstellung der Arbeitskraft des Einzelnen zukommt, unterstreicht die Wichtigkeit der gesetzlichen Unfallversicherung.
2. Im Vergleich der Ausgestaltung der gesetzlichen Leistungsfälle zeigen sich die Vor- und Nachteile zweier konkurrierender Prinzipien: Des Prinzips der Rechtssicherheit des deutschen Systems, das im Einzelfall zu Ungerechtigkeiten führen kann, und des Prinzips der Flexibilität und Einzelfallgerechtigkeit des Systems von New South Wales, das allerdings zu einer Unsicherheit führen, die dem Gedanken des Vertrauensschutzes, der für ein soziales Schutzsystem wichtig ist, widerspricht. Die Gemeinsamkeiten der Voraussetzungen der Leistungsfälle sind so erheblich, dass für eine Umgestaltung der gesetzlichen Unfallversicherung keine positiven Erkenntnisse gewonnen werden können.
3. Im Vergleich der Leistungen ergibt sich, dass nur eine an der Person des Geschädigten haftende Rente - im Gegensatz zu einer pauschalen Abgeltung der Schäden - bewirkt, dass gleichzeitig ein Schadensausgleich erreicht und die Versorgung der Geschädigten sichergestellt werden kann.
4. Der Grundsatz der Haftungsablösung ist der Anspruchskonkurrenz des Workers' Compensation-Systems vorzuziehen. Die Haftungsablösung bietet eine überzeugende Alternative zu dem für arbeitsbedingte Schäden unpassenden Verschuldensprinzip. Entscheidend ist seine Friedensfunktion, die nicht nur zum Abbau sozialer Spannungen im Betrieb führt, sondern insbesondere auch die Vermeidung von Prozessen und die Unabhängigkeit von anwaltschaftlicher Finesse bedeutet, was eine effiziente, effektive und kostengünstige Leistungserbringung gewährleistet.
   - 4.1. Die Haftungsablösung garantiert dem Geschädigten einen Anspruch gegen eine leistungsfähige Gemeinschaft, während dem Arbeitgeber das Risiko einer Inanspruchnahme im Schadenfall abgenommen wird.
   - 4.2. Die mit Anspruchskonkurrenz verbundene Pflicht zwischen den Anspruchsgruppen zu wählen geht zu Lasten des Geschädigten. Er muss bei der Wahl die Erfolgsaussichten seiner Ansprüche abschätzen, braucht dabei aufgrund der
   - 4.3. Komplexität der Materie professionellen Rat, der Kosten verursacht, und muss sich auch mit einem nachteiligen Verfahrensausgang abfinden.
5. Eine Teilprivatisierung, wie das Workers' Compensation Scheme sie vorsieht, würde für die gesetzliche Unfallversicherung keine Verbesserung bringen. Die wichtige Verknüpfung von Prävention, Rehabilitation und Entschädigung sowie der Vorteil, dass alle Aufgaben des Entschädigungssystems in einer Hand liegen, ginge verloren. Die Qualität des berufsgenos-

senschaftlichen Heilverfahrens würde eingebüßt und das System würde insgesamt teurer werden.

6. Die öffentlich-rechtliche Struktur der gesetzlichen Unfallversicherung bietet gegenüber dem Workers' Compensation-System durch das einfache Verfahren und die bessere, in der Struktur des Systems begründete, Kontrolle wichtige Vorteile.

7. Die Berufsgenossenschaften sind durch ihre Gliederung nach Industriezweigen und ihre Selbstverwaltung als Träger der gesetzlichen Unfallversicherung gut geeignet. Soweit die Kritik an den Berufsgenossenschaften Mängel im Aufbau oder der Aufgabenerfüllung aufzeigt, sollten die Mängel durch innere Reformen beseitigt werden.

8. Die gesetzliche Unfallversicherung hat gegenüber dem Workers' Compensation Scheme den Vorteil, dass sich bei einem bundeseinheitlichen System über die größere Zahl der Beteiligten Gesetzesmäßigkeiten feststellen und die Beiträge optimieren lassen, während gleichzeitig der nachteilige Wettbewerb zwischen staatlichen Systemen vermieden wird.

9. Die gesetzliche Unfallversicherung zeichnet sich durch eine Stabilität und Kontinuität aus, die das Workers' Compensation-System vermissen lässt.

10. Um der Forderung nach der „Verschlankung" nachzukommen, können die Wegeunfälle aus der gesetzlichen Unfallversicherung ausgegliedert werden, ohne dass im übrigen die Strukturen geändert werden müssten.

11. Die Anforderungen, die in New South Wales an ein modernes Entschädigungssystem für arbeitsbedingte Schäden gestellt werden, erfüllt die gesetzliche Unfallversicherung im Gegensatz zum Workers' Compensation Scheme.

12. Auf der Suche nach einem einheitlichen Ausgleichssystem für Europa ist es angezeigt, sich mit der gesetzlichen Unfallversicherung und ihren Strukturen, wie sie seit der Einführung unter Bimarck vorhanden sind und sich bewährt haben, auseinanderzusetzen. Die gesetzliche Unfallversicherung ist immer noch zeitgemäß, sie bietet umfassenden sozialen Schutz auf sehr hohem Niveau und ist dabei finanzierbar.

Peter Lang · Europäischer Verlag der Wissenschaften

Friedrich E. Schnapp (Hrsg.)

## Finanzierungsfragen der Sozialversicherung

**Am Beispiel des Arbeitsförderungsrechts**
**Tagungsband zum 31. Praktikerseminar des Instituts für Sozialrecht am 28. November 1998 in Bochum**

Frankfurt/M., Berlin, Bern, Bruxelles, New York, Wien, 2000. 120 S.
Bochumer Schriften zum Sozialrecht. Herausgegeben von Friedrich E. Schnapp. Bd. 4
ISBN 3-631-35799-0 · br. DM 45.–*

Die aktuelle Situation der Systeme der sozialen Sicherheit ist seit geraumer Zeit durch erhebliche Finanzierungsprobleme gekennzeichnet, die auf die demographische und gesamtwirtschaftliche Entwicklung mit nachlassendem Wirtschaftswachstum und einer zunehmenden Anzahl von Arbeitslosen und Frührentnern zurückzuführen ist. Dem Arbeitsförderungsrecht kommt in diesem Zusammenhang insofern besondere Bedeutung zu, als die anhaltend hohe Arbeitslosigkeit sowohl Einnahmeausfälle als auch Ausgabensteigerungen zur Folge hat. Im Rahmen des 31. Praktikerseminars des Instituts für Sozialrecht haben sich ausgewiesene Fachleute mit dem Problem der Beitragsfinanzierung in der Arbeitslosenversicherung befaßt und alternative Finanzierungsformen vorgestellt.

*Aus dem Inhalt*: Sozialversicherungsbeitrag und Finanzverfassung · Versicherungsfremde Leistungen und Beitragsfinanzierung · Alternative und ergänzende Finanzierungsformen

Frankfurt/M · Berlin · Bern · Bruxelles · New York · Oxford · Wien
Auslieferung: Verlag Peter Lang AG
Jupiterstr. 15, CH-3000 Bern 15
Telefax (004131) 9402131
*inklusive Mehrwertsteuer
Preisänderungen vorbehalten

For the avoidance of doubt, input of the whole or any part of this publication
into any generative artificial intelligence model, chatbot, program, software or technology
is expressly prohibited without the prior written consent of the publisher.

Printed by
CPI books GmbH, Leck

FSC
www.fsc.org
MIX
Papier | Fördert
gute Waldnutzung
FSC® C083411

Kolibri 360 GmbH
Ferdinand-Jühlke-Straße 7
99095 Erfurt, Deutschland
produktsicherheit@kolibri360.de